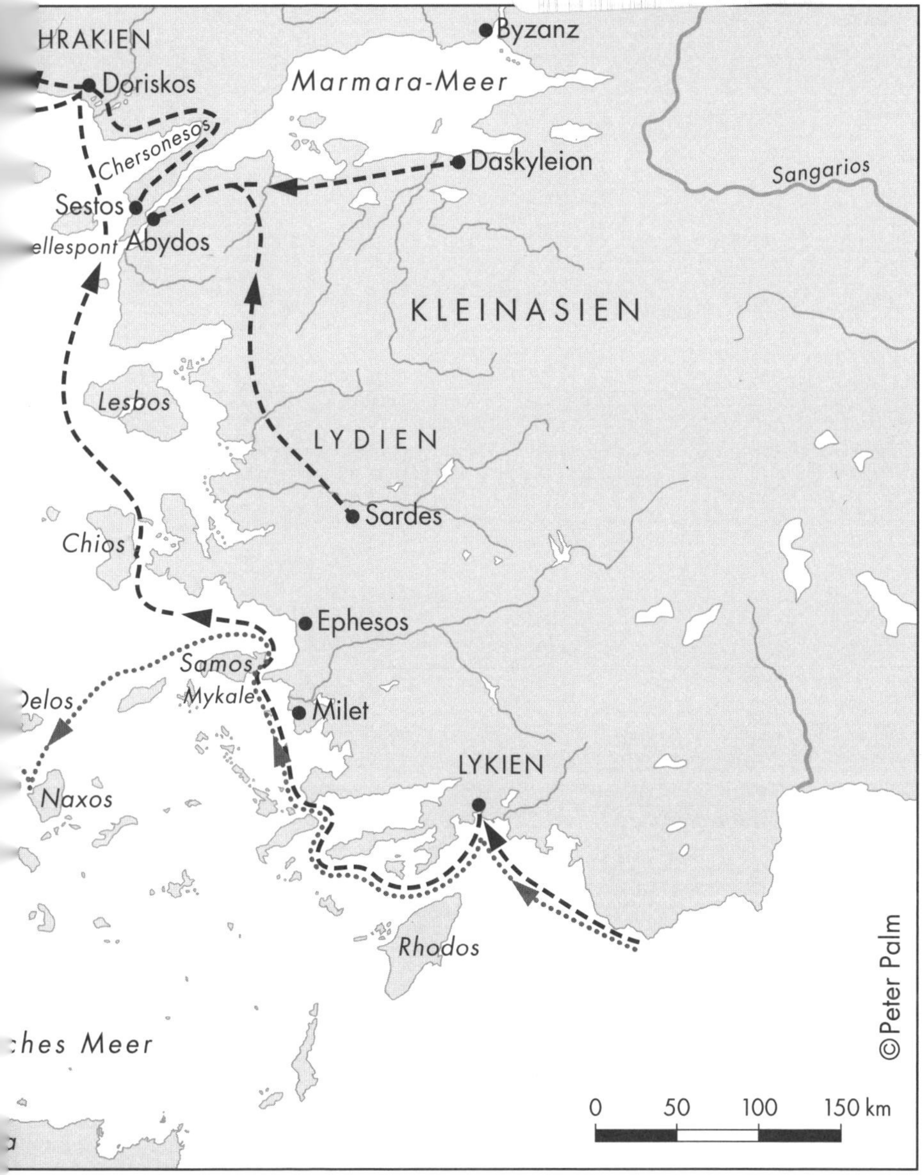
HRAKIEN
Doriskos
Byzanz
Marmara-Meer
Chersonesos
Daskyleion
Sangarios
Sestos
Abydos
ellespont
KLEINASIEN
Lesbos
LYDIEN
Sardes
Chios
Ephesos
Samos
Delos
Mykale
Milet
LYKIEN
Naxos
Rhodos
ches Meer
©Peter Palm
0 50 100 150 km

Wolfgang Will

HERODOT UND THUKYDIDES

Wolfgang Will

HERODOT und THUKYDIDES

Die Geburt der Geschichte

C.H.Beck

Mit einem Frontispiz:
Doppelherme Herodot und Thukydides, © Museo Archeologico
Nazionale, Neapel/Alinari/Bridgeman Images
und zwei Karten auf dem vorderen und hinteren Vorsatz, gefertigt von
cartomedia, Karlsruhe, und Peter Palm, Berlin

© Verlag C.H.Beck oHG, München 2015
Satz: Janß GmbH, Pfungstadt
Druck und Bindung: Druckerei C.H.Beck, Nördlingen
Gedruckt auf säurefreiem, alterungsbeständigem Papier
(hergestellt aus chlorfrei gebleichtem Zellstoff)
Umschlaggestaltung: Rothfos & Gabler, Hamburg
Umschlagabbildung: Korinthischer Helm aus Tschelopetschene bei Sofia, Ende 6. Jh. v. Chr.
Sofia National War Museum; © akg-images/Erich Lessing
Printed in Germany
ISBN 978 3 406 68217 9

www.beck.de

INHALT

7	**Vorwort**
9	Die Doppelherme von Neapel
11	**1. Einführung**
11	Herodot und die Perserkriege
26	Thukydides und der Peloponnesische Krieg
45	Die Werke: Entstehung und Inhalt
60	Die Lebensläufe
66	Die Vorwörter: Begründung und Zielsetzung
72	**2. Methode**
72	Augen- und Ohrenzeugen
77	Chronologien
83	**3. Sprache**
83	Stil, Sprache, Komposition
86	Gnomen und Sentenzen
92	**4. Mittel der Darstellung**
92	Träume
97	Orakel
100	Der Warner
103	Die Reden
109	Lachen und Komik
115	**5. Die Gesellschaft**
115	Athen und Sparta
128	Die Verfassungen

139	Die Macht des Geldes
145	Barbaren
149	Das Frauenbild

157 6. Der Krieg
157	Schlachtenberichte
164	Unheil und Leid
171	Helden

184 7. Der Mensch
184	Götter und Sophisten
189	Biographische Ansätze
197	Das Menschenbild Herodots: Kroisos
206	Die menschliche Natur: Die *Pathologie* des Thukydides

211 8. Die Höhepunkte: Zwei Gespräche über Krieg und Macht
211	Die Kronratszene
217	Der Melier-Dialog

228 9. Abschluß und Fazit
228	Thukydides: Eine innere Biographie
233	Herodot: Die Schlußkapitel

237 10. Die Rezeption von der Antike bis in die Neuzeit

246 Nachwort: Was bleibt

Anhang
251	Anmerkungen
256	Glossar
258	Eine Auswahl aus Thukydides
260	Literaturverzeichnis
271	Danksagung
272	Verzeichnis der Eigennamen
279	Sachregister

«Vos exemplaria Graeca
nocturna versate manu, versate diurna»*
Horaz, de arte poetica, 268 f.

VORWORT

Die Anfänge der griechischen Geschichtsschreibung fallen mit ihrem Höhepunkt zusammen. Repräsentiert wird beides durch Herodot und Thukydides, die, obwohl sie in einem Abstand von etwa zwei bis drei Dezennien geboren wurden, teilweise zur selben Zeit schrieben. Jener vollendete sein Werk, als dieser es begann. Herodot entwickelte sich vom Ethnographen – Thukydides nennt ihn Logographen – erst zu einem Historiker, und zwar noch vor der Abfassung seines Werkes. Dennoch spiegelt es ebenso die innere Biographie des Autors wie das Werk des Thukydides, dessen Entstehung und Umarbeitung über einen Zeitraum von über dreißig Jahren sich noch in Ansätzen verfolgen läßt. Herodot und Thukydides erscheinen als die beiden Seiten einer Münze; ihr Bild ist unterschiedlich ausgeprägt, aber der Nominalwert ist derselbe. In beiden Historikern verdichtet sich in einem Zeitraum von etwas mehr als einer Generation, von circa 440 bis 400 v. Chr., die Entwicklung von zweieinhalbtausend Jahren abendländischer Geschichtsschreibung. Herodot ist dabei den längeren Weg gegangen, Thukydides den steileren. Beginnend bei der Mythenkritik des Hekataios am Ende des 6. Jahrhunderts fand Herodot über die Schilderung von Reiseerlebnissen, teils auch die Übernahme des «von Anderen Berichteten», zur Darstellung historischer Ereignisse, in deren abschließender Phase im Keim bereits alles enthalten ist, was für Thukydides von Bedeutung werden sollte. Dieser setzte das von Herodot Begonnene fort, kappte, was ihm überlebt schien, kürzte, reduzierte und spitzte das Verbliebene zu einer solchen Schärfe der historischen Kritik zu, daß diese noch für das 21. Jahrhundert Gültigkeit beanspruchen kann.

* «Die griechischen Vorbilder nehmt zur Hand, sie lest bei Tag und bei Nacht.»

Der Einfluß erscheint einseitig. Herodot war älter, er publizierte sein Werk in den zwanziger Jahren des 5.Jahrhunderts (oder kurz danach), dasjenige des Thukydides wurde aus dem Nachlaß veröffentlicht, im ersten oder zweiten Jahrzehnt des 4.Jahrhunderts. Unverkennbar ist ab der ersten Zeile die Abhängigkeit des Thukydides von seinem Vorgänger, die sich – oberflächlich gesehen – vor allem in einer Abwehr des als Konkurrenten empfundenen Vorgängers äußert. Desungeachtet vermeint die Forschung umgekehrt auch Spuren des Thukydides bei Herodot erkennen zu können. Das mag auf den ersten Blick abstrus erscheinen. Indes schrieb Herodot noch zu einer Zeit, als Thukydides sich nach eigener Aussage bereits mit seinem Werk über den neuen Krieg beschäftigte. Darüber hinaus gibt es Hinweise, daß Thukydides sich auch schon vor Beginn des Peloponnesischen Krieges als Historiker versucht hat. Der Exkurs über die athenischen Tyrannen, der notdürftig in das sechste Buch eingeschoben ist, könnte ein altes Werkstück sein. Ein Kontakt zwischen den beiden Historikern, dem angehenden und dem arrivierten, ist daher durchaus möglich, zumal wir eine Anwesenheit Herodots Mitte der dreißiger Jahre und später in Athen nicht ausschließen können. Dies ergäbe das Paradox, daß der Vorgänger vom Nachfolger beeinflußt wurde.

Um beide Historiker hat sich namentlich die deutschsprachige Forschung verdient gemacht – Jacoby, Pohlenz, Schadewaldt oder Strasburger sind nur einige Namen der älteren Generation –, die bis in das frühe 19.Jahrhundert zurückreicht. In über 150 Jahren erarbeitete sie bereits grundlegende Ergebnisse. Sie unterscheiden sich von den heutigen oft nur dadurch, daß letztere in englischer Sprache formuliert werden. Es lohnt also nicht, sich in jedem Fall an die neueste Forschung zu halten. Dieses Buch konzentriert sich vor allem auf die historiographische Seite, denn diese ermöglicht den Vergleich. Auch darüber hinaus gibt es zahlreiche Themen. Wenn sie hier fehlen, liegt es an der Begrenztheit des Buches und des Autors. Das Buch ist eine Annäherung an die beiden großen Historiker, sein erster Zweck ist die Anregung, deren Werke zu lesen.

Die Doppelherme von Neapel

Zusammengestellt wurden beide Historiker zunächst im Hellenismus, und zwar von Theophrast, einem Schüler des Aristoteles. Der Grund war kein inhaltlicher, denn für die Thematik interessierte sich kaum jemand. Thukydides wurde vor allem als Verfasser kunstvoll gestalteter Reden bewundert, und das ist auch der gemeinsame Nenner, der ihn damals für Theophrast mit Herodot verband. Es waren jedoch vor allem die republikanischen Römer, angefangen bei Cicero, die Herodot und Thukydides in Einklang brachten. «Sachlicher Inhalt», Stil und Reden wurden verglichen, schließlich ein Lehrer-Schüler-Verhältnis konstruiert und bis in die Spätantike tradiert. Der Scholiast Markellinos berichtet, der junge Thukydides habe Herodot in Olympia gehört und sei in Tränen ausgebrochen, als dieser aus seinem Geschichtswerk vortrug. Ihren elementarsten Ausdruck fand die Vorstellung von einer Gemeinsamkeit der beiden Historiker freilich nicht in der Literatur, sondern in der Bildenden Kunst. Die reichen Römer pflegten seit dem 1. Jahrhundert die Peristylgärten ihrer Villen unter anderem mit den geraubten, gekauften oder kopierten Statuen griechischer Philosophen, Künstler, Dichter oder Historiker zu schmücken. Beliebt waren Hermen, Kopfbildnisse auf einem Steinpfeiler. Von Herodot und Thukydides wurden Einzelporträts angefertigt, aber eben auch Doppelhermen: Auf einer gemeinsamen Basis ruhen, an den Hinterköpfen verbunden, gleichsam als historiographischer Janus, die Porträtbüsten beider Historiker. Die einzige noch erhaltene, die mit guten Gründen ins ausgehende 1. bzw. frühe 2. Jahrhundert n. Chr., also in trajanische Zeit, datiert werden kann, wurde bereits vor 1570, angeblich bei Ausgrabungen im Bereich der Kirche Santa Maria Maggiore in Rom, gefunden und gelangte über verschiedene Stationen schließlich in das Nationalmuseum von Neapel. Die Identität der Historiker ist durch Inschriften auf beiden Seiten des Sockels gesichert. Thukydides ist mit hoher, gefurchter Stirn dargestellt, zwei Steilfalten über der Nasenwurzel. Der Ausdruck vermittelt Konzentration und Nachdenken. Die Tonsur am Hinterkopf weist ihn als Mann im mittleren Alter, in der Vorstellung der Antike der wichtigsten Schaffensphase, aus. Datiert wird das Originalporträt, von dem es neben der Kopie in Neapel noch weitere in Budapest, Genf und Holkham (Norfolk) gibt, in das erste Viertel des 4. Jahrhunderts. Es entstand also nur kurz nach dem Tode des Historikers; ein

Individualporträt scheint nicht ausgeschlossen und hat sogar eine gewisse Wahrscheinlichkeit für sich. Der Kopf gehörte zu einer Bronzestatue, die auf der Akropolis aufgestellt worden sein könnte. Jedenfalls läßt die offizielle Rehabilitation des ehemals Verbannten auf eine ehrenvolle Stellung in Athen schließen.

Das Porträt Herodots unterscheidet sich mit dem gescheitelten Haar und dem spiralförmig gedrehten Bart von dem des Thukydides, mit dem es ansonsten einige Ähnlichkeiten aufweist. Das verlorene Original gehört ebenfalls in das 4. Jahrhundert. Vermutlich ist es jünger als dasjenige des Nachfolgers und damit einige Jahrzehnte nach dem Tod Herodots entstanden. Überlieferte individuelle Züge mögen bei der Ausarbeitung berücksichtigt worden sein. Die Bildnisstatue, von der eine Kopie auch in die Bibliothek der Könige von Pergamon gelangte, stand wahrscheinlich in Herodots Heimatstadt Halikarnassos. Die Idee, das Porträt mit dem des Thukydides zu einem siamesischen Kopf zu verbinden, stammt von den Römern. Sie sahen aus der zeitlichen Entfernung, was den Griechen räumliche Nähe und Parteilichkeit wahrzunehmen verwehrten: die große Gemeinsamkeit der scheinbar so unterschiedlichen Historiker.[1]

I.
EINFÜHRUNG

Herodot und die Perserkriege

Die Gegner im 6. Jahrhundert
Die Geschichte Griechenlands oder – korrekt – die Geschichte der griechischen Städte, die nie oder allenfalls temporär eine Einheit bildeten, ist in der Blütezeit von der Mitte des 6. bis zur späten Mitte des 4. Jahrhunderts immer auch eine Geschichte des persischen Reiches. Kulturell, politisch und militärisch erlebten die griechischen Poleis Aufstieg und Niedergang in der Auseinandersetzung mit den (klein)asiatischen Nachbarn. An der dortigen Küste lagen zahlreiche und bedeutende griechische Städte wie die Handelsmetropole Milet. Kulturell und religiös gehörten sie zu einem imaginären Hellas, das sich von den Nordufern des Schwarzen Meeres über Zypern und Kreta nach Libyen, Süditalien, Sizilien und Südfrankreich bis hin zur Rhone erstreckte.
Den Westen Kleinasiens beherrschten, bevor die Perser kamen, die Lyder, deren Könige seit dem Ende des 8. Jahrhunderts v. Chr. oder etwas später aus dem Haus der Mermnaden stammten. Die Episode von Kandaules und Gyges, dem ersten König dieser Familie, eröffnet – nach dem Prolog – das Werk Herodots. Seit ungefähr 560 v. Chr. regierte dann in der fünften Generation der wegen seines sprichwörtlichen Reichtums berühmt gewordene Kroisos in der Residenzstadt Sardes. Er pflegte gute Beziehungen zu Griechenland, insbesondere zum Orakel von Delphi. Das hinderte ihn aber nicht, die griechischen Städte Kleinasiens zu erobern. «Kroisos war der erste der Barbaren, von dem wir wissen, daß er Hellenen zinspflichtig machte und mit anderen Hellenen Verträge schloß», stellt ihn Herodot vor (1.6). Er ist der erste der Barbarenkönige, deren Regentschaften das Werk gliedern.
Das Reich des Kroisos begrenzte im Osten der berühmte Halys, «der von

Einführung

Süden kommt und zwischen Syrien und Paphlagonien nach Norden fließt, bis er sich in das Meer ergießt, das Pontos Euxeinos genannt wird.» (1.6) Östlich des Flusses lag das Reich der Perser, und gegen dieses wandte sich Kroisos, durch seinen Erfolg über die Griechen und einen Orakelspruch aus Delphi ermutigt. Es wurde die berühmteste Fehlkalkulation der älteren Geschichte. Das Reich, das zu zerstören ihm die Pythia verheißen hatte, entpuppte sich als sein eigenes. In einer raschen Gegenoffensive zerstörten die Perser Sardes und schickten Kroisos auf den Scheiterhaufen.

Das alles trug sich etwa im Jahre 546/7 zu, und es bedeutete den Eintritt der Perser in die griechische Geschichte, aus der sie sich erst wieder in den Zeiten Alexanders des Großen verabschiedeten (330 v.Chr.). Am Anfang steht Kyros, genannt der Große, der nach der Bezwingung der Meder das persische Großreich begründete. Dessen Zusammenhalt beruhte auf Expansion, und so trennte, als Kyros auch Herr der Griechenstädte an der ionischen Küste geworden war, die Perser nur noch die Ägäis vom griechischen Mutterland.

Dort waren es – nach Herodot – vor allem zwei Städte, die zu dieser Zeit ihren Aufstieg begannen, der sie zu den führenden griechischen Stadtstaaten im 5.Jahrhundert machte: Sparta und Athen. Letztere wurde seit etwa 561 mit kurzen Unterbrechungen ein halbes Jahrhundert lang von Tyrannen regiert und war, obwohl ökonomische Erfolge nicht ausblieben, in ihrer politischen Entwicklung zurückgeblieben. Der Konflikt mit der Nachbarinsel Aigina paralysierte die Stadt zudem militärisch. Sparta hingegen hatte auf der Peloponnes konkurrierende Städte wie Tegea und Argos überflügelt und die Hegemonie über die Halbinsel errungen. Wesentlich früher als Athen hatte es, wenn auch mit niedrigem Organisationsgrad, ein eigenes Bündnissystem geschaffen, den Peloponnesischen Bund. Die Städte, die mit Sparta Einzelverträge abschlossen, verpflichteten sich zur Heeresfolge, behielten aber ihre innere Autonomie.

Die Spartaner verstanden sich nicht nur aufs Kämpfen, sie entfalteten vor wie nach den Perserkriegen stets auch eine geschickte Propaganda. Im 6.Jahrhundert präsentierten sie sich den Griechen als Vorkämpfer gegen die historisch überholte Staatsordnung der Tyrannis. So intervenierten die Spartaner auch 510 in Athen und vertrieben den dortigen Tyrannen Hippias, Sohn des Peisistratos, der ins persische Exil ging. Von dort betrieb er seine Heimkehr und spielte später in den Plänen des Großkönigs Dareios eine wichtige Rolle.

Vom Tyrannen befreit, verwickelten sich die großen attischen Familien in einen Kampf um Macht und Einfluß, aus dem eine Verfassungsreform hervorging, die

die Grundlagen für die Entstehung der ersten Demokratie der Weltgeschichte schuf. Die Reform war eine Voraussetzung und nicht der Beginn der Demokratie, als der sie oft gefeiert wird. Die Emanzipation des Demos vollzog sich erst mit dem Sieg in den Perserkriegen, sie lieferten den entscheidenden Schub. Herodot hat die Vorgänge nach dem Sturz der Tyrannis – notwendigerweise – vereinfacht. Er reduziert das Geschehen auf die Auseinandersetzungen zweier rivalisierender Adliger, von denen sich der eine vor allem auf Hetairien, politische Cliquen meist adliger Männer, und auf die auswärtige Hilfe der Spartaner stützte, der andere, ein Mann namens Kleisthenes, sich der Hilfe des Volkes zu bedienen suchte. Welche Versprechungen er machte, wissen wir nicht. Die Reformen halfen jedenfalls, das starke Stadt-Land-Gefälle abzubauen, das zwischen der Metropole und den bäuerlichen Regionen Attikas herrschte, die Bevölkerung, die in Zonen unterschiedlicher wirtschaftlicher Prosperität lebte, stärker zusammenzubinden und im Ergebnis mehr Bürger für die Teilnahme an den politischen Institutionen zu gewinnen. In Sparta, dem Hüter oligarchischer Ideologie, stieß dies auf Widerstand, es wurde sogar erwogen, den vertriebenen Tyrannen zurückzuführen. Vielleicht ist das der Grund, warum die Athener 507 ein Bündnis mit den Persern suchten. In Sardes, wo der Satrap des Großkönigs residierte, bestand seinerzeit aber daran kein großes Interesse, und Athen wollte sich später nicht gern daran erinnern lassen.

Der Ionische Aufstand

Das Verhältnis zwischen Athen und den Persern änderte sich grundlegend im Jahre 500 v. Chr. Damals begann der sogenannte Ionische Aufstand, die Insurrektion der griechischen Städte an der kleinasiatischen bzw. ionischen Küste gegen die Fremdherrschaft. Herodot führt dafür persönliche Gründe der Tyrannen an, welche die Küstenstädte regierten, namentlich des Alleinherrschers im wichtigen Milet, doch die lassen sich vernachlässigen. Nationale oder nationalistische Gründe greifen nicht, sie wurden erst von der Forschung des 19. und 20. Jahrhunderts in die Diskussion getragen. Da auch archäologische Zeugnisse fehlen, muß mit Mutmaßungen vorliebgenommen werden. Die wachsende Bereitschaft zur Rebellion eines Teils der ionischen Griechen hat ihren Ursprung vermutlich in der Unzufriedenheit mit der politischen Führung, den mit den Persern kooperierenden Tyrannen und Oligarchen, die dem größeren Teil der Bürger jegliche Mitsprache verweigerten. Auch könnte der Wechsel von der lydischen zur persischen Oberherrschaft als zunehmende Belastung empfunden worden sein, denn die griechischen Städte hatten in einem

Großreich wie dem des Dareios nicht mehr das gleiche Gewicht wie unter Kroisos. Zudem mußten nun Truppen für die Besatzungsmacht gestellt werden, vielleicht wurden auch die Tribute erhöht. Wirtschaftliche Gründe könnten den Unmut erhöht haben. Die Perser waren fortan auch am Schwarzen Meer präsent, denn 525 hatten sie unter Kambyses Ägypten erobert. Das mag den Handel der ionischen Städte in beide Richtungen eingeschränkt haben. Ein herber Verlust war für Milet auf jeden Fall die Zerstörung der Partnerstadt Sybaris in Unteritalien etwa im Jahre 510 v. Chr.

Die Rebellion wurde mit einer Gesandtschaftsreise des Tyrannen von Milet nach Griechenland vorbereitet. Dieser hatte sein Amt niedergelegt und sich in einer Art Vorwärtsverteidigung an die Spitze der Aufständischen gestellt. Um militärische Unterstützung gebeten, lehnten die ansonsten einem außenpolitischen Abenteuer nicht abgeneigten Spartaner ab, als sie sich der Dimensionen eines mit dem Großkönig geführten Krieges bewußt wurden. Die Athener hingegen trieb eine Mischung aus Sorge und Gier. Sie ängstigten sich vor einer Rückkehr des Tyrannen Hippias, und sie hofften gleichzeitig, die nordägäischen Inseln Lemnos und Imbros, wichtige Stationen für die athenische Flotte auf dem Weg ins Schwarze Meer, unter ihren Einfluß bringen zu können. So entsandten sie als erste Hilfe – eine zweite gab es nicht mehr – 20 Trieren nach Milet; die euböische Stadt Eretria schloß sich mit fünf Schiffen an. Das war an militärischer Unterstützung zu wenig, reichte aber aus, dem Großkönig später einen Kriegsgrund zu liefern.

Das in doppelter Weise naheliegende Ziel des Aufstandes war die Residenzstadt des Satrapen Artaphernes, Sardes. Die Stadt wurde erobert und mit Ausnahme der Akropolis niedergebrannt. Der Aufstand weitete sich auf die Städte des Hellespont aus; auch auf Zypern begehrten die Griechen auf. Es fehlte jedoch ein einheitlicher Plan, die Athener verabschiedeten sich so schnell, wie sie gekommen waren. So hatten die Ionier den überlegenen persischen Kräften wenig entgegenzusetzen. 494 wurde Milet zu Land und zur See eingeschlossen, die ionische Flotte in einem großen Seegefecht besiegt. Die Mauern der Stadt wurden geschleift, milesische Handwerker nach Susa deportiert. Insgesamt achteten die Perser aber darauf, die Lage dauerhaft zu konsolidieren. Die Tribute wurden nicht erhöht, die Abgaben nach einer Steuerschätzung auf eine zuverlässige Grundlage gestellt, schließlich die Tyrannenherrschaften, an denen sich die Unruhen entzündet hatten, nicht restituiert.

Marathon

Die Intervention der Athener während des Ionischen Aufstandes zeitigte indes Folgen. Der Krieg zwischen Griechen und Barbaren weitete sich, wenn auch mit Verzögerung, auf Hellas aus. Herodot sieht diese Kausalität und betont sie auch. Ein mythischer Ost-West-Konflikt, der in einer legendenumwobenen Vergangenheit nach zehnjährigem Kampf mit der Eroberung Trojas geendet hatte, war zu den Griechen im Mutterland zurückgekehrt. Herodot ist von der inneren Dynamik des Geschehens überzeugt, und so sieht er auch dort eine persische Griechenlandinvasion, wo keine beabsichtigt war. Die Rede ist vom Zug des Persers Mardonios, eines Schwiegersohns des Dareios, im Jahre 492. Vermutlich war es seine Aufgabe, die persische Herrschaft über Thrakien und den Vasallenstaat Makedonien zu sichern. Nach Herodot allerdings richtete sich das Flottenunternehmen gegen Athen und Eretria mit der Maßgabe, außerdem möglichst viele andere griechische Städte zu unterwerfen. Die Expedition endete mit einem Totalverlust, die imperiale Flotte versank bei der Umsegelung des Athosgebirges. Angeblich starben 20 000 Seeleute, ertrunken im eiskalten Wasser, gefressen von Meerestieren oder zerschmettert an den Klippen der Küste. Herodots Bericht datiert indirekt – ein Teil der Seeleute erfror – die Havarie in den Spätherbst und enthüllt seinen Irrtum: Die Jahreszeit war für einen Angriff auf Attika und Mittelgriechenland viel zu weit fortgeschritten. Mardonios war in die Herbststürme geraten, und zwar auf der Rückfahrt von Makedonien.

Mit dem Jahr 491 v. Chr. beginnt der eigentliche persische Krieg oder – aus der Perspektive des Ostens gesehen – der griechische Krieg, zu dem der Ionische Aufstand nur das Präludium bildete. Herodot ist, bis er zu diesem Punkt in seinem auf neun Bücher alexandrinischer Zählung angelegten Werk gelangt, bereits bis zur Mitte des sechsten Buches vorgeschritten. Er berichtet, wie Dareios, «um die Absichten der Griechen zu erforschen, ob sie denn einen Krieg gegen ihn wagen würden oder sich ergeben würden» (6.48), überallhin nach Hellas Boten entsendet, um – als Zeichen der Kapitulation – Erde und Wasser zu fordern. Das tat später auch Xerxes, und so ist es möglich, daß es sich um eine Doublette handelt, denn der für 490 geplante Angriff richtete sich nur gegen Athen und Eretria. Vielleicht war es allerdings auch der Versuch, Athen zu isolieren.

Während die Boten unterwegs waren, liefen die Rüstungen; ein Nachgeben Athens jedenfalls kann der Großkönig nicht erwartet haben. Er selbst nahm nicht am Zug teil, er delegierte die Aufgabe, «Athener und Eretreier zu Sklaven zu machen» (6.94), an Datis und an Artaphernes, einen Großneffen. Beide brachen im Frühjahr von Kilikien (in der heutigen Osttürkei) auf. Herodot zählt 600 Schiffe – nach heutiger Schätzung eine Übertreibung, denn mehr als 20 000 Reiter und Fußsoldaten dürfte das Heer nicht umfaßt haben. Die Flotte fuhr südlich an Samos vorbei quer durch die Ägäis, die Insel Naxos wurde erobert, das dem Apollon heilige Delos verschont, Karystos auf Euboia belagert. Nachdem Eretreia eingenommen worden war, ging die Flotte vor dem nahegelegenen Marathon vor Anker. Es war bereits September geworden, und das verdeutlicht, daß es sich um alles andere als einen Überraschungskrieg handelte. Die Perser ließen sich Zeit, sie setzten auf eine Art Zermürbungstaktik. Auf ihrem Weg hatten sie Milde und Härte demonstriert, so konnten sie hoffen, daß sich in Athen – die Gefahren eines ungewissen Widerstandes vor Augen – tyrannenfreundliche Gruppierungen durchsetzen würden. Hauptziel war ja keineswegs die Zerstörung der Stadt, sondern die Rückführung der Tyrannenfamilie der Peisistratiden. Aus diesem Grunde war die Flotte auch nicht zum attischen Hafen Phaleron gefahren, sondern bei Marathon gelandet. Die dort siedelnden Kleinbauern galten in der Mehrzahl als Anhänger der Tyrannis, zudem eignete sich das Gelände für die persische Reiterei.

Mit jedem Tag, den die Perser in Attika standen, erhöhte sich der Druck auf Athen. Abwarten stärkte die Tyrannenfreunde, der Auszug der Hopliten aus Athen entblößte die Stadt und zwang die athenischen Kontingente zu einer Schlacht auf für sie ungünstigem Gelände. Die Volksversammlung entschied sich dennoch für letzteres. Herodot hat den Beschluß des Demos, den Persern in Marathon entgegenzutreten, personalisiert und in den Rat der Feldherren verlegt. Miltiades, der Stratege, dem der Sieg vor allem zugeschrieben wurde, wagte die Schlacht, noch bevor die zur Hilfe gerufenen Spartaner eingetroffen waren. Vielleicht wollte er – so eine von Herodot nicht bestätigte Nebenüberlieferung – einem nächtlichen Schiffsangriff der Perser auf das nun ungeschützte Athen zuvorkommen. Nach Herodot war der Kampf lange unentschieden, bevor die Perser zu den Schiffen flüchteten. Der Historiker beziffert deren Verluste auf 6400 Tote, eine viel zu hohe Zahl, denn die Athener erbeuteten nur sieben Schiffe. Die persische Flotte ging zwar nochmals auf der Reede von Phaleron vor Anker, doch inzwischen waren auch die athenischen Hopliten wieder in der Stadt eingetroffen. Einen zweiten Angriff wagten Datis und Artaphernes nicht und segelten nach Kleinasien zurück.

Herodot und die Perserkriege

Kriegsvorbereitungen
Die Zwischenkriegszeit dauerte ein Dezennium. In Susa starb Dareios, sein Sohn Xerxes folgte ihm auf den Thron. Die Ägypter fielen ab, und Xerxes' erster Feldzug führte ihn folglich an den Nil. In Athen bediente sich das Volk 487 zum ersten Mal des Scherbengerichtes, mit dem ursprünglich eine Rückkehr zur Tyrannis verhindert werden sollte. Ein Angehöriger der Familie der Peisistratiden wurde 487 verbannt. Miltiades, der Sieger von Marathon, war bereits zuvor nach einem verunglückten Angriff auf die Insel Paros gestorben. In den späten achtziger Jahren begann Athen, zunächst wegen des Konfliktes mit der benachbarten Insel Aigina, eine größere Flotte zu bauen. Themistokles stieg zum führenden Staatsmann auf.

Xerxes bereitete nach der Rückkehr aus Ägypten die Invasion Griechenlands vor. Herodot legt die Gründe und Motive in einer fiktiven Sitzung des persischen Kronrats dar, bevor er in einer ungewöhnlich ausführlichen Darstellung die Dimensionen der persischen Kriegsvorbereitungen anschaulich zu machen versucht. Sie umfaßt nicht weniger als 100 Kapitel. Größe, Planmäßigkeit und Sorgfalt der Rüstungen faszinierten ihn. Der Großkönig hatte aus dem Scheitern der ersten Invasion gelernt und ließ nun nichts außer Acht, was Erfolg versprach. Hinter Herodots Schilderung verbirgt sich das Bemühen, die Invasion von 480 zum größten Krieg aller Zeiten zu erheben. Der Historiker greift zu eindrucksvollen Bildern. Wo das persische Heer, rekrutiert aus allen Völkern des Reiches – Perser, Meder, Hyrkanier, Assyrer, Baktrier, Saken, Inder, Parther, Chorasmier, Kaspier, Araber, Äthiopier, Libyer, Paphlagoner, Ligyer, Syrier, Phryger, Armenier, Lyder, Myser, Kolcher und zahlreiche andere Ethnien bis hin zu den Inselbewohnern des Roten Meeres –, entlanggezogen sei, habe es kahle Felder und ausgetrocknete Flüsse hinterlassen.

Die Größe des persischen Heeres war für die Griechen unüberschaubar. Herodot jedenfalls, der sehr genau zählen kann, wenn es um griechische Truppen geht, verliert jede Übersicht, wenn es gilt, die persische Heeresstärke zu schätzen. Auf über eine Million und 700 000 Mann beziffert er die Fußtruppen, spätere Verstärkungen nicht berücksichtigt. Tatsächlich hätte bereits ein Heer von 100 000 Fußsoldaten, darunter 10 000 bis 15 000 Reiter erhebliche logistische Probleme bereitet. Alexander der Große eroberte 150 Jahre später mit 35 000 Mann Asien.

Wie die Zahl der Fußsoldaten diente diejenige der Schiffe zur Überhöhung des nachmaligen Sieges. In derselben Weise, in der schon bald Thukydides den Perserzug vor Augen führen sollte, den er im Prolog als unbedeutend gegenüber *seinem* Krieg der Athener und Peloponnesier herabzustufen versucht, möchte Herodot aus dem Schatten der Homerischen Epen treten. Vom Dramatiker Aischylos, der selbst in den Perserkriegen mitgekämpft und in seiner Tragödie *Die Perser* von 472 die Anzahl der persischen Schiffe in der Schlacht von Salamis mit 1207 angegeben hat, übernimmt der Historiker die Summe der Kriegsschiffe und ergänzt sie noch um 3000 Lastkähne. Natürlich hatte auch Aischylos die gegnerischen Schiffe nicht gezählt. Er orientierte sich an Homer, welcher in der *Ilias* genau 1186 Schiffe gegen Troja segeln läßt. Aischylos rundete diese Zahl auf 1200 auf und fügte noch die heilige Zahl sieben hinzu. Herodot erschien das zutreffend. Realiter wird die persische Flotte etwa 600 Schiffe umfaßt haben.

Während sich im Jahre 490 die Invasionsflotte von Insel zu Insel auf Hellas zubewegte und sich jeweils vor Ort verproviantierte, blieb beim Zug des Xerxes nichts dem Zufall überlassen. Entlang der Landstrecke durch Thrakien und Makedonien wurden große Depots angelegt, Flüsse wie der Strymon überbrückt. Quer durch die Halbinsel mit dem Athosgebirge wurde ein eigener Kanal gegraben. Die Schrecken des Schiffbruchs von 493 wirkten noch nach.

Mehr als alles andere beeindruckten die Griechen die Brücken, die den Hellespont überspannten. Vom asiatischen zum europäischen Festland erbauten phönikische und ägyptische Ingenieure ein Brückenpaar, gebildet aus 360 bzw. 314 Schiffen, die mit Hanfseilen und Papyrusbast vertäut waren. Auf Balken und Planken, die über diese Boote gelegt waren, wurde Erde aufgeschüttet, so daß der Übergang einem Weg glich, auf dem auch Pferde und Zugvieh geführt werden konnten. Als ein Sturm diesen ersten Brückenbau zertrümmerte, befahl Xerxes den Hellespont mit 300 Geißelhieben zu züchtigen. Fußfesseln wurden im Meer versenkt, Xerxes schwor Vergeltung: «Du bitteres Wasser! So züchtigt dich der Gebieter, weil du ihn gekränkt, der dich doch nie gekränkt hat. König Xerxes wird über dich hinweggehen, ob du nun willst oder nicht.» (7.35) Später bereute er dies offenbar. Jedenfalls hält es Herodot für möglich, daß das Opfer, das Xerxes vor der Überquerung des Hellespont brachte, eine Sühnemaßnahme war (7.54).

Am Hellespont warteten auch die griechischen Kundschafter, um die gegnerischen Truppenaufgebote zu zählen. Sie hörten bald mit dieser Tätigkeit auf. Nichts Vergleichbares hatten sie gesehen, rasch verbreiteten sich Angst und Schrecken unter den griechischen Städten. Einig waren sie sich nie gewesen. Nun trennte sie auch noch die unterschiedliche Einschätzung der Gefahr. Auch unter den Persern ließ es sich leben, zumal die Zentralmacht weit entfernt war. Zumindest war dieses Leben dem ungewissen Ausgang eines Kampfes mit einem übermächtigen Feind vorzuziehen. Von Sardes aus waren die Herolde des Großkönigs in die verschiedenen Städte gezogen, um Wasser und Erde zu fordern, und die meisten Städte gaben das Verlangte. Nur nach Athen und Sparta hatte der Großkönig diesmal keine Boten geschickt, denn deren Vorgänger waren beim ersten derartigen Versuch von Felsen gestürzt oder in Brunnen geworfen worden. Die beiden Städte, gegen die sich die Drohung nun hauptsächlich richtete, setzten sich auch an die Spitze des Widerstandes. Im sogenannten Hellenischen Bund, der die Abwehr organisieren sollte, vereinigte sich aber nur ein Drittel der griechischen Staaten. Ein Drittel trat mehr (wie Theben) oder weniger (wie Argos) offen auf die persische Seite. Sie witterten die Chance, mit diesem mächtigen Verbündeten bald innergriechische Rechnungen zu begleichen. Ein weiteres Drittel verhielt sich neutral, das heißt, es wartete ab, wem der Sieg zufallen würde, um sich dann auf dessen Seite zu schlagen. Der Tyrann Gelon von Syrakus – einer alten korinthischen Gründung – versprach den griechischen Verwandten 20 000 Hopliten zu senden, verknüpfte die Hilfe aber mit unerfüllbaren Bedingungen. Die Kreter schoben einen ungünstigen Spruch der Pythia vor und die Kerkyraier schickten zwar 60 Trieren, fuhren aber so langsam, daß sie erst nach der Schlacht eintrafen. Das nationale Heiligtum von Delphi verbreitete defätistische Vorhersagen, zumindest wurde niemand zum Kampf ermutigt. Die Priester hüteten große Schätze und Weihegaben. Sie stellten so etwas wie die Bank von Griechenland dar, und so wollten sie sich die Geschäfte, die sie schon früher mit Barbarenkönigen wie Kroisos gemacht hatten, nicht verderben lassen.

Der Hellenische Bund beschloß einen allgemeinen Landfrieden, die vielen Streitereien zwischen den griechischen Städten sollten zwar nicht beendet, aber zumindest aufgeschoben werden. Stark war er aber zunächst nur in der Drohung nach innen. Er verfügte, daß «jedes hellenische Gemeinwesen, das sich den Persern ohne Kampf und ohne durch eine Niederlage gezwungen zu sein, ergibt, als Buße an den Gott von Delphi den Zehnten zu entrichten hat» (7.132). Übersetzt bedeutete dies, daß die entsprechenden Städte erobert und zerstört, ihre Einwohner versklavt und vom Erlös Abgaben in Höhe eines Zehnten an den Gott von Delphi abgeführt werden sollten.

Eine erste Verteidigungsstellung war in Thessalien geplant, doch schnell wurde erkannt, daß diese Linie nicht zu halten war: Das Tempetal ließ sich leicht umgehen. So wurde die Stellung bis zu den Thermopylen zurückverlegt, während an der Küste die Schiffe am nahen Kap Artemision, an der Nordspitze

Einführung

der Insel Euboia, Station beziehen sollten. Die Peloponnesier erachteten sicherlich den Isthmos von Korinth als wirkungsvollsten Engpaß, um das Landheer des Königs zu stoppen, doch bedeutete dies die Preisgabe Attikas und damit Athens.

Der Krieg entschied sich im Kampf um Athen. Jedenfalls hat Herodot dies geglaubt und seine Darstellung entsprechend ausgerichtet. Die Thessalier, die im Stich gelassen worden waren, mußten sich zwangsläufig den Persern anschließen. Wenn Athen nicht geschützt war, und dies war wegen der perserfreundlichen Boioter in Mittelgriechenland schwierig, schienen die Athener nur eine Alternative zu haben: Auswanderung oder Kapitulation. Sie entschieden sich für den dritten Weg: Aufnahme des Kampfes auch unter der Gefahr einer Zerstörung der Stadt. Der Schritt Athens war umso mutiger, als die Pythia in Delphi wenig Neigung zeigte, die Stadt darin zu unterstützen.

Die Thermopylen und Artemision

Anfang August 480 war zunächst das Landheer, dann die Flotte des Großkönigs von Therme (Thessaloniki) aus nach Süden aufgebrochen. Durch ein Unwetter dezimiert, fuhr sie zum Golf von Pagasai und ankerte an der Einfahrt bei Aphetai. Unweit davon, bei Kap Artemision, warteten die griechischen Trieren. Das Heer des Königs lagerte bei Trachis vor den Thermopylen. Ihm entgegengezogen waren knapp 7000 Griechen, davon ca. 4000 Peloponnesier. Sie bildeten die Vorhut und, als die von ihnen erwartete Hauptmacht ausblieb, begann schnell eine Diskussion über einen Abzug aus der vorgezogenen Stellung.

Xerxes eröffnete nicht sofort den Angriff. Er wartete vier Tage ab, vielleicht um die Verteidiger im Ungewissen zu lassen und zu zermürben. Nachdem die ersten Vorstöße in den nur 20 bis 30 Meter breiten Paß gescheitert waren, setzte er noch am ersten Tag die sogenannten Unsterblichen ein. Auch sie wurden zurückgeworfen, eine Wende kam erst am dritten Tag. Herodot und die Griechen erklärten sie mit Verrat. Ein Mann namens Ephialtes soll Xerxes gegen eine hohe Belohnung einen Umgehungspfad gezeigt haben. Dieser war freilich allgemein bekannt und Leonidas hatte seine Deckung angeordnet. Das Detachement ließ sich aber überraschen und floh. Leonidas wurde gewarnt, bevor sich die Falle schloß. Er entließ das Hauptheer der Peloponnesier, das sich – nicht zu Unrecht – nicht in auswegloser Lage opfern lassen wollte, und harrte mit 300 Spartanern und 700 Hopliten aus der Stadt Thespiai aus.

Xerxes wartete den Vormittag ab, dann begann er von zwei Seiten den Angriff.

Leonidas zog dem Großkönig entgegen und fiel als einer der Ersten. Die Spartaner bargen den Leichnam ihres Königs und wurden schließlich, auf einem Hügel zusammengedrängt, von Pfeilschüssen getötet. Die Perser scheuten in dieser Phase den Nahkampf. Den Platz zierte später ein steinerner Löwe. Herodot hat das Gedenkepigramm des Simonides vor Ort gesehen und notierte es: «Wanderer, kommst Du nach Sparta, verkündige dorten, du habest uns hier liegen gesehn, wie das Gesetz es befahl.» Warum der Thespier nicht gedacht wurde, ist nicht zu klären.

Nach Herodot wurde an den gleichen drei Tagen auch die Seeschlacht vor dem Kap Artemision geschlagen, und zwar am 18., 19. und 20. Tag nach dem Aufbruch aus Therme, etwa Mitte August. Keine Seite gewann die Oberhand, aber die Griechen beschlossen die Rückfahrt durch die Meerenge zwischen dem Festland und der Insel Euboia und beschleunigten sie, als eine Triere die Nachricht vom Durchbruch der Perser meldete. Zum Teil wurden die Schiffe auch gebraucht, um bei der schnellen Evakuierung Athens zu helfen, das nun nicht mehr zu verteidigen war.

Die verlorene Schlacht an den Thermopylen, insbesondere aber die Opferrolle des Leonidas und seiner Dreihundert, faszinierte die Nachwelt, obgleich ein Sinn in dem ausweglosen Kampf nicht leicht zu entdecken war. Das berühmte Grabepigramm erhält keinen Hinweis, und so höhnte der deutsche Althistoriker Julius Beloch, einen Vorteil habe die Schlacht immerhin gehabt, denn sie habe die Griechen von einem unfähigen Feldherrn befreit. Andere Historiker vermuten, Leonidas habe die gefährliche Rückfahrt der Flotte insbesondere durch den Sund von Chalkis schützen wollen, indem er ein schnelles Vordringen der Perser dorthin verhinderte, wieder andere, er habe den abziehenden Peloponnesiern einen Vorsprung vor den nachrückenden Reitern verschaffen wollen. Wie auch immer, einen Nutzen hatte sein Tod auf jeden Fall für Sparta. Er stellte das Vertrauen der Athener wieder her, die vermutet hatten, die Lakedaimonier zögen nur zum Schein zu den Thermopylen und bereiteten in Wahrheit die Verteidigung des Isthmos vor.

Nach dem Fall der Thermopylen ergossen sich die persischen Truppen wie durch einen Flaschenhals nach Mittelgriechenland. Wer Erde und Wasser gegeben hatte, wurde verschont, wer Widerstand leistete, besiegt, wer besiegt war, wurde versklavt, die evakuierten Städte wurden zerstört. Schnell erreichten die Truppen auch das ungeschützte Delphi. Die Priester arrangierten sich, Tempel und Schatzhäuser blieben unversehrt. Nach dem griechischen Sieg mußte das Lavieren der Priester peinlich erscheinen, und so erfanden sie die

Mär, Delphi sei gerettet worden, weil der Gott Apollon die Feinde persönlich in die Flucht geschlagen habe.

Salamis

Als die Perser Attika erreichten, war Athen evakuiert. Die Athener hatten sicherlich mit den Vorbereitungen nicht, wie Herodot nahelegt, bis zum letzten Moment gewartet. Dies ist jedenfalls einer 1959 in Troizen auf der Peloponnes gefundenen, in ihrer Echtheit freilich umstrittenen Inschrift mit einem Dekret des Themistokles zu entnehmen. Den Großkönig erwartete eine geräumte Stadt, die Bevölkerung war nach Euboia, Salamis, Troizen und an andere Orte der Peloponnes geflohen. Die Rückkehr war ungewiß, was an Besitz in Athen geblieben war, verloren. Eine kleine Besatzung harrte auf der Akropolis aus, deren Eroberung nicht im ersten Ansturm gelang. Familienangehörige des Peisistratos, die im persischen Troß mitzogen, sollten vermitteln. Xerxes plante offenbar, sie als neue Regierung zu installieren. Das politische Konzept ähnelte also dem von 490. Die athenische Burgbesatzung wurde schließlich getötet, Xerxes gab Befehl, Heiligtümer und Tempel niederzubrennen. Das zerstörte Athen war in persischer Hand. Die Einnahme der Stadt ist auch der Fixpunkt für unsere Chronologie, denn Herodot macht an dieser Stelle ausnahmsweise Angaben, die eine fixe Datierung, nämlich in das Jahr 480, möglich machen.
Die Flotte ankerte zunächst bei Salamis, für die Flottenkapitäne der Peloponnes sollte dies aber nur ein Zwischenaufenthalt sein. Nachdem Mittelgriechenland ohnehin verloren war, schien es ihnen klüger, den Isthmos zu verteidigen. Damit wäre freilich auch Aigina verloren gewesen, und so kam Widerstand von den Aigineten und den Athenern, die in der Nähe der Heimat bleiben wollten. Der Kommandant der Flotte, Eurybiades, war Spartaner, beugte sich aber schließlich den Argumenten des Themistokles. Ohne die Schiffe der Athener und Aigineten war das verbliebene Kontingent zu schwach. Zudem hätte am Isthmos im offenen Meer gekämpft werden müssen. Die Meeresenge zwischen Salamis und dem Festland bot dagegen die Chance, die numerische Überlegenheit der persischen Schiffe auszugleichen. Tatsächlich hatte Xerxes zunächst auch Bedenken, dort die Schlacht anzunehmen. Themistokles soll den Zaudernden schließlich durch einen geheimen Brief zum Angriff bewogen haben, in dem er sich als Freund ausgab und dem König zu einem schnellen Sieg riet, bevor sich die Flotte der Griechen zerstreue. Vermutlich veranlaßte die fortgeschrittene Jahreszeit Xerxes zur Seeschlacht.
Der Verlauf der Schlacht bleibt ein Geheimnis. Moderne Rekonstruktionen

führen nicht weiter, selbst über die Höhe des Meeresspiegels besteht keine Übereinstimmung. Herodot stand vor ähnlichen Problemen. Was die Kombattanten aus den verschiedenen Städten erzählten, differierte offenbar stark. Alle sprachen sich den größten Anteil am wichtigsten Sieg in der griechischen Geschichte zu. In seinen *Historien* zieht der Historiker die Konsequenzen. Er verzichtet auf eine groß angelegte Darstellung und folgt – im Kern – der einzigen Quelle, die er für zuverlässig hält, dem Dichter Aischylos.

Faktum ist, daß die persische Flotte weder ihre Qualität noch ihre numerische Überlegenheit in dem Meeressund ausspielen konnte. Xerxes, der das Geschehen von einem Thron vom Festland aus beobachtete, sah den Untergang seiner Armada. So wollte es jedenfalls die Überlieferung der siegreichen Griechen, aber so vollständig, wie sie später glaubten, war der Sieg nicht. Die Gegner rüsteten sich zur Fortsetzung des Kampfes, doch schließlich schickte Xerxes die Schiffe, soweit sie unbeschädigt waren, zurück zum Hellespont. Später ankerte die Flotte bei Samos. Er selbst kehrte auf dem Landweg über Boiotien zurück. Angeblich fürchtete er, die Griechen könnten die Hellespontbrücke abbrechen und ihm den Rückweg abschneiden.

Plataiai und Mykale

Das persische Landheer überwinterte inzwischen unter der Führung des Mardonios in Thessalien, Attika blieb besetztes Land. Über König Alexander von Makedonien als Vermittler verhandelte Mardonios mit den Athenern. Er bot Autonomie und Hilfe beim Wiederaufbau der zerstörten Stadt an. Persisches Ziel war offenbar, Sparta zu isolieren. Athen winkte eine hegemonieähnliche Stellung in Griechenland, doch schloß die persische Unterstützung wohl auch die Rückkehr der Peisistratiden ein. Darauf konnten die Athener nicht eingehen, zumal sie sich in der Vergangenheit zu Vorkämpfern der griechischen Freiheit stilisiert hatten. Sie nutzten freilich die Verhandlungen, um die Spartaner unter Druck zu setzen. Deren Hopliten waren für die bevorstehende Entscheidung zu Land unentbehrlich.

Salamis hatte den Griechen zu der Erfahrung verholfen, daß die Barbaren besiegbar waren. Doch die Euphorie hielt nicht lange. Noch stand die Masse der persischen Landtruppen in Griechenland. Zudem hatte sich die Lage für die Peloponnesier gewandelt. Ohne die Armada des Großkönigs war der Isthmos ein Bollwerk, das nicht zu umgehen war. Entsprechend wurde mit großer Energie an der Mauer gebaut, welche die Landenge nach Norden sperrte. Die Athener sahen mit großem Mißtrauen nach Sparta, und dieses

Einführung

Mißtrauen verstärkte sich, als vom Eurotas nur Versprechungen, aber keine Hopliten kamen. Die Perser rückten etwa im Juni 479 wieder nach Griechenland vor; Attika wurde ein zweites Mal besetzt – zehn Monate nach der ersten Invasion, notiert Herodot. Mardonios verzichtete auf weitere Diplomatie – so hatten ihm die Boioter geraten, durch Bestechungen die Uneinigkeit der Griechen zu fördern –, er brauchte jetzt einen militärischen Erfolg. Schließlich waren die Lakedaimonier doch ausgerückt, 10 000 Mann stark, 5000 Spartaner und 5000 Periöken, die halbfreien Umwohner Spartas. Herodot übernimmt die athenische Version, wonach sie das nur aufgrund der Warnungen der Athener taten, andernfalls doch noch die Seite zu wechseln. Vielleicht wollten sie aber nur die Fertigstellung der Isthmos-Sperre abwarten, vielleicht wurden Periöken und Heloten noch bei der Ernte gebraucht. Zumindest mußte das spartanische Kontingent am Isthmos noch warten, bis die übrigen peloponnesischen Aufgebote nachkamen. Die Perser räumten auf diese Nachricht hin Attika. Das Gelände schien ungünstig für einen Reiterkampf, zudem drohte eine Besetzung der nördlichen Engpässe und vor allem verbesserte die Nähe zu den verbündeten Thebanern die Versorgungslage.

Ein junger, noch unerfahrener Feldherr, der erst 25 Jahre alte Pausanias, Vormund seines Vetters, eines Sohnes des Spartanerkönigs Leonidas, befehligte die verbündeten Griechen. Mit einem gemeinsamen, in seiner Authentizität allerdings umstrittenen Eid, der auf einer 1932 beim attischen Acharnai gefundenen Stele erhalten ist, beschworen sie den gegenseitigen Zusammenhalt, der sich in der Praxis dann als so groß doch nicht erwies. Tatsächlich hatten die Griechen bis dahin ja meist gegeneinander gekämpft, und so nahmen sie dieses lang erprobte Verhalten auch bald nach 479 wieder auf. Die Gegner standen sich am Fluß Asopos in der Nähe Thebens gegenüber, ca. 60 000 Kombattanten auf persischer, ca. 30 000 bis 40 000 auf griechischer Seite. Keiner von ihnen wagte zunächst den Angriff, sie beschränkten sich darauf, die Logistik des Gegenübers zu stören. Was die Griechen erst nach der Schlacht von Salamis getan hatten, machten sie hier bereits vor dem Kampf. Sie stritten sich um Ehren, d.h. in diesem Fall um den ehrenvollsten Platz in der Schlachtordnung. Wer Herodot liest, versteht nicht so recht, warum die Griechen den Kampf eigentlich gewannen. Offensichtlich wurde der Historiker aus den späteren Schilderungen der Beteiligten so wenig klug wie diese aus ihrem eigenen Schlachtplan. Eigentlich gab es keinen. Noch bevor der Kampf begonnen hatte, ordnete Pausanias den Rückzug an. Ein Teil der Truppen kam der Order so schnell nach, daß es einer Flucht glich, andere zogen sich schleppend zurück, ein spartanischer Chiliarch – der Befehlshaber einer Einheit – wollte, offenbar von Leonidas inspiriert, auf seinem Posten ausharren. Diese Unordnung nutzte Mardonios zum Angriff, doch das spartanische Kontingent hielt dem selbst noch in der Rückwärtsbewegung stand. Das rettete die Griechen, und als Mardonios fiel, war die Schlacht gewonnen, die zunächst wie eine Niederlage aussah.

Aus der Beute wurde auch die berühmte Schlangensäule von Delphi finanziert – ein Bronzedenkmal von ca. sechs Metern Höhe, das aus drei ineinander verschlungenen Schlangen bestand, auf deren Köpfen der Dreifuß des Apollon ruhte. Trotz ihres hohen Wertes überlebte die Säule an ihrem Ort bis in die späte Kaiserzeit, als sie Kaiser Konstantin in seine neue Metropole Konstantinopel bringen ließ. Sie firmierte als Wendemarke im Hippodrom, als Springbrunnen und als Pilgerstätte für heilungssuchende Kranke. 1856 war auf der ins Erdreich versunkenen Säule auch die berühmte Inschrift wieder entdeckt worden, auf der sich die Sieger von den griechischen Städten abgrenzten, die nicht dem Hellenischen Bund beigetreten waren. Dem schlichten Satz: «Diese führten den Krieg» folgen 31 Namen von Städten und Inseln, Lakedaimonier und Athener an der Spitze.

Die letzte Schlacht des Krieges, die um das Schiffslager der Perser bei Mykale geschlagen wurde, sah die Griechen bereits in der Vorwärtsbewegung. Ermutigt durch den Sieg bei Plataiai, wagten sie den Angriff auf die kleinasiatische Küste, wo sich die persischen Schiffe postiert hatten, die der Katastrophe von Salamis entkommen waren. Die Angreifer überrannten die Stellung der Perser, welche die Trieren zum Schutz an Land gezogen hatten. Das Schiffskontingent wurde zerstört, die Ägäis wieder ein griechisches Meer. Herodot notiert knapp: «So fielen die ionischen Griechen ein zweites Mal von den Persern ab.» Die athenischen Schiffe fuhren noch zum Hellespont und kehrten mit den Tauen der zerstörten Xerxesbrücke als Opfergaben für die heimischen Tempel zurück. Die persische Invasion war zurückgeschlagen, der persische Krieg aber überlebte Herodot und endete erst, als Alexander der Große den Thron der Achaimeniden bestieg.[1]

Einführung

Thukydides und der Peloponnesische Krieg

Die Pentekontaetie (479–431 v. Chr.)
Herodot beschließt seine Darstellung mit der Eroberung der von den Persern gehaltenen Stadt Sestos durch die Athener und deren anschließender Rückkehr in die Heimat. Das war im Spätherbst 479. Es folgt noch der lapidare Satz: «In diesem Jahr hat sich dann nichts weiter ereignet.» (9.121) Mit dem Jahr 478 beginnt ein ganz neues Kapitel in der griechischen Geschichte, das aufzuschlagen Herodot – freilich nicht ohne es an Vorverweisen auf das Kommende fehlen zu lassen – seinem Nachfolger überläßt. Thukydides fährt, obwohl der Krieg, den er darstellen will, noch rund ein halbes Jahrhundert entfernt ist, dort fort, wo Herodot aufhört. Der Einnahme von Sestos folgten der Bau der Stadtmauern von Athen und die Gründung des Delisch-Attischen Seebundes, und beide Vorgänge wiederum waren die Wurzeln der athenischen Expansion, in denen Thukydides, wenn auch spät, die Ursachen des Konfliktes mit Sparta sah, der zwischen 431 und 404 ausgetragen wurde.

Athen hatte die existentielle Bedrohung, die der Persersturm darstellte, aus eigener Kraft abgewehrt, so glaubten jedenfalls die Bewohner, und so begannen sie nicht nur, ihre Häuser wieder aufzubauen, sondern sie auch mit einer Mauer zu umwehren. Das geschah zunächst wohl aus Angst vor einer Rückkehr der Perser, im Ergebnis sicherte das Bollwerk aber die Stadt gegen jede Invasion, auch gegen eine der Spartaner, die vorerst Bundesgenossen blieben.

Auch in Kleinasien fürchteten die Griechen einen baldigen neuen Angriff des Großkönigs, und so flüchteten sie unter den Schutz der Athener, die als stammesverwandt galten. Die Arroganz des plötzlich persophil gewordenen Siegers von Plataiai, des Spartaners Pausanias, hatte sie abgestoßen, und zudem boten die Lakedaimonier nichts zur Sicherheit der überseeischen Griechen an als den vagen Plan einer Umsiedlung. Sparta war nicht auf längere Auslandsmissionen eingerichtet, zudem drohten im Inneren stets Aufstände der unterdrückten Heloten. So akzeptierten die Spartaner auch zunächst, daß die Athener die Führung eines Seebundes übernahmen, in den alle die ägäischen Inseln und Städte eintraten, die sich gegen eine Wiederkehr der Perser wappnen wollten. Das Bündnis wurde auf ewige Zeit geschlossen. Zumindest beharrten die Athener später, als sich Zerfallserscheinungen zeigten, auf einem entsprechenden Passus.

Thukydides und der Peloponnesische Krieg

Jeder Bündner besaß in den Versammlungen, die zunächst in Delos abgehalten wurden, eine Stimme. Der Eid verpflichtete sie «dieselben Feinde und dieselben Freunde zu haben». Mit dem Wort Feind waren sicherlich zunächst die Perser gemeint, aber die Formulierung war so offen, daß später die Spartaner mühelos an deren Stelle treten konnten. Die größeren Inseln wie Chios, Samos oder Lesbos stellten zunächst wie die Athener Schiffe für gemeinsame Manöver, die kleineren Verbündeten zahlten stattdessen Geldbeiträge, die sich zu einer Gesamtsumme von 460 Talenten (1 Talent zählte 6000 Drachmen, eine Drachme entsprach in etwa dem Tageslohn eines Ruderers) addierten.

Der Bund veränderte sich, als die Perser ausblieben, die größeren Städte es müde wurden, Schiffe für Manöver zu stellen, und die kleineren, Phoroi (Tribute) zu zahlen, die offenbar von Athen für eigene Pläne zweckentfremdet wurden. Einzelne Inseln, wie zuerst Naxos, versuchten, den Bund zu verlassen, doch das verwehrten ihnen die Athener. Wer dennoch abfiel, wurde mit Waffengewalt zurückgezwungen. Athen machte seine Währung, seine Maße und Gewichte für die Bündner verpflichtend, für bestimmte Prozesse wurde die Stadt der Gerichtsort. Aus der (formalen) Gleichberechtigung wurde – ungeachtet aller Widerstände auch in Athen selbst – eine athenische Hegemonie, aus dem Verbündeten ein Untertan, aus dem Seebund eine die Ägäis umspannende Arché (Herrschaft). Athenische Trieren segelten bis nach Zypern und – mit wenig Erfolg allerdings – Ägypten im Osten, bis nach Sizilien und Unteritalien im Westen. Sie umfuhren die Peloponnes und brachten attische Kleruchen (Kolonisten) bis ans Schwarze Meer. Die Insel Kythera im Süden der Peloponnes wurde erobert, im Norden der Halbinsel schloß sich Achaia den Athenern an. Die Spartaner begannen diese Entwicklung als Einkreisung zu empfinden und auch ihr wichtigster Verbündeter, die Stadt Korinth, glaubte sich durch Verträge, die Athen mit den Inseln der griechischen Westküste schloß, bedroht. So hatte der Peloponnesische Krieg einen langen Vorlauf, die Kontrahenten hätten Zeit gehabt, ihn zu stoppen, doch sie zogen sehenden Auges in den Konflikt. Für Thukydides lag der Kriegsgrund in der Furcht Spartas vor einer Einkreisung durch Athen. In den unmittelbaren Vorboten des Krieges, den Konflikten um Kerkyra, Poteidaia und Megara, sah er ganz im Gegensatz zu seinen Zeitgenossen nur Anlässe.

Die Anlässe (435–431)

Die unmittelbare Vorgeschichte des Krieges setzte 435 ein, weitab von der stillen Front in Mittelgriechenland, ohne Sparta oder Athen zunächst direkt zu involvieren. In Epidamnos, einem Ort an der heutigen albanischen Küste, brach einer der vielen Bürgerkriege aus, in denen Demokraten Oligarchen oder Oligarchen Demokraten vertrieben. Die Demokraten wandten sich in der Hoffnung auf Hilfe an Korinth, die vertriebenen Aristokraten an Kerkyra. Beide Städte fuhren ihre Flotte auf, Kerkyra siegte, die Oligarchen kehrten zurück. Dann geschah zwei Jahre nichts, bis im Juli 433 eine Delegation aus Kerkyra nach Athen kam und dort um Hilfe bat. Vorausgegangen waren große Rüstungsanstrengungen Korinths, das den Konflikt erneuern wollte. Nach langer Diskussion beschloß die Volksversammlung, eine Epimachie (Defensivbündnis) einzugehen. Als korinthische und kerkyraische Schiffe wenig später bei den Sybota-Inseln aufeinandertrafen, war Athen zur Hilfeleistung verpflichtet und in einen, wenn auch kurzen Krieg gegen ein Mitglied des Peloponnesischen Bundes verwickelt.

Um Korinth drehte sich auch die zweite *Aitía* (Veranlassung). Zu den vielen Gründungen der Hafenstadt zählte auch das im Norden der Ägäis gelegene Poteidaia, das allerdings ebenso zum Seebund der Athener gehörte. Diese befürchteten nun, Poteidaia könne, wenn der Konflikt mit Korinth eskaliere, auf die Seite der Mutterstadt treten. Die Maßnahmen, die dies verhindern sollten, führten zum Gegenteil. Poteidaia trat sofort aus dem Seebund aus und suchte in Sparta um Hilfe nach.

Vielleicht hätten sich diese beiden Konflikte noch entschärfen lassen, der Krieg entschied sich schließlich an der dritten *Aitía*, der megarischen Frage. Die Spartaner machten sie zum Prüfstein für ein Nachgeben, zu dem Athen nicht bereit war: «Und was (die Lakedaimonier) als das Allerwichtigste mit der größten Entschiedenheit erklärten: der Krieg sei vermeidbar, wenn das Psephisma (Volksbeschluß der Athener) über die Megarer aufgehoben würde. Dieser lautete: (Die Megarer) seien ausgeschlossen von allen Häfen des attischen Reiches und vom Handel in Attika.» (1.139.1)

Das sogenannte Megarische Psephisma bedeutete zum einen eine Landblockade, zum anderen ein weitgehendes Handelsverbot. Es zielte auf den wirtschaftlichen Ruin der Stadt als Strafe für ihren Eintritt in den Peloponnesischen Bund. Als dessen Hegemon konnte Sparta dies nicht hinnehmen, ohne Loyalitätsverluste unter den anderen Verbündeten fürchten zu müssen. Korinth und Aigina waren schon mehrmals am Eurotas vorstellig geworden, um sich über die Praktiken Athens zu beklagen. Zwar erklärten die Spartaner daraufhin auf einer Versammlung des Bundes im Herbst 432 den 446/5 mit Athen abgeschlossenen 30jährigen Frieden als gebrochen, doch unternahmen sie vorläufig nichts, abgesehen von einer Befragung des Orakels in Delphi. So blieb im Winter 432/1 Zeit für Verhandlungen. Thukydides schreibt es vor allem dem Widerstand des Perikles zu, seit Anfang der vierziger Jahre mächtigster Politiker der Stadt, daß sie mißlangen. Was diesen auf Kriegskurs hielt, war der Glaube, den Konflikt schnell zugunsten Athens entscheiden zu können. An wirtschaftlicher Kraft war Athen weit überlegen, auch wenn die Ressourcen seit Beginn der dreißiger Jahre zu schwinden schienen, denn die Demokratie war mit der Bezahlung von Ämtern, Ratsherren und Geschworenen eine teure Verfassung. Perikles' Strategie gründete sich darauf, daß Athen uneinnehmbar war. Lange Mauern verbanden die Stadt mit dem Hafen Piräus. So war die Versorgung durch die Flotte gesichert, die Bevölkerung konnte im Falle einer feindlichen Invasion in das Areal zwischen den Mauern evakuiert werden. Der Plan lautete vereinfacht: Defensive zu Land, Offensive zur See. Das bedeutete, sich auf einen Krieg ohne Schlachten vorzubereiten, einen Zermürbungskrieg, von dem niemand wußte, ob Athen ihn länger durchzuhalten imstande war. Das Risiko war die eigene Bevölkerung. Die Euphorie konnte schnell verfliegen, wenn peloponnesische Truppen nach Attika kamen und das ungeschützte Land verwüsteten.

Der Archidamische Krieg (431–421)

Der Krieg begann in der Nacht zum 5. April des Jahres 431. Thukydides hat dieses Datum herausgehoben und zum Angelpunkt seiner Chronologie gemacht. 300 Hopliten aus Theben hatten damals die Nachbarstadt Plataiai, Mitglied des Attischen Seebundes, überfallen. Der Handstreich mißlang. 180 Hopliten, die sich ergeben hatten, da die Plataier sie freizulassen versprachen, wurden von diesen Mann für Mann umgebracht – ein Vorzeichen für die Erbitterung, mit welcher der Peloponnesische Krieg geführt werden sollte. Für die Zeitgenossen begann dieser freilich erst mit dem Einmarsch des Spartanerkönigs Archidamos im Sommer des Jahres in Attika. Die Verbündeten, auf der einen Seite Sparta mit den meisten peloponnesischen Städten, zudem mit Megara, Boiotien, Lokris, Phokis und Ambrakia, auf der anderen Athen mit den großen Inseln der Ägäis, dazu den Akarnanen, Kerkyra und Zakynthos, zogen mit Begeisterung in einen Krieg, dessen Schwere und Dauer sie nicht einmal erahnten. «Auf Geringes hatten beide ihre Gedanken nicht gerichtet. Alle waren mutig und entschlossen zum Krieg – begreiflich, faßt doch am Anfang jeder schärfer an. Und damals war viel Jugend im Peloponnes, viel in

Einführung

Athen, die in ihrer Unerfahrenheit den Krieg freudig aufgriff. Das ganze übrige Griechenland verharrte in Spannung bei diesem Zusammenstoß der beiden ersten Städte.» (1.8.1)

Den Propagandakampf gewannen die Spartaner. Mit ihrer Parole von Freiheit und Autonomie für die griechischen Städte trafen sie die Stimmung vieler, die (nicht ganz unberechtigt) Ressentiments gegen Athen hegten, da die Stadt bei der Eroberung und Verteidigung ihrer Hegemonie nicht zimperlich mit vielen griechischen Städten, namentlich den eigenen Verbündeten, verfahren war. Daß die versprochene Freiheit eine von athenischer, nicht aber spartanischer Herrschaft sein sollte, erwies sich erst später.

Im Mai des Jahres 431 versammelten sich die Truppen des Peloponnesischen Bundes auf dem Isthmos von Korinth. Der spartanische König Archidamos zählte nach Thukydides zu denjenigen, die weiterhin auf Gespräche setzten. Im Gegensatz beispielsweise zu Korinth, dessen Märkte von der Expansion Athens bedroht waren, hatte Sparta im Falle eines Konfliktes nicht so viel zu gewinnen. Andererseits war das Ansehen als Hegemonialmacht auf der Peloponnes gefährdet, und so gab es auch in Sparta eine starke Kriegsfraktion, verkörpert in dem Ephoren Sthenelaidas. Archidamos schickte noch in letzter Minute einen Boten mit einem Verhandlungsangebot nach Athen. Es wurde ausgeschlagen.

Archidamos rückte nach längerem Abwarten schließlich, ohne auf Widerstand zu stoßen, bis zum Demos Acharnai vor, zwei Stunden Fußmarsch von Athen entfernt. Die Landbevölkerung war in den Schutz der Langen Mauern geflohen. Von den Stadtmauern aus mußte sie beobachten, wie die Peloponnesier das Korn abschnitten, Olivenbäume abholzten und Weinstöcke ausrissen. Ein attisches Heer rückte jedoch nicht aus, und so mußte auch Archidamos nach einiger Zeit wieder umkehren. Währenddessen umfuhren attische Schiffe die Peloponnes, Städte und Dörfer wurden geplündert, die Insel Kephallenia erobert, die Bewohner von Aigina vertrieben. Was Sparta befürchtet hatte, namentlich die Blockade der Peloponnes, rückte näher. So zog Archidamos im nächsten Frühjahr erneut gegen Attika, und diesmal fand er unerwartet einen furchtbaren Verbündeten: In Athen war eine verheerende Seuche ausgebrochen. Identifizieren läßt sie sich trotz der genauen Beschreibung der Symptome nicht. So hat sich die Bezeichnung Pest eingebürgert, um die damit verbundenen Schrecken in einem Wort bündeln zu können. «Zu aller Not brachte sie das Zusammenströmen der Leute vom Land in die Stadt in noch größere Bedrängnis, vor allem die Neuankömmlinge. Denn, da nicht genug Häuser vorhanden waren und sie den Sommer in stickig-heißen Hütten zubringen mußten, starben sie in wüstem Durcheinander dahin: Tote und Sterbende lagen übereinander, Halbtote wälzten sich auf den Straßen und bei allen Brunnen, in wildem Verlangen nach Wasser. Die Tempel, in denen sie hausten, lagen voller Leichen der dort Verstorbenen. Völlig überwältigt vom Leid und ratlos, was aus ihnen werden solle, kehrten sie sich nicht mehr an göttliches und menschliches Gebot.» (2.52.1–3)

Die Bevölkerung spaltete sich in zwei Lager, die vom Krieg besonders betroffenen Bauern und Umwohner votierten gegen die Politik des Perikles. Auch der konservative Adel machte gegen ihn Front. In dem Demagogen Kleon erwuchs ihm ein volksnaher Gegner. Besonders die politische Komödie griff ihn nun als «obersten Kriegsherren» an. Im Gewand des Zeus oder des Dionysos kam Perikles als Tyrann und neuer Peisistratos auf die Bühne. Nachdem er fünfzehn Mal in Folge zum Strategen gewählt worden war, wurde er nun im Herbst 430, inmitten seiner Amtszeit, seines Postens enthoben. Er wurde der Unterschlagung bezichtigt, 1500 Geschworene verurteilten ihn zu einer hohen Geldstrafe. Doch der Krieg ging weiter, eine neue Strategie wurde nicht gefunden, und Perikles wurde im nächsten Frühjahr ein letztes Mal gewählt. Im September des Jahres starb er an der Pest.

Athen verlor, glauben wir Thukydides, seinen fähigsten Kopf, keiner der späteren Politiker errang größere Bedeutung. Alle agierten nur kurzfristig, manche besaßen zwar die Fähigkeit, einen Krieg zu führen, aber niemand die Fähigkeit, ihn auch zu beenden. Auch auf der Gegenseite gab es keine Staatsmänner von Format. Bis zum Ende im Jahre 404 glaubte jede Seite, wenn sie denn ein wenig in Vorteil kam, auch den ganzen Krieg gewinnen zu können, und schlug Friedensangebote aus.

Niemand wußte, wie der Krieg, der asymmetrisch, Flotte gegen Landheer, geführt wurde, gewonnen werden sollte, und so marschierten die Peloponnesier Frühjahr für Frühjahr von 431 bis 425 in Attika ein. Nur 429 hinderte sie die Furcht vor der Pest und 426 ein Erdbeben. Die attischen Trieren griffen währenddessen ungeschützte Küstenorte der Peloponnes an, die Verluste hielten sich die Waage. Der Mangel an Phantasie wurde durch ein Plus an Brutalität wettgemacht. Thukydides hat das an zwei Beispielen gezeigt, der Belagerung und Eroberung von Plataiai durch die Spartaner bzw. von Mytilene durch die Athener.

Mytilene auf der Insel Lesbos war Mitglied im Attischen Seebund, fiel aber im vierten Kriegsjahr von Athen ab. Die Spartaner hatten Versprechungen gemacht, die sie zwar einhalten wollten, aber nicht konnten. Für die Athener war dies ein Präzedenzfall, den sie nicht dulden durften. Sie schickten ihre Flotte und im Herbst des Jahres ein zusätzliches Expeditionskorps. Die Stadt wurde belagert und ergab sich im Sommer 427. Die Ekklesia (Volksversammlung) in Athen faßte in der Erregung einen Beschluß von noch nie praktizierter Härte. Alle männlichen Erwachsenen sollten getötet werden. Gedacht war das als Signal an andere unsichere Verbündete. Selbst im kriegszerrütteten Athen aber regte sich Widerstand. Ein Nachrichtenschiff der Athener war mit der Order bereits nach Lesbos unterwegs, als die Ekklesia nochmals zu einer Sondersitzung zusammentrat. Der Beschluß vom Vortag wurde korrigiert. Thukydides hat die Vorgänge danach als eines der wenigen Zeichen von Hoffnung in einer kurzen Schilderung dramatisiert: «Da die mytilenischen Gesandten der Schiffsbesatzung Wein und Gerstenmehl brachten und ihnen reiche Belohnung versprachen, falls sie den anderen zuvorkämen, entfalteten sie einen solchen Eifer auf der Fahrt, daß sie während des Ruderns das mit Wein und Mehl angerührte Brot aßen und wechselweise die einen schliefen, die anderen aber ruderten. Zufällig hinderte sie kein Gegenwind und das früher abgesandte Schiff fuhr langsam wegen seines widerwärtigen Auftrages, das zweite aber drängte aus solchem Grund rasch vorwärts; so kam jenes nur um so viel früher an, daß Paches eben den Volksentscheid gelesen hatte und den Auftrag ausführen wollte, da lief auch schon das zweite ein und verhinderte die Hinrichtung. So knapp an den Rand des Unterganges war Mytilene gekommen.» (3.49.2–4) Allzu weit ging die Milde freilich nicht. Die sogenannten Hauptverschwörer wurden auf Antrag des Kleon dennoch hingerichtet – etwas über tausend, präzisiert Thukydides.

Die Spartaner standen dem nicht nach. Seit Sommer 428 belagerten sie Plataiai und schlossen es mit einer Mauer ein. Ausbruchsversuche der Belagerten scheiterten bis auf wenige Ausnahmen, und so kapitulierten sie schließlich. Die Spartaner sicherten ein faires Verfahren zu, aus dem sie dann einen Schauprozeß machten. «Die spartanischen Richter aber hielten ihre Frage für berechtigt, ob sie ihnen in dem Krieg schon einen Dienst erwiesen hätten ... Daher führten sie jeden einzeln vor und fragten ihn ... ob sie den Spartanern und ihren Verbündeten in dem Krieg einen Dienst erwiesen hätten; sooft einer mit Nein antwortete, ließen sie ihn abführen und hinrichten, und niemanden verschonten sie.» (3.68.1) Getötet wurden 200 Plataier und 25 mitgefangene Athener, die Frauen wurden in die Sklaverei verkauft.

Die Plataier brachten die Thebaner um, die mit diesen verbündeten Spartaner die Plataier. Die Athener töteten die Mytilener, die mit diesen verbündeten Peloponnesier alle Athener, deren sie auf See habhaft wurden. Eine Ausnahme bildeten die Bewohner der Insel Kerkyra. Sie brachten sich gegenseitig um. Kerkyra ist das Spiegelbild der Stasis in Griechenland: Der *Bürgerkrieg*, der hier im Großen tobte, fand dort seine Entsprechung im Kleinen. Die Spartaner exportierten und unterstützten Oligarchien, die Athener demokratische Regierungen. Beide Regime unterschieden sich in der Ausübung ihrer Herrschaft allerdings kaum und waren sich einig, wenn es galt, die parteilosen Bürger zu bekämpfen, die gleichermaßen «von beiden Gegnern umgebracht wurden, entweder weil sie nicht mitkämpften oder aus Neid, daß sie etwa mit dem Leben davonkämen». (3.82.8)

In den einzelnen Städten herrschte oft ein fragiles Patt zwischen oligarchisch und demokratisch Gesinnten, zwischen Athen- und Spartafreunden, das dann zerbrach, wenn eine der großen Mächte eingriff. In Kerkyra brach der Bürgerkrieg aus, als zunächst die Peloponnesier und danach die Athener jeweils mit einer Flotte intervenierten. Die athenische erwies sich als die stärkere, und so eskalierte unter dem Eindruck athenischer Präsenz der politische Kampf zum Bürgerkrieg. «Die Kerkyraier hatten kaum wahrgenommen, wie attische Schiffe sich näherten und die der Feinde abzogen, ... da beschäftigten sie sich mit der Ermordung ihrer Gegner, wenn sie einen zu fassen bekamen. Diejenigen, die sie zum Einsteigen in die Schiffe verlockt hatten, holten sie heraus und brachten sie um. Sie gingen auch zum Heraheiligtum, überredeten etwa 50 Männer unter den Schutzflehenden, sich einem Prozess zu stellen, und verurteilten alle zum Tode. Die meisten Schutzflehenden, soweit sie sich nicht dazu überreden ließen, töteten einander noch im Heiligtum, als sie mit ansehen mußten, was geschah. Einige erhängten sich an Bäumen, manch andere schieden aus dem Leben, wie eben jeder konnte. Sieben Tage lang (so lange die athenischen Schiffe noch blieben) mordeten die Kerkyraier ihre angeblichen Feinde. Als Anschuldigung brachten sie vor, diese wollten die Demokratie zerstören, einige aber fanden den Tod einer persönlichen Feindschaft wegen, andere, denen man Geld schuldig war, starben unter den Händen ihrer Schuldner. Der Tod zeigte sich dort in vielerlei Gestalt, wie es in solchen Läuften zu geschehen pflegt, nichts, was es nicht gegeben hätte und noch darüber hinaus. Erschlug doch der Vater den Sohn, manche wurden von den Altären weggezerrt oder dort selbst niedergehauen, einige auch eingemauert im Heiligtum des Dionysos, so daß sie verhungerten.» (3.81.2–5) Versöhnung gab es in diesen Staseis, die immer wieder von außen angefacht wurden, nicht. Der

Bürgerkrieg endete, so der Historiker, als von der einen Partei nichts Nennenswertes mehr übrig blieb (4.48.5). Die Vorgänge auf Kerkyra sind exemplarisch, auch andere Poleis erlebten Exzesse dieser Art, wenn auch vielleicht mit weniger schwerem Verlauf. Thukydides übergeht sie, da er sich nicht unnötig wiederholen will.

Im Herbst 427, als der Stillstand immer spürbarer wurde, begann Athen, den Krieg zu verlagern. Eine kleine Flotte fuhr nach Sizilien, um den athenischen Einfluß dorthin auszudehnen. Ein anderes Unternehmen richtete sich – noch ergebnislos – gegen das neutrale Melos. Attische Truppen kämpften auch im Westen Griechenlands, wo die blutigsten Schlachten dieser ersten Kriegsphase geschlagen wurden, ohne daß sich die Kräfteverhältnisse änderten. Eine Wende trat im Jahre 425 eher zufällig ein. Auf einer neuerlichen Fahrt nach Sizilien landete der Feldherr Demosthenes, ohne dazu einen Auftrag zu besitzen, im Hafen von Pylos an der von Sparta kontrollierten Westseite der Peloponnes und befestigte diesen Platz. Beim Versuch einer Rückeroberung wurden 420 lakedaimonische Hopliten, darunter 120 Vollbürger, auf der vorgelagerten kleinen Insel Sphakteria eingeschlossen. Sparta konnte sie nicht befreien, Athen sie nicht gefangennehmen. Die Blockade der Insel ließ sich nicht unbeschränkt aufrechterhalten, und als die amtierenden Strategen keinen wirksamen Plan vorlegen konnten, erbot sich der militärisch unerfahrene, aber innenpolitisch erfolgreiche Kleon, das Unternehmen durchzuführen. Er erhielt von der Volksversammlung ein außerordentliches Kommando, und ihm gelang tatsächlich, was niemand von ihm erwartet hatte. Die gefangenen und nach Athen gebrachten Lakedaimonier stellten in der Folgezeit ein starkes Druckmittel dar und Kleon, ein radikaler Kriegsbefürworter, stieg zum einflußreichsten Politiker der Stadt auf. Sein Wirken läßt sich nur schwer beurteilen, denn die beiden Quellen, die von ihm berichten, sind stark gegen ihn eingenommen: zum einen – erwartbar – die attische Komödie, zum anderen – (an seinem Anspruch gemessen) überraschend – Thukydides. Kleon reorganisierte den Seebund und erhöhte die Tribute von 460 auf 1460 Talente jährlich.

Der Friede des Nikias (421–414)

Nach den Erfolgen aber kamen Rückschläge. Der Spartaner Brasidas marschierte mit einem Heer durch ganz Griechenland und bewog im Norden der Ägäis zahlreiche thrakische und chalkidische Städte zum Abfall von Athen. Besonders schmerzhaft war der Verlust des wichtigen Amphipolis. Als einer der zehn Strategen für das Jahr 424/3 gewählt, war es Aufgabe des Historikers

Thukydides und der Peloponnesische Krieg

Thukydides, diese Stadt zu verteidigen. Er kam – nach eigener Bekundung – zu spät und bezahlte das mit einem zwanzigjährigen Exil. In Mittelgriechenland scheiterte ein Angriff auf Boiotien, das attische Heer, in dem auch Sokrates kämpfte, wurde beim Delion, einem Apollonheiligtum an der Küste, geschlagen.

Im April 422 brachen die Athener unter der Führung des zum Strategen gewählten Kleon in den Norden auf. Nach ersten Erfolgen rückte Kleon bis auf Amphipolis vor. In der Schlacht aber siegte Brasidas. Beide Feldherren fielen, und die Spartaner gaben den bisher nur halbherzig unterstützten Plan, die Entscheidung im Norden zu suchen, wieder auf. In der im Frühjahr 421 aufgeführten Komödie des Aristophanes *Der Frieden* erscheinen die beiden Feldherren als die Kriegstreiber, deren Tod erst den Weg zum Frieden freimacht. Der Frieden wurde – in Athen – nach dem Mann, der ihn schloß, dem Strategen Nikias, benannt. Er währte jedoch nur kurz, und Thukydides hat ihn – nach 404 – gar nicht als solchen betrachtet. «Denn wenn jemand die Einigung zwischendurch nicht als Krieg ansehen wollte, so würde er nicht richtig urteilen. Man möge nur erwägen, wie der Frieden durch die Unternehmungen (der beiden Gegner) dauernd gebrochen wurde, und man wird finden, daß man wohl kaum von Frieden sprechen kann, wo sie weder alles zurückgaben noch zurückbekamen, was vertraglich festgelegt war; außerdem kam es zum Mantineischen und Epidaurischen Krieg und zu anderen gegenseitigen Vertragsbrüchen, die Verbündeten in Thrakien blieben nach wie vor Feinde, und die Boioter nahmen einen Waffenstillstand jeweils nur auf zehn Tage an.» (5.26.2–3)

Sparta und Athen einigten sich nun auf einen Frieden von 50 Jahren. Er hielt ungefähr halb so lang wie der Friedensschluß von 446, der es immerhin auf 15 Jahre gebracht hatte. Beide Städte, die Verbündeten inklusive, verpflichteten sich, keine Waffengewalt anzuwenden und Streitigkeiten durch direkte Verhandlungen oder über einen Schiedsspruch eines Dritten beizulegen. Im Wesentlichen sollten die territorialen Verhältnisse der Vorkriegszeit wieder hergestellt werden. Für Athen war besonders wichtig, daß es Amphipolis zurückerhielt. Im Gegenzug sollte Athen die Insel Kythera und Pylos zurückgeben, die gefangengenommenen Lakedaimonier wurden entlassen. Der Krieg war letztlich um den Erhalt des Attischen Seebundes geführt worden, dessen Existenz Sparta mit den Autonomieversprechungen an die athenischen Verbündeten in Frage gestellt hatte. Der Frieden war also das Eingeständnis von Spartas Schwäche. Keines der zu einem Abfall bereiten Mitglieder des

Seebundes durfte mehr auf die Lakedaimonier hoffen, die Athener waren die eigentlichen Gewinner des Archidamischen Krieges. Daß sie es nicht so sahen, hängt mit der Entwicklung im Norden zusammen. Der spartanische Kommandant von Amphipolis weigerte sich, die Stadt gegen den Willen ihrer Bewohner den Athenern zu übergeben. Athen behielt daraufhin Pylos. Die Spartaner plagten dazu noch weitere Sorgen. Wichtige Verbündete wie Korinther, Megarer oder Boioter hatte der Frieden, der keinerlei Beschneidung der athenischen Macht brachte, verprellt. Unter Druck schloß Sparta im Sommer 421 sogar ein Bündnis mit Athen, das gegenseitige Hilfe im Falle eines Angriffs Dritter garantierte. Schließlich ging Athen 420 noch ein Bündnis mit den demokratisch regierten peloponnesischen Städten Argos, Mantineia und Elis ein und war damit sowohl mit Sparta als auch mit dessen Feinden verbündet.

Der Nikias-Frieden ist verbunden mit dem Aufstieg eines Mannes, in dem viele Athener einen Nachfolger des Perikles erblickten. Alkibiades, Sohn des Kleinias, war in jedem Fall der letzte Aristokrat, der es in der athenischen Demokratie zu Rang und Namen brachte. Mit dem Peloponnesischen Krieg endete auch die Zeit des Adels. Alkibiades, 420 zum Strategen gewählt, profilierte sich zunächst als Gegner Spartas. Er setzte sich für das Bündnis mit Argos ein, und dessen Abschluß war ein erster Erfolg für ihn. Der Rückschlag kam schon 418, als in der großen Landschlacht bei Mantineia Sparta seine verbündeten peloponnesischen Gegner, denen Athen auch noch ein Hilfskorps geschickt hatte, besiegte.

417 wurden Nikias und Alkibiades zu Strategen gewählt, der Kampf in Athen um die Außenpolitik der Stadt, kurz gesagt, um Krieg oder Frieden, ging weiter. Alkibiades setzte seine antispartanische Politik fort, und es gelang ihm auch, Athen auf einen expansiven Kurs zu bringen. Mitten im Frieden landete eine athenische Flotte auf der Insel Melos und eroberte, da die Melier nicht kapitulieren wollten, den Hauptort der Insel. Alle Männer wurden getötet, Frauen und Kinder in die Sklaverei verkauft, athenische Kolonisten besiedelten die Insel. Die Widerrechtlichkeit und besondere Grausamkeit erregte Aufsehen in ganz Griechenland. Das geflügelte Wort vom «*Limos Meliaios*», vom melischen Hunger, kursierte schon bald und wurde symbolisch für die Leiden einer Belagerung. Die antike Überlieferung machte Alkibiades für den Angriff auf Melos verantwortlich; bei Thukydides, der den Fall exemplarisch darstellt, fehlt sein Name.

Thukydides und der Peloponnesische Krieg

Die Sizilische Expedition

Der Erfolg von Melos ermutigte die Athener zu einem weit größeren Unternehmen. Sie mischten sich – angezogen vom Reichtum der Insel – in den Bürgerkrieg auf Sizilien ein, um dort Fuß zu fassen und, wenn möglich, eine Art von Hegemonie zu errichten. Wieder war Alkibiades die treibende Kraft. Ihm stellt Thukydides Nikias gegenüber als Vertreter besonnener Zurückhaltung. Ausgangspunkt der großen Sizilien-Debatte in der Volksversammlung war ein Hilfegesuch der Stadt Segesta gegen die Nachbarn aus Selinunt, die mit Syrakus verbündet waren. Syrakus, obwohl wie Athen demokratisch verfaßt, neigte Sparta zu. Die Gesandten aus Segesta wußten das, weshalb sie darauf hinwiesen, daß ein Sieg des dorischen Syrakus auch das dorische Sparta stärke und Athens Hegemonie gefährde. Die Athener ließen sich allerdings erst auf das Hilfegesuch ein, als Segesta versicherte, Geld für den Krieg sei in Hülle und Fülle vorhanden. Überprüft wurden diese «verlockenden Behauptungen» nur halbherzig, denn eine Mehrheit der Athener wollte den Krieg. «Sie betrachteten», schreibt Plutarch (Nikias 12), «Sizilien nicht als den Preis des Kampfes, sondern als das Sprungbrett, von dem aus sie die Karthager bekämpfen und zugleich Afrika und das Meer diesseits der Säulen des Herakles in ihre Gewalt bringen wollten.»

Die Volksversammlung beschloß zunächst, 60 Trieren zu entsenden, erhöhte diese Zahl aber nach einer neuerlichen Einberufung auf 100. Im Sommer liefen schließlich 134 Trieren mit ca. 27 000 Mann Besatzung aus. Nikias, der mit Alkibiades und einem Mann namens Lamachos zum Strategen für diese Expedition gewählt worden war, wollte die Aussendung verhindern, indem er die Rüstungsforderungen in unbezahlbare Höhen schraubte. Die Folge war eine Flotte, die schon allein um ihre Ernährung sicherstellen zu können, Krieg führen mußte. «Und eine Sucht nach diesem Unternehmen überkam alle in gleicher Weise: die Älteren, (das Land) zu unterwerfen, gegen das sie ausfuhren – zumindest würde eine so große Streitmacht keinesfalls zugrunde gehen –, die in voller Manneskraft Stehenden aus Sehnsucht, die Ferne zu sehen und kennenzulernen, voll Vertrauen, heil davonzukommen, und die große Masse der Soldaten in der Hoffnung, fürs erste Geld zu verdienen und dann eine Macht zu gewinnen, durch die ihnen dauernde Soldzahlung gewährleistet werde.» (6.24.3)

Als die Ausfahrt näher rückte, verflog die Euphorie. In einer Nacht Ende Mai, kurz vor der Abfahrt, waren in der Stadt fast sämtliche Standbilder des Hermes verstümmelt worden. Hermes war der Gott, der alle beschützte, die zu Land

Einführung

und zu Wasser unterwegs waren, der Gott der glücklichen Fahrt. Umso ernster nahmen die Athener den Vorfall. Zugleich witterten sie, da in diese Aktion viele eingeweiht worden sein mußten, eine Verschwörung gegen die Demokratie. In die Untersuchungen hinein platzte ein zweiter Skandal. In der allgemeinen Hysterie wurden auch andere religiöse Vergehen den Behörden gemeldet. Für besondere Aufregung sorgte die Aussage, die heiligen Mysterien von Eleusis seien parodiert und entweiht worden. Ziel solcher Behauptungen war Alkibiades, in dessen Umgebung diese Vorgänge stattgefunden haben sollen. Vorwürfe wurden laut, er strebe nach der Tyrannis, doch wagte niemand, gegen ihn vorzugehen. Er besaß viele Anhänger und das gefährliche Unternehmen gegen Sizilien stand unmittelbar bevor.

Unter den drei *Strategoì Autókratores* herrschte schon kurz nach der Ausfahrt Uneinigkeit. Nikias wollte es bei einer Demonstrationsfahrt belassen, Lamachos Syrakus direkt angreifen und Alkibiades plädierte dafür, vor der Fahrt gegen Syrakus zunächst Verbündete in Sizilien zu suchen. Er kam nicht mehr dazu, seine Vorstellungen umzusetzen. Ein Staatsschiff rief ihn nach Athen zurück, wo er sich wegen des Mysterienfrevels verantworten sollte. Nach seiner Abfahrt hatten seine Gegner leichtes Spiel gehabt, da zur Klientel des Alkibiades auch viele Flottensoldaten gehörten, und so war ein Verfahren gegen ihn eingeleitet worden. Alkibiades kehrte jedoch nicht zurück, ihm drohte die Todesstrafe. Er entkam auf der Rückfahrt und flüchtete sich zum Landesfeind nach Sparta.

Nikias plante die Erstürmung von Syrakus sorgfältig, aber umständlich. Nach einer ersten Landung im November 415 zogen sich die Athener wieder zurück und gaben den Syrakusanern die Gelegenheit, sich auf den nächsten Angriff im folgenden Frühjahr vorzubereiten. Die Einschließung machte dennoch Fortschritte, die athenische Flotte blockierte den Großen Hafen von Syrakus. Im Sommer 414 kam jedoch Hilfe für die Belagerten aus Sparta. Sie bestand zunächst aus einem einzigen Mann, dem Feldherrn Gylippos. Er schlug sich mit einer kleinen, im Norden Siziliens gesammelten Streitmacht durch und verhinderte als neuer Kommandant in Syrakus, daß die Athener ihren Belagerungsring schließen konnten. Ein Patt entstand, aus dem sich Nikias mit einem neuen Hilfegesuch nach Athen retten wollte. 73 Trieren und 5000 Hopliten unter dem Kommando des Strategen Demosthenes wurden bereitgestellt. Die Unterstützung bewirkte jedoch wenig. Ein Sturm auf die oberhalb von Syrakus gelegene Hochebene wurde abgeschlagen, die Athener mußten sich mit dem Gedanken der Rückfahrt vertraut machen. Nikias wollte dies jedoch nicht ohne förmlichen Beschluß der Ekklesia, da er fürchtete, nach der Rückkehr für das Scheitern des Sizilienzuges verantwortlich gemacht zu werden. Mit erfolglosen Strategen gingen die Athener nicht zimperlich um.

Als Nikias schließlich doch nachgab, trat – am 27. August 413 – eine Mondfinsternis ein. Nikias betrachtete dies als ungünstiges Omen und verschob die Abfahrt ein weiteres Mal. Die Syrakusaner sperrten inzwischen den Hafen, die athenischen Schiffe vermochten nicht, die Blockade zu durchbrechen. Es blieb die Flucht auf dem Landweg. Die Athener ließen Tote und Verwundete zurück und versuchten, sich zu ihren sizilischen Verbündeten durchzuschlagen. Bis es soweit war, gelang es aber den Syrakusanern, wie Thukydides berichtet, Wege und Straßen zu sperren, Flüsse und Bäche mit Posten zu besetzen, auf Hügeln und in Schluchten Truppen zu stationieren. Noch an die 40 000 Mann machten sich auf den Weg, zunächst Nikias mit dem Gros der Truppen, dann mit einer Nachhut Demosthenes. Bald riß die Verbindung zwischen den beiden Abteilungen. Zuerst wurde Demosthenes eingekreist, dann mußte Nikias kapitulieren. Die Syrakusaner ließen die beiden Feldherren hinrichten. Die Überlebenden traten den Marsch in die Steinbrüche von Syrakus an. Von allen Leiden, schrieb Thukydides, die Menschen an einem solchen Ort zu erwarten haben, blieb ihnen kein einziges erspart. (7.87.2)

Der athenische Publizist Isokrates bezifferte im 4. Jahrhundert die Verluste auf 40 000, das ist, wie gesehen, bei Thukydides die Stärke des ganzen Heerhaufens (*Óchlos*) einschließlich des Trosses. Moderne Schätzungen gehen von ca. 12 000 Toten aus. Für die Athener war es in jedem Fall ein Rückschlag, von dem sie sich zunächst nicht zu erholen glaubten. «Es war sicherlich dieses Unternehmen von allen in diesem Krieg das größte, meiner Meinung nach sogar von allen, die wir aus der hellenischen Geschichte kennen, für die Sieger strahlendster Ruhm, für die Unterlegenen tiefstes Leid: in allem allseitig niedergerungen und gering nirgends vom Leid getroffen, im All-Untergang, so sei es denn genannt, Volk und Flotte, und nichts, was nicht untergegangen wäre; nur wenige von so vielen kehrten nach Hause zurück.» (7.87.5–6)

Der Dekeleisch-Ionische Krieg (414–404)

Im Sommer 414 erklärten die Spartaner, nicht ganz unberechtigt, nachdem Athen einen Vorstoß in die Peloponnes unternommen hatte, den Frieden für gebrochen und beendet. Sie fielen im Frühjahr 413 erneut in Attika ein und besetzten ein im Norden Attikas gelegenes Fort, Dekeleia. Nach ihm erhielt die letzte Phase des Krieges ihren Namen. Der zweite rührte daher, daß die Hauptkämpfe an der ionischen, d.h. der kleinasiatischen Küste, stattfanden. Bereits Thukydides spricht vom *Pólemos Ionikós*, vom Ionischen Krieg (8.11.3). Nach seiner Meinung folgten die Spartaner mit der Besetzung Dekeleias einem Rat des Alkibiades. Er hielt sie offenkundig für zu beschränkt, aus den Erfahrungen des Archidamischen Krieges, namentlich der Besetzung von Pylos durch die Athener, gelernt zu haben. Die Erkenntnis, daß temporäre Angriffe wie zu Zeiten des Archidamos wenig Nutzen brachten, bedurfte freilich keines großen Nachdenkens. Von der Festung Dekeleia aus kontrollierten die Spartaner nun weite Teile Attikas. Sie war eine ständige Bedrohung Athens, vor allem wurde die wirtschaftliche Versorgung von Euboia aus empfindlich gestört. Waren mußten nun auf dem teuren Wasserweg nach Athen gebracht werden. Für die vielen attischen Sklaven bot Dekeleia einen Fluchtpunkt. Daß die Spartaner sie alsbald weiterverkaufen würden, wußten sie nicht.

Die Athener führten nun einen Zweifrontenkrieg und hatten außerdem nach dem Herbst 413 die schweren Verluste in Sizilien zu kompensieren. Wichtige Verbündete an der kleinasiatischen Küste wie Milet, Chios, Methymna und Mytilene auf Lesbos, später auch Rhodos und einige Städte am Hellespont, fielen ab. Die Stadt mobilisierte ihre letzten Reserven. So lagen im Parthenon, dem Schatzhaus Athens, noch 1000 Talente für neue Rüstungen. Von den Bundesgenossen wurde anstelle des Tributs der Zwanzigste von allen auf dem Seeweg beförderten Waren erhoben.

Die großen Anstrengungen im Krieg erschöpften Athen jedoch im Inneren. Im Mai 411 wurde die Demokratie gestürzt, treffender, sie brach in sich zusammen. Die oligarchischen Geheimbünde hatten schon seit 415 an Einfluß gewonnen, jetzt wurde der verlorene Krieg der Demokratie angelastet. Die Reichen, welche die Hauptlasten der Rüstungen trugen, sahen sich um ihren Profit gebracht, der in der Zeit der Seeherrschaft immens gewesen war; die Armen verloren das Vertrauen, unter den gegebenen Bedingungen den Krieg gewinnen zu können. Dazu kam ausgerechnet von Alkibiades Hilfe. Er hatte sich mit den Spartanern überworfen und war zum persischen Satrapen Tissaphernes geflüchtet. Nun überzeugte er ihn davon, der Sache des Großkönigs diene es am meisten, wenn die kriegführenden Mächte gleich (ohn)mächtig seien. Die Athener ließ er wissen, er sei einflußreich genug, die persischen Geldströme nach Athen zu lenken. Als Preis forderte er einen Machtwechsel in Athen. Dieser mache die Stadt leistungsfähiger.

Zu den Versprechungen von außen trat der individuelle Terror der Hetairien in der Stadt. In einer außerordentlichen Sitzung der Volksversammlung außerhalb der Stadt auf dem Kolonos stimmte das Volk einer Änderung der Verfassung zu. Viele Anhänger der Demokratie befanden sich freilich zu diesem Zeitpunkt mit der athenischen Flotte vor Samos. Die Diäten sollten beseitigt, die Bürgerrechte auf 5000 Personen beschränkt und Regierungsgeschäfte allein von 400 Oligarchen geführt werden. Die Schreckensherrschaft dieser «Vierhundert» beschränkte sich allerdings auf wenige Monate im Sommer und Herbst 411. Die Oligarchen hatten erwartet, nach dem Regimewechsel einen schnellen Frieden mit Sparta schließen und damit das System stabilisieren zu können. Das mißlang, so daß die Radikalen unter ihnen schließlich sogar eine Auslieferung Athens an Sparta befürworteten. Sie schien ihnen sicherer als eine Rückkehr zur Demokratie. Inzwischen aber wuchs der Widerstand in der Flotte, deren Ruderer und Soldaten an der Demokratie festhielten. Sie beschlossen sogar, gegen die eigene, nun oligarchisch regierte Stadt auszufahren. Erst der inzwischen in Samos eingetroffene Alkibiades verhinderte den offenen Bürgerkrieg. Als sich aber auch noch Euboia von Athen lossagte, brach die Herrschaft der «Vierhundert» zusammen. Es wurde ein Kompromiß geschlossen, die Regierung ging auf 5000 Bürger über, die wahrscheinlich schon auf dem Kolonos beschlossene Verfassung trat in Kraft. Der Kreis der wahl- und stimmberechtigten Bürger erweiterte sich allmählich und im Sommer des Jahres 410 war die alte Demokratie wieder in allen Belangen hergestellt. Die Erfahrung des mißglückten Putsches stärkte später die Demokratie.

Inzwischen war die mit persischen Subsidien hochgerüstete spartanische Flotte in den Hellespontbezirk eingefahren und drohte, die wichtigste Handelslinie der Athener lahmzulegen. Für die Versorgung der Stadt waren die Getreideimporte von den Küsten des Schwarzen Meeres lebensnotwendig. Überraschend siegten jedoch die Athener über die spartanischen Schiffe unter dem Admiral Mindaros in zwei Schlachten bei Kynossema und Abydos im Herbst 411. Das bedeutete psychologischen Auftrieb, doch bestand die Gefahr der Blockade weiter. Für einen fundamentalen Umschwung sorgte erst Alkibiades. Die Flottenmannschaft in Samos hatte ihn zum Strategen gewählt, und als solcher befehligte er die athenischen Schiffe, die im Frühjahr 410 ins Marmarameer (Propontis) einfuhren. Mit einem geschickten Manöver vernichtete er bei Kyzikos die gesamte feindliche Flotte. Es ist dies das erste große Ereignis des Krieges, das der Historiker Xenophon erzählt, der das Werk des Thukydides fortführte, das inmitten des achten Buches abbricht. Die briefliche Meldung der Niederlage nach Sparta wurde von den Athenern abgefangen und beeindruckt auch heute noch durch ihre lakonische Kürze: «Fort die Hölzer (Schiffe). Mindaros tot. Die Männer hungern. Wir wissen nicht, was tun» (Xenophon, Hellenika 1.1.23).

Bestärkt durch einen einzigen großen Sieg glaubten die Athener schon wieder, ihre in letzter Zeit stark geschrumpfte *Arché* zu alter Größe ausbauen zu können. So schlugen sie auch ein Friedensangebot der Spartaner aus, das die Rückgabe Dekeleias im Austausch gegen Pylos und Kythera vorsah. Gegenüber von Byzanz stationierten sie eine Flotte, die von allen Schiffen, die durch die Meerenge fuhren, einen Zoll von zehn Prozent des Warenwertes kassierte. Auch andere Maßnahmen, welche die finanzielle Lage verbessern sollten, waren nicht weit von Piraterie entfernt.

Trotz seines Sieges war Alkibiades vorerst nicht nach Athen zurückgekehrt. Sinnvollerweise suchte er diesen zunächst auszunutzen und verschiedene Städte am Bosporus wieder für Athen zu gewinnen. Zudem herrschte dort jetzt die Demokratie, und er war sich nicht sicher, welcher Empfang ihm bevorstand. Im Juni 408 fuhr er schließlich doch in den Piräus ein, wo ihm seine Anhänger einen begeisterten Empfang bereiteten. Die Menge drängte sich staunend und voller Neugier im Hafen, berichtet Xenophon (Hellenika 1.1.13), nur um einen Blick auf den Ankömmling zu werfen. In allen Punkten rehabilitiert, wurde Alkibiades noch einmal zum *Strategòs Autokrátor* gewählt, zum Kommandeur mit unbeschränkter Befehlsgewalt. Gerade sieben Jahre waren vergangen, seit er wegen der Entweihung der Mysterien die größte Krise der Stadt ausgelöst hatte.

Der Triumph des Alkibiades hielt nicht lange an. Immer noch besaß er viele Feinde und seine Freunde erwarteten zu viel von ihm. Zudem stieß er in der spartanischen Flotte auf einen neuen Gegner, der ihm ebenbürtig war, den Nauarchen Lysander. Dieser verbesserte auch das Verhältnis zu den Persern, neue Gelder für die Finanzierung der spartanischen Flotte wurden frei.

Alkibiades' zweite amtliche Karriere dauerte wie die erste nur wenige Monate. Als Lysander im Frühjahr 407 der athenischen Flotte beim Vorgebirge Notion in der Nähe von Ephesus einige Verluste bereitete, wurde Alkibiades, der zu diesem Zeitpunkt ein militärisches Unternehmen gegen die ionische Stadt Phokaia leitete, für die Fehler seines Stellvertreters verantwortlich gemacht und verlor alle Unterstützung in Athen. Bei den Strategenwahlen im selben Jahr wurde er nicht mehr gewählt. Er zog sich auf seine Besitzungen in der thrakischen Chersones zurück, floh nach der Niederlage Athens vor den

Spartanern zum persischen Satrapen Pharnabazos und wurde schließlich an dessen Hof ermordet. Sein literarisches Denkmal setzte ihm der Komödiendichter Aristophanes in den *Fröschen* von 405, in der er dasVerhältnis der Stadt zu ihm in einem Satz faßte: «Sie liebt und haßt und hätt ihn doch so gern.» (V 1425)

Die Athener gewannen die erste Seeschlacht ohne Alkibiades. Bei der kleinen Inselgruppe der Arginusen besiegten sie Spartas Flotte, doch der Glanz des Sieges verdunkelte sich rasch. Die Schlacht bei den Arginusen trat in den Schatten dessen, was in Athen folgte. Nach dem Kampf war ein Unwetter aufgezogen, so daß die vielen Schiffbrüchigen – die Verluste beliefen sich auf 2000 Mann – nicht geborgen werden konnten. Die Feldherren wurden nach Athen zurückgerufen und in einer tumultuarischen Volksversammlung mit einer dünnen Mehrheit zum Tode verurteilt. Unter den geschäftsführenden Prytanen soll nur Sokrates widersprochen haben.

Angeblich machten die Spartaner nochmals ein Friedensangebot, das die Athener wiederum ausschlugen. Sicher ist, daß wieder Lysander die Flotte befehligte, offiziell war er allerdings nur Epistoleus (Unteradmiral), denn das Amt des Nauarchen konnte er nicht wieder bekleiden. Die Entscheidung im Krieg fiel schließlich 405 bei den Ziegenflüssen (Aigospotamoi) auf der Halbinsel Chersones (Gallipoli). Dort lagen sich die spartanische und die athenische Flotte mehrere Tage gegenüber, bis Lysander die Versorgungsschwierigkeiten des Gegners zu einem Überfall auf das ungenügend gedeckte Schiffslager nutzte. Das Gros der Athener war zur Verproviantierung auf der Chersones unterwegs, Gegenwehr kaum möglich. Das letzte «Seegefecht» war eines ohne Schlacht. Wer von den Athenern Lysander in die Hände fiel – an die 3000 Mann –, wurde hingerichtet. Die Brutalität des Krieges hatte sich in der Endphase noch gesteigert. Bereits vorher hatten die Athener die Besatzungen zweier feindlicher Trieren, die sie gekapert hatten, über Bord geworfen und ertrinken lassen. Zudem war auf Antrag des Strategen Philokles beschlossen worden, nach dem Seesieg allen lebend Gefangenen die rechte Hand abzuschlagen. Lysander begründete mit diesen Grausamkeiten seine eigenen.

Das Staatsschiff, die Paralos, entkam, und brachte die Nachricht von der Niederlage: «In Athen verbreitete sich die Kunde von dem Schicksalsschlag, nachdem die Paralos bei Nacht in den Hafen eingelaufen war, und ein Jammergeschrei lief vom Piräus durch die Langen Mauern nach der Stadt, indem einer es dem anderen weitersagte; so kam es, daß in jener Nacht keiner schlief, da alle nicht nur die Ermordeten betrauerten, sondern noch viel mehr sich selbst in der Erwartung, daß sie würden erleiden müssen, was sie einst den Meliern, lakedaimonischen Siedlern, angetan hatten, nachdem sie diese mit einer Belagerung überwältigt hatten» (Xenophon, Hellenika 2.2.3).

Athen hielt sich noch acht Monate, bevor die seit November zu Land und von der Seeseite eingeschlossene Stadt im April 404 kapitulierte. Sie besaß keine nennenswerte Zahl von Schiffen mehr, die überseeischen Besitzungen waren verloren, die Versorgung brach zusammen, allgemein herrschte Hunger. Es waren neben Korinth insbesondere die früheren Bundesgenossen Athens, die nun die Zerstörung der Stadt forderten. Sparta trat dem entgegen, denn es fürchtete ein Vakuum und brauchte ein Gegengewicht zu Theben.

Die Friedensbedingungen schrieben nur fest, was ohnehin geschehen war, das Ende der Seeherrschaft. Athen sollte die Langen Mauern und die Befestigungen des Piräus schleifen, alle Schiffe bis auf zwölf ausliefern und – eine besondere Schmach – Mitglied des Peloponnesischen Bundes werden. Die Volksversammlung ratifizierte den Vertrag, und Ende April 404 fuhr Lysander in den Piräus ein. Die Ankunft des Spartaners, exakt «drei mal neun Jahre», nachdem der Krieg mit dem Überfall der Thebaner auf Plataiai begonnen hatte, war vermutlich das Ereignis, mit dem Thukydides sein Werk schließen wollte. Er kam nicht dazu, Xenophon, der genau hier eine Zäsur macht, hat es für ihn übernommen: «Hierauf fuhr Lysander in den Piräus ein, die Verbannten kehrten zurück, und man begann, die Mauern unter der Begleitmusik von Flötenspielerinnen mit vielem Eifer einzureißen in dem Glauben, jener Tag bedeute für Hellas den Anfang der Freiheit» (Hellenika 2.2.23).

Statt des Reiches der Freiheit erlebten die Griechen die Herrschaft der spartanischen Harmosten (Garnisonskommandanten). Auch in die Akropolis zog eine spartanische Besatzung. Die oligarchischen Verbannten kehrten nach Athen zurück und errichteten mit Hilfe Lysanders ein Regime aus 30 Männern, die bald als Tyrannen apostrophiert wurden. In kurzer Zeit ließen sie nicht weniger als 1500 Bürger hinrichten. Das Ende der «Dreißig» kam jedoch überraschend schnell. Ihre Gegner nutzten einen Richtungsstreit in der spartanischen Führung und schon im September 403 wurde die Demokratie wieder etabliert. Sie hielt sich, durch die Ereignisse gefestigt, über 80 Jahre bis zum Tode Alexanders des Großen.[2]

Die Werke: Entstehung und Inhalt

Unser Wissen über die beiden großen Kriege des 5.Jahrhunderts resultiert in allererster Linie aus Herodot und Thukydides. Insofern ist ein Abriß dieser Kriege in gewisser Weise auch eine Inhaltsangabe ihrer Werke. Sie ist dennoch ungeachtet kleinerer Wiederholungen unverzichtbar, da vor allem das Werk Herodots wesentlich weiter ausgreift. Der Historiker setzt bereits um 550 v. Chr. ein, da er nicht allein die Kriege der Perser mit den Griechen, sondern überhaupt den Aufstieg des Perserreiches beschreiben möchte. Erst im fünften von neun Büchern kommt er auf den Ionischen Aufstand zu sprechen, welcher der Nachwelt als Präludium der Perserkriege gilt. Bei Thukydides hingegen geht dem Beginn der Darstellung des Krieges ein überlanges erstes Buch voraus, das sich erst durch die genaue Kenntnis seines verwickelten Aufbaues dem Leser erschließt. Andererseits fehlen bei ihm die letzten sieben Kriegsjahre, also die Hauptereignisse des Ionischen Krieges, die erst sein historiographischer Nachfolger Xenophon behandelt hat.

Eine Inhaltsangabe verdeutlicht zudem, welche Phasen der Kriege für die beiden Historiker besonderes Gewicht besaßen – so widmet zum Beispiel Herodot den Jahren 481 bis 479 drei seiner neun Bücher, während Thukydides allein auf die sizilischen Ereignisse von 415 bis 413 zwei seiner siebeneinhalb Bücher verwendet – und welche sie eher en passant behandelten. Nicht zuletzt erhellt die Entstehungsgeschichte der Werke die sich im Laufe der Zeit verändernden Darstellungsabsichten.

Herodot: Die Werkgenese

Herodots Werk ist universalistisch und umfaßt – lange bevor Ephoros von Kyme im 4.Jahrhundert die erste Universalgeschichte schrieb – alle geographischen Räume, welche die Griechen kannten. Nichtsdestoweniger hat das Werk einen Hauptstrang, den Herodot schon im Prolog ankündigt und den er nie aus den Augen verliert: die Kämpfe zwischen den Barbaren in Asien und den Griechen. Die chronologische Leitlinie ist die Abfolge der Perserkönige, denen nur der Lyderkönig Kroisos (ca. 560–547 v. Chr.) vorangeht.

Die *Historien* des Herodot sind kein gradliniges Werk, in dem ein Ereignis zum anderen und ein einziger Weg vom Anfang bis zum Ziel führt. Manchmal steht bei Herodot – ganz anders als bei Thukydides – die Zeit sozusagen still.

Einführung

Völkerkundliche Exkurse, historische Rückblicke, die ausführliche Beschreibung staunenswerter Leistungen der Ingenieurskunst oder Architektur, Novellen, Anekdoten, bekannte Aussprüche führen den Leser gleichsam vom Weg ab. Wo das der Fall ist, hat Herodot aber überall Wegweiser aufgestellt, die verhindern, daß sich jemand verirrt. So beginnt er in Kapitel 4.5.1 mit dem skythischen Logos (einem Abriß der skythischen Geschichte und Kultur), um in Kapitel 4.82 mit den Worten «Ich kehre zur Geschichte (*Lógos*) zurück, von der ich oben zu berichten begonnen habe» den Erzählfaden von 4.4 wieder aufzunehmen. Der Altphilologe Wolfgang Schadewaldt, der dieses Bild entworfen hat, spricht im Hinblick auf die Werkstruktur der *Historien* auch von Obstgärten, die am Weg liegen. Der Wanderer hat Zeit, im Schatten auszuspannen, sich mit Obst zu erfrischen, und dann ruhig weiterzugehen. Es bestehe kein Grund, sich zu hetzen. Der Wanderer gelange zwar langsamer ans Ziel, jedoch gestärkt und auch reicher an Wissen, selbst wenn dieses Wissen oft nur sehr bedingt mit dem großen Thema zu tun hat.

Thukydides sollte ganz anders vorgehen: Geschichten und überhaupt alles, was nicht ganz unmittelbar mit der politischen, militärischen oder – seltener – der wirtschaftlichen Seite des Krieges zu tun hat, sind bei ihm getilgt. Schadewaldt hat im Anschluß an Otto Regenbogen den Aufbau der Herodoteischen *Historien* auch mit einem großen Flüssesystem verglichen, das einen Hauptstrom, nämlich die Kriege zwischen Hellenen und Barbaren, hat, in den sich zahlreiche Nebenflüsse ergießen, die ethnographischen Exkurse, in die wiederum noch viele kleinere Flüsse, nämlich Geschichten und Anekdoten innerhalb der Exkurse, einmünden.

Während Thukydides zu den raren antiken Autoren zählt, die uns über die Entstehung ihres Werkes informieren, sind wir im Fall Herodots auf Vermutungen angewiesen. Im Streit der Meinungen hat sich analog zur Homerforschung eine unitarische und eine analytische Sichtweise herausgebildet. Sie kreisen um die Frage, ob Herodots Werk inhaltlich und formal geschlossen ist – so die Unitarier – oder ob es Brüche aufweist – so die Analytiker, Herodot also nicht als Historiker, sondern als Geograph zu schreiben begann. Letztere Auffassung vertrat insbesondere der große Philologe und Historiker Felix Jacoby. Ihm zufolge publizierte Herodot in der Nachfolge des Hekataios und als Ergebnis seiner Reisen zunächst selbständige, in sich abgeschlossene völkerkundliche Werke. Fußend auf eigenen Beobachtungen habe er sich dabei auf eine Kritik des «geographischen Systems» seines Vorgängers beschränkt. Im

Die Werke: Entstehung und Inhalt

Zuge seiner Aufenthalte in Griechenland sei er dann mit der aktuellen Geschichte der Perserkriege in Berührung gekommen und sei zum Historiker geworden, der schließlich bei der Abfassung seines Werkes auch bereits früher vorhandenes geo- und ethnographisches Material aufgenommen und mit dem historischen «mehr schlecht als recht» zu einem Ganzen zusammengefügt habe.

Unitarische und analytische Position scheinen zwar zu widerstreiten, sie lassen sich aber durchaus versöhnen. Herodot wurde vom Ethnographen zum Historiographen. Der Weg, den er zurücklegen mußte, war lang, weit mehr trennt Herodot von Hekataios als Thukydides von Herodot. Letzterer erwarb seine Völkerkenntnisse außer mittels der Schriften des Hekataios durch seine Reisen vor allem in den Osten. Was er dort sah und hörte, bildete den Stoff seiner Vorträge in Griechenland. Sein Aufenthalt im Mutterland, namentlich Athen, konfrontierte ihn aber immer wieder mit der jüngeren Vergangenheit, d. h. der Erinnerung an die Perserkriege, die in den verschiedenen griechischen Poleis ganz unterschiedlich ausfiel. Als Grieche aus Halikarnassos und Reisender im Perserreich kannte Herodot im Gegensatz zu den mutterländischen Griechen auch die andere, die persische Seite, und das mag ihn zu seinem großen Unternehmen, die historischen Kämpfe zwischen Barbaren und Hellenen zu beschreiben, ermutigt haben. Er begann damit spät in seinem Leben. Offenbar suchte er einen Plan, der seiner Weltsicht und seinem Menschenbild entsprach und in den sein ganzes, in Jahrzehnten gesammeltes Wissen einfließen konnte. Er fand ihn schließlich in einem Konzept, das die Perserkriege nicht auf den Ionischen Aufstand, auf Marathon und Salamis begrenzt, sondern mit dem Mann beginnen läßt, der «als erster der Barbaren, von dem wir wissen, die Griechen tributpflichtig machte» (1.6), eben jenem erwähnten Lyderkönig Kroisos, der mit seinem mißglückten Angriff auf das Perserreich wesentlich zu dessen Expansion beitrug, die Herodot dann zu seinem Hauptthema machte. Eine solche Wahl gab Herodot die Möglichkeit, seine großen geographischen und ethnographischen Exkurse sinnvoll in sein Werk zu integrieren, da diese allesamt in die Länder führen, mit denen die Perser bei ihren Kriegs- und Eroberungszügen in Berührung kamen. Das Werk enthält also früh entstandene Teile, ohne daß angenommen werden muß, diese seien selbständig publiziert worden, ist aber nach einem umfassenden Gesamtplan geschrieben und auch in einem, sicherlich auch des öfteren unterbrochenen Arbeitsgang entstanden. Die völkerkundlichen Exkurse behalten durchaus ein gewisses Eigenleben, sind

Einführung

aber dem Hauptthema der *Historien*, der Expansion der Perser, untergeordnet und bilden damit den Unterbau einer sich immer mehr verdichtenden und auf die großen historischen Fragen zugespitzten Darstellung in den letzten drei Büchern. Gleichzeitig verbindet das Ethno- und das Historiographische das Bild des Herodot von der Hinfälligkeit und Kürze menschlichen Lebens, das – unter dem Einfluß der Götter in stetigem Wandel begriffen – kein Verweilen kennt. Eine Spannung besteht zwischen den Logoi, den Exkursen oder Erzählsträngen, und der *Historie*, «der durch Autopsie und Befragung zuverlässiger Zeugen gewonnene(n) Ermittlung wirklicher Tatbestände», aber sie ist gewollt. Abschweifungen lägen ganz in der Absicht seines Werkes, erklärt Herodot (4.30), das er als einen einzigen großen Logos, zusammengesetzt aus der Summe vieler kleiner, begreift.[3]

Kroisos und Kyros (Buch 1) Auch wenn sich die Schauplätze des Werkes fast auf die ganze bewohnte Welt, welche die Griechen kannten, die sogenannte Oikoumene, verteilen, so besitzt doch das Herodoteische Werk, wie gesehen, einen ausgeklügelten Plan, dem der Autor von Anfang an folgt. Nachdem er sich und seine Ziele vorgestellt hat, leitet er im knappen Vorwort zur *Aitía* (Ursache) des Krieges zwischen Barbaren und Griechen über. Ein kurzes Zwischenspiel beantwortet diese Frage für die mythische Zeit, als beide Seiten einander Frauen raubten, und endet mit dem berühmtesten Beispiel, dem Raub der Helena, auf den der zehnjährige Krieg um Troja folgte. Das ist mit wenigen Kapiteln abgehandelt, dann kommt mit Kapitel sechs die Zäsur. Es beginnt die Zeit, «von der wir Kenntnis haben», die Zeit, von der Herodot durch seine Recherchen zuverlässiges Wissen erlangt zu haben glaubt, und das ist in etwa die Mitte des 6. Jahrhunderts v. Chr., als Kroisos Regent wurde und die kleinasiatischen Griechen unterwarf.

Am Anfang des lydischen Logos stehen gleich zwei Gedanken, die für Herodot zentral sind: die Erkenntnis, daß «menschliche Größe und Herrlichkeit» nicht von Bestand sind, und die Idee der Freiheit – Kroisos nimmt den Griechen die Freiheit –, welche den zweiten Teil des Werkes beherrscht. Herodot erzählt zunächst die Geschichte vom Herrscherhaus des Kroisos, eingebettet darin sind bereits Nachrichten über die griechische Seite. Der König Kroisos forscht nach dem mächtigsten Staat der Hellenen, und das gibt dem Autor Gelegenheit, zur frühen Geschichte der Lakedaimonier und der Peisistratiden in Athen überzuleiten (1.56–70). Das ist ein Exkurs im Exkurs und belegt nochmals, daß die ethnographischen Logoi kein Selbstzweck sind, sondern

Die Werke: Entstehung und Inhalt

tragende Teile im Bauplan der *Historien*. Zugleich verklammert Herodot die beiden Berichte über Kroisos durch ein Gespräch zwischen dem Weisen Solon, der aus Athen kommt und über die dem König wie dem Autor so wichtige Frage Auskunft gibt, was denn Glück sei. Solon zählt Beispiele für ein geglücktes Leben auf, aber sie überzeugen sein Gegenüber nicht: «So sprach (Solon) und schmeichelte Kroisos nicht. Dieser ließ ihn, ohne ihn eines weiteren Wortes zu würdigen, von sich gehen. Kroisos hielt ihn sogar für einen großen Toren, weil er das Glück der Gegenwart nicht gelten ließ und immer nur auf das Ende hinwies. Nach Solons Abreise traf den Kroisos Gottes furchtbare Vergeltung, vermutlich weil er geglaubt hatte, er sei der glücklichste aller Menschen.» (1.29–34) Die Solon-Episode, die ein wichtiges Nachspiel hat (1.86–91), zeigt ganz nebenbei, wie Herodot durch Retardierung Spannung erzeugt.

Mit Kapitel 1.71 zurück in Kleinasien macht der Leser zum ersten Mal Bekanntschaft mit den Persern. Kroisos provoziert im Vertrauen auf ein Orakel aus Delphi den Krieg gegen das Nachbarvolk und unterliegt. Die östlichen Griechen geraten unter persische Herrschaft und Herodot blättert in 1.95 ein neues Kapitel auf: «Nun aber müssen wir erzählen, wer dieser Kyros war, der Kroisos' Reich zerstörte, und auf welche Weise sich die Perser zum Herrn von Asien machten.» Damit ist das Hauptthema angeschlagen: Die Expansion der Perser in Asien, Afrika und Europa, die erst mit den Schlachten von Salamis, Plataiai und Mykale zum Stillstand kommt.

Das Volk, dem der Perser Kyros die Herrschaft raubt, sind die Meder, und so berichtet Herodot zunächst über sie (1.95–106). Dann kommt er zur Kindheit und zum Aufstieg des Kyros und endet mit dessen Sieg über den Mederkönig Astyages (1.107–130). Die Perser sind nun mächtig, und das berechtigt zu einem Sittenspiegel, welcher deren Lebensweise zeigt (1.131–140). Es herrscht nun Kyros der Große (550–529 v. Chr.), und als Nachfolger des Kroisos kommt er mit den Griechen Kleinasiens in Kontakt. Sie und ihr Land werden geschildert, schließlich die Kämpfe, deren Summe Herodot in 1.169 zieht: «So also wurden die Ionier ein zweites Mal versklavt.» Herodot läßt Kyros und seine Feldherren das vordere Kleinasien und den Hochiran erobern (1.170–200) und zeigt sich fasziniert von Babylon (1.178–200). Zum Verhängnis wird dem Großkönig der Angriff auf die Massageten weit im Osten nördlich des Aralsees. Er fällt im Kampf und damit schließt – nach einer Beschreibung der wilden Sitten der Massageten – das erste Buch (1.201–216).

Einführung

Kambyses (Buch 2 und 3) Der historische Teil des zweiten Buches endet gleichsam, bevor er begonnen hat, nämlich bereits im ersten Kapitel. Kambyses wird Nachfolger des Kyros und beschließt einen Feldzug gegen Ägypten. Das ist das Stichwort für den Autor, nun den ägyptischen Logos einzufügen, der das gesamte zweite Buch füllt. Damit das Hauptthema nicht außer Acht gelassen wird, darf Kambyses auf diesem Feldzug auch Truppen mitnehmen, die von den unterworfenen Griechen gestellt werden. Mehr wird von den Beziehungen beider Völker in diesem Logos nicht erwähnt. Der große Konflikt beider wird aus diesem Kontext ausgeblendet, insofern ist das zweite Buch statisch. Es ließe sich, ohne daß Lücken entstünden, herauslösen. Gleichzeitig eröffnet es aber doch einen Blick für die Dimensionen der Auseinandersetzung, die das östliche Mittelmeer bis tief nach Afrika erfaßte.

Im Jahre 460 v. Chr. hatten sich die Athener in ein ägyptisches Abenteuer verwickelt, ihre Trieren fuhren bis Memphis, bevor 454 das Unternehmen als Debakel endete, und so stieß Herodot, der nicht versäumt, auf die Expedition hinzuweisen (3.160), mit seinen ägyptischen Beobachtungen in Athen auf besonderes Interesse. Er berichtete nach eigenem Bekunden von dem, was er über das Land gehört hatte, und ergänzte es durch das, was er selbst gesehen hatte (Kritikern zufolge, was er selbst gesehen zu haben vorgab). Zunächst schildert er die Natur des vom Nil beherrschten Landes (2.2–34), «das mehr Merkwürdigkeiten enthält als irgendein anderes» (2.35). Dann berichtet er über Sitten und Bräuche, insbesondere aber über die Religion, von deren Einfluß auf Griechenland er weiß (2.35–98). Eine methodische Anmerkung markiert den Bruch in Kapitel 2.99, in dem er zur Geschichte Äygptens übergeht, zunächst der älteren, auf Priesterberichten fußenden (2.99–142), und dann der jüngeren (2.147–182), in die auch Berichte nicht-ägyptischer Gewährsmänner eingewoben sind, wie zum Beispiel die des – so die Bezeichnung hier – *Logopoios* (Schriftsteller, Fabeldichter) Hekataios (2.143).

Mit dem dritten Buch kehrt Herodot zum Anfang des zweiten zurück. Er wiederholt, daß Kambyses gegen Ägypten habe ziehen wollen, und auch die ionischen Griechen werden nochmals erwähnt. Nun aber zieht Kambyses tatsächlich gegen Ägypten, unterwirft das Land, plant ohne Erfolg drei weitere Feldzüge, wird wahnsinnig – angeblich, weil er den heiligen Stier verletzt hat – und stirbt. Während er dies erzählt (3.1–69), schwenkt Herodot für einige Kapitel nach Westen und berichtet über den Konflikt zwischen Samos und Sparta (3.39–60). Die Überleitung bildet die Freundschaft zwischen dem Pharao Amasis und dem berühmten Alleinherrscher von Samos, Polykrates.

Die Werke: Entstehung und Inhalt

Dessen Geschichte wird dann später wieder aufgenommen (3.120–149). Auf dieselbe Weise wie in der Kroisos-Episode hält Herodot die Spannung hoch. Zunächst berichtet er von den großen Erfolgen des Polykrates, welche die Götter neidisch machen. Als dessen Versuch, sie zu besänftigen, fehlschlägt, weiß der Leser, daß die göttliche Strafe kommen wird, und Herodot schildert sie auch, nachdem er zuvor die Thronbesteigung des Dareios (3.67–87) und einen Exkurs über das Perserreich und seine Provinzen bis hin nach Indien (3.88–119) eingeschoben hat: Samos wird von den Persern unterworfen und entvölkert, Polykrates getötet (3.120–149). Nachrichten von einem gleichzeitigen Aufstand in Babylon schließen das dritte Buch ab (3.150–159).

Dareios (Buch 4 bis 6) Auf Kambyses folgt Dareios. Wie seine Vorgänger sucht auch er die Herrschaft durch Expansion zu stärken. Erstes Ziel seines als Rachefeldzug apostrophierten Unternehmens sind die Skythen nördlich des Schwarzen Meeres, das zu einem persischen Gewässer werden soll. Das Schema ist aus dem zweiten Buch bekannt. Dareios deklariert sein Ziel (4.1), und unmittelbar daran schließt Herodot den Exkurs über Land und Leute der Skythen (4.2–82) an, bevor die Darstellung der eigentlichen Kämpfe folgt (4.83–142). Die ionischen Griechen sind auch diesmal beteiligt, und sie sind es, die Dareios nach dessen Niederlage retten, indem sie die Brücke über die untere Donau, den Ister, schützen und dem Großkönig so den Rückzug ermöglichen. Sie folgen damit dem Rat der kleinasiatischen Tyrannen, die ihre Herrschaft in den ionischen Städten auf die Unterstützung durch die Perser gründen (4.136–142). Die Ionier bleiben geknechtet, doch der Gedanke ist geäußert, der im nächsten Buch zentral wird: Befreiung von der persischen Herrschaft. Nach vorn weist auch die Diskussion um den Abbruch der Brücke. Sie wird sich im achten Buch unter Veränderung des Ortes – nun ist es der Hellespont – wiederholen.

Danach macht Herodot einen großen Sprung über das Mittelmeer. Zeitgleich mit dem fehlgeschlagenen Zug gegen die Skythen erobern die Perser Kyrene, eine griechische Kolonie an der afrikanischen Küste. Zunächst wird daher die Geschichte dieser Kolonie erzählt, die auch wieder nach Griechenland führt (4.145–167), dann kommt der Autor auf die Völker Libyens zu sprechen (4.168–199), bis Kyrene schließlich unterworfen ist (4.200–205).

In Buch fünf betreten die Perser Europa, um dort zu bleiben. In Kapitel 5.1 bis 17 schildert Herodot die Eroberung Thrakiens und Paioniens und gibt

Einführung

eine ausführliche Beschreibung des Landes und seiner Bewohner. Es folgt der Anschluß Makedoniens als Vasallenstaat, dessen Darstellung ein Exkurs über makedonische Fürsten hinzugefügt ist (5.18–22). Die am Hellespont gelegenen Inseln Imbros und Lemnos sowie die Stadt Byzanz werden in Kapitel 5.23 bis 27 unterworfen, und damit ist alles gerüstet für den großen Waffengang zwischen Persern und Griechen.

Mit Kapitel 5.28 beginnt der Ionische Aufstand, und dessen Schilderung wird nun bis zu seinem Abschluß in 6.32 nicht mehr unterbrochen werden. 5.28 bildet eine Hauptzäsur im Werk. Die ethnographischen Exkurse sind abgeschlossen, Herodot eröffnet sozusagen den historischen Teil. Zunächst führt er in die Gründe des Aufstandes ein, die für ihn, wie gesehen, privater Natur sind (5.28–38). Die Hauptrolle spielt zunächst der Tyrann von Milet, Aristagoras, dessen Reise nach Griechenland (5.49–55) Herodot Gelegenheit gibt, erneut die innergriechischen Verhältnisse zu beleuchten. Er gibt zuerst einen kurzen Einblick in die spartanischen Verhältnisse (5.39–48), dann folgt mit einem Exkurs über Korinth (5.92–95) ein längerer Abschnitt über die athenische Geschichte (5.55–97), in welcher der Sturz der Peisistratiden, die Flucht des Tyrannen Hippias nach Persien und die Reformen des Kleisthenes, die später zur Demokratie führen, von besonderer Bedeutung für den Fortgang der Handlung sind.

Die erste Phase des Aufstandes dokumentiert Herodot in den Kapiteln 5.98 bis 5.126. Mit dem Tod des Aristagoras endet auch das fünfte Buch. Die Perser schlagen nun zurück (6.1–17), Milet, das Zentrum des Aufstandes, fällt (6.18–32): «So wurden die Ionier zum dritten Mal unterworfen; das erste Mal unterjochten sie die Lyder und nun zweimal hintereinander die Perser», bilanziert Herodot. Die Städte auf der thrakischen Chersones werden erobert, und das wiederum erfordert eine Rückschau auf die Biographie des Miltiades, des späteren Siegers von Marathon, der bis dahin auf der Halbinsel residiert (6.34–41). Herodot berichtet im folgenden von Reformen in den ionischen Städten (6.42) und deutet einen Sicherungsfeldzug des Persers Mardonios nach Makedonien zu einem Angriff auf Athen um (6.43–45).

Danach kann Dareios endlich zum Seekrieg gegen Athen und das euböische Eretria rüsten. Bevor er die Flotte abfahren läßt, geht Herodot aber noch auf die schwierigen Verhältnisse in Griechenland ein, auf die Rivalitäten der Könige in Sparta und den Kampf zwischen Athen und der Insel Aigina (6.46–93). Dem folgt schließlich die erste Invasion der Perser mit der bekannten Niederlage bei Marathon (94–120). Weil die Alkmeoniden mit den Persern

Die Werke: Entstehung und Inhalt

kollaboriert haben sollen, erzählt Herodot die Geschichte dieser Adelsfamilie, die mit der Geburt des Perikles schließt, mit dem nach späten und fragwürdigen Quellen Herodot befreundet gewesen sein soll (6.121–131). Das weitere Schicksal des Miltiades rundet das sechste Buch ab (6.132–140).

Xerxes (Buch 7 bis 9) Herodot handelt in den ersten sechs Büchern – von den vielen weiteren Rückblicken ganz abgesehen – ungefähr 70 Jahre persische Geschichte ab, während die letzten drei Bücher gerade einmal zwei Jahre umfassen. Intensität und Dichte werden darin also enorm gesteigert, und um die neue Qualität dieser Werkpartie deutlich zu machen, trennt auch – nach einem kurzen Vorspann über den Thronwechsel in Persien – eine Art zweites Vorwort (7.8–19) diese beiden Teile des Werkes. Breit angelegt ist die Schilderung der Kriegsvorbereitungen auf seiten der Perser (7.20–137) und der in vielem uneinigen Griechen (7.138–178), zu denen auch diejenigen in Sizilien gehören, deren Sieg über die angeblich mit dem Großkönig verbündeten Karthager am Himerasfluß kurz gestreift wird (7.166 f.). Mit Kapitel 7.179 ist die persische Armada bis nach Therme (Thessaloniki) gelangt und fährt dann nach Süden, Kap Artemision entgegen (7.178–195). Der Großkönig selbst zieht mit dem Landheer zu den Thermopylen und erzwingt den Durchbruch nach Mittelgriechenland, wo Leonidas und seine 300 Spartaner fallen (7.196–205). Die etwa gleichzeitig ausgetragene Seeschlacht am Kap Artemision ist bereits in das achte Buch verlagert (8.1–23). Xerxes marschiert durch Boiotien und nach Delphi (8.24–39), während sich die griechische Flotte nach Salamis zurückzieht (8.40–49). Das evakuierte Athen fällt in persische Hand (8.50–55), doch mit dem Seesieg der griechischen über die persische Flotte tritt die Wende des Krieges ein (8.56–132). Die Überwinterung des persischen Landheeres in Thessalien und die Verhandlungen des Mardonios mit Athen erzählt Herodot noch im achten Buch. (8.133–144) Im neuen Jahr 479 rückt Mardonios abermals nach Mittelgriechenland vor (9.1–18), doch die griechische Allianz, der Hellenische Bund, stellt sich bei Plataiai zur Schlacht und gewinnt diese mit Glück und dank der Standhaftigkeit der Spartaner (9.19–89). Vom Sieg bei Mykale erzählt Herodot nur kurz (9.90–106). Er konstruiert aber einen Synchronismos, indem er diese Schlacht an dem Tag stattfinden läßt, an dem auch die von Plataiai geschlagen wurde. Während griechische Schiffe zum Hellespont fahren, erzählt Herodot überraschend noch von einem Ehedrama des Xerxes (9.107–113). Den Abschluß des Werkes bildet die Eroberung von Sestos am Hellespont durch die Athener (9.114–

121). Die bald folgende Gründung des Delisch-Attischen Seebundes wird nicht mehr erwähnt.

*

Thukydides: Die Werkgenese

Das Werk des Thukydides ist ein Fragment. Es bricht inmitten des achten Buches moderner Zählung mit der Schilderung von Ereignissen an der ionischen Küste im Jahre 411 v. Chr. ab. In der Antike galt dieser unvollendete Schlußsatz auch als der letzte, den der Historiker schrieb.

Die Bücher entstanden jedoch nicht in kontinuierlicher Abfolge Kriegsjahr für Kriegsjahr. An drei Stellen seines Werkes, so in der Würdigung des Perikles (2.65) und derjenigen des Alkibiades (6.15) sowie im sogenannten zweiten Vorwort (5.26), spricht Thukydides bereits vom Ende des Krieges, dessen Länge er auf dreimal neun Jahre beziffert. Aus der frühen Erwähnung des Kriegsendes im zweiten Buch zu schließen, Thukydides habe sein Werk erst nach 404 niedergeschrieben, wäre jedoch ebenfalls irrig. So schreibt er beispielsweise, daß die Stadt Oropos im Osten Attikas im Besitz Athens sei (2.23.1), sie war jedoch seit 411 unabhängig, Thukydides muß sich mithin vor diesem Datum mit Oropos beschäftigt haben. Es gibt noch weitere Indizien, welche für eine frühe Niederschrift bestimmter Textpassagen sprechen. Die sogenannte Pathemata(Leidens)-Liste in 1.23.1 bis 3 zählt, um die Bedeutung des Krieges zu unterstreichen, eine Reihe von Katastrophen auf, von denen keine nach 421 datiert werden kann. Eine solche Liste besaß nur Sinn, solange Thukydides allein an die Beschreibung des eher ereignisarmen zehnjährigen Krieges dachte. Von den Greueln, Schrecken und Massakern des 27-jährigen Krieges mußte der Historiker niemand überzeugen. Die Verödung weiter Teile Griechenlands war Zeugnis genug.

Im Kapitel 1.10 wird der Machtbereich Spartas beschrieben, und der entspricht an dieser Stelle in etwa dem zu Beginn des Krieges und sicherlich nicht demjenigen von 404. Schließlich sagt der Historiker im Vorwort selbst von sich, daß er mit der Darstellung des Krieges «gleich bei seinem Ausbruch begonnen (habe)», überzeugt, dieser werde bedeutend und denkwürdiger als alle früheren. Sicherlich darf das wiederum nicht so aufgefaßt werden, als habe Thukydides bereits im Sommer 431 zur Feder gegriffen. Die Arbeit, der er sich zunächst widmete, bestand darin, publizierte Reden und Flugschriften zu sammeln, Abschriften von Vertragsurkunden anzufertigen, vor allem aber Aussagen von Augenzeugen zu protokollieren. Dies alles war nur in beschränktem Umfang möglich, denn gleichzeitig betrieb Thukydides Bergwerke in Thrakien und kandidierte in Athen für öffentliche Ämter. Er konnte das Material sichten, Skizzen entwerfen, vielleicht sogar einzelne Episoden wie den Kerkyra-Korinth-Konflikt oder den Krieg um Poteidaia ausarbeiten. Die Beschreibung der Pest im Jahre 430 wirkt zunächst wie aus dem direkten Erleben niedergeschrieben, doch verrät ein genauer Blick, daß auch sie bewußt und in Kenntnis medizinischer Fachliteratur gestaltet wurde und nicht *ad hoc* entstand. Früh verfaßt wurde wohl die Einleitung, die sogenannte *Archäologie*, denn sie läßt das Bemühen erkennen, Herodot zu übertreffen, ihr Autor stand offenbar noch ganz unter dem Eindruck der wohl Ende der zwanziger Jahre publizierten *Historien*. Es ist fast ausgeschlossen, daß Thukydides mit der Niederschrift des Archidamischen Krieges vor 421 begann, auch wenn dessen Bezeichnung als *zehnjähriger Krieg* kein Beweis ist. Mit dem damals geschlossenen Nikias-Frieden schien der Krieg beendet, und der Historiker konnte ein Konzept für sein Werk entwerfen. Athen und Sparta hatten sich damals nicht nur auf einen Frieden geeinigt, sie waren sogar Verbündete geworden. Die Brüchigkeit des Friedens zeigte sich erst *ex eventu*. Auch Thukydides sprach erst nach 404 vom «Faulen Frieden», wie der Zusammenhang der Stelle eindeutig bezeugt.

Wie lange Thukydides an diesem ersten, *zehnjährigen Krieg*, gearbeitet hat, wissen wir nicht. Er brach seine Darstellung jedenfalls ab – sie ist auch in der erhaltenen Fassung nicht abgeschlossen –, und zwar, um sich einem neuen Ereignis zu widmen, dem Sizilischen Krieg. Vielleicht war dieser sogar als eigene Monographie geplant. Auf jeden Fall läßt sich sagen, daß die Schilderung der Ereignisse in Sizilien, d. h. die Bücher sechs und sieben, der am besten ausgearbeitete Teil des Werkes ist.

Erst nachdem 414 die letzte Phase des Krieges begonnen hatte, der Dekeleisch-Ionische Krieg, muß Thukydides begriffen haben, daß alle Ereignisse seit 431, in denen die Zeitgenossen ganz unterschiedliche Kriege sahen, zusammengehörten und Teil des einen großen Kampfes zwischen Sparta und Athen um die Hegemonie in Griechenland waren. Dies führte ihn spät zur Erkenntnis der tiefsten und «wahrsten» Kriegsursache, dem Dualismus zwischen den beiden Mächten, der sich nur aufheben ließ, wenn eine von diesen unterlag. Nach 27 Jahren war dies der Fall, und Thukydides begann mit seiner Neudeutung des Geschehens, in deren Mittelpunkt dann die Niederlage Athens rückte.

Mit der Heimkehr aus der Verbannung in diesem oder dem folgenden Jahr begann er die große Umarbeitung seines Werkes, die er allerdings nicht mehr abschließen konnte. Alle anderen Arbeiten wurden abgebrochen oder zurückgestellt, wie sich insbesondere am achten Buch sehen läßt, das verschiedene

Doubletten und keine einzige Rede enthält. Die Redaktion letzter Hand, an der er wohl bis ins 4. Jahrhundert hinein arbeitete und die einem genauen Plan folgte, umfaßt weiteste Teile des Erhaltenen, so daß die von den sogenannten Unitariern vertretene Auffassung entstehen konnte, Thukydides habe sein Werk nach 404 als einheitliches Ganzes konzipiert. Die «Analytiker» verweisen demgegenüber auf eine schichtenweise Entstehung, die das Werk auch jetzt noch widerspiegele. Wie schon bei Herodot liegt auch in dieser Streitfrage ein Kompromiß nahe. Aus den erhaltenen Büchern läßt sich deutlich die Darstellungsabsicht des späten Thukydides herauslesen. Er rechtfertigt den Kriegseintritt und macht die unfähigen Nachfolger des Perikles für die Niederlage verantwortlich. Andererseits zeigt der Werktorso auch eine innere Entwicklung des Historikers. Mit fortschreitender Dauer des Krieges erkannte er zunächst verborgene Kausalitäten, die ihn überzeugten, anders als seine Zeitgenossen die kriegerischen Ereignisse zwischen 431 und 404 als Einheit zu betrachten. Deutlich wird dies in seiner veränderten Bewertung des Megarischen Psephismas, das ihm nicht länger Kriegsgrund, sondern bloß noch Kriegsanlaß war.

Die Präliminarien (Buch 1) Thukydides berichtet vom Krieg der Athener und Peloponnesier in chronologischer Reihenfolge. Das erste Buch (moderner Zählung) enthält die Vorgeschichte des Krieges. Auch sie weist eine klare Struktur auf. Dem einleitenden Vorwort folgt ein Blick in die Vergangenheit, die sogenannte *Archäologie*, die «Altertumskunde» (1.2–19). Mit den Kapiteln 1.20 bis 22 geht der Autor dann zu methodischen Fragen und zur Zielsetzung seines Werkes über. Er trennt zwischen Reden (*Lógoi*; lateinisch *Orationes*) und Taten (*Érga*; lateinisch *Facta*), die in gegenseitiger Verschränkung das Gerüst des Werkes bilden. In 1.23.1–3 listet Thukydides die Kriegsleiden (*Pathémata*) auf, bevor er im zweiten Teil dieses Kapitels seine berühmte Unterscheidung zwischen den Kriegsanlässen (*Aitíai*) und dem tieferen Kriegsgrund (*Próphasis*) trifft. Diese Unterscheidung bestimmt dann auch den Fortgang des ersten Buches. Von 1.23.4 bis 55 behandelt er die erste dieser *Aitíai*, den Konflikt zwischen Korinth und Kerkyra. Die zweite *Aitía* schließt sich von Kapitel 55 bis 66 an. Hier wäre nun eigentlich der dritte und wichtigste Anlaß, das Megarische Psephisma, zu erwarten, doch Thukydides hat diesem nur wenige Kapitel, genau genommen gar nur Zeilen gewidmet. Vielleicht hat das mit Kompositionsfragen zu tun, vielleicht auch mit der oben vermuteten Herabstufung von der *Próphasis* zur *Aitía*, vielleicht ist es auch ein Versuch, eine

Die Werke: Entstehung und Inhalt

Diskussion um die Kriegsschuldfrage, die vor allem mit diesem Psephisma verbunden wurde und Perikles belastet hätte, gar nicht aufkommen zu lassen. Mit Kapitel 1.67 tritt Thukydides in die unmittelbare Vorgeschichte des Krieges ein. Er schildert die große Versammlung des Peloponnesischen Bundes, in welcher auf die Klagen der Verbündeten hin, insbesondere Korinths, in verschiedenen Reden das Für und Wider des Krieges diskutiert wurde. Per Abstimmung wird in Kapitel 1.87 festgestellt, daß die Verträge gebrochen seien. Die Verbündeten gehen nach Hause und Thukydides unterbricht seine Darstellung durch den später berühmt gewordenen Exkurs über die Pentekontaetie (1.89–118.2) – jene knapp 50 Jahre zwischen persischem und Peloponnesischem Krieg.

In Kapitel 1.88 wird zunächst nochmals die Unabwendbarkeit eines Krieges betont und der in 1.23.6 angegebene Grund, die Furcht der Spartaner vor einer athenischen Einkreisung, wiederholt. Thukydides knüpft, wie gesagt, dort an, wo Herodot (9.120) aufgehört hat, und behandelt in acht konzentrierten Kapiteln 1.89 bis 96 die Anfänge der athenischen *Arché*, den Mauerbau und die Gründung des Seebundes in den Jahren 478 und 477. In zwanzig weiteren Kapiteln (98–117) werden nach einer Überleitung, in welcher der Autor sein Vorgehen begründet (1.97), die 37 Jahre des Aufstiegs von der Eroberung von Eion bis zum Samoskonflikt (476–439 v. Chr.) geschildert. Das Kapitel 118 ist nochmals dem Kerkyra-Konflikt gewidmet und bietet ein Fazit der Zeit nach dem «Rückzug des Xerxes» und vor dem Jahr 431. «In dieser Zeit», schreibt Thukydides, «ordneten die Athener ihre Herrschaft straffer und brachten das eigene Staatswesen zu ansehnlicher Macht.» Dann nimmt er den Faden von 1.87 wieder auf: Die Spartaner haben das Orakel in Delphi befragt und eine neuerliche Kriegssitzung, diesmal der Gesamtheit des Bundes, einberufen, auf der dann die Mehrheit – aufgewiegelt durch eine Rede der Korinther – endgültig für den Krieg stimmt (1.118.3–125).

Wir befinden uns damit im Jahr 432. Bis zum Ausbruch des Krieges wird es noch ungefähr elf Monate dauern. Diese Zeitspanne ist bei Thukydides angefüllt mit Rüstungen und einem lautstarken Propagandakrieg (126–128.1). Die teils berechtigten, teils bizarren Vorwürfe, die vorgebracht werden, reichen bis ins 7. Jahrhundert hinab, und Thukydides verbindet sie mit einer Art Systemvergleich anhand von Personen. Die beiden berühmtesten Helden des Perserkrieges, Themistokles und Pausanias, die Sieger von Salamis und Plataiai, werden einander gegenübergestellt (1.128.2–138). Vielleicht ist dies ein älteres Werkstück, das der Historiker hier an passender Stelle einfügt. Schließlich erklären auch die Athener den Krieg, zu dem sie Perikles in einer von Thukydides überlieferten bzw. unterlegten Rede ermutigt (1.139–145), und mit Kapitel 2.1. beginnt der Historiker seine Darstellung der Kriegsereignisse.

Der Archidamische Krieg und der Nikias-Frieden (Buch 2–5) Der Überfall auf Plataiai, letzte Rüstungen, die Invasion der Peloponnesier sowie die Gegenmaßnahmen der Athener eröffnen das zweite Buch (2.2.–33) und damit die Schilderung des Archidamischen Krieges, die inklusive des Friedensschlusses bis Kapitel 5.25 reicht. Perikles tritt erst ab 2.12 auf den Plan. Aber die wenigen Kapitel bis zur Würdigung in 2.65 genügen, ihn zur wichtigsten Person des Krieges zu machen. Zwei große, ihm zugewiesene Reden, der Epitaphios (Grabrede) auf die Gefallenen des ersten Kriegsjahres (2.34–46) und die Trostrede (2.59–64) auf die Toten der Pestepidemie, eindrucksvoll analysiert in 1.47 bis 54, zählen zu den Höhepunkten des Werkes. Das wichtigste Kapitel des gesamten Werkes, 2.65, in dem Thukydides den Tod des Perikles zum Anlaß für eine Gesamtschau des Krieges nimmt, beschließt den «Perikleischen Teil».

Der Spannungsbogen fällt nun ab, es werden Ereignisse des dritten Kriegsjahres 429/8 berichtet (2.66–103). Das dritte Buch erzählt in zwei immer wieder unterbrochenen Handlungssträngen parallel die Eroberung von Plataiai durch die Spartaner und von Mytilene durch die Athener. Zentral sind dabei die beiden dem Athener Kleon und seinem sonst unbekannten Widersacher Diodotos zugeschriebenen Reden über die imperiale Politik Athens (3.37–48).

Anhand der Unruhen auf der Insel Kerkyra wird dann exemplarisch der Bürgerkrieg innerhalb der griechischen Städte geschildert (3.69–81), über den Thukydides – eine große Ausnahme – in der sogenannten Pathologie (3.82–85) mit eigener Stimme spricht. Ab Kapitel 3.94 verlagert sich der Krieg nach Westgriechenland. Das vierte Buch bringt zunächst die Geschehnisse von Pylos, die mit der Gefangennahme zahlreicher Lakedaimonier auf der Insel Sphakteria eine Wende im Krieg bedeuten (4.3–41). Der zweite Teil des Buches gehört dem Spartaner Brasidas, dem Thukydides hohes Lob zollt. Brasidas trägt den Krieg in den Norden der Ägäis und bringt dort, während die Athener in Mittelgriechenland am Delion die einzige große Landschlacht der ersten Kriegsphase verlieren (4.89–101), wichtige Verbündete der Athener auf seine Seite (4.70–88, 102–135). Thukydides selbst wird als Stratege des Jahres 424/3 in die Kämpfe verwickelt (4.102–108).

Das fünfte Buch beschreibt zunächst die weiteren Kämpfe im Norden (5.2–

Die Werke: Entstehung und Inhalt

11) bis zum Schlachtentod des Kleon und des Brasidas, dem Friedens- und Bündnisverhandlungen (5.14–24) folgen. Der große Bruch kommt mit Kapitel 5.26, zu Recht als zweites Vorwort bezeichnet. Thukydides setzt nochmals neu an, und zwar nach Ende des Krieges, also nach 404. Er beziffert die Dauer des Krieges auf exakt siebenundzwanzig Jahre, hat aber immer noch keinen Namen für ihn gefunden, ein Beleg, daß er sich in der Phase der Umarbeitung befand.

Ab 5.27 wird von den Kriegsereignissen während des Nikias-Friedens, insbesondere der Schlacht von Mantineia (5.63–74), berichtet. Der Historiker belegt damit seine Behauptung, daß es sich um einen «Faulen Frieden» handelte. In Kapitel 5.84 bricht eine athenische Flotte zur Insel Melos auf, um sie zu unterwerfen – für Thukydides Anlaß, das Problem von Macht und Recht im später so berühmt gewordenen Melier-Dialog (5.85–113) zu erörtern. Eine vorsichtige Schätzung des möglichen Gesamtvolumens des Werkes, hätte Thukydides es denn bis zur Kapitulation Athens fortführen können, lädt dazu ein, im Melier-Dialog die formale Mitte der Monographie zu sehen.[4]

Sizilien und Dekeleia (Buch 6–8) Das sechste und siebte Buch mit der Schilderung der Sizilischen Invasion bilden, wie gesagt, eine Einheit, auch wenn Thukydides – vermutlich in einem zweiten Arbeitsgang – Ereignisse des Dekeleischen Krieges eingearbeitet hat. Zunächst wird Sizilien vorgestellt, danach beraten die Athener, ob sie den Krieg wagen sollen. Mit den Reden des Alkibiades und des Nikias bilden die Kapitel 6.8 bis 32 einen weiteren Höhepunkt des Werkes. Die innere Krise in Athen mit dem Hermen- und Mysterienfrevel, die schließlich zur Abberufung des bereits ausgesandten Feldherrn Alkibiades führt, wird in 6.27–29 und 53–61, eingeschlossen darin der Peisistratidenexkurs, beleuchtet. Ein Gegenlicht fällt auf Syrakus (6.32–41), bevor es zu den ersten Kämpfen kommt (6.62–87). Alkibiades ist inzwischen in Sparta angekommen und die Spartaner beschließen, Syrakus zu helfen (6.88–104). Im siebten Buch erhalten zunächst beide Seiten Verstärkung (7.1–35) – Syrakus in Gestalt des Feldherrn Gylippos –, die Kämpfe verlagern sich zusehends in den Großen Hafen der Seestadt (7.36–59). Eine Einfügung gilt den Vorgängen im Mutterland, der Historiker schildert das Massaker an den Schulkindern von Mykalessos: den Tiefpunkt des Krieges (7.29–30).

In Sizilien naht schließlich das Ende der athenischen Invasion, der Stratege Nikias verhindert aus Aberglauben eine rechtzeitige Abfahrt der Flotte. Die folgenden Ereignisse (7.59–87) dramatisiert Thukydides in ganz ungewöhnlicher Weise. Der letzte Kampf im Hafen und der Marsch der Überlebenden in den Tod oder die Steinbrüche von Syrakus gehören zum Spannendsten, was er geschrieben hat. In einem emotionalen Fazit spricht er – ein singuläres Wort – sogar von *Panolethria,* vom All-Untergang (7.87.5).

Mit dem ersten Kapitel von Buch acht, das den Schrecken schildert, welchen das Eintreffen der Nachricht von der Niederlage in Athen auslöst, endet der Teil, der offenbar überarbeitet ist. Thukydides wendet sich nun – unterbrochen von einer ausführlichen Darstellung der Vorgänge, die zum Sturz der Demokratie und nach einer oligarchischen Zwischenherrschaft wieder zu deren Einrichtung führten (8.53–54, 63–77, 89–98) – den Ereignissen an der kleinasiatischen Küste zu, welche in den folgenden Jahren die Entscheidung bringen werden. Mit Kapitel 8.109 bricht das Werk – es ist das 21. Kriegsjahr im Hochsommer 411 – unversehens mitten im Satz ab.

Die Lebensläufe

Herodot: Die ersten beiden Wörter der *Historien* enthalten die einzigen zuverlässigen Informationen über den Autor. Er stellt sich und seine Geburtsstadt vor: *Herodotos Halikarnasseos,* Herodot aus Halikarnassos. Was ansonsten seine Biographie ausmacht, ist aus dem Werk erschlossen oder geht auf sehr späte Quellen zurück. Halikarnassos war eine lykische Hafenstadt im Süden der kleinasiatischen Westküste, in der noch vor der Jahrtausendwende dorische Kolonisten aus der Peloponnes siedelten. Um 560 geriet sie unter die Herrschaft des Lyderkönigs Kroisos, den nach knapp 15 Jahren Kyros der Große ablöste. Nach den Perserkriegen erlebte Halikarnassos eine kurze Zeit der Unabhängigkeit, bevor sich die Athener als neue Herren etablierten, auch wenn sie – zumindest anfangs – lieber als Verbündete angesehen werden wollten.

In Halikarnassos regierten seit Kyros – von den Großkönigen geduldet – lykische Dynasten. Die Griechen nannten sie in ihrer Begrifflichkeit Tyrannen, doch bedeutet das Wort in diesem Zusammenhang nicht mehr als *Alleinherrscher.* Der erste Regent, dessen Name bezeugt ist, war Lygdamis. Seiner Tochter Artemisia, die am Feldzug des Xerxes teilnahm, hat Herodot ein Denkmal gesetzt, das dauerhafter als Erz war. Artemisia folgten Sohn und Enkel nach. Zu den Gegnern des letzteren zählte auch Herodots Familie, wie die Suda, ein

Die Lebensläufe

byzantinisches Lexikon aus dem 11. Jahrhundert, berichtet. Der Lexikograph zählt Herodot – er nennt ihn von «vornehmer Abstammung» – zu den einflußreichen Bürgern der Stadt und kennt auch seine Eltern. Die Mutter hieß Dryo oder Rhoio – in diesem Punkt ist das Lexikon mit sich selbst uneinig –, der Vater Lykes und der Onkel Panyassis tragen lykische Namen. Dem Onkel widmet die Suda einen eigenen Artikel, denn er war ein bekannter Epiker. Vielleicht lag das literarische Interesse in der Familie.

Irgendwann in den sechziger Jahren mußte Herodot Halikarnassos verlassen haben. Er ging nach Samos ins Exil, und vermutlich deshalb wird die Insel in den *Historien* außergewöhnlich ausführlich erwähnt. Das fiel auch dem Historiker selbst auf, und er begründet es damit, daß die Samier drei Bauwerke geschaffen hätten, die in Griechenland ihresgleichen suchen würden.

Herodot kehrte nach dem Sturz des Tyrannen zurück, in den vorausgehenden Kämpfen wurde auch der Onkel Panyassis getötet. Das geschah vor 454/3, denn in diesem Jahr erscheint Halikarnassos auf den steinernen Stelen, auf denen die Athener die Tribute der Bundesgenossen festhielten. Das Bündnis mit dem demokratischen Athen setzt das Ende der Tyrannis voraus. In den vierziger Jahren verließ Herodot seine Heimatstadt ein zweites Mal, diesmal (fast) freiwillig – das Lexikon weiß nur vom Mißfallen seiner Mitbürger – und für immer.

Bevorzugter Ort seiner vielen Reisen, die ihn nach seinen Autopsie-Bekundungen – es gibt auch Gelehrte, die annehmen, Herodot habe sie fingiert – bis ins ägyptische Elephantine (2.29), nach Tyros in Phoinikien (2.44) und in die Region des palästinischen Syrien (2.66) führten, war Athen. Er hat auch in Olympia vorgetragen, überliefert sind ferner Auftritte in Korinth und Theben. Sicherlich hat er auch die geschichtsträchtigen Orte der Perserinvasion besucht. *Autopsía* («Selbstsehen») war Herodot bei seinen Nachforschungen wichtig.

Die Lesungen Herodots waren lukrativ. Der Historiker Diyllos zitiert im 3. Jahrhundert v. Chr. eine athenische Inschrift, derzufolge Herodot auf Antrag eines gewissen Anytos ein Geschenk in Höhe von zehn Talenten erhielt, eine Ehrung durch den athenischen Rat der 500 erwähnt der spätantike Geschichtsschreiber Eusebios. Fälschungen von Inschriften waren in Athen nicht selten, doch nichts spricht dagegen, daß Herodot für seine Lesungen vor großem Publikum Geld erhielt. Der Betrag von zehn Talenten oder 60 000 Drachmen erscheint hoch – mit einer Drachme ließ sich in etwa der Lebensunterhalt für einen Tag bestreiten –, doch soll beispielsweise der Sophist

Einführung

Protagoras von reichen Schülern ein Unterrichtssalär von hundert Minen (10 000 Drachmen) gefordert und bekommen haben. Eine enge Beziehung Herodots zu Perikles ist wohl erdichtet; demgegenüber will der Biograph Plutarch von einer dem Historiker gewidmeten Ode des Dramatikers Sophokles wissen. Von Athen ging Herodot in die im Golf von Tarent neu gegründete panhellenische Kolonie Thurioi. Auf der dortigen Agorá wurde später sein Grab gezeigt. Daß Thurioi Herodots zweite Heimatstadt war und er dort auch seine *Historien* verfaßte, galt in römischer Zeit als verbürgt. Schon Aristoteles zitiert im 4. Jahrhundert v. Chr. aus einer Herodot-Ausgabe, in der sich der Historiker als Bürger von Thurioi vorstellte.

Auch über das Geburtsdatum Herodots glaubte die Antike Genaueres zu wissen. Es wurde – mit Vorbehalt (*videtur*) – in das erste Jahr der 74. Olympiade datiert (484 v. Chr.). Überliefert hat das Datum, das vermutlich auf die *Chroniká* des Atheners Apollodor zurückgeht, Aulus Gellius in seinem Werk *Noctes Atticae* (Attische Nächte), darin er um 170 n. Chr. in einer Reihe kurzer Essays allerlei Wissenswertes zur griechischen und römischen Kultur sammelte. Gellius rückt Herodots Schaffenszeit an diejenige der Historiker Hellanikos und Thukydides heran und glaubt, daß er zu Beginn des Peloponnesischen Krieges, also im Jahre 431 v. Chr., 53 Jahre alt war. Der Historiker Dionysios von Halikarnassos bestätigt, daß Herodot vor den Perserkriegen, gemeint ist die Xerxes-Invasion, geboren ist, und beide stimmen mit dem älteren Plinius überein, dem zufolge der Historiker 310 Jahre nach Gründung Roms (753 v. Chr.) in Thurioi sein Werk verfaßte.

Als Höhepunkt menschlichen Lebens (*Akmé*) galt in der griechischen Antike das 40. Lebensjahr, und so verweist die Schaffenszeit Herodots wiederum auf sein Geburtsjahr. Tatsächlich ist wohl auch Thurioi der Schlüssel, der zum bei Gellius überlieferten Jahr 484 v. Chr. führt. Der Beschluß zur Gründung der Kolonie fällt ins Jahr 444/3, ein festes Datum in der antiken Chronologie. Herodots Wirken dort war verbürgt, und so wurde es mit dem einzigen bekannten Datum von Thurioi, der Gründung der Siedlung, verbunden. Wenn Herodots *Akmé* aber ins Jahr 444/3 fiel, dann mußte er nach antiker Vorstellung 40 Jahre vorher geboren sein, also 484/3.

Wann Herodot Bürger von Thurioi wurde, bleibt freilich unklar, *Akmé* und Geburtsdatum sind Konstruktionen. Sie haben dennoch vor dem Hintergrund der Publikation des Werkes eine gewisse Plausibilität, allenfalls kann man sich Herodot einige Jahre jünger vorstellen. Das Todesdatum ist unbekannt. Ein *terminus post quem* läßt sich aus dem Werk erschließen. Herodot hat

Die Lebensläufe

die Anfänge des Peloponnesischen Krieges noch erlebt. Drei Stellen verweisen auf das Jahr 431. Das späteste Ereignis, auf das er explizit anspielt, die Tötung spartanischer Gesandten, gehört sogar in den Spätsommer 430.

Im Jahre 425, mitten im Peloponnesischen Krieg, kamen die *Acharner*, eine Komödie des Aristophanes, auf die Bühne. Der Dichter führt den Kriegseintritt Athens auf eine dubiose, ins Lächerliche verzerrte Frauenraubgeschichte zurück, in die Perikles und seine Frau Aspasia angeblich verwickelt waren. Aristophanes kannte Herodot gut, wie Zitate aus seinem Stück *Die Vögel* belegen, und so läßt sich kaum daran zweifeln, daß er damit den Prolog des Geschichtswerks parodiert, in dem der Historiker die Feindschaft zwischen Hellenen und Barbaren auf gegenseitigen Frauenraub zurückführt. Zwar setzt die Parodie ein Publikum voraus, das sie erkennen und goutieren konnte, doch bedeutet das nicht, daß das Werk auch schon 425 vorlag. Herodot war in Athen als mündlicher Erzähler präsent, der von Aristophanes aufgegriffene Stoff könnte durchaus aus einer seiner Lesungen stammen. Möglich wäre ein Publikationsdatum nach dem Archidamischen Krieg, doch darf dieses nicht zu weit nach unten, d. h. zum Sizilischen Krieg hin, verlegt werden, da Thukydides schon im Prolog grundlegende Kenntnis seines Vorgängers zeigt. Wann Herodot in Thurioi starb, ist unbekannt.[5]

*

Thukydides: Wie Herodot stellt sich auch Thukydides in der ersten Zeile seines Werkes mit Namen und Heimatstadt, nämlich Athen, vor. Wie der Vater Herodots trägt auch derjenige des Thukydides keinen griechischen Namen. Thukydides nennt sich selbst Sohn des Oloros, und dieser Name ist thrakischen Ursprungs. Er kommt auch in der Familie der Philaiden vor. So hieß auch der Schwiegervater des Miltiades, des Siegers von Marathon, der sich selbst lange Zeit auf der thrakischen Chersones aufhielt.

Erhalten haben sich die Thukydides-Biographie eines spätantiken Autors namens Markellinos und diejenige eines unbekannten byzantinischen Grammatikers. Sie liefern wenig neues Material, das meiste sind Kombinationen der Autoren aus bereits bekannten Daten. Die wichtigste Quelle für Thukydides ist er selbst, biographische Hinweise finden sich verstreut über das Werk. So berichtet er auch, daß er die Nutzungsrechte an Goldbergwerken in Thrakien besaß und «daher einer der mächtigsten Männer auf dem Festland» (nördlich der Ägäis) war. Die Bergwerke im Pangaiongebirge nördlich der Stadt Amphipolis sind nicht mehr zu lokalisieren, doch lagen sie wohl nicht auf athenischem Gebiet. Markellinos vermutet sie in einem Ort namens Skapte Hyle,

Einführung

übersetzt Gruben- oder Rodenwald. Es ist der einzige Ort, den er – Herodot nennt ihn – aus der Überlieferung kennt.

Absprache und Übereinkommen mit den thrakischen Fürsten waren Voraussetzung für die Ausbeutung der Vorkommen. Thukydides verbrachte vermutlich einen Teil seiner Kindheit und Jugend in Thrakien, seine politische und militärische Ausbildung wird er als Ephebe in Athen erhalten haben. Daß er zum Beispiel im Jahre 430, bei Ausbruch der Pest, in Athen war, bezeugt er indirekt selbst. Nach Markellinos war Thukydides ein Schüler des Philosophen Anaxagoras und hörte den Sophisten Antiphon. Beides sind nur Vermutungen, doch sind in seinem Werk Einflüsse vor allem der Sophistik unverkennbar.

Im Frühjahr 424 wurde Thukydides zu einem der zehn Strategen für das Jahr 424/3 gewählt. Sein Aufgabengebiet lag aufgrund seiner dortigen Verbindungen und der Kenntnis des Landes in Thrakien, im Herbst 424 hielt er sich auf der Insel Thasos auf. Der unerwartete Vorstoß des Spartaners Brasidas überraschte offenbar auch ihn. Jedenfalls kam er zu spät, um die für Athen so wichtige Stadt Amphipolis zu halten, und konnte nur noch den vorgelagerten Hafen Eion besetzen. Thukydides mußte für 20 Jahre in die Verbannung gehen. Das berührte seinen Wohnsitz in Thrakien nicht, Attika aber blieb ihm versperrt. Auch wenn er nun von den Archiven Athens ausgeschlossen war, gewann der Historiker dem Exil auch positive Seiten ab. Nach eigenem Bekunden konnte er sich fortan auch auf Seiten der Peloponnesier aufhalten und dort Erkundigungen einholen. Kurze Zeit nach Ende der Verbannungsfrist und fast gleichzeitig auch des Krieges rief ihn ein eigener Volksbeschluß nach Athen zurück. Das geschah wohl nicht vor dem Sturz der 30 Tyrannen, sondern vermutlich erst nach Ende der Bürgerkriegswirren im Sommer 403. Dieses Jahr ist auch der *terminus post quem* für den Tod des Thukydides. Verschiedene Indizien, so das vermutlich postume Lob des Makedonenkönigs Archelaos, der 399 starb, verweisen darauf, daß der Historiker zu Beginn des 4. Jahrhunderts noch lebte. Zwar sind *argumenta e silentio* wie die Nichterwähnung des bekannten Ätnaausbruchs von 396 ohne Beweiskraft, doch erforderte die vollständige Revision seines Werkes, die er nach Kriegsende begann, sicherlich Zeit. Daß er sie nicht zu Ende führen konnte, weist auf ein Todesdatum in der ersten Hälfte der neunziger Jahre. Als Todesorte geben die antiken Kommentatoren Thrakien, Italien und Athen an. Die Behauptung, Thukydides sei ermordet worden, gründet sich auf den Umstand, daß das Werk im achten Buch mitten im Satz abbricht. Antike Philologen konnten sich nicht vorstellen, daß rechtschaffene Autoren sich ohne Not gegen Stil und Grammatik versündigten. Wahrscheinlich hatte Thukydi-

Die Lebensläufe

des die Arbeit am achten Buch aber schon vor seiner Rückkehr nach Athen abgebrochen.
Als Geburtsjahr errechnete Apollodor (bei Gellius überliefert) 471. Zugrunde liegt das gleiche Verfahren wie bei Herodot: Zu einem für die Biographie des Autors wichtigen Datum – für Thukydides naheliegend der Beginn des Peloponnesischen Krieges (431 v. Chr.) – addierte der Chronograph die vierzig Altersjahre, die es, wie gesagt, nach antiker Vorstellung brauchte, den Kulminationspunkt des Lebens zu erreichen. Einen sicheren *terminus ante quem* bietet aber der Autor selbst. Für das Strategenamt, das er 424/3 bekleidete, betrug das Mindestalter 30 Jahre, Thukydides muß also 454 oder davor geboren worden sein. Nach eigener Aussage war er bei Kriegsbeginn ein erwachsener Mann, wenn auch nicht, wie Apollodor glaubt, auf der Höhe seiner Schaffensphase (*Akmê*). Das Grab des Thukydides wurde im Südwesten Athens vor dem Melitischen Tor im Demos Koile gezeigt, wo auch die sogenannten Kimonischen Gräber – ein weiterer Hinweis auf die Verwandtschaft mit den Philaiden – gelegen haben sollen.

Herodot und Thukydides teilen sich ein Jahrhundert, das klassische der Griechen. Sie erleben den Aufstieg und den (beginnenden) Niedergang Athens, der Stadt, der ihr Werk am meisten verdankt, wenngleich in teils unterschiedlicher Weise. Beide sind Bürger einer griechischen Stadt, Halikarnassos der eine, Athen der andere. Beider Wohnsitze liegen am Rande des athenischen Herrschaftsgebietes, im Südosten derjenige Herodots, im Norden der des Thukydides. Beide kommen dort in enge Berührung mit Völkern, welche die Griechen *Barbaroi* nannten, die Namen der Familienangehörigen verweisen auf verwandtschaftliche Bindungen zu Nichtgriechen. Dies wird sie befähigen, Herodot vielleicht mehr als Thukydides, Griechenland und die Griechen auch von außen zu sehen. Eine weitere gemeinsame Erfahrung, die beide prägte, war die Verbannung. Sie machte sie für das ähnliche Schicksal Tausender empfänglich, die in den Staseis zwischen Demokraten und Oligarchen ins Exil getrieben wurden.

Die Schnelligkeit, mit der sich Griechenland im 5. Jahrhundert politisch veränderte und kulturell entwickelte, verschafft den unterschiedlichen Geburtsjahren Bedeutung. Herodot wurde nach 484 geboren, Thukydides vor 454. Die maximale Differenz beträgt ungefähr eine Generation und entsprechend imaginierte die Antike ein Lehrer-Schüler-Verhältnis. In der Suda begegnet der junge Thukydides in Olympia Herodot, der dort vor großem Publikum aus seinem Werk las. Vermutlich war Herodot jünger und Thukydides älter als angenommen, so daß sich die zeitliche Kluft zwischen beiden auf 15 bis 20 Jahre verringert, auch zehn Jahre sind nicht ausgeschlossen. Wahrscheinlich hat Thukydides, wie der byzantinische Lexikograph und Markellinos mutmaßen, Vorträge Herodots gehört. Er bekundet jedenfalls schon im Vorwort ein frühes Interesse an dem neuen Metier, das später Geschichtsschreibung heißen sollte. Die Auseinandersetzung mit Herodot, dem niemals mit Namen genannten Vorbild, das zu übertreffen der Stachel war, der ihn antrieb, ist aber vermutlich auf das Werk beschränkt.[6]

Die Vorwörter: Begründung und Zielsetzung

Herodot: Das kurze Vorwort Herodots ist gleichsam die Gründungsurkunde der abendländischen Geschichtsschreibung. In einem umständlichen Satzgefüge und einer archaisch anmutenden Sprache erklärt der Historiker in nur vier Zeilen, was ihn bewog, die Geschichte der Griechen und Barbaren, von Kroisos bis in seine eigene Zeit darzustellen.

«Des Herodot von Halikarnassos Darlegung der Erkundung (*Historíe*) ist diese, auf daß weder das von Menschen Geschehene (*Genómena*) durch die Wirkung der Zeit verblasse noch die großen und staunenswerten Werke (*Érga*), ob sie nun von Hellenen, ob von Barbaren aufgewiesen wurden, ohne Kunde würden; das andere, und insbesondere, aus welcher Verschuldung (*Aitía*) sie miteinander Kriege geführt haben.»

Das zentrale Wort ist *Historíe*. Bei Herodot besitzt es noch nicht seine spätere, inzwischen wieder veraltete, alles umfassende Bedeutung: Geschichte, Geschichtsdarstellung, Geschichtswissenschaft. Es ist noch das, was Herodot antreibt und was er tut: Wissenwollen und fragen, bevor daraus dann Kenntnis und Erkenntnis erwachsen. So braucht Herodot für das, was die Nachfolger mit dem einen Wort «Geschichte» sagen werden, noch zwei Wörter: *Apódexis historíes*, Darlegung der Erkundung.

Es folgt im anschließenden Finalsatz das Motiv, und Herodot formuliert es negativ. Er möchte verhindern, daß Geschehenes mit der Zeit verschwindet und große Taten *a-kleés* bleiben, ohne den verdienten Ruhm. Was das ist, faßt der Historiker zunächst sehr allgemein, bis er es dann Stück für Stück konkretisiert. Es beinhaltet nicht nur, was Menschen getan haben – die Taten wären

Die Vorwörter: Begründung und Zielsetzung

Práxeis –, sondern auch, was sie erdacht und ersonnen haben, besonders davon aber die staunenswerten Werke.

In seinem Drama *Aias*, das etwa zu der Zeit entstand, in der Herodot in Athen geweilt haben kann, spricht Sophokles, der Geistesverwandte des Historikers, über das Wirken der Zeit: «Die lange und zahllose Zeit bringt an den Tag alles, was verborgen ist, und verhüllt wieder, was in Erscheinung getreten ist.» So begreift sich Herodot als Wahrer des Gedächtnisses, dessen Amt es ist, dem Vergessen entgegenzutreten.

Herodot liegt der Provinzialismus nationaler Geschichtsschreibung fern, Barbaren wie Griechen stehen einander in ihren Leistungen nicht nach. Den Götter- und Heroengeschichten der Vergangenheit erteilt der Historiker gleich zu Beginn eine Absage: Er berichtet über das von Menschen Geschehene, für einen Odysseus ist kein Platz mehr in dieser Darstellung. Wie in den Epen archaischer Zeit sind es freilich Kriege, welche die Menschen besonders bewegen, und so kommt Herodot abschließend auf den großen Konflikt zwischen Griechen und Asiaten zu sprechen, der älter war als der Trojanische Krieg, und von diesen Kämpfen wiederum zu deren *Aitía* (Veranlassung).

Das Stichwort der *Aitía* leitet dann zu einem Exkurs in die weitere Vergangenheit über, da die Überlieferung die ersten kriegerischen Verwicklungen zwischen Griechen und Barbaren mit Frauenraub begründet: Die Griechen rauben Medeia aus Kolchis am Schwarzen Meer und die Prinzessin Europa aus Phoinikien, die Phoiniker dagegen die Io aus Argos, und Paris, der Trojaner, entführt schließlich die Helena aus Sparta. Fünf Kapitel lang geht Herodot zurück in den Mythos, nur um ihn schließlich mit einer Bemerkung beiseite zu schieben: «So erzählen die Perser und so die Phoiniker». Daß ein so großer Krieg wie der zwischen Barbaren und Persern nicht aus wirtschaftlichen oder politischen, sondern aus hormonellen Gründen begann, kann ein aufgeklärtes Jahrhundert wie das 5. v. Chr. kaum glauben, und entsprechend lustig macht sich dann auch der Komödiendichter Aristophanes in seinen *Acharnern* darüber. Herodot hält sich zurück und bemerkt nur, er möchte nicht entscheiden, ob dies nun so oder anders gewesen sei. Er distanziert sich vom Stoff der Epen, indem er versichert, er wolle nur das erzählen, was er sicher wisse, und mit diesem Satz beginnt die Geschichtsschreibung. Was Herodot sicher weiß, ist die Geschichte des Lyderkönigs Kroisos, die sich zwei Generationen vor seiner Geburt dort, wo er zu Hause war, im westlichen Kleinasien, zutrug. Sie steht daher am Anfang seines Werkes.[7]

★

Einführung

Thukydides: Auch Thukydides stellt sich und seinen Heimatort im ersten Satz des Werkes vor. Er bekräftigt damit, daß er für alle Griechen schreiben will, und diese Intention verpflichtet ihn, beiden Mächten des Krieges gerecht zu werden. «Thukydides aus Athen hat den Krieg zwischen den Peloponnesiern und Athenern beschrieben, wie sie ihn gegeneinander geführt haben; er hat damit gleich bei seinem Ausbruch begonnen in der Erwartung, er werde bedeutend sein und denkwürdiger als alle vorangegangenen. Er schloß dies daraus, daß beide Konfliktparteien in jeder Hinsicht auf dem Höhepunkt ihrer Macht in den Krieg traten, und weil er sah, daß sich das übrige Hellas jeweils einem der beiden Gegner anschloß, teils sofort, teils nach einigem Überlegen. Denn dies war die gewaltigste Erschütterung für die Hellenen und einen Teil der Barbaren, ja sozusagen für den größten Teil der Menschheit. Was sich nämlich davor und noch früher ereignet hatte, war wegen der Länge der Zeit zwar unmöglich zu erforschen, auf Grund von Anzeichen aber, von deren Richtigkeit ich mich bei der Prüfung eines langen Zeitraumes überzeugen konnte, bin ich der Meinung, daß es nicht bedeutend war, weder in Kriegen noch sonst.» (1.1.1–3)

Was Herodot erst begründen muß, ist Thukydides schon selbstverständlich: Große Taten sind erinnerungswürdig. Thukydides' Vorwort setzt das seines Vorgängers voraus. Er schreibt es nur fort, begibt sich aber zugleich in ein Konkurrenzverhältnis zu ihm. Thukydides reklamiert für sich, den größten Krieg der Griechen zu beschreiben, und dies in der unausgesprochenen Hoffnung, der Leser werde einen Zusammenhang zwischen Quantität und Qualität herstellen.

Als Thukydides sein Vorwort schrieb, und das tat er nicht vor 421, wußte er bereits, daß der Krieg länger dauern würde – länger jedenfalls, als es Perikles und mit großer Wahrscheinlichkeit auch er selbst vermutet hatten –, aber noch nicht, wie lange.

Über dem gesamten langen Vorwort liegt der Schatten Herodots. Thukydides bekämpft ihn, ohne jemals seinen Namen zu nennen. Das mußte er auch nicht, denn zur Zeit, als er die *Archäologie* schrieb, nämlich nach dem Abschluß des Nikias-Friedens, war Herodot, der sein Werk wohl kurz vorher veröffentlicht hatte, in aller Munde. «Und obwohl die Menschen den Krieg, den sie eben führen, jeweils für den schwersten halten, nach seinem Ende aber wieder die Vergangenheit mehr bewundern, wird doch dieser Krieg jedem, der nach Tatsachen selbst urteilt, schwerer erscheinen als alle bisherigen» (1.21.2), behauptete Thukydides trotzig.

Die Vorwörter: Begründung und Zielsetzung

Die *Archäologie*, mit welcher er den Kampf gegen den Vorgänger aufnimmt, gliedert sich in zwei Abschnitte, einen größeren über die weitere und einen knapperen über die engere griechische Vergangenheit. Der erste führt bis in die Zeit des Trojanischen Krieges (1.2–12), der zweite faßt *grosso modo* die Entwicklung der griechischen Staaten seit dem Aufkommen der Tyrannis bis zum Beginn des Peloponnesischen Krieges zusammen (1.13–19). Zwei Dinge soll die *Archäologie* beweisen: Thukydides behandelt das wichtigere Thema, und er arbeitet mit der besseren Methodik.

Gleich eingangs kapitulierte Herodot vor der Erforschung der ferneren Vergangenheit. Thukydides betont zwar diesbezügliche Schwierigkeiten, da durch die Länge der Zeit das Unglaubwürdige und Sagenhafte die Oberhand gewänne, die Dichter alles in hymnischem Glanz überhöhten und die Menschen alle Kunde von Früherem ungeprüft übernähmen. Allein, er glaubt, ein System von *Paradeígmata* (Beweisen), *Semeîa* (Zeichen) und *Tekméria* (Indizien) entwickelt zu haben, mit dem sich zumindest eines als sicher erweisen ließe – nämlich daß niemals in der frühen Geschichte der Barbaren und Griechen ein Krieg geführt wurde, der es mit *seinem* an Bedeutung und Härte aufnehmen könnte. Er analysiert Homer, den er, wenn auch nicht zu allen Teilen, als Gewährsmann akzeptiert, um zu beweisen, daß der Trojanische Krieg zwar lang war, daß es aber «offensichtlich nicht viele waren, die nach Troja kamen». Mit historischen Analogien, archäologischen und topographischen Zeugnissen oder einfachen rationalen Überlegungen sucht er aus dem Mythos das herauszuschälen, was historischen Bestand hat. Überall findet er so Hemmnisse wie Seeräuberei, Geldknappheit, Mittellosigkeit, auswärtige Feinde, isolationistische Tyrannenherrschaften, Unruhen, Fehlen von Bündnissen, die eine Machterweiterung und damit bedeutende Kriege verhinderten.

Thukydides schlägt einen großen Bogen über die griechische Frühzeit, die Zeit der Wanderungen und Tyrannen bis zur Ankunft der Perser, um schließlich wieder zu seinem Ausgangspunkt zu kommen, der Hochrüstung der Kriegsgegner Sparta und Athen, der er einen letzten Superlativ widmet: Jeder einzelne von ihnen verfügte vor Beginn des Krieges über eine größere Fülle an Machtmitteln als beide zusammen zur Hoch-Zeit ihres Bündnisses. Im folgenden, bevor er zum Methodenkapitel kommt, mäkelt Thukydides noch an Vorgängern herum, die allzu sorglos bei der Erforschung der Wahrheit gewesen seien und sich lieber an das erstbeste hielten. Auch damit ist wieder vornehmlich Herodot gemeint, der mitsamt seinem Thema schließlich eine letzte Abfuhr erhält. Von den vergangenen Taten sei zwar der Perserkrieg am

Einführung

bedeutendsten gewesen, doch auch er habe in zwei See- und zwei Landschlachten eine rasche Entscheidung gefunden. Und als letzten Beweis, daß *sein* Krieg nicht nur länger, sondern auch schwerer war, fügt er die oben genannte *Pathemata*-Liste ein – jene Reihe von Leiden (Eroberungen, Verbannungen, Entvölkerung, aber auch Erdbeben, Hungersnöte, Dürren und Epidemien), die Hellas getroffen hatten wie nie zuvor.

Thukydides fürchtete, als er zur Zeit des Nikias-Friedens die Arbeit an seinem Geschichtswerk aufnahm, die Übermacht seines Konkurrenten Herodot, und so geriet ihm der Prolog zu einer langen Auseinandersetzung mit diesem, auch wenn er das nach üblicher Praxis verschleiert, indem er im Plural spricht und keine Namen nennt. Die Zeit löste diese Probleme, denn der 27-jährige Krieg war nun tatsächlich der schwerste und mit den Kämpfen in Kleinasien hatte er auch den mittelmeerweiten Umfang gewonnen, den der Archidamische Krieg noch nicht besaß. Thukydides behielt das Vorwort trotzdem nach 404 bei, denn es demonstrierte auch seine methodische Überlegenheit.

Während Herodot schon in den ersten Zeilen seines Werkes von seiner Zielsetzung spricht, begnügt sich Thukydides dort, den Grund zu nennen, der ihn veranlaßte, sich dem Krieg der Peloponnesier und der Athener zu widmen. Auf das, was er allgemein damit bezweckte, geht er erst am Ende seines ausführlichen Prooimions (Vorwort) ein, und nochmals wendet er sich, wiederum ohne dessen Namen zu nennen, gegen seinen Vorgänger. Die Kritik wird diesem nicht gerecht, aber das ist ohnehin nicht Thukydides' Absicht. «Zum bloßen Anhören wird vielleicht durch das Fehlen des erzählerischen Elements meine Darstellung weniger erfreulich scheinen. Wer aber klare Erkenntnis des Vergangenen erstrebt und damit auch des Künftigen, das wieder einmal nach der menschlichen Natur so oder ähnlich eintreten wird, der wird mein Werk für nützlich halten, und das soll mir genügen. Als ein Besitz für immer, nicht als Glanzstück für einmaliges Hören ist es aufgeschrieben.» (1.23.4) Die Stelle hat zu vielen Mißdeutungen Anlaß gegeben. So muß zum einen gesagt werden, daß Thukydides sich weder anmaßt, prophetisch künftige geschichtliche Abläufe voraussagen zu können noch daran geglaubt hat, sein Werk wirke über Hunderte von Jahren weiter. Der «Besitz für immer» ist in Relation zum kurzfristigen Hören gedacht, an eine unbegrenzte Aktualität seines Werkes glaubte er sicher nicht. Thukydides setzt dabei voraus, daß der Mensch aus der Geschichte lernen kann, aber das in dem Sinne, daß er Ereignisse besser verstehen und einordnen kann, also nicht in dem Sinne, daß die Menschen in der Vergangenheit gemachte Fehler nicht wiederholen werden.

Die Vorwörter: Begründung und Zielsetzung

Thukydides will keine Rezepte geben oder Vorschriften machen, er erwartet von seinen Lesern nur die Fähigkeit, die Gegenwart, ihre Gegenwart, mit der von ihm geschilderten Vergangenheit zu vergleichen, um eventuell auf Gemeinsames oder Ähnliches aufmerksam zu werden. Daß das überhaupt möglich ist, liegt für ihn in der einzigen Konstante begründet, welche die Geschichte (der Menschen) besitzt, in der *anthropeía Phýsis* oder dem *Anthrópinon*, der menschlichen Natur. Sie bleibt sich nach Auffassung des Thukydides zumindest über längere Zeit, d.h. die Zeit, für die sein Werk Gültigkeit beansprucht, gleich, und das bedeutet sowohl, daß Vergleiche angestellt werden können, als auch, daß ein Lernen aus der Geschichte nur begrenzt möglich ist. Wie Thukydides dies versteht, zeigt der Anfang der Pestschilderung: «Es möge nun jeder, Arzt oder Laie, über sie seine Meinung sagen, woher sie wahrscheinlich ihren Ursprung genommen hat und welche Krankheitskeime die Kraft zu so tiefgreifenden Veränderungen bergen; ich will nur beschreiben, wie sie verlief; die Merkmale, bei deren Beachtung man die Krankheit bei einem neuerlichen Auftreten sicher erkennen könnte, wenn man schon etwas von ihr weiß, die will ich darstellen, der ich selbst krank war und andere leiden sah» (2.48.3).

Der Historiker weist dort alles, was nicht auf Anschauung beruht, als Spekulation zurück. Er selbst will einzig das niederschreiben, was er mit eigenen Augen sah. Er tut das, weil er späteren Generationen die Möglichkeiten geben will, Vergangenes zu erkennen, so es sich wiederholt.

Was für die Pestsequenz gilt, gilt aber auch für das Gesamtwerk, nämlich darzustellen, «was wieder einmal nach der menschlichen Natur so oder ähnlich eintreten wird». Das ermöglicht Wiedererkennen und sogar begrenzte Voraussage, aber kaum Heilung.

2.

METHODE

Augen- und Ohrenzeugen

Herodot: Herodot und Thukydides haben gemeinsam, daß sie weitestgehend auf schriftliche Quellen verzichten mußten, dieser im gesamten Werk, jener im historischen Hauptteil. Thukydides besaß den Atthidographen Hellanikos und Herodot. Dieser zitiert ausdrücklich Hekataios, kannte aber die Epen Homers, die Dichtungen von Pindar, Bakchylides, Sappho und Stesichoros, die Dramen des Aischylos. Er studierte Urkunden, Inschriften, Orakelsammlungen. Von der Benutzung weiterer (mutmaßlicher) Zeitgenossen wie Ion von Chios, Stesimbrotos und Xanthos kann sich die Forschung kein Bild machen, denn diese sind bis auf Fragmente verloren. Ungeachtet dessen waren seine Hauptquellen mündlicher Natur. In den ethnographischen Logoi erzählt Herodot Geschichte, «wie er sie hörte». Oft läßt er aber den Ursprung seiner Informationen im Ungewissen, indem er nur davon schreibt, er habe etwas gehört oder erfahren, die Rede sei von irgendetwas oder es werde erzählt, berichtet, gesagt. Auch Einzelpersonen werden genannt, anonym, wie der Schreiber der Tempelschätze der Athena in Sais (2.28.1) oder ein Fremdenführer der Cheopspyramide (2.125.6), oder auch mit vollem Namen (4.76.6, 8.65.6). Letzteres, fingiert oder real, dient wohl dazu, die Authentizität der Geschichte zu bekräftigen. Oft stieß Herodot dabei auch auf Widersprüche. Sie aufzulösen überläßt er entweder dem Leser oder versucht selbst eine Erklärung wie im Falle des berühmten Mischkruges der Lakedaimonier, der so groß war, daß er 300 Amphoren faßte. Die Lakedaimonier hatten ihn als Dank für König Kroisos anfertigen lassen, weil sie er (angeblich) allen anderen Griechen vorzog. Der Krug gelangte allerdings nie an sein Ziel in Sardes, und im Hinblick auf den Grund dafür lagen Herodot zwei unterschiedliche Berichte

Augen- und Ohrenzeugen

vor: Die Lakedaimonier behaupteten, die Samier hätten ihn, als das Transportschiff an ihrer Insel vorbeikam, geraubt. Die Samier konterten, die Lakedaimonier hätten den Krug zu spät abgesandt, denn noch vor der Ankunft der Boten in Kleinasien sei gemeldet worden, daß Sardes erobert und Kroisos gefangen worden sei. So hätten diese den Krug in Samos feilgeboten, wo ihn einige Bürger gekauft und dem Heratempel gestiftet hätten. Dazu findet Herodot dann den Kompromiß, der beide Versionen als (halb)richtig erweist: Möglich sei auch, schließt er, daß die Boten ihn wirklich verkauft und später in Sparta gesagt hätten, er sei ihnen geraubt worden. (1.70)

Umgekehrt beruft sich Herodot – wie im Falle des Sängers Arion (1.23), der schiffbrüchig von einem Delphin gerettet wurde – auf ein zweites Zeugnis, um das erste zu beglaubigen. Er erfuhr die Geschichte von den Korinthern, und diese wurde ihm nach seiner Darstellung von den Bewohnern von Lesbos, der Heimatinsel des Arion, bestätigt.

Gelegentlich wagt Herodot es auch, Dinge zu erzählen, die jenseits seiner Erfahrungen – das häufigste Kriterium der Kritik – lagen, weil er sie für interessant hielt, und das, was über seinen Verstand ging, nicht über den anderer gehen mußte. Das bekannteste Beispiel liefert sein Bericht über die Umsegelung Afrikas unter dem ägyptischen Pharao Necho (610–595 v. Chr.) in 4.42. Die Phoiniker seien vom Roten Meer aus zunächst längs der afrikanischen Ostküste gefahren, dann um die Südspitze Afrikas gebogen, längs der afrikanischen Westküste gesegelt und schließlich durch die Straße von Gibraltar ins Mittelmeer und nach Ägypten zurückgekehrt. Herodot fügt hinzu: «und sie haben etwas erzählt, was ich zwar nicht recht glauben kann, aber vielleicht ein anderer, nämlich sie hätten, als sie um Libyen herumbogen, die Sonne zur Rechten gehabt.»

Herodot beruft sich bei seinen Berichten auf Gewährsleute, die das, was sie berichteten, ihrerseits nur gehört hatten, also keine Augenzeugen waren. Augenzeugen gab es noch für die Zeit der Perserkriege, doch die Erinnerung der Einzelnen war von Geschichten überlagert, welche die Helden schon in dem Augenblick erfanden, als sie das Schlachtfeld verließen. So terrorisierten die *Marathonomachai* (Marathonkämpfer), wie der Komödiendichter Aristophanes vermuten läßt, über sechs Jahrzehnte lang ihre Mitbürger mit ihren Heldentaten.

Das Problem der Zeit, welche die Erinnerung verfälschte, war Herodot bewußt. In der berühmten Geschichte vom Gastmahl des Attaginos, die Herodot selbst von einem Teilnehmer – sicherlich mindestens 40 Jahre nach dem

Methode

Ereignis – gehört haben will, unterstreicht er die Authentizität der Aussage mit der Behauptung, sein Informant habe das, was er ihm erzählte, unmittelbar nach dem Gastmahl auch anderen berichtet (9.16). Je mehr Zeit verstrich, desto detaillierter und umfangreicher wurden die Schilderungen der Zeitzeugen, da sie Erinnerungen Anderer übernahmen und für eigene zu halten begannen. Herodot beruft sich daher in erster Linie auf Gruppen – das können Völker, Städte, Inseln oder Adelsfamilien sein –, von denen er etwas erfahren haben will. In den lokalen Überlieferungen wie denen der Korinther, Athener oder Spartaner verdichteten sich (allerdings im doppelten Sinn) die Erlebnisse der Einzelnen zu einer Gesamtschau. Der Wahrheitsgehalt nahm dabei nicht zu, doch wurde die Rekonstruktion des Geschehenen leichter. An Grenzen stieß Herodot, wenn es galt, verschiedene lokale Überlieferungen zu *einer* Darstellung zu vereinen. Die Widersprüche waren eklatant. Der Historiker wurde mit einer institutionell gewordenen Parteilichkeit konfrontiert. In jeder der am Perserkrieg beteiligten Poleis waren Überlieferungen entstanden, in denen die eigenen Taten herausgestellt und diejenigen der Nachbarstädte herabgesetzt wurden. Auch seine eigenen Landsleute, die Ionier, nimmt Herodot (6.14) nicht von der Kritik aus: «Als nun die Phoiniker zum Angriff vorgingen, setzten sich die Ionier auch ihrerseits in Bewegung. Sie stießen aufeinander, und es kam zum Kampfe, doch kann ich nicht mit Bestimmtheit angeben, welche ionischen Städte sich in dieser Seeschlacht feige und welche sich tapfer gezeigt haben. Eine beschuldigt die anderen.»

Herodots Glaube an den Augenzeugen nahm in dem Maße ab, in dem er sich mit dessen Aussagen ein Bild zu machen versuchte. Schließlich gesteht er, und zwar in der für Griechenland wichtigen Frage der argivischen Neutralität während der Perserinvasion, sein Scheitern ein. Die Argiver, Nachbarn und Feinde der Lakedaimonier, waren gemäß eigener Aussage nicht dem Bündnis gegen die Perser beigetreten, weil die Lakedaimonier ihrem Verlangen, einen dreißigjährigen Frieden zu schließen und die Führung unter den Peloponnesiern zu teilen, nicht nachgekommen waren. Die anderen Griechen sahen das anders. Danach hätten die Argiver Xerxes noch vor dessen Aufbruch versprochen, wohlwollende Neutralität (und zwar zu Gunsten der Perser) zu wahren. Die Aufforderung an die Spartaner, als Voraussetzung für eine gemeinsame Verteidigung die Führung des Peloponnesischen Bundes mit ihnen zu teilen, habe nur dem Zweck gedient, die schon länger beabsichtigte Neutralität zu verschleiern. Herodot glaubt den Argivern nicht, aber er glaubt auch nicht, das

Augen- und Ohrenzeugen

Recht zu haben, sie bloßzustellen: «Ob das wahr ist, ob Xerxes wirklich jenen Herold nach Argos geschickt hat und später die Argiver durch Boten jene Frage an Artaxerxes haben richten lassen, kann ich nicht entscheiden. Ich will keine andere Meinung darüber äußern als die Argiver selbst. Eines aber weiß ich: wenn alle Menschen ihre Leiden und Sünden einmal auf einen Fleck zusammenbrächten und jeder wollte andere für die seinigen eintauschen, so würde jeder, nachdem er seines Nachbarn Sünden geprüft, mit Freuden die seinigen, die er mitgebracht, wieder nach Hause tragen. Und so sind auch die Argiver noch nicht die ärgsten Sünder.» Der Entschuldigung für die Argiver läßt Herodot dann den berühmten Satz über seine Methode folgen, der in diesem Zusammenhang wie ein Stoßseufzer klingt: «Doch ist meine Pflicht, alles, was ich hörte, zu berichten, freilich nicht alles Berichtete zu glauben.» Und er fügt hinzu: «Diese Auffassung gilt für mein Gesamtwerk.» (7.152.3) Das ist der Abgesang auf den Augenzeugen, den Herodot schließlich sogar zum Gespött macht. Die berühmte Geschichte, in der Artemisia, die Königin von Halikarnassos, zur Heldin der Schlacht von Salamis aufsteigt (S. 153 f.), ist vor allem auch eine Persiflage des Augenzeugen, denn sie wird nur möglich, weil gerade diejenigen, die hinsehen, nicht sehen, was sie sehen. Der athenische Verfolger erblickt in Artemisias Schiff plötzlich ein eigenes und der Großkönig im eigenen plötzlich ein feindliches. Feinde werden dem Augenzeugen zu Freunden, Freunde zu Feinden. Aus Niederlagen macht er Siege, aus Siegen Niederlagen. Das erste Auftreten des Augenzeugen in der abendländischen Geschichte hätte auch sein letztes sein müssen.

★

Thukydides: Das Debakel des Augenzeugenberichtes verlangte historiographische Konsequenzen. Thukydides zieht sie. Die erste ist, daß er keinen einzigen Informanten mehr nennt. Alle bleiben anonym. Die zweite liegt darin, daß er sein methodisches Vorgehen bereits im Vorwort begründet und damit einen Wegweiser durch das Werk aufstellt. Zum sogenannten Redensatz (S. 106) gesellt er einen Tatensatz: «Die Taten freilich, die in diesem Krieg vollbracht wurden, glaubte ich nicht nach dem Bericht des ersten besten aufschreiben zu dürfen, auch nicht nach meinem Dafürhalten, sondern ich habe Selbsterlebtes und von anderer Seite Berichtetes mit größtmöglicher Genauigkeit in jedem einzelnen Falle erforscht. Schwierig war die Auffindung der Wahrheit, weil die jeweiligen Augenzeugen nicht dasselbe über dasselbe berichteten, sondern je nach Gunst oder Gedächtnis.» (1.23.2–3)
Zunächst bietet die genannte Vorgehensweise nichts Neues gegenüber Hero-

Methode

dot. Dieser hatte bereits im ägyptischen Logos (2.99.1) dargelegt, sein Werk beruhe auf der Erkundung, dem Befragen von Wissenden, und auf dem eigenen Urteil. Genau das meint auch Thukydides, wenn er schreibt, er wolle das von anderer Seite Berichtete mit größtmöglicher Genauigkeit erforschen. Herodot nennt als weiteres Kriterium noch das Schauen, griechisch *Ópsis* oder genauer *Autopsía*, mit eigenen Augen sehen. Das reklamiert Thukydides im zweiten Vorwort für sich, wo er sagt, die Verbannung habe ihm Gelegenheit gegeben, sich auf beiden Seiten aufzuhalten.

Was Thukydides dank Geburt Herodot voraushat und entsprechend betont, ist sein Status als Zeitzeuge. Er berichte «Selbsterlebtes», schreibt er, und kann sich damit immerhin *einer* zuverlässigen Quelle rühmen. Der Notwendigkeit, Gewährsleute zu befragen – griechisch *Parontes*, diejenigen, die bei einem Ereignis anwesend waren –, ist er dennoch nicht enthoben. Bei Herodot hat er die Schwierigkeiten gesehen, und so tut er ein drittes: Er stellt diese heraus. Je nach Gunst und Gedächtnis sagen die Augenzeugen «nicht dasselbe über dasselbe». Thukydides hat von seinem Vorgänger gelernt, und doch richtet sich das, was er schreibt, gegen ihn. Seine methodischen Vorbemerkungen sind auch Antwort auf Herodots berühmtes Dictum: *Légo legómena* («Ich berichte, was mir berichtet wird»). Damit kann Thukydides sich nicht begnügen, er will das Vergangene genau erforschen und dazu bedarf es seines kritischen Verstandes. Sein Vorteil lag freilich darin, daß seine *Parontes* aus frischer Erinnerung berichteten, während Herodot festgefahrene Traditionen hatte korrigieren müssen.

Thukydides' Feststellung alleiniger Kompetenz hat Folgen. Der Leser muß sich, da er dessen Quelle nicht kennt, darauf verlassen, daß der Historiker auch in strittigen Fällen immer die richtige Entscheidung trifft. Ein Eingeständnis, daß die Nachforschungen scheiterten, ist – so etwa in 3.113.6, wo er bekennt, er wolle die Zahl der Gefallenen nicht niederschreiben, denn es werde eine unglaubwürdige Menge von Umgekommenen angegeben – jedenfalls die große Ausnahme. Zu den Informanten des Thukydides – der Biograph Markellinos behauptet sogar, dieser habe sie bezahlt – zählten vor allem Feldzugsteilnehmer, die zu nennen schon allein ihre Menge verbot, doch wurde er sicherlich auch durch Gesandte und Strategen über die Geschehnisse informiert. Er benennt jedoch, wie gesagt, niemanden als Quelle, auch Alkibiades nicht, mit dem er Gespräche geführt haben muß, denn dieser lebte nach seiner Verbannung wie Thukydides in Thrakien und die Wohnsitze beider können nicht allzu weit voneinander entfernt gewesen sein. So bleibt der Historiker selbst in seinem Werk der einzige bekannte Augenzeuge des Peloponnesischen Krieges.[1]

Chronologien

Herodot: In der griechischen Welt, in der jede Polis und jede Insel ihre eigene Chronologie besaß und die Zählung nach Olympiaden sich erst spät durchsetzte – in Wissenschaft und Literatur im Hellenismus, d.h. nach Alexander dem Großen, im Alltagsleben nie –, war das Bemühen um eine über den Dorfrand hinausweisende Zeitrechnung schwierig, und so stand diese auch noch nicht im Mittelpunkt von Herodots historischem Interesse, zumal er sich mit dem weiteren Problem konfrontiert sah, sie mit orientalischen Zeitmessungen zu synchronisieren. Für das Ägypten des 7. und 6.Jahrhunderts, für Lydien, Medien und Persien besaß Herodot Listen von Herrschern, die sich vage in Übereinstimmung bringen ließen. Herodot ordnet sie in ein chronologisches Schema ein, das er im Anschluß an die Genealogien früherer Mythographen mit Herakles beginnen läßt, den er in einer Zeit vermutet, die 900 Jahre vor seiner eigenen lag, also etwa in den Jahren um 1340 v.Chr. Den Hirtengott Pan hielt er demgegenüber nur für 800 Jahre älter, «noch weniger als vom Trojanischen Krieg bis heute» (2.145.4).

Es war ein kühner Gedanke Herodots, für die historische Zeit, die er im Gegensatz zu seinem Vorgänger Hekataios behandeln wollte, als chronologisches Gerüst die Regierungen der persischen Großkönige zu verwenden. Griechische Beamtenlisten kamen nicht in Frage, da die Athener nichts von der Reihenfolge der spartanischen Ephoren wußten, die Spartaner die argivischen Herapriesterinnen nicht kannten und den Argivern die athenischen Archonten nicht vertraut waren. Herodot konnte die Regierungszeiten der Großkönige von Xerxes lückenlos zurück bis hin zum Mederkönig Deiokes verfolgen, dem er 53 Regierungsjahre gibt, nach moderner Zeitrechnung die Zeit von 708 bis 656 v.Chr.

Herodot nennt die Regierungszeiten immer am Ende der jeweiligen Herrschaft. Kroisos, der Lyderkönig, mit dem der Historiker beginnt, herrschte demnach 14 Jahre (1.86.1). Der Perserkönig Kyros, der Kroisos besiegte, und mit dem die Reihe der Großkönige beginnt, deren Herrschaft die zeitliche

Methode

Achse des Werkes darstellt, brachte es auf 29 Jahre (1.214.3), nach heutiger Berechnung die Zeit von 559/8 bis 530 v. Chr. Dem Kambyses gibt Herodot acht Jahre, die er sich freilich mit dem Usurpator Smerdis teilt – jener sieben Jahre fünf Monate, dieser sieben Monate (3.66.2, 67.2). Dareios folgt mit 36 Jahren (7.4). Von Xerxes wird nur der Regierungsantritt berichtet, denn seine Regentschaft überdauerte die Zeit, die Herodot behandelt. Mit den äußeren Regierungsdaten bildete sich ein Rahmen, innerhalb dessen Herodot – unterbrochen von Exkursen – chronologisch vorgeht, aber es fehlen – mit einer wichtigen Ausnahme – absolute Zahlen gänzlich. Genaue Angaben zur griechischen Geschichte, und das ist in erster Linie diejenige der Hegemonialmächte Sparta und Athen, reichen, soweit sie sich nicht auf Episoden und spartanische Königslisten beschränkt, nur bis ins frühe 6. Jahrhundert zurück. Ungefähre Daten lassen sich dabei allenfalls durch eine vage Synchronisation mit der lydischen Geschichte und durch genealogische Angaben gewinnen.

Das Epochenjahr, mit dem sich in der Chronologie, analog dazu in Inhalt und damit wiederum in der Schwerpunktsetzung, alles ändert, ist das Jahr, in dem der Ionische Aufstand beginnt und die großen ethnographischen Exkurse enden. Auch für dieses Jahr gibt es kein absolutes Datum, wohl aber die Möglichkeit, es aus der Rückschau zuverlässig zu errechnen.

Griechenlands dunkelste Stunde, kurz vor der Wende von Salamis, ist die Eroberung Athens. Diese nun versieht Herodot mit dem einzigen festen Datum, das die *Historien* aufweisen. Die Perser erreichten Attika, schrieb er, «als Kalliades (eponymer) Archon in Athen war» (8.51). Im Zusammenhang mit dem Fall der Stadt den höchsten Beamten zu nennen, bot sich an, aber es war kein Zufall. Athen war, als Herodot dort weilte, die Metropole Griechenlands, die Archontendatierung über den Seebund weiter verbreitet als andere lokale Zeitrechnungen. Die Nennung des Kalliades bot nun den Fixpunkt, von dem aus sich für den gesamten Perserkrieg feste Daten ermitteln ließen. Noch an gleicher Stelle rechnet Herodot zurück: Drei Monate hätten die Perser vom Hellespont nach Attika gebraucht, beim Übergang über die Meeresenge aber einen Monat verweilt. Werden die verschiedenen Hinweise addiert, gelangt der Leser rückwärts von der Datierung der (ersten) Besetzung Athens bis hin zum Beginn des Ionischen Aufstandes, der in der Summe der genannten Zeiteinheiten ins Jahr 499 moderner Rechnung fallen muß.

499 Beginn des Aufstandes der kleinasiatischen Griechen. (Das meistens genannte Jahr 500 v. Chr. ergibt sich bei exklusiver Zählung).

Chronologien

494 Fall von Milet, Ende des Aufstandes: Herodot 6.18 «Im 6.Jahr (inklusiv) nach dem Abfall des Aristagoras».

493 Eroberung der küstennahen Inseln: 6.31.1 «Im nächsten Jahr».

492 Feldzug des Mardonios: 6.43.1 «Als der Frühling kam».

491 Eroberung von Thasos, Krieg um Aigina: 6.46.1 «Im 2.Jahr» (inklusive Zählung).

490 Schlacht von Marathon: 6.95.1 «Im vorigen Jahr» (Zäsur zwischen 491 und 490).

487 Rebellion der Ägypter: 7.1.3 «Im 4.Jahr (inklusiv)» nach dem Marathonjahr.

486 Tod des Dareios: 7.4 «Ein Jahr nach dem Abfall Ägyptens».

485 Rückeroberung Ägyptens: 7.7. «Im 2.Jahr (inklusiv) nach dem Tode des Dareios.

484–481 Rüstung gegen Hellas: 7.20.1 «Vier volle Jahre nach der Unterwerfung Ägyptens».

480 (Frühjahr) Beginn des Xerxeszuges: 7.20.1 «Im Laufe des 5.Jahres».

480 (August/September) Besetzung Athens: 8.51.1 «Archontat des Kalliades» (480/479).

Das ist zugleich Xerxes' 6. Regierungsjahr: 7.7 und 7.20.

479 Plataiai und Mykale: 8.130.1 «Mit Beginn des Frühlings».

Der Passus 7.4 ermöglicht auch die absolute Datierung der Regierungszeit der Großkönige, denn als Dareios im Jahr nach dem Abfall Ägyptens starb, hatte er 36 Jahre geherrscht.

559–530 Kyros der Große: 1.214.3 «Kyros fiel nach einer Regierungszeit von 29 Jahren.»

530–522 Kambyses: 3.66.2 «Er war nur 7 Jahre und 5 Monate König gewesen.»

522–486 Dareios: 7.4. «Dareios starb nach 36-jähriger Regierung.»

486– Xerxes: 7.4. «Das Reich ... ging auf seinen Sohn Xerxes über.»

★

Thukydides: Herodots Leistung im Bemühen um eine eigene Chronologie zeigt sich eindrucksvoll im Lichte der Schwierigkeiten, welche Thukydides bei diesem Versuch hatte. In der *Archäologie,* welche die Frühzeit behandelt, kann er sich oft nur helfen, indem er den Trojanischen Krieg als Fixpunkt verwendet, vor oder nach dem etwas geschah (1.3,8,11,12,14). Er verwendet unbestimmte Floskeln wie «nach langer Zeit» (1.12.4), hat aber bereits auch

Methode

einige konkrete Zahlen. So vergingen, schreibt er, 260 Jahre von der ersten bekannten Seeschlacht, einer Naumachie zwischen Kerkyraiern und Korinthern, «bis zum Ende dieses Krieges» (1.13.3–4). Da freilich nicht gewiß ist, ob er auf den Archidamischen Krieg (431–421) oder den gesamten Peloponnesischen Krieg anspielt, bleibt das moderne Datum (681 bzw. 664 v. Chr.) unsicher. Den Zeitraum zwischen den Perserkriegen und dem Peloponnesischen Krieg (479–431 Chr.), den Thukydides, wie gesehen, in einem eigenen Exkurs behandelt, beziffert er auf die runde Zahl von 50 Jahren. Er fügt dabei aber das Adverb «*málista*» ein, welches das Streben nach Genauigkeit ausdrückt, aber gleichzeitig die Möglichkeit einer Abweichung nach oben oder unten einräumt. In dem Exkurs selbst fehlen absolute Zeitangaben, der Historiker beschränkt sich auf eine relative Chronologie und vage Vermerke wie «zuerst», «dann», «danach», «um diese Zeit». Gelegentlich wird die Länge eines Ereignisses oder der Zeitraum zwischen zwei Ereignissen in Jahren beziffert (1.103.1, 109.4, 110.1, 112.1), doch läßt sich daraus keine wirkliche Chronologie gewinnen. Eine solche gelingt Thukydides dann jedoch für *seinen*, den Peloponnesischen Krieg, und zwar auf ebenso einfache wie geniale Weise. Wie Herodot nennt er nur ein einziges absolutes Datum, aber nicht wie dieser am Ende, sondern zu Beginn seiner Darstellung. Dem Problem der miteinander konkurrierenden lokalen Zeitrechnungen begegnet der Historiker, indem er dieses eine feste Datum gleichsam fünffach absichert. «Vierzehn Jahre hatte der dreißigjährige Frieden gedauert, der nach der Eroberung von Euboia geschlossen worden war, im fünfzehnten Jahr – Chrysis war damals in Argos achtundvierzig Jahre Priesterin, Ainesias Ephor in Sparta und Pythodoros noch vier Monate Archon in Athen –, zehn Monate nach der Schlacht bei Poteidaia, begab sich folgendes: etwas über 300 Thebaner … drangen zur Zeit des tiefsten Schlafes bewaffnet in das boiotische Plataiai ein, eine Bundesstadt Athens» (2.2.1).

In Sparta, Athen und im mächtigen Argos war damit die Datierung ohne Weiteres nachzuvollziehen, den übrigen Griechen gaben so wichtige Ereignisse wie der Abschluß des dreißigjährigen Friedens die Möglichkeit einer zeitlichen Einordnung. Thukydides selbst hatte sich einen festen Punkt geschaffen, an dem die weitere jahresweise Datierung nun festgemacht werden konnte. Er zählte ab diesem Kapitel 2.2 die Jahre und schloß jedes mit einem Hinweis auf sein Ende ab. Die Beispiele sind beliebig. So heißt es in 2.47.1: «Mit Ablauf des Winters endete das erste Jahr des Krieges» und in 2.70.4 für das Jahr 430/429: «Das waren die Ereignisse in diesem Winter und so endete

Chronologien

das zweite Jahr im Krieg, den Thukydides beschrieb.» Gezählt hat er bis zum 20. Jahr (8.60.3). Mit der Schilderung des folgenden Sommers 411 bricht das Werk ab.

Innerhalb eines Kriegsjahres trennt Thukydides noch zwischen Sommer und Winter, wobei ersterer in etwa die Monate März bis Oktober umfaßt. Im März war die Zeit für die Feldzüge gekommen, die Schiffe stachen in See. Spätestens ab November drohten schwere Herbststürme, für die Fußtruppen war die Versorgung im Winter schwierig, weswegen die Ereignisse, die Thukydides unter «Winter» subsumiert, auch eher spärlich sind. Neben dieser groben Zweiteilung macht der Historiker noch weitere jahreszeitliche Angaben wie «Zu Frühjahrsbeginn», «zu Sommerbeginn», «im Hochsommer», «bei ausgehendem Sommer», «zur Zeit, als das Getreide reif war», «zu Wintersbeginn», «am Ende des Winters», die eine noch etwas genauere Einordnung möglich machen. Tage und Monate werden außer in Urkunden selten genannt.

Thukydides war stolz auf seine Chronologie und konnte dies auch nicht verhehlen. In einem Nachtrag zur *Pentekontaetie* (1.97.2) und in zwei weiteren spät verfaßten Kapiteln (5.20, 36.3–4) polemisiert er gegen den Historiker Hellanikos (nur einmal davon mit Namen), der als erster eine Atthis, eine Geschichte Athens, geordnet nach Archontenjahren veröffentlichte, und zwar bis zum Ende des Peloponnesischen Krieges oder knapp davor. Er kritisiert die dortige Rechnung nach Archontenjahren und lobt seine eigene Methode: «Man muß auf die Zeiten schauen und darf sich nicht verlassen auf das Nachzählen der Namen von Archonten oder nach welcher Würde immer an jedem Ort das Vergangene bezeichnet wird. Denn (ein Ereignis) ist nicht genau (datiert), wenn einer sein Amt antritt ... Wer aber nach Sommern und Wintern zählt, wie bei der Abfassung dieser Schrift geschehen, wird herausfinden, ... daß dieser erste Krieg zehn Sommer und ebenso viele Winter gedauert hat.» (5.20.2–3)

Um seine eigene Zählung noch genauer erscheinen zu lassen, verlegte Thukydides nach 404 sogar den Kriegsbeginn nach vorne. Für alle Zeitgenossen und zunächst auch für ihn war der Einfall des Königs Archidamos, der dem folgenden Krieg ja auch den Namen gab, die Eröffnung der bewaffneten Auseinandersetzung. Diese geschah laut Thukydides (2.19), «als es bereits Sommer und das Getreide reif war» (Ende Mai). Nach 404 jedoch verschiebt er den Kriegsausbruch um achtzig Tage nach vorne auf den 6. bis 8. März, indem er den damaligen Handstreich der Thebaner auf die mit Athen verbündete Stadt Plataiai zur ersten Kriegshandlung machte. Dies bot ihm den Vorteil für seine

Methode

Jahreszeitenzählung nun volle Jahre zu bekommen, denn der Archidamische oder, so Thukydides, «erste» Krieg dauerte bis Frühjahr 421 und der gesamte bis Frühjahr 404: «Insgesamt währte der Krieg 27 Jahre ... So wird man also mit dem ersten, dem zehnjährigen Krieg, dem auf ihn folgenden verdächtigen Waffenstillstand und dem danach wieder ausbrechenden Krieg auf diese Zahl von Jahren kommen, berechnet nach den Jahreszeiten, mit einem Überschuß von wenigen Tagen, und solche, die auf Orakelsprüche etwas hielten, hätten allein hierin eine Bestätigung gefunden. Denn ich erinnere mich wohl, wie immer, vom Anfang bis zum Ende des Krieges, von vielen verkündet wurde, er müsse dreimal neun Jahre dauern.» (5.26.1–4)[2]

3.

SPRACHE

Stil, Sprache, Komposition

Herodot: Über Stil, Sprache, Redetechnik und Komposition der Werke des Thukydides und des Herodot machte sich bereits die römische Antike ausführlich Gedanken. Die formale Seite interessierte sie viel mehr als die inhaltliche. Die Perserkriege sagten den republikanischen Römern (vor 27 v. Chr.) wenig, und noch weiter entfernt war ihnen der zeitlich nähere Peloponnesische Krieg, da er eine rein griechische Angelegenheit gewesen zu sein schien. Bewundernswert fand Cicero Herodot und Thukydides aus anderen Gründen. «Der eine nämlich», schreibt er, «strömt ohne Holprigkeit wie ein ruhiger Fluß, der andere braust aufgeregter dahin» (Orator 12.39). Mit der Darstellungskunst der beiden Historiker befaßte sich im 1. Jahrhundert v. Chr. vor allem der Historiker Dionysios von Halikarnassos, der sich aber in seiner Beurteilung nicht so recht entscheiden kann: «Von den Geschichtschreibern hat Herodot die Gattung der Darstellung des sachlichen Inhalts besser ausgearbeitet, in der Gattung der Rede übertrifft ihn manchmal Thukydides, manchmal ist es auch umgekehrt, in manchem sind sie sich auch gleich. In der Genauigkeit des Ausdrucks ihrer eigentümlichen Redeweise bewahren sie beide ihre Eigenart; Herodot ist unbestritten der Erfolg in der Klarheit des Ausdrucks beschieden. Das Bündige liegt bei Thukydides, das Anschauliche bei beiden. Im Ausdruck ruhiger Gemütsbewegung überwiegt Herodot, im Ausdruck der Leidenschaft Thukydides» (*Per miméseos* II 207 (U-R)). In der frühen Kaiserzeit (nach 27 v. Chr.) setzte Quintilian, Redelehrer in Rom, den Vergleich fort: «Kurz und bündig und immer mit sich ringend ist Thukydides, mild, ungekünstelt und breit ist Herodot; jener ist besser in der Erregung, dieser in der Beruhigung der Gefühle, jener in Reden vor dem Volk, dieser in Gesprächen, jener überragt durch seine Stärke, dieser durch seine Anmut» (10.1.73).

Die moderne Philologie hielt sich in vielem an die Einschätzung der antiken Kollegen. Was in der Antike an Herodot und Thukydides beeindruckte, tut es auch heute noch, und das ist die Vielfalt, die Buntheit oder *Poikilía* eines Stils, der sich zahlreicher rhetorischer Stilmittel wie Antithesen, Pleonasmen, Oxymora, rhetorischer Fragen, Metaphern oder Archaismen zu bedienen weiß. Mit einer Breite der Darstellung, die sich vom schlichten «Plauderton» zu einer nüchternen «wissenschaftlichen» Ausdrucksweise spannt, gelingt es Herodot, Unterschiedlichstes wie Anekdoten, Apothegmata, Geschichten, Novellen, Gnomen und Sentenzen, Reden und Debatten, Schilderung von Sitten und Bräuchen, Naumachien und Landschlachten, Beschreibung von Landschaft und Architektur, geschichtliche Analysen und philosophische Einsichten auf einen sprachlichen Nenner zu bringen und beim Leser den Eindruck eines harmonischen Ganzen zu erwecken. Herodot hat sich an der Tragödie, vor allem aber am Epos orientiert. Mit seiner Anschaulichkeit und Eindringlichkeit wie auch der Vorliebe für das Anekdotische trägt das Werk noch Spuren des mündlichen Vortrags – ähnlich wie das des Vorbilds Homer –, aber die zahlreichen Rück- und Vorverweise belegen, daß es als einheitliches Ganzes komponiert ist. Zusammengehalten wird, wie gezeigt, der drei Erdteile und acht Dezennien umfassende Stoff durch eine chronologische Klammer, gebildet aus den Regierungszeiten der großen Barbarenkönige. Herodot verfaßte seine *Historien*, das älteste griechische Prosawerk, in ionischem Griechisch, das dem älteren Attisch des Thukydides nahe verwandt ist.

*

Thukydides: Anders als sein Vorgänger vermeidet Thukydides alles Anekdotische, Novellistische und Märchenhafte. Sein Stil ist in der Faktengeschichte von einer strengen Einheit, die auch nicht dadurch aufgehoben wird, daß sich unter kurze, prägnante Sätze auch solche von großer Länge mit zahlreichen Parenthesen mischen. Der Autor bevorzugt Partizipialkonstruktionen anstelle von Konjunktional- und Relativsätzen, er liebt offenbar ausgefallene Wörter oder solche, die uns mangels Parallelüberlieferung als solche erscheinen – es wurden 1789 *hapax legomena* (nur an einer Stelle des Werkes vorkommende Wörter) gezählt. Thukydides verwendet gerne das *Praesens historicum* und bevorzugt – darin unter sophistischem Einfluß stehend – Antithesen. Beklagt wurden in der Antike wie in der Moderne Gegensätzlichkeiten des Stils, Sprödigkeit der Komposition und – die Reden betreffend – eine Dunkelheit

Stil, Sprache, Komposition

der Formulierung, die angeblich dazu diente, in elitärer Manier den Kreis der Leser zu beschränken, wie antike Scholiasten behaupten (Markellinos 35). Elitäre Ansprüche erhebt Thukydides aber allenfalls im Vorwort, das vom Bestreben durchdrungen ist, sich Herodot und anderen Logographen überlegen zu zeigen. Gelegentliche Undeutlichkeit hat dagegen mehr damit zu tun, daß der Historiker, der ja zeitnah schrieb, sich über den Sachverhalt selbst noch nicht ganz im klaren war.

Bestimmt wird der Charakter des Werkes – abgesehen vom unfertigen achten Buch – vom Wechsel zwischen Tatenbericht (*Erga*) und Reden (*Logoi*). Letztere wurden nachträglich eingearbeitet, ihr Fehlen ergäbe keine Textlücke. Das Nebeneinander von *Erga* und *Logoi* wurde unterschiedlich beurteilt. Befürchteten die einen, es führe zur Uneinheitlichkeit, so sahen die anderen darin eine inhaltliche Notwendigkeit. Während die Faktengeschichte Vorgänge in der Regel nur registriert, ist es unter anderem die Funktion der Reden – und zwar in strikter Parteilichkeit analog dem entsprechenden politischen Standort des jeweiligen Sprechers, demjenigen eines Spartaners, Korinthers, Atheners oder Meliers –, sie zu deuten. Eine bewußte Verhüllung, wie sie der Rhetorik eigen sein kann, ist in dieser Hinsicht sicherlich nicht zu leugnen. Niemand hat das besser gesehen als wiederum Cicero, der große Praktiker und Theoretiker der Redekunst: Seine (Thukydides') gepriesenen Reden hätten so viele dunkle und abgelegene Gedanken, daß man sie kaum verstehen könne, moniert er einmal (Orator 9.30), und ergänzt, indem er Thukydides beispielhaft für den Stil der Zeit nimmt, auf der Suche nach Großartigkeit im Ausdruck, nach Gedankenfülle und knappen Formulierungen sei er gerade dadurch häufig in Undeutlichkeit (Dunkelheit) verfallen (Brutus 7.29).

In der zu Recht berühmten deutschen Thukydides-Übersetzung von Georg Landmann scheint sich Ciceros weiteres Dictum, allzuviel Esprit verdunkle Thukydides' Stil (Brutus 17.66), auch deswegen zu bewahrheiten, weil Landmann sich bei der Übersetzung der Reden sprachlich an seinem Vorbild Stefan George orientierte. Bei Cicero überwiegt desungeachtet bei weitem das positive Urteil. So schreibt er an gleicher Stelle, Thukydides werde von allen als ein Schriftsteller gelobt, der geschichtliche Tatsachen mit umsichtiger Klugheit, mit sittlichem Ernst und mit Würde darzustellen verstehe (Orator 9.31). Denn er sei so gehaltvoll, daß die Anzahl der Gedanken fast der Zahl der Worte nahekomme, sodann sei seine Ausdrucksweise so prägnant und konzentriert, daß man nicht recht wisse, ob der Inhalt durch den Ausdruck oder ob die Formulierung durch den Gedanken deutlich wird

(De oratore 2.13.56). Als römischer Redner kritisierte er «unverbundene Sätze», als Staatsmann bewunderte er «die Tiefe an Worten und Gedanken» (Orator 9.32).

Thukydides erzählt ebenso packend wie realistisch. Die langen Kämpfe im sogenannten Großen Hafen von Syrakus, die zum Untergang der athenischen Armada führten, werden gleichsam «aus der Mauerschau» (Teichoskopie) geschildert, einer Technik, die bereits Homer in der *Ilias* anwandte (3.121–244). Der Beobachter erfaßt gleichzeitig das Geschehen zu Wasser (die kämpfenden Trieren) und zu Land (die beobachtenden Fußsoldaten) und kann so – ohne seine Stimme als Autor zu erheben – den Ablauf der Geschehnisse mit einem gleichzeitigen wortlosen Kommentar versehen: den Emotionen der Zuschauer. Thukydides faßt exemplarisch verschiedene wichtige Ereignisse in großen Erzählsträngen zusammen, die er allerdings – vielleicht auch mit der Absicht der Retardation und in Befolgung einer exakten chronologischen Abfolge – in kleinere Abschnitte zerschneidet. So sind die Berichte über den Abfall der Stadt Mytilene und die Belagerung und Eroberung der Stadt Plataiai, die parallel stattfanden und ebenso geschildert werden, Beispiele großer Erzählkunst, die ganz offenbar wird, wenn die chronologische Zerstückelung, die der Autor aus historiographischen Gründen wagen zu müssen glaubte, rückgängig gemacht wird. Auch wenn Thukydides im Vorwort mit seinem Satz über das *Ktêma eis aeí*, den Besitz für immer, das sein Werk unter Verzicht des «erzählerischen Elements» darstellen soll, suggeriert, es sei dem Autor – im Gegensatz zu Herodot – vor allem um den Inhalt gegangen und nicht um die Sprache, so ist sein «Krieg der Athener und der Peloponnesier» dennoch ein Werk der Hochliteratur.[1]

Gnomen und Sentenzen

Herodot: Den Reiz, den das Herodoteische Werk durch seine Sentenzen, Gnomen, Sprichwörter und Aussprüche auf den antiken Leser ausübte, hat es auch nach 2500 Jahren für den modernen bewahrt. Im Gegensatz zu Thukydides ist Herodot mit manchem Zitat, aus eigenem Mund oder aus dem seines Personals, in die Sammlungen «Geflügelter Wörter» eingegangen. Das mag an der Herodot eigenen Zuspitzung von Aussprüchen liegen, die Thukydides nicht fremd ist, aber vor allem geht es darauf zurück, daß er sich aus dem Fundus volkstümlicher Überlieferung bediente, auf die alte, zu Merksätzen verdichtete Weisheit der delphischen Priester zurückgriff, Inschriften las, vielleicht aber auch schon Spruchsammlungen besaß. Zudem überrascht Herodot den Leser gern mit unvorhergesehenen Wendungen, dem *Aprosdoketon*. Das Schicksal des Kroisos ist dafür ein Beispiel.

Die Form, in die Herodot diese sprichwörtlichen Weisheiten kleidet, ist die der Gnome oder der Sentenz. Sie läßt sich aus dem Erzählzusammenhang lösen, d. h., sie ist formal selbständig und bleibt als kurze markante Handlungsempfehlung mit Sprichwortcharakter im Gedächtnis der Leser. Philologen zählen bei Herodot 86 Gnomen, doch die Grenzen zu Apophthegma (Sinnspruch) und Sprichwort sind fließend, so daß die Zählung variiert. Aristoteles gibt in seiner *Rhetorik* (2.12.2) eine Definition: «Es ist aber die Gnome eine Erklärung, jedoch nicht über das, was den Einzelnen betrifft, zum Beispiel was Iphikrates für ein Mann ist, sondern über etwas, welches das Allgemeine betrifft, jedoch auch nicht alles betreffend, wie etwa, daß das Gerade dem Krummen entgegengesetzt sei, sondern nur darüber, was die menschlichen Handlungen betrifft: Was beim Handeln zu wählen oder zu meiden ist.»

Die Gnome kann also eine Art Gebrauchsanweisung für den Kopf sein, in einer bestimmten Situation unter bestimmten Bedingungen in Übereinstimmung mit bestimmten ethischen Normen etwas zu lassen oder zu tun. Da Gnomen bei Herodot oft Bestandteil von Zwiegesprächen mit kontroversen Meinungen sind – wohl beeinflußt von dem sophistischen Dictum, es ließen sich über ein und dieselbe Sache entgegengesetzte Meinungen äußern –, können sie so widersprüchlich sein wie die Ansichten der Diskutanten. Die Gnome ist von grundsätzlicher Natur und drückt eine als allgemein empfundene Wahrheit aus, die oft aber erst auf dem Prüfstand steht. Welche der im einzelnen vertretenen Gnomen sich als richtig erweist, zeigen dann erst die künftigen Ereignisse. Daneben kann eine Gnome Einsichten in menschliche Verhaltensweisen, geschichtliche Prozesse oder Abläufe vermitteln, die durch langjährige Erfahrung gewonnen wurden. Sie bedarf keiner Erläuterung und hat im Gegensatz zum anonymen Sprichwort genauso wie das Apophthegma, das aber eine bestimmte Situation voraussetzt, immer einen Autor bzw. eine einer bestimmten, meist bekannten Person zuzuordnende Stimme. Diese Person kann wie Solon als weise gelten, es kann aber auch einfach ein Exponent der Zeit wie der Großkönig Xerxes sein, dessen Handeln Zweifel an seiner Einsichtsfähigkeit aufkommen läßt.

Sprache

Die Gnome wurde fester Bestandteil der Redekunst und so findet sie sich vorwiegend in den eingeschobenen Reden, bei Thukydides sogar fast ausschließlich. Es gibt eine Häufung von Gnomen in Dialogen und – der Natur der Sache nach – in Beratungen. Herodot nutzt Gnomen, um sozusagen aus berufenem Munde das Wesen des Menschen zu erkunden. Besondere Schwerpunkte bilden dabei die Geschichte von Solon und Kroisos, das Gastmahl des Attaginos, die Beratungen im persischen Kronrat über die Invasion Griechenlands und ein Gespräch zwischen Artabanos, dem weisen Ratgeber, und Xerxes.

Anlaß für letzteres ist der Augenblick der – nach außen – höchsten persischen Machtentfaltung, der Beginn der sieben Tage lang währenden Überquerung des Hellespont durch die persischen Truppen. Der Großkönig sitzt wie später an den Thermopylen und vor Salamis auf einem Thron und beobachtet das Schauspiel. «Der ganze Hellespontos war mit Schiffen bedeckt, und die Küste und das Flachland von Abydos war voller Menschen. Xerxes pries sich glücklich, dann weinte er. Artabanos, des Königs Oheim, der damals seine Meinung frei herausgesagt und Xerxes anfangs von dem Kriegszuge nach Hellas abgeraten hatte – dieser Artabanos sah Xerxes und fragte: ‹Mein König! Wie ist doch so verschieden, was du jetzt tust, weinen, und was du eben noch getan hast. Du hast dich glücklich gepriesen, und jetzt weinst du.› Xerxes antwortete: ‹Mich überkommt das Mitleid, wenn ich sehe, wie kurz das menschliche Leben ist. Von allen diesen Menschen wird in hundert Jahren keiner mehr leben.› Jener erwiderte: ‹Und während des Lebens ist das Schicksal des Menschen noch beklagenswerter. So kurz das Leben ist, gibt es doch unter den Menschen, unter diesen nicht nur, sondern unter allen, keinen einzigen, der nicht mehr als einmal in seinem Leben lieber tot wäre als lebendig. Unglücksfälle und Krankheiten quälen uns und machen, daß das kurze Leben uns noch allzu lang erscheint. So ist der Tod dem Menschen die ersehnteste Erlösung von den Kümmernissen des Lebens, und die Gottheit heißt neidisch, weil sie uns die Süße des Lebens hat kosten lassen.›» (7.45–46)

Die Klagen über die Kürze und Bitterkeit menschlichen Lebens mögen auch persischer Erfahrung entsprechen, aber Herodot hat sie sicherlich aus griechischem Kontext. Die Vorstellung, daß Todsein besser ist als Leben, wie sie sich auch schon in der Solon-Kroisos-Geschichte findet, gehört wohl zu den Spruchweisheiten der delphischen Priester.

Den Zeitpunkt für den fiktiven Dialog hat Herodot präzise gewählt. Es ist auch der Moment der Grenzüberschreitung, der Augenblick, den Caesar mit seiner Inszenierung am Rubicon – dem Beginn des Bürgerkrieges – zum Topos machte. So folgt in diesem Kontext auch eine Reihe weiterer Gnomen, die von unterschiedlicher Seite die Situation beleuchten. Xerxes pocht darauf, daß kein Mensch den sichersten Weg wissen könne, daß, wer alle Folgen bedenken wolle, niemals zum Handeln käme, große Ziele aber nur unter großen Gefahren zu erreichen wären. Artabanos seinerseits gibt (erfolglos) zu bedenken, daß die Zufälle den Menschen beherrschen, nicht der Mensch die Zufälle. Der Mensch kenne im Erfolg keine Sättigung, der sei am besten beraten, der Fehlschläge einrechne, und Artabanos schließt mit einem Imperativ, den er an Xerxes und den Herodot an den Leser richtet. «Beherzige auch das alte wahre Wort: Nicht immer erkennst du am Anfang das Ende!» (7.51).

Der Erzähler Herodot benutzt Gnomen, um seine Darstellung farbiger und anschaulicher zu machen. Sie geben Einblicke in Spruchweisheiten des Volkes, und zugleich erhöhen sie die Spannung: Welche der – wie im Gespräch zwischen Artabanos und Xerxes – in ihrer Aussage widerstreitenden Gnomen ist die richtige, wessen Auffassung wird sich durchsetzen?

Für den Historiker Herodot bieten Gnomen die Möglichkeit, Kausalitäten und den Ablauf von Geschehnissen zu begründen. Für den religiösen Herodot sind sie ein Mittel, das Einwirken der Götter auf die menschliche Welt zu verdeutlichen. Sie sind Muster, das menschliche Leben zu erklären, aber auch nicht unwesentlicher Bestandteil der Weltsicht Herodots. Im Gegensatz zu Thukydides, bei dem sich das nirgends feststellen läßt, gibt Herodot auch zu erkennen, welche der Sentenzen er sich zu eigen gemacht, vielleicht sogar selbst geprägt hat. So knüpfen Xerxes' Äußerungen über die Kürze des Lebens an das Vorwort Herodots an und zeigen in ihrer Wiederholung ein Leit- und Grundmotiv des ganzen Werkes, die Vergänglichkeit des Glücks. Die einzige Konstante bleibt der Wechsel. Das ist das abschließende Wort Herodots, bevor er die Geschichte von Griechen und Persern erzählt: «Ich will die Geschichte der großen und der kleinen Städte erzählen. Denn viele Städte, die einst mächtig waren, sind klein geworden, und die zu meiner Zeit mächtig waren, sind früher klein gewesen. (Thukydides gibt dazu ein Beispiel in der *Archäologie*.) Ich weiß, daß menschliche Größe und Herrlichkeit nicht von Bestand ist, und darum will ich der Schicksale beider in gleicher Weise gedenken.» (1.5)

*

Thukydides: Im Werk des Thukydides hat sich die Zahl der Gnomen vermehrt, ihre Bedeutung ist jedoch gesunken. Die Gnomen finden sich nahezu aus-

Sprache

schließlich in den Reden – über 200 wurden gezählt –, während im erzählenden Teil, in den *Erga*, Gnomen eine Seltenheit sind. Ein einziges Mal sagt der Autor selbst etwas, das von sentenzenhafter Bedeutung ist. Nach dem auch für ihn so entscheidenden Fall von Amphipolis berichtet er über die Pläne weiterer thrakischer Städte, zu den Spartanern überzulaufen. Es schien ihnen, schreibt er, das sogar ziemlich gefahrlos zu sein, da sie sich täuschten in der Macht Athens, deren Größe sich später noch zeigen sollte, und sie mehr nach ihren verschwommenen Wünschen urteilten als mit verständiger Voraussicht: «Es sind ja die Menschen gewohnt, was sie begehren, unbedachter Hoffnung anheimzustellen, was sie nicht an sich heranlassen wollen, aber mit selbstherrlicher Überlegung abzuweisen.»(4.108.4)

Das ist ein für Thukydides zentraler Gedanke, der sich später dann auch im Melos-Dialog wiederfindet. Ansonsten vermeidet Thukydides, dessen Anliegen die möglichst exakte Wiedergabe des Geschehens ist, in den *Erga* solche Verallgemeinerung. Ganz fern ist ihm, was seinem Vorgänger so wichtig ist: die Spruchweisheit des Volkes und der ethische Zweck der Sentenzen. Menschliche Verhaltensweisen in Zeiten des Krieges scheinen ihm unabänderlich.

Den Gnomen bei Thukydides mangelt der Sprichwortcharakter, die Adressaten sollen nicht unbedingt, wie bei Herodot, etwas aus ihnen lernen. Sie sind häufig auch recht knapp. Auf vier griechische Wörter beschränkt sich zum Beispiel eine Gnome aus der Rede des Archidamos an seine Truppen: «Ungewiss ist alles im Krieg» (2.11.4). «Günstige Augenblicke im Krieg warten nicht», sagt Perikles in seiner Rede vor Kriegsbeginn (1.142.1).

Auch Maximen Herodots kehren wieder, doch erscheinen sie in ihrer Beiläufigkeit bereits als Allgemeinplätze wie das «Alles Gewordene muß vergehen» des Perikles (2.64.3). Der Anspruch der Gnome auf Allgemeingültigkeit ermöglicht Thukydides, das Wiederholbare zu betonen, das, was (nach der menschlichen Natur) «so oder ähnlich wieder eintreten wird.» (1.22.4)

Thukydides' Tendenz, zu verallgemeinern und das singuläre Geschehen in einen größeren Rahmen einzuordnen, findet ihren Ausdruck in der Gnome. Sie erfaßt entsprechend die Themenbereiche, die dem Historiker wichtig sind, d.h. die Grundlagen menschlichen Verhaltens, des Einzelnen wie des Gruppenindividuums, weiterhin die athenische *Arché*, die Natur des Krieges, athenische und spartanische Wesenszüge. Alle diese Gnomen sind untrennbarer Bestandteil der symbouleutischen Reden, und so besitzen sie auch eine formale Funktion. Sie untergliedern diese in Einführung, Exposition und

Gnomen und Sentenzen

Epilog. Von unterschiedlichen Rednern aus unterschiedlichen Städten und ebensolchen Bündnissen gesprochen, können sie kaum als Meinungsbekundung des Historikers betrachtet werden. Allenfalls spricht die Wiederholung bestimmer Einsichten, insbesondere über die menschliche Natur, in wichtigen Reden dafür, daß in solchen Fällen auch Thukydides mit ihnen eines Sinnes ist.[2]

4.
MITTEL DER DARSTELLUNG

Träume

Herodot: In der Zeit, in der Herodot aufwuchs, waren Träume – privat wie öffentlich – von Wichtigkeit. Das seiner Geburtsstadt benachbarte Telmessos war bis in die Zeit Alexanders des Großen für die Kunst der Traum- und Zeichendeutung berühmt. Herodots Onkel (oder Vetter), der Epiker Panyassis, galt als Zeichendeuter, ein jüngerer, aber wohl noch ins 5. Jahrhundert gehörender Panyassis aus Halikarnassos veröffentlichte zwei Bücher über Traumdeutung.

Die literarische Gestaltung von Träumen kannte Herodot bereits aus Homer. Sie eigneten sich im Epos für die Schilderung von Stimmungen, vor allem aber waren sie Mittel, die Handlung zu beschleunigen. Herodot bedient sich der Träume in umfangreicherem Maß, insgesamt siebzehn Mal, und auch differenzierter als sein Vorgänger. Die Götter müssen sich – anders als bei Homer – mit einer Ausnahme nicht mehr selbst zu den Schlafenden bemühen, doch sind Träume weiterhin göttlichen Ursprungs.

Die Träume bei Herodot lassen sich in Schicksals-, Todes-, Auftrags- oder Geburtsträume rubrizieren. Das greift freilich nicht immer, weil manche Träume sozusagen rubriküberschreitend sind oder weil auch andere Einteilungen wie zum Beispiel in die sogenannten Reichsträume – Träume also, die das persische Reich und seine Herrscher thematisieren – möglich sind. Die meisten Träume sind mit Barbaren, Persern, Medern oder Lydern verbunden, sei es daß sie Herodot von dort berichtet wurden, sei es daß er sie erfunden oder übertragen hat, um das Orientalische zu betonen. Auffallende Ähnlichkeiten weisen beispielsweise die Träume der Könige Astyages, Kroisos und Kambyses auf. Sie lassen sich letztlich nur mit der gestaltenden Hand Herodots erklären,

Träume

der, was er an persisch-medisch-lydischer Überlieferung vorfand, seinen Darstellungsabsichten anpaßte. Insbesondere die Kambyses-Episode ist ein Beispiel für die hohe Erzählkunst Herodots.

Kambyses, der nach dem Tode des Kyros Perserkönig geworden war, hatte Ägypten erobert und war, nachdem er den heiligen Stier Apis getötet und dessen Priester hatte auspeitschen lassen, wegen dieses Frevels – auf der Stelle, wie die Ägypter sagten – mit Wahnsinn geschlagen worden. Kambyses *furens* (der Rasende) wütete gegen Perser und Bundesgenossen, vor allem aber im eigenen Haus, wenn auch in letzterem Falle zum Teil aufgrund eines Irrtums. Kambyses träumte in Ägypten, ein Bote komme aus Persien und berichte ihm, sein Bruder Smerdis säße auf dem Königsthron und sein Haupt rage bis in den Himmel empor. Er interpretierte den Traum als Warnung vor dem Versuch seines Bruders, ihn zu stürzen, schickte einen Vertrauten zurück nach Susa, der diesen beseitigen sollte, getarnt als Jagd- oder Badeunfall – der Historiker ist sich in diesem Punkt unschlüssig (3.27–30).

Die Traumsequenz ist kurz, doch wohldurchdacht. Herodot läßt sich aber Zeit mit der Auflösung. Er kommt erst auf die Geschichte des Polykrates von Samos zu sprechen (3.39–60), bei dessen Ende auch ein Traum eine Rolle spielt, bevor er wieder zu Kambyses zurückkehrt. Dieser befindet sich inzwischen auf dem Rückweg von Ägypten mit seinem Heer im syrischen Agbatana, als ihn dort im Feldlager ein Bote aus Persien erreicht. Zu seiner Überraschung verkündete der Herold, er, Kambyses, sei entmachtet, Gehorsam schuldeten alle nun Smerdis, dem Sohn des Kyros (3.61–67).

Der Großkönig mutmaßt, sein Auftrag sei nicht ausgeführt worden. Was er nicht weiß: Während er sich in Ägypten aufhielt, hatten sich zwei Brüder aus der Priesterkaste der Mager erhoben, wobei der eine von ihnen als Smerdis auftrat, dessen Tod weitgehend geheimgehalten worden war. Als Kambyses davon erfährt, ist ihm sofort bewußt, daß sich damit sein Traum erfüllt hat. Ihm war ja nicht sein Bruder auf dem Thron sitzend erschienen, sondern lediglich ein Bote, der dies behauptete. Der König entschließt sich sofort, gegen die Empörer zu ziehen. Beim Besteigen des Pferdes dringt ihm aber sein Schwert unglücklich in den Oberschenkel und fügt ihm eine tödliche Wunde zu. Sterbend fragt er nach dem Namen der Stadt, in der er zu Tode kommen sollte – und erkennt auf Nachfrage seinen zweiten Irrtum: Zwar hatte ein ägyptisches Orakel ihm Agbatana als Todesort prophezeit, doch Kambyses kannte nur die gleichnamige medische Residenzstadt, und schloß daraus, er werde dort als Greis sein Leben beschließen.

Mittel der Darstellung

Die Bedeutung des Traumes für das Schicksal des Kambyses erschließt sich von seinem Ende her. Herodot hüllt es in ein Geheimnis, indem er die Prophezeiung des Orakels (der König werde in Agbatana sterben) an den Schluß stellt. Erst dessen Offenlegung entschlüsselt den Traum. Dieser bringt das ganze Geschehen in Gang, ohne ihn würde sich die Prophezeiung nicht erfüllen. Traum und Orakel als Medium göttlicher Offenbarung wirken zusammen, um Kambyses zu Fall zu bringen. Der Traum bewirkt letztlich genau das, wovor er zu warnen scheint. Er initiiert die Ereignisse, die eines ins andere greifend, zum Tod des Großkönigs führen. Der sterbende Kambyses erklärt selbst, aus seinem Wahnsinn erwacht, das Scheitern aller Versuche, das Unglück zu verhindern: Nicht läge es in der Macht des Menschen, das abzuwehren, was ihm beschieden sei. Kambyses frevelt, die Götter bestrafen seine Hybris, die Rache ist unausweichlich, auch wenn sie auf verschlungenen Wegen kommt.

Es liegt nahe, Herodot Schicksalsgläubigkeit zu unterstellen. Genauso wahrscheinlich ist jedoch, wie auch die Parallelen zu ähnlichen Träumen zeigen, daß er vor allem eine gute Geschichte spannend erzählen wollte. Ihm gefiel die Duplizität, daß Kambyses genau an dergleichen Wunde starb, die er dem göttlichen Apis-Stier zugefügt hatte. So erscheint sein Tod als Strafe, doch es ist fraglich, ob der Autor das wirklich glaubte. Zumindest bietet er immer eine rationale Erklärung an. Daß Kambyses wegen der Tötung des Stieres auf der Stelle mit Wahnsinn geschlagen worden sei, berichtet er als Behauptung der Ägypter und kommentiert diese mit den knappen Worten, der König sei freilich schon vorher geistesschwach gewesen. Ausführlich schildert er das Wüten des Kambyses, um dann kurz zu erklären, die Menschen würden immer von allerlei Übeln heimgesucht, möge denn im Falle des Großkönigs der Apis oder irgendetwas anderes die Ursache der Raserei gewesen sein.

Nirgends behauptet Herodot, ein Gott stehe hinter den Vorgängen. Der Traum, den Kambyses träumt, ist ein gewöhnlicher Traum, nur der König selbst, und das erst in der Rückschau, glaubt, ein (nicht näher benannter) Daimon habe ihm – zu seinem Unglück – diesen Traum gesandt. Erst die ungewöhnliche Erfüllung in Verbindung mit dem Orakelspruch macht den Traum zu etwas Besonderem, und es spricht viel dafür, daß sich das mehr der Erzählkunst Herodots verdankt als einer Überlieferung, die er so, wie er sie gehört hat, auch wiedergibt. So haben auch die Träume des medischen Herrschers Astyages und des Lyderkönigs Kroisos eine ganz ähnliche Funktion: Sie geben eine Warnung, deren Befolgung das Unglück erst anzieht. Die richtigen

Träume

Schlüsse aus einem Traum zieht nur der äthiopische König Sabakos, und dies gestattet dann einen unblutigen Dynastie-Wechsel. Bei Herodot träumen in erster Linie orientalische Herrscher; unter den Griechen sind es nur Tyrannen (Hippias und Hipparchos) oder Frauen, denen Traumbilder erscheinen. So träumte Agariste, die Mutter des Perikles, sie werde einen Löwen gebären – sicherlich eine Geschichte, die in der Familie des Perikles (erfunden und) erzählt wurde (6.131). Je näher Herodot seinem eigentlichen Thema, den Perserkriegen, kommt, desto seltener bzw. unspektakulärer werden die erzählten Träume. Für Agaristes Traum genügt ein einzelner unkommentierter Satz. In den letzten drei Büchern, der Schilderung der Xerxes-Invasion, erzählt Herodot nur noch von vier Träumen, die zudem zu einer Einheit zusammengefaßt sind. Sie präludieren den großen Krieg. Herodot führt den Leser in den persischen Kronrat, in dem Argumente für und wider den Griechenlandzug ausgetauscht werden. Xerxes ändert, dem Rat seines Onkels Artabanos folgend, in der Nacht nach der Kronratssitzung widerstrebend seinen Angriffsplan. Erschöpft schläft er ein und hat einen Traum. Ein großer schöner Mann – die Epitheta weisen auf einen Traumdaimon hin – erscheint ihm, tadelt seinen Wankelmut und fordert ihn auf, den Weg zu gehen, für den er sich am Tag entschieden hatte. Xerxes bleibt zunächst unbeeinflußt und sagt den Kriegszug zur Freude des Königshofes ab. In der folgenden Nacht erscheint die Gestalt ein zweites Mal. Diesmal droht sie. Wenn Xerxes seine Absage nicht widerrufe, werde er so schnell stürzen, wie er mächtig geworden sei. Erschrocken wendet sich Xerxes an Artabanos. Er glaubt, ein Gott wolle ihn zwingen, gegen Hellas zu ziehen: Wenn dem so sei, werde dieser sich auch Artabanos zeigen. Er solle königliche Gewänder anziehen und sich auf den Königsthron setzen. Artabanos hält die Maskerade für albern, setzt sich aber, in der Hoffnung, Xerxes Lügen strafen zu können, in dessen Gewändern auf den Thron. Nun erblickt auch er das Traumgesicht. Es warnt ihn, den Lauf des Schicksals zu hemmen. Artabanos vermeint, die Erscheinung wolle ihm mit glühenden Eisen die Augen ausbrennen, springt auf und eilt zu Xerxes. Er, der einzige, der vor dem Kriegszug warnte, ist nun bekehrt. Die Gottheit, glaubt er nun, wolle das Verderben der Griechen, und Xerxes sei die ausführende Hand ihres Willens. Xerxes teilt die Botschaft den persischen Großen mit, die Rüstungen können beginnen. Vor dem Aufbruch hat Xerxes noch einen dritten Traum, der dies alles zu bestätigen scheint: Der Großkönig wähnt sich mit einem Ölzweig bekränzt, dessen Triebe die ganze Erde überschatten. Die Priester deuten dies als Weltherrschaft: Die ganze Erde und alle Völker würden Xerxes untertan.

Mittel der Darstellung

Es ist unwahrscheinlich, daß Herodot tatsächlich von solchen Träumen des Xerxes Kunde hatte. Sie sind hier ein Mittel, um die Handlung zum gewünschten Ziel zu führen. Im Anschluß beginnt die Darstellung der Aufrüstung. Herodot beruft sich vage auf persische Quellen, aber das ist so unbestimmt, daß sich nichts Zuverlässiges dahinter verbergen kann. Er hat Kenntnis davon, daß persische Herrscher träumen und *Daimones* in schöner Gestalt in solchen Träumen auftreten können, und das genügt ihm hier. Das Bild vom Ölbaum, der sich im abschließenden Herrschaftstraum über die Erde ausbreitet, ist wenig originell und mag Vorbilder gehabt haben. Zudem ist die Nähe zu den Herrschaftsträumen des Astyages und des Kyros ersichtlich. Wie die späten Reden in seinem Werk allein Thukydides gehören, so scheinen auch die späten Träume Herodots Eigentum des Verfassers zu sein. Herodot hat die Traumgeschichte aus dem Fundus allgemeinen Wissens herausgesponnen, angeregt dazu wurde er aber wahrscheinlich durch Homer selbst. In der *Ilias* und der *Odyssee* finden sich sieben Träume. In den meisten treten die Götter selbst auf oder schicken Boten, wie zum Beispiel im berühmten Traum des Agamemnon (Il. 2.1–47). Zeus sinnt dort auf Rache für den vom Heerführer Agamemnon beleidigten Achill und verfällt auf die Idee, jenem einen «täuschenden Traum» zu schicken. Der *Oneiros* (Traum) eilt wie der Götterbote Hermes zu den «rüstigen Schiffen» der Griechen und erscheint dem schlafenden Agamemnon in Gestalt und Aussehen Nestors. Mittels dieses Boten verheißt Zeus dem Agamemnon die Eroberung Trojas, doch will er ihn nur schnell zum Kampf verlocken, um ihn bestrafen zu können. Das Versprechen von Ruhm erweist sich als Falle.

Zwar entschließt sich Xerxes im Unterschied zu Agamemnon nur aufgrund von Drohungen zum Krieg, den zu führen er schon verworfen hat, doch das Szenario ist ähnlich. Die Götter veranlassen die Menschen zu Handlungen, für die sie diese dann bestrafen, Agamemnon für seine Selbstüberschätzung, Xerxes für die (doppelte) Grenzüberschreitung. Es liegt nahe, in Homer die inspirierende Quelle für Herodot zu sehen. Er hat dessen Traumgeschichte seiner Kriegsdarstellung angepaßt und mit seinen Möglichkeiten neu gestaltet.[1]

*

Thukydides: Da Thukydides – vermutlich unter starkem sophistischem Einfluß – die Götter als Wirkmächte ganz aus seinem Werk verbannt hat, kann er auch Träumen als mehr oder minder verschlüsselten göttlichen Botschaften keine Bedeutung zumessen. Dazu kommt, daß Träume in eine Atmosphäre des Privaten fallen, für die es per se keine unabhängigen glaubwürdigen Zeugen geben kann. Fiktionen, wie sie Herodot hat, sind Thukydides aber verpönt. Entsprechend kommen Träume in seinem Werk nicht vor.

Orakel

Herodot: Die Götter Herodots bekunden ihre Pläne nicht allein durch Träume. Sie geben Zeichen, schicken sogenannte Warner, vor allem aber bedienen sie sich des Orakels, um ihren Willen kundzutun. Dieser bleibt vielfach dunkel, und der Mensch muß sich darum bemühen, den Sinn des Offenbarten zu verstehen. Mißverständnisse gehören oft zum Plan der Götter. Orakel wurden in Griechenland in vielen, meist privaten Lebenssituationen befragt. Die Menschen wünschten zu wissen, ob ihnen ein Unternehmen gelinge, wie sie sich aus einer Notlage befreien oder durch welche Buße für einen nicht erkannten Frevel sie Unglück von sich abwenden konnten. Wer dem Orakelspruch ein bißchen nachhelfen wollte, gab die Zielrichtung vor. So wollte Xenophon von der Pythia nicht wissen, ob ihm die kleinasiatische Expedition glücke, sondern lediglich auf welche Art sie gelänge.

Für Herodot zählen nur Geschichte und Geschichten, so daß es sich bei denjenigen, die bei ihm das Orakel konsultieren, um Herrscher oder Personen handelt, die durch eine besondere Mission wie die Gründung einer Kolonie exponiert sind. In der Mehrzahl fragen aber Kollektivindividuen wie etwa «die Athener» an. Die wichtigste Orakelstätte ist Delphi, aber auch andere wie Dodona im Westen Griechenlands oder Abai in der Phokis spielen eine Rolle. Orakelstätten außerhalb Griechenlands wie Buto in Ägypten oder die Oase Siwah, zu der auch Alexander der Große pilgerte, besitzen dieselbe Zuverlässigkeit. Als skeptisch gegenüber Orakeln erweisen sich bei Herodot nur Nichtgriechen. So wandte sich der Lyderkönig Kroisos gleichzeitig an nicht weniger als sieben Orakelstätten, um sie auf die Probe zu stellen (1.46).

Herodot zitiert die Orakelsprüche oft im Wortlaut, im originären oder als originär vermuteten, und so läßt sich davon ausgehen, daß er eine entsprechende Sammlung besaß. Herodot wußte, daß Orakelsprüche auch gefälscht wurden, ebenso daß die Priester in Delphi oder die Pythia bestochen werden konnten, sei es direkt, sei es durch große Weihegeschenke an den Gott. So war

Mittel der Darstellung

bekannt, daß die Alkmeoniden auf diese Weise die Hilfe der Spartaner für die Vertreibung der Peisistratiden zu gewinnen suchten (5.63). Auch der Spartaner Kleomenes nutzte Geld und Beziehungen, um mit einer dadurch geförderten Weissagung seinen Kollegen Demaratos aus dem Königsamt zu entfernen (6.66). Herodot berichtet darüber, doch das schmälert seinen Glauben an die Korrektheit der meisten Orakelsprüche nicht. Geradezu emphatisch betont er an exponierter Stelle, nämlich unmittelbar vor der Schlacht von Salamis, welche die Kriegswende bringen sollte: «Ich kann unmöglich den Weissagungen den Glauben versagen und sie für falsch erklären. Wenn ein Spruch ganz unzweideutig ist, so gebe ich mich nicht damit ab, seine Wahrheit zu bezweifeln.» Er zitiert darauf ein Orakel aus der Sammlung des Sehers Bakis, der schon in archaischer Zeit den Perstursturm prophezeite, und schließt dann: «Wenn Bakis solche und so deutliche Worte verkündet, wage ich keine Sprüche des Ungehorsams zu sagen und dulde es auch nicht von anderen.» (8.77)

Wie Träume den Xerxes-Krieg eröffneten, so bestimmen Orakel seinen Verlauf. Der Ausgang der Thermopylenschlacht scheint ebenso vorbestimmt wie der griechische Sieg von Salamis. Die Menschen können dennoch frei entscheiden, die Orakel sind keine Befehle, sondern Aussagen, die das Handeln nicht festlegen oder sogar erst entschlüsselt werden müssen. Das Wirken der Götter und das Handeln der Menschen wirken zusammen.

Im Frühsommer 480 ist Xerxes bis nach Thessalien vorgerückt, das Vertrauen in die Thermopylenstellung ist in Athen gering. Eine Delegation, die nach Delphi gekommen ist, erhält dort auch ein niederschmetterndes Orakel. Die Priester in Delphi glaubten bekanntlich nicht an einen griechischen Erfolg: «Elende, sitzt ihr noch hier? Flieh aus der Heimat, ja fliehe der Stadt hochragenden Felsen! Denn nicht das Haupt, nicht der Leib entrinnt dem grausen Verderben; nicht die Füße am Boden, die Hände nicht, nichts aus der Mitte bleibt verschont; denn alles erliegt dem verzehrenden Feuer oder des Kriegsgottes Wut, der auf syrischem Wagen daherfährt.» Die Athener Boten wagen nicht, mit diesem Spruch nach Hause zurückzureisen. Sie kehren – als Schutzflehende mit Ölzweigen bekränzt – in den Tempel zurück. Die Oberpriesterin erteilt ein neues Orakel, zwar kryptisch, aber weniger entmutigend. Der entscheidende Satz, etwas versteckt, lautet nun: «Nur die hölzerne Mauer schenkt Zeus seiner Tritogeneia (Athena), sie allein bleibt heil zur Rettung für dich und deine Kinder.»

Die Akropolis war mit einer Dornenhecke umzäunt, so lag nahe, in dieser Palisade die hölzerne Mauer zu sehen. Themistokles jedoch, der schon für den

Orakel

Krieg gegen die Insel Aigina eine Seerüstung durchgesetzt hatte, überzeugt die Athener, die hölzerne Mauer seien die Schiffe, die in den letzten Jahren gebaut worden waren.

Die Diskussion in Athen wurde sicherlich unter rationalen Gesichtspunkten geführt. Athen war Teil eines Bündnisses und seine Rolle wurde in gegenseitigem Einvernehmen festgelegt: Die Spartaner übernahmen die Führung der Landtruppen und die athenischen Trieren bildeten die Hauptkraft zur See. Herodot stellt stattdessen das Orakel in den Vordergrund, und er tut dies aus zwei Gründen: Zuvorderst glaubt er an den Spruch der Pythia, auch wenn diese der Nachhilfe bedurfte, zum anderen kam es seiner dramatischen Gestaltung zugute. Nichts machte die persische Gefahr deutlicher als die Aufforderung des Gottes, bis ans Ende der Welt zu fliehen (7.140–144). Die Orakel, von denen Herodot berichtet, fügen sich stets sinnvoll in das Gesamtgeschehen ein. Xerxes wird zum Krieg ermuntert, aber sein Scheitern ist festgelegt. Das Wo kündet die Pythia den Athenern: «Salamis, göttliche Insel, du mordest die Söhne der Mutter, wenn Demeter das Korn ausstreut oder wenn sie es erntet.» Während die professionellen Orakeldeuter versagen und an eine Niederlage der Athener glauben, weiß wiederum Themistokles den Spruch richtig zu interpretieren. Die Perser werden unterliegen, denn andernfalls hätte die Priesterin vom «schrecklichen» Salamis sprechen müssen (7.142–143). Nach dessen Tod erklärten die Spartaner das aussichtslose Ausharren des Leonidas mit einem diesem bekannten Orakelspruch, wonach entweder einer der Könige fallen oder Lakedaimon von den Barbaren zerstört werde (7.220).

Das berühmteste Orakel, das Herodot überliefert, ist bekanntlich dasjenige für Kroisos. Es ist das Musterbeispiel eines doppeldeutigen Spruches, und allein schon aus diesem Grund war es für den Historiker erzählenswert: Um sich für seinen Angriff auf das Perserreich östlich des Grenzflusses Halys eines göttlichen Beistands zu versichern, suchte Kroisos mit vielen Weihegeschenken um ein günstiges Orakel nach. Die Pythia beschied ihm, wenn er gegen die Perser zöge, werde er ein großes Reich zerstören. (So schreibt es Herodot 1.91. Die gängigere Fassung, er werde ein großes Reich zerstören, wenn er den Halys überschreite, findet sich bei Aristoteles, *Rhetorik* 1407a). Nun erforderten wichtige Orakel immer zumindest ein Minimum an Nachdenken, doch Kroisos war allzusehr auf sein Ziel fixiert, um es in Frage stellen zu lassen, und zudem von seinem Glück – Reichtum hielt er für solches – so überzeugt, daß ihm der Gedanke, das Orakel zu prüfen, nicht kam. Die Zuversicht, es werde ihm alles gelingen, stürzt ihn. Neben dem Schicksalsbedingten steht die Verantwortung des Menschen. Herodot glaubte an beides.

★

Thukydides: Orakel erscheinen bei Thukydides nur als historisches und politisches Phänomen. In der Regel führen sie die Menschen zu falschen Entscheidungen oder bestätigen sie darin (5.103.2). Bei der Vielzahl der Orakelsprüche, die erteilt werden (2.8.2, 21.3), kann es nicht ausbleiben, daß sich auch einige erfüllen. Thukydides fehlt aber jeglicher Glaube an sie.

Der Warner

Herodot: Für die Ankündigung kommender schicksalhafter Ereignisse hat sich Herodot neben den Träumen und dem Orakelspruch noch ein drittes Medium geschaffen, das in Ansätzen bereits Homer nutzt, bei dem Ratgeber in Person weiser alter Männer immer die Funktion haben zu warnen. Bei Herodot nimmt der Warner auch stets eine geschichtliche Rolle ein. Er ist nicht nur Vermittler göttlichen Willens, wie es Orakel und Träume sind, sondern repräsentiert menschliches Denken. Bei Herodot tritt er nur in zugespitzten Situationen auf, aber er ist kein *deus ex machina*. Er ist meist einem Herrscher zugesellt, aus dessen Umgebung er stammt oder in die er durch ein unglückliches Schicksal verschlagen wurde. Einer der ersten Warner, der bei Herodot auftritt, ist selbst ein König, einer, der erst durch den eigenen Schaden klug geworden ist, der Lyderkönig Kroisos. Er berät den, der ihn besiegt hat, Kyros den Großen, und schließlich dessen Sohn Kambyses.

Der Mann, welcher Dareios vor dem verderblichen Skythenzug warnt, ist auch derjenige, der Xerxes von der Überschreitung des Hellespont abzuhalten sucht, der schon bekannte Artabanos. Beide Warner scheitern, weil sie das göttliche Fatum nicht ändern, die Gefahr nur erkennen, aber nicht abwenden können. Als Artabanos Erfolg zu haben scheint, schaltet sich, wie gesehen, das Traumgesicht ein und setzt die Griechenlandinvasion durch. Das Schicksal vollzieht sich scheinbar nach dem Willen der Gottheit, und Herodot vermutet oft hinter dem, was menschlicher Einsicht verborgen ist, göttliches Handeln. Vieles geschieht ohne offenkundige Kausalität, menschliches Leben ist dem Zufall ausgesetzt und dieser erweist sich in der Regel als Unglücksfall. Das

Der Warner

griechische Wort *Symphorá* beinhaltet entsprechend beides. Herodot erzählt, daß sich bei einem thrakischen Volk die Verwandten um die neugeborenen Kinder scharen und beklagen, daß diese viele Leiden in ihrem Leben werden erdulden müssen (5.4.2). Das ist ein Pessimismus, der den Griechen im allgemeinen und Herodot im besonderen nicht fremd ist. Euripides wiederholt das – vielleicht sogar in Kenntnis der *Historien* – in den *Kresphontes* von 424 (F 449), und Herodot selbst legt Ähnliches speziell seinen Warnern in den Mund.

Es ist zu vermuten, daß Herodot viele seiner eigenen Einsichten, die er auf seinen Reisen und durch seine Beschäftigung mit der griechisch-persischen Geschichte gewann, zum Gedankengut seiner Protagonisten, namentlich der Warner, macht. So läßt, wenn er mit eigener Stimme spricht, gelegentlich die Ähnlichkeit seiner Überlegungen, Gnomen und Sentenzen darauf schließen, daß viele Positionen der Warner seine eigenen sind. Insbesondere Artabanos als Verkörperung orientalischer Weisheit entwickelt über das aktuelle Geschehen hinaus grundsätzliche Gedanken zum Verhalten der Menschen und zu ihrem Verhältnis zu den Göttern. Im Kronrat warnt er beispielsweise vor Verleumdungen der Kriegsbefürworter: Nichts Ärgeres gäbe es als diese. Verleumdungen machten zwei Menschen zu Frevlern und ließen einen dritten leiden. Der Verleumder vergehe sich, weil er hinter dem Rücken anklage, und wer ihm glaube, vergehe sich, weil er urteile, bevor er genaue Kunde eingezogen habe. Der Abwesende aber werde von beiden gekränkt, weil der eine ihn verleumde und der andere Arges von ihm denke. Er mahnt Xerxes, verschiedene Meinungen zuzulassen. Wenn nicht offen Meinung und Gegenmeinung geäußert würden, könne auch niemand die bessere auswählen. Artabanos gebraucht ein Bild: Das lautere Gold könne nicht an sich selbst erkannt werden. Erst wer dieses an anderem Gold reibe, könne das bessere auswählen.

Wichtiger noch als die Meinungsvielfalt ist es Artabanos, ohne Hast und mit Überlegung, den rechten Entschluß zu fassen. Übereilung führe dazu fehlzugehen, und daraus entspringe Unheil für alle. Abwarten bringe Gutes, wenn auch nicht sofort. Aber die Zeit lasse es reifen. Ein guter Entschluß bleibe, auch wenn Widrigkeiten eintreten, gut, ein schlechter dagegen schlecht, selbst wenn das Schicksal wohlgesinnt sei (7.10).

Die beeindruckendste Gestalt unter den Warnern ist ein Mann der militärischen Praxis, der Spartanerkönig Demaratos. Bevor er die Funktion, die ihm der Historiker gibt, auch ausfüllen kann, muß er freilich sein Königsamt aufgeben und ins persische Exil gehen, denn gewarnt werden bei Herodot nur

Mittel der Darstellung

Barbarenkönige. Herodot behandelt, vielleicht auf einer eigenen mündlichen Quelle fußend, ausführlich den Machtkampf unter den spartanischen Königen, den Demaratos verliert, da seine Gegner die Pythia in Delphi bestechen (6.61–66). Er flieht zu Dareios und bleibt auch dann noch in Asien, als die Intrige bereits aufgedeckt worden ist. Als Xerxes zu seiner Invasion aufbricht, wählt er ihn als Berater. Soweit sind die Ereignisse wohl historisch, denn Demaratos erhielt ein großes Landgut in Mysien (6.70, 7.3) – und dies wohl nicht in Ansehen seiner Person als abgesetzter König, sondern weil er den Persern als wichtiger Informant für die politischen, vor allem aber die militärischen Konstellationen in Griechenland diente. Dennoch erscheint er bei Herodot nicht als Verräter, denn seine Rolle, wie sie der Historiker versteht und sie wohl ziemlich frei gezeichnet hat, ist es ja, vor einem Angriff auf die Hellenen oder zumindest vor deren militärischer Leistungsfähigkeit zu warnen. Demaratos ist sogar der erste, der die Griechen, d.h. die Lakedaimonier, von der Invasion des Xerxes durch eine Geheimbotschaft in Kenntnis gesetzt haben soll (7.239).

Artabanos konnte Xerxes nicht von seinen Plänen abhalten, am Ende mußte sogar er selbst zustimmen. Demaratos wird daher nicht mehr vor dem Eingreifen der Götter warnen, er ist für die irdischen Gefahren zuständig. Er warnt vor allem vor der Kampfkraft der Spartaner und ihrer Entschlossenheit, auch gegen eine Überzahl von Feinden zu kämpfen. Xerxes quittiert das zweimal mit Lachen, ein weiterer Ausdruck seiner Hybris, die ihren Höhepunkt in der Auspeitschung des Meeres fand.

Mit den Warnungen des Demaratos verbindet Herodot noch andere Absichten. Sie enthalten indirekt ein Lob der Spartaner und ihrer Rolle im Krieg, die der Historiker ansonsten viel kritischer sieht, und sie betonen nochmals die Kluft zwischen den Griechen und den Barbaren. Niemals würden die Lakedaimonier ein Angebot des Großkönigs annehmen, das Hellas der Sklaverei ausliefere. Als Herrn, und Herodot gebrauchte das Wort, das die Griechen für den persischen König verwenden, um ihn als den Herrn über Sklaven zu kennzeichnen, nämlich *Despótes*, würden sie nur den *Nómos* – vermutlich meint das Wort hier Brauch und nicht Gesetz – anerkennen (7.101–104).

Der Warner Demaratos verabschiedet sich vor der Schlacht von Salamis, die mit der Niederlage des Xerxes die Vergeblichkeit aller seiner Ratschläge erweist. In der Ebene von Eleusis sehen er und ein athenischer Verbannter eine riesige Staubwolke, aufgewirbelt von einer unzählbaren Menschenmenge. Der Jubelgesang, der gleichzeitig ertönt, erweist den Ursprung. Es ist die Gottheit,

Die Reden

die von Eleusis den Athenern zu Hilfe kommt. Wende sie sich zur Peloponnes, seien das Landheer und der König in Gefahr, wende sie sich nach Salamis, versinke die persische Flotte, erläutert Demaratos' Gefährte und dieser schließt: «Halten wir uns ruhig und überlassen das persische Heer den Göttern» (8.65). Der Warner erfüllt bei Herodot mehrere Funktionen. Er ermöglicht es ihm, als Autor zurückzutreten, indem er ihm eigene Meinungen und Erkenntnisse in den Mund legt. Der Warner beleuchtet die Vorgänge von einer Seite, die seinem Gegenüber verschlossen ist, er bewahrt den Leser und den Gewarnten vor einer allzu einseitigen Sicht sowie letzteren vor Schaden – sofern er denn auf ihn hört. Dabei gewinnt die Handlung an Spannung, denn schon das bloße Auftreten des Warners signalisiert Gefahr. Zudem öffnet er in gewisser Weise auch ein Fenster mit Blick in eine mögliche Zukunft. Ob sie auch so oder so ähnlich sein wird, entscheidet dann der Gewarnte.

*

Thukydides: Da der Warner menschliches Vorausdenken, die *Pronoia*, verkörpert, hat sich auch Thukydides seiner, wenn auch in der abgemilderten Form des *Sýmboulos*, des Beraters, bedient. Er besitzt aber nicht die Funktion, die Herodot dieser Gestalt gegeben hat. Der Feldherr Nikias sieht die Gefahren der Sizilischen Expedition und rät zu umfassenden Rüstungen (6.9–14, 19–23). Der Ratgeber schlechthin im Werk des Thukydides ist Perikles, und dessen Aufgabe ist es, in den (spät verfaßten) Reden Ratschläge zu erteilen, mit deren Befolgung Athen aus der Sicht des ex eventu schreibenden Historikers den Krieg gewonnen hätte.[2]

Die Reden

Eingestreut in den darstellenden Teil, die ethnographischen Exkurse, vor allem aber die Faktengeschichte findet sich bei beiden Historikern eine Reihe von Briefen, Botschaften, Inschriften, Aussprüchen, Vertragstexten, Orakeln, Ausrufen, Ratschlägen und anderes. Von besonderer Bedeutung sind die Gespräche, Dialoge, direkten und indirekten Reden, die zu einem teils weiten, teils engmaschigen Netz verknüpft und oft auch inhaltlich miteinander verbunden sind.
Ungefähr 800 Reden, von denen der Großteil allerdings von sehr beschränk-

ter Länge ist, wurden im Werk Herodots gezählt. Die große Zahl erklärt sich daraus, daß Gespräche für Herodot ein wichtiges Stilmittel sind, während sie bei Thukydides ganz fehlen. Die gut 40 Reden und Dialoge machen bei diesem ein Viertel des Gesamtumfangs aus. Dieser Anteil gilt bei Herodot auch für die letzten drei Bücher, dem Bericht über die Xerxes-Invasion, während das Gesamtwerk mit den vielen ethnographischen Exkursen auf einen Redeanteil von etwas unter einem Fünftel kommt.

Herodot: Reden sind keine Neuerung Herodots. Bereits bei Homer gibt es Trost- und Ermunterungsreden, Feldherrnreden, Bitt-, Lob- und Scheltreden. Vom neunten bis zum zwölften Gesang der *Odyssee* erzählt der Held seine Abenteuer in einer einzigen großen Rede. Die wichtigste Funktion der Rede ist es, die Erzählung auszuweiten, zu vertiefen und vor allem zu dramatisieren. Herodot setzt die Rede zuerst in den Novellen ein, die er in sein Werk eingefügt hat. Das beginnt sogleich mit der Geschichte des Gyges, mit der Herodot den Fluch begründet, der sich in der fünften Generation der von ihm begründeten Dynastie, an Kroisos, schließlich erfüllt. Herodot erzählt diese Geschichte als Gespräch und braucht dazu nur Einführung und Überleitungen. Die kurzen Wechselreden tragen die Handlung, machen sie lebendig und verleihen ihr eine Spannung, welche die dialogfreien Versionen der Gyges-Episode bei Nikolaos von Damaskus und Platon nicht besitzen. In der großen Novelle von Kroisos und Solon führen die Reden ebenfalls die Handlung weiter, gleichzeitig sind sie aber auch schon autonom und transportieren Reflexionen und Gedanken, die zum Teil der Überlieferung geschuldet sind, zum Teil wohl auch dem Autor selbst gehören.

Der große Bruch liegt, wie es schon Felix Jacoby in seinem bahnbrechenden Artikel in der Realenzyklopädie sah, zwischen den novellistischen und den politisch-historischen Reden. In ersteren wirkt noch das Vorbild des Epos nach, von dem sich der Historiker Herodot nun löst. Die Ablösung folgt nicht der Chronologie der Bücher. Reden der letzteren Art finden sich schon in den ethnographischen Logoi, wie die Verfassungsdebatte in 3.80 bis 84 lehrt. Desungeachtet sind es natürlich in erster Linie die symbouleutischen Reden der Bücher sieben bis neun, in denen Herodot neue Wege geht und damit diejenigen des Thukydides vorbereitet.

In den Reden mischt sich das künstlerische Erbe des Epos mit Techniken der sich vor allem unter den Bedingungen der Demokratie, in deren Institutionen das gesprochene Wort besonders wichtig war, sich entwickelnden Redekunst

Die Reden

und -lehre. Herodots Verdienst ist es, den Reden des Epos und in gewisser Weise auch des Dramas eine neue Funktion gegeben zu haben. Er verzichtet meistens – explizite eigene Kommentare wie in der sogenannten Athener-Passage (7.139) sind eher die Ausnahme – darauf, historische Vorgänge in eigener Person zu kommentieren und zu deuten und legt stattdessen seine Meinung einer der handelnden Personen (oder auch einer fiktiven) in den Mund. Ein gutes Beispiel sind die Diskussionen, die nach den Schlachten an den Thermopylen und am Kap Artemision im Sommer 480 um die Frage entbrannten, wo sich die griechische Flotte der Armada des Großkönigs zum Kampf stellen solle, in der Nähe des Isthmos oder vor Salamis (8.40–63). Unter den Griechen bestanden ganz unterschiedliche Interessen, diejenigen Korinths waren nicht diejenigen der Athener und diejenigen der Aigineten nicht diejenigen der Spartaner, und doch mußten sie einen Konsens finden, denn zersplittert war kein sinnvoller Widerstand zu leisten. Die Entscheidungsprozesse waren kompliziert, sie spielten sich sowohl im öffentlichen Raum ab, im Rat der Feldherren, als auch im Geheimen, in den Gesprächen der Feldherren untereinander. Für letzteres gab es *per se* kaum Zeugen. Daß Herodot nach 40 Jahren noch Mitglieder des Rates traf, ist möglich, doch ist fraglich, ob sie sich wirklich an das erinnerten, was gesprochen wurde. Die Erinnerungen fielen ja schon unmittelbar nach der Schlacht ganz unterschiedlich aus. Falsche Beschlüsse und ihre Korrektur, gute und schlechte Ratschläge von historischen wie fingierten Personen – zum Beispiel von Themistokles und Mnesiphilos – dokumentieren in fiktiven Reden und Ratschlägen den Weg, der schließlich zur Schlacht von Salamis führte. Mit dramatisch aufgeladenen Szenen – mitten in die Beratung platzt die Nachricht, der König stünde in Attika, das Land sei verwüstet und wenig später, die Akropolis sei genommen (8.50,56) – erweckt Herodot das Geschehen gleichsam zum Leben, macht es anschaulich und verleiht ihm eine Authentizität, an welche die Zeitgenossen vermutlich glaubten. Seine Methode ermöglicht es dem Historiker, Vorgänge, die unter der Oberfläche liegen oder nur durch ihre Resultate bekannt sind, transparent zu machen, geheime Pläne und verborgene Motive offenzulegen und schließlich sich widerstreitende Argumentationsgänge in ihren einzelnen Schritten nachzuvollziehen. Dies war auch für Thukydides interessant, doch verbot seine Auffassung von Historiographie, die Taten dieses Krieges «mit größtmöglicher Genauigkeit in jedem einzelnen Fall» (1.22.2) aufzuschreiben, sie unmittelbar nachzuahmen.

*

Thukydides: Herodots Vorgehen wurde zur Herausforderung für Thukydides.

Mittel der Darstellung

Und er geht auf sie ein. Während sein Vorgänger nur gelegentliche Bemerkungen über seine Methode sozusagen *ad hoc* machte, begann er sein Werk mit Vorüberlegungen über die nun folgenden Untersuchungen. Ergebnis ist das Methodenkapitel 1.22.1 mit dem berühmten Redensatz, in dem der Historiker die Verwendung von Logoi – das sind bei Thukydides ausschließlich Reden – erklärt: «Und was alles einzelne [Persönlichkeiten] in Form einer Rede gesagt haben, als sie entweder im Begriff waren, in den Krieg einzutreten, oder sich bereits in ihm befanden, da war es unmöglich, den genauen Gedankengang dessen, was gesagt worden war, ins Gedächtnis zurückzurufen, sowohl für mich hinsichtlich der Reden, die ich selbst gehört habe, als auch für diejenigen, die mir anderswoher Bericht erstatteten. Wie mir aber wohl die einzelnen betreffs der Angelegenheiten, um die es jeweils ging, das Notwendige am ehesten gesagt haben könnten, wobei ich mich so eng wie möglich an die Gesamttendenz dessen, was in Wahrheit gesagt worden war, hielt, so sind die Reden angelegt worden».

Im ohnehin schwierigen Werk des Thukydides ist es dieser Satz, der die meisten Übersetzungsprobleme bereitet, und entsprechend häufig wurde versucht, dieser Herr zu werden. Zwar gelingt es vielen Übersetzungen, nahe am Originaltext zu bleiben, doch hat das meist nur zur Folge, daß sich die offenen Fragen vom Griechischen ins Deutsche verlagern. Der Versuch, mit immer komplizierteren Konjekturen den Satz in eine kategoriale Form zu gießen, die auf alle Reden paßt, muß scheitern. Vielleicht hilft hier, zunächst hervorzuheben, daß der Reden-Satz einen Anspruch formuliert, den der Autor gegenüber Herodot erhebt. Er schrieb ihn gleich zu Beginn seines Werkes, und niemand weiß, ob er sich lange Jahre später in der Zeit der Neubearbeitung auch noch verpflichtet sah, sich an ihn zu halten.

Neben verschiedenen Reden in der *oratio obliqua* besitzt das Werk insgesamt 41 Reden von Staatsmännern und Feldherren. Sie machen ungefähr ein Viertel des Gesamtumfanges aus, sind aber ungleichmäßig verteilt, im ersten und im sechsten Buch häufig, im siebten selten anzutreffen; das fünfte Buch weist nur zwei auf, das achte keine. Die sogenannten Feldherrnreden beschränken sich darauf, die aktuelle militärische Lage sowie taktische Finessen zu skizzieren und die Truppen zu ermutigen. Vieles davon gehört zur Feldherrntopik, wie sie der Stratege Thukydides auch selbst beherrschte, nichts weist über die momentane Situation hinaus. Auch einige kleinere Reden von Politikern und Gesandten, die offensichtlich früh geschrieben

Die Reden

wurden, enthalten nichts, was über den Augenblick hinaus Gültigkeit besessen hätte. Das alles sind Reden, die sich zuerst unter die Willenserklärung des Redensatzes subsumieren lassen. Aber auch in diesen strebt der Historiker nichts anderes an, als sich an den wirklich gehaltenen Reden zu orientieren, niemals hat er daran gedacht, etwa eine verkürzte Fassung von diesen zu geben. Die Reden, egal von wem sie gehalten wurden, zeigen keinen individuellen Stil. Niemals macht Thukydides den Versuch, das Idiom eines Sprechenden nachzuahmen. Egal, woher diese stammen, aus Sparta, Korinth, Theben oder Syrakus, alle reden mit einer Zunge, derjenigen des Thukydides. Sie sind ferner dem gegenüber, was als üblich in der Volksversammlung wie im Rat angesehen werden kann, deutlich gekürzt. Dazu sind sie sentenzenreich, schwierig, voller rhetorischer Figuren und anspruchsvoll im Satzbau. Sie sind offenkundig nicht für Hörer, sondern für Leser verfaßt.

In den freieren Reden beschränkt sich die Übereinstimmung wohl ganz auf das, was in der Übersetzung «Gesamttendenz» lautet, d. h., wenn Thukydides, wie ansprechend vermutet wurde, den spartanischen König Archidamos für den Frieden und den Ephoren Sthenelaidas in derselben Versammlung für den Krieg plädieren läßt, so ist allein dieser Umstand historisch, dagegen sind die Argumente, welche Thukydides den Protagonisten im einzelnen in den Mund legt, die Argumente, die zu dieser Zeit (432 v. Chr.) auch vorgebracht werden konnten, aber nicht unbedingt von beiden vorgebracht werden mußten. Um Archidamos eine Friedensrede und Sthenelaidas eine Kriegsrede halten zu lassen, genügte Thukydides das Wissen, daß beide für die jeweilige Sache eingetreten waren.

Daneben scheint es aber noch eine dritte Stufe zu geben: Reden, in denen Thukydides zwar an tatsächliches Geschehen anknüpft, die aber gleichzeitig wie die Kleon-, Diodotos- oder Perikles-Reden eigenes Gedankengut enthalten und in direkte Beziehung zu anderen Logoi gesetzt sind, die an anderer Stelle, zu anderer Gelegenheit, zu anderen Themen und zu anderer Zeit gehalten worden sind. Charakteristikum dieser Reden ist, daß sie meist nach der Niederlage Athens geschrieben sind und damit der Neudeutung des Geschehens dienen.

Es gibt die Einzelrede, meist eingesetzt, wenn eine Person, wie zum Beispiel Perikles, hervorgehoben werden soll. Thukydides bevorzugt aber Redepaare, in denen, um unterschiedliche Meinungen auszuloten, Logos und Antilogia, gegeneinandergestellt werden, ohne daß der Historiker erkennen läßt, welche

Sicht er präferiert. Kollektivsprecher wie «die Athener», «die Korinther», «die Lakedaimonier» treten dann auf, wenn der Historiker vermeiden will, daß eine Meinung nur einem besonderen Individuum zugeschrieben wird. Dem Historiker erscheint wichtig, daß es Athener sind, die den Blick hinter die Kulissen des Krieges ermöglichen. Die Spartaner spielen, ausgenommen 4.17 bis 20, in den Reden des Werkes keine Rolle. Was deren Repräsentanten zu sagen haben, verharrt meist auf der Ebene phrasenhafter Argumentation, der Kriegspropaganda, die Sparta im neutralen Griechenland betrieb. Anders als die Athener läßt Thukydides die Spartaner in etwa so sprechen, wie sie es vor den Vertretern des sogenannten dritten Griechenland taten, und demaskiert die Parolen von Freiheit und Autonomie als leere Worthülsen, indem er sie gegen die Reden der Athener stellt.

Die späten Reden beziehen sich nicht nur direkt aufeinander wie zum Beispiel in der Siziliendebatte die Argumente des Nikias und des Alkibiades, sie weisen, wie gesagt, auch Fernbezüge auf. Reden aus dem zweiten und dritten Buch können mit Logoi aus dem sechsten thematisch verknüpft sein und eine kompositorische wie inhaltliche Einheit bilden. Diese politischen Reden ersetzen, indem sie Hintergründe darstellen, Motive erläutern und Kausalitäten deutlich machen, den kommentierenden Autor. Er überläßt, was für den modernen Historiker die Analyse wäre, seinem Werkpersonal. Selten gibt Thukydides wie in der *Pathologie*, in der Würdigung des Perikles und der Kritik des Alkibiades (6.15) eine eigene Meinung zu erkennen, meist überläßt er es dem Leser, aus den widerstreitenden Argumenten seine eigenen Schlüsse zu ziehen. Das macht die späten Reden so schwierig wie interessant. Mit den interpretatorischen Freiheiten, die er sich dabei nimmt, entfernt Thukydides sich in gewisser Weise vom Authentizitätsanspruch des Redensatzes und nähert sich dem Gebrauch der Reden bei Herodot wieder an. Allein von der Vorstellung, der Inhalt der Reden könnte ihm durch Gewährsmänner überliefert sein, will Thukydides nicht abrücken. Anders als bei Herodot gibt keine seiner fiktiven Reden persönliche Gespräche im privaten Raum wieder, alle wurden sie in der Öffentlichkeit und vor Zeugen gehalten.[3]

Lachen und Komik

Herodot: «Die Weltgeschichte steckt voll von Komik», so begann der Althistoriker Hermann Strasburger seinen Aufsatz über Komik und Satire in der griechischen Geschichtsschreibung, «aber die Historiker lassen sich und ihrer Sache das nur selten anmerken.» Der Autor spricht von einer wortlosen Verschwörung der Historiker gegen den Humor und sieht den Grund in der «naturgegebenen Stillage der Komik», die, weil zu tief unter der Historiographie, zu ihr nicht zu passen scheine. Die Komik sei ihrem Wesen nach ein *Humanum* im intimen Sinn und hafte vorzugsweise an der Person oder an ephemeren menschlichen Situationen, beides liege unter der Würde der Geschichtsschreibung. Die «nationalen Schildbürgerstreiche und Riesendummheiten» wirken – so Strasburger – deswegen nicht komisch, weil sie den «Bühnenhorizont sprengen», dem der Humor zugeordnet sei.

In der griechischen Literatur wird auch schon vor Herodot gelacht, zum Beispiel und unerwarteterweise in der Tragödie und natürlich bei Homer, in der *Ilias* wie in der *Odyssee*. Es ist – und das können die Götter besser als die Menschen – ein oft schadenfrohes Lachen, auch ein grausames, verzweifeltes oder wahnsinniges. Es gibt freilich auch die Situationskomik, die zum Lachen reizt, etwa als Aias beim Wettlauf mit Odysseus in einen Dunghaufen fällt. Indes, die Menschen haben vor Herodot wenig zu lachen. Bei ihm ist es der Sinn für die «Humana verschiedenster Art», der ihn veranlaßt, auch Novellistisches, Anekdoten und denkwürdige Aussprüche in sein Werk aufzunehmen, alles das, was bei Thukydides dann fehlen wird.

In einem Werk wie dem Herodots ist auch Platz für das, was denjenigen, die allein auf den großen Gang der Weltgeschichte bedacht sind, als – im Wortsinne – abseitig erscheint. Herodot will seine Zuhörer und Leser unterhalten, zuweilen sicherlich auch zum Lachen bringen. Wenn dagegen sein eigenes Werkpersonal lacht, dann gibt es meist nichts zum Lachen. Der Altphilologe Donald Lateiner hat das gut in seinem genau so betitelten Aufsatz gezeigt. Diejenigen, die bei Herodot lachen, lachen an der falschen Stelle, sie lachen aus den falschen Gründen, und sie ahnen nicht, daß das Lachen sich gegen sie selbst wenden wird. Lachen sei bei Herodot nicht lustig, schreibt Lateiner, es sei vielmehr das Vorzeichen einer sich anbahnenden Katastrophe. Wenn Xerxes lacht, dann tut er es im falschen Vertrauen auf seine Macht. Das

Mittel der Darstellung

Lachen spiegelt seine Hybris und signalisiert dem Leser, daß die Bestrafung nicht weit ist. Aber Xerxes lacht nie grundlos. Er lacht über den Glauben der Spartaner, mit 1000 Mann ein 1000mal größeres Heer besiegen zu können (7.103.1, 105), und dieser Glaube hat durchaus etwas Belustigendes. Er findet das Gebaren der Spartaner, sich vor der Schlacht ausführlich die Haare zu kämmen, lächerlich, und das überrascht bei einem Landfremden nicht (7.209). Schließlich quittiert er das Ansinnen des spartanischen Gesandten, Sühne für den Tod des Königs Leonidas zu leisten, mit Lachen, und das verrät auch einen Sinn für Humor. Eine ähnlich übertriebene Forderung des Großkönigs beantworteten die Spartaner humorlos, indem sie die persischen Gesandten in den Brunnen warfen (8.114 bzw. 7.133). Niemand lacht bei Herodot aber häufiger als Kambyses, aber dies ist, der Historiker macht das ausdrücklich klar (3.38.1), das Lachen eines Megalomanen, und dieses Lachen kombiniert sich mit Grausamkeit wie beim Tod der Schwester Rhoxane (3.32).

Bei Herodot lachen die Barbaren lieber als die Griechen, und unter diesen die Aristokraten lieber als die Bürgerlichen. Es gibt unter den Griechen überhaupt nur einen Nicht-Aristokraten, dem Herodot ein Lachen gönnt, und das ist er selbst (4.36.2). Lustig ist auch das nicht, selbst wenn Herodot glaubt, sich lustig machen zu können. Er lacht über Leute, die Erdkarten erstellen, ohne – wie er – die Gestalt der Erde richtig zu kennen, den Okeanos wie mit dem Zirkel kreisrund zeichnen und Asien ebenso groß wie Europa machen.

Eine Situation gibt es freilich, die ob ihres Slapstick-Charakters Herodots Protagonisten auch ein herzliches Lachen entlockt. Es lacht der, der bei Herodot zur tragischen Gestalt wird, nämlich Kroisos. Die Episode ist schön und zeitlos wie das Gold, von dem sie handelt: Der Athener Alkmeon hatte sich der lydischen Gesandtschaft angenommen, die in Delphi das Orakel erhielt, das später auf so verblüffende Weise in Erfüllung ging (1.46–55). Als Dank dafür lud ihn Kroisos nach Sardes ein und schenkte ihm so viel Gold, wie er auf einmal an seinem eigenen Körper würde wegtragen können. Nun hätte Kroisos ihm auch einfach eine Summe Goldes schenken und diese auch ohne Mühe nach Athen bringen lassen können. Doch er will offenbar zweierlei: zum einen mit seinen Schätzen prunken, zum anderen sich einen Spaß machen. Bei Solon war ihm Ersteres nicht gelungen, während ihm der gierige oder törichte Alkmeon zu Letzterem verhilft.

Dieser kommt sich besonders schlau vor, indem er sich einen weiten, in einem großen Bausch herabfallenden Chiton anzieht und in die größten Stiefel schlüpft, die er finden kann. Herodot berichtet: «Er fiel über die Haufen

Lachen und Komik

Goldstaubes her, stopfte zuerst in die Stiefel so viel Gold, wie sie nur fassen wollten, füllte dann den ganzen Bausch, streute auch Goldstaub auf die Kopfhaare und nahm Gold in den Mund. Als er die Schatzkammer verließ, konnte er kaum seine Stiefel schleppen und sah allem anderen ähnlicher als einem Menschen» (6.125.4 f.). Kroisos kann jedenfalls nichts anderes tun als lachen, als er diese Karikatur sieht. Und Herodot drückt dies auch sehr schön aus. «Kroisos befiel Gelächter». Er hätte natürlich auch an der Menschheit verzweifeln können, aber das Komische der Szenerie läßt das nicht zu. Es scheint dies die einzige Stelle zu sein, an der ein komischer Vorfall auch mit Gelächter beantwortet wird. Bei Herodot schließt sich gleich die nächste komische Situation an. Auch diesmal spielt ein Angehöriger der Familie der Alkmeoniden (Megakles) eine Rolle, wenn auch ohne großes eigenes Zutun. Die Hauptrolle wird von einem anderen Athener besetzt, von einem Aristokraten namens Hippokleides. Die Episode spielt am Hof des Tyrannen von Sikyon, und in ihr lacht, obwohl es dazu guten Grund gibt, niemand, zumindest niemand von den Zuschauern: Der Tyrann Kleisthenes hat Freier aus der ganzen griechischen Welt nach Sikyon auf der Peloponnes geladen, denn er will seine Tochter Agariste verheiraten. Sie kommen aus Italien, vom Ionischen Meer, aus Aitolien, Arkadien, der Peloponnes, aus Thessalien, von Euboia und eben aus Athen. Nach einjähriger Prüfung – das Ganze erinnert an einen Pferdemarkt – kommt der Tyrann zu einem Ergebnis. Er favorisiert für seine Tochter den Athener Hippokleides und will seine Wahl im Rahmen einer großen Feier verkünden. Die Freier wetteifern diesmal mit Liedern und Spottepigrammen, und hervor tut sich wieder Hippokleides aus Athen. Auf dem Höhepunkt des Festes bittet er den Flötenspieler, zum Tanz aufzuspielen. Der Flötenbläser spielt, Hippokleides tanzt und Herodot fährt fort: «Nun gefiel Hippokleides sich selber beim Tanz zwar sehr, aber nach dem Sinne des zuschauenden Kleisthenes war dies durchaus nicht. Nach einer Pause hieß Hippokleides einen Tisch herbeibringen und tanzte auf dem Tische, zuerst auf lakonische Art, dann auf attische Art, und zum dritten stellte er sich auf den Kopf und machte Gebärden mit den Beinen. Kleisthenes hielt bei dem ersten und dem zweiten Tanz noch an sich, obwohl ihm der Gedanke gar nicht mehr gefiel, daß dieser schamlose Tänzer sein Schwiegersohn werden sollte. Als er aber ihn mit den Beinen eine Pantomime aufführen sah, konnte er nicht mehr an sich halten und rief aus: ‹O Sohn des Teisandros, du hast deine Hochzeit vertanzt!›. Hippokleides erwiderte: ‹Das kümmert Hippokleides nicht.»" (6.125–130) Daß diese Situation

Mittel der Darstellung

zum Lachen reizen mußte, ist offenkundig. Vielleicht wagten es die Freier nicht, vielleicht verschweigt es auch Herodot. Einer lacht freilich und dies gleich zweimal: Hippokleides selbst, einmal mit den Beinen in der Luft und dann mit seiner Antwort auf das Veto des Kleisthenes. Diese Antwort wurde sprichwörtlich, bzw. umgekehrt, Herodot erklärt mit seiner Geschichte das geflügelte Wort des Hippokleides.

Die «Schwänke», die Herodot erzählt, und dazu ist auch noch die berühmte Geschichte vom Meisterdieb und vom Schatzhaus des Königs Rhampsinitos (2.121) zu zählen, gehören zur Vorgeschichte des großen Krieges. Auch im Zentrum des Werkes, dem Xerxes-Zug, begegnet dem heutigen Leser Komisches, doch bleibt die Frage: Ist dies von Herodot intendiert oder dünkt uns nur komisch, was tiefernst gemeint war?

Von Herodot konnte eine große Darstellung des größten griechischen Sieges, desjenigen von Salamis, verlangt werden, er liefert sie aber nicht. Die eigentliche Schlacht verläuft eigenartig kurz, in nur knapp zehn Kapiteln wird die stolze Armada des Großkönigs versenkt. Mit dem letzten Satz von Kapitel 8.83 sticht die hellenische Flotte in See, mit dem ersten von Kapitel 8.93 ist sie unter geringen Verlusten wieder gelandet. In Kapitel 8.96 werden die Wracks an Land gezogen und der Autor meldet befriedigt, daß sich verschiedene Prophezeiungen erfüllt haben. Danach wird abgeblendet, Xerxes beschließt den Rückzug, unter den Griechen werden die Orden verteilt. Angelangt am Isthmos, wählen die Strategen nach Verteilung der Beute denjenigen unter ihnen, der sich als der Würdigste im Kampf erwiesen hat. Jeder von ihnen spricht sich dabei selbst den ersten Preis zu (8.123).

Einen großen Teil der Schilderung widmet Herodot der Preisverleihung für tapferes oder kluges Kämpfen. In der Kategorie «Völker und Städte» sind es Aigineten und Athener, welche die ersten Preise bekommen, die Perser erhalten noch eine ehrende Erwähnung: Der Historiker vermerkt in Kapitel 8.86 eine deutliche Steigerung gegenüber den Kämpfen vor Euboia, die ja immerhin unentschieden gestaltet wurden. In der Kategorie Einzelleistung vergibt Herodot (Xerxes) immerhin sechs Auszeichnungen, drei auf persischer Seite. In der Mehrzahl ist die Begründung nur ganz kurz, Kaperung und Versenkung gegnerischer Schiffe. Nur einer Person widmet Herodot sein ganzes Augenmerk, sie dominiert das Geschehen, und das mehr als zwei Kapitel lang, mitten im Zentrum des Salamis-Berichtes. Ihr gilt seine Aufmerksamkeit, ja Bewunderung. Geehrt wird kein Athener, kein Aiginete, kein persischer Admiral, die Auszeichnung geht an eine Heldin, Artemisia. Schon Plutarch hat dies empört. In seiner Schrift *Über die Böswilligkeit Herodots* wirft er diesem vor, über Artemisia mehr Worte zu verlieren als über die ganze Seeschlacht selbst (mor. 873E). Er hat dies auch sofort korrigiert und in seiner Schilderung der Schlacht Artemisia nur einmal kurz erwähnt (Them. 14). Ihre Heldentat, für die sie Xerxes zum besten Soldaten seiner Armee adelt, ist indes eigenartig. Bedrängt von einer athenischen Triere, entschließt sich Artemisia, ein eigenes, persisches Schiff, das ihrer Flucht im Weg stand, in Grund und Boden zu bohren. Der athenische Kapitän, der Artemisias Schiff angriff, hält sie daraufhin für eine Verbündete und dreht ab. Umgekehrt erachtet Xerxes, der das Geschehen von seinem Thron aus beobachtet, das versenkte eigene Schiff für ein feindliches, und bewundert Artemisia für ihre Heldentat.

In der Typologie Herodots ist Artemisia eine Schelmin. Charakteristika sind taktisches Geschick, Spontaneität, Wendigkeit und Skrupellosigkeit. Das *Movens* für eine Schelmengeschichte ist meist eine Aporie-Situation, eine scheinbar ausweglose Situation, wie sie so auch bei Artemisia vorliegt. Die Versenkung des eigenen Schiffes ist damit wie zum Beispiel die Geschichte vom Schatzhaus des Pharao ein Schelmenstück, und über ein solches darf gelacht werden. Daß dabei Menschen zu Tode kommen, ändert nichts. Bei Schelmenstücken, und das erinnert an die ursprüngliche Bedeutung des Wortes, geht es nicht zimperlich zu. Aber Herodot bewertet die Streiche niemals moralisch, im Gegenteil, Schelme sind die «lachenden Gewinner».

Der Historiker hat offenkundig Freude an der Geschichte. Sie läßt sich so, wie er sie erzählt, nicht mit vollem Ernst erzählen. Mit Sicherheit stellten sich die zeitgenössischen Leser in Griechenland unter einem Helden und seiner Heldentat etwas ganz anderes vor. Die Vorstellung vom Opfertod für das Vaterland, wie sie noch die Thermopylenschlacht beschwor, tut einen tiefen Fall. Wenn es das erste Kennzeichen des Komischen ist, eine Erwartungshaltung zu durchbrechen, dann darf hier sicherlich gelacht werden. Daß die Griechen es nicht taten, ist leicht zu sehen. Das Gelächter geht auf ihre Kosten. Und die modernen Historiker lachen nicht, weil sie sich den Ernst ihrer Sache nicht nehmen lassen wollen.

*

Thukydides: Bei Thukydides wird nicht gelacht, zumindest verwendet er das entsprechende Tätigkeitswort nicht. Es begegnet einmal als Substantiv: Die Athener quittieren das Geprahle des Kleon mit Hohngelächter (4.28.5). Einzelpersonen lachen nicht, der Krieg ist eine ernste Sache. Der römische Historiker Livius wird später aus Gründen der Gravität seinen Landsleuten das

Mittel der Darstellung

Lachen verbieten. Immerhin bescheinigen die antiken Scholiasten dem Thukydides ein Lächeln. Die Kylon-Episode, ein Rückblick auf das Athen des 7. Jahrhunderts, kommentiert ein unbekannter griechischer Philologe mit den Worten: «Hier lächelt der Löwe.»[4]

5.
DIE GESELLSCHAFT

Athen und Sparta

Herodot: Zu den vorrangigen Bestrebungen Herodots zählt es, seinen Landsleuten die Welt der Barbaren vorzustellen. Dennoch schreibt er griechische Geschichte, die freilich im 6. und 5. Jahrhundert untrennbar mit derjenigen der Perser verbunden ist. Unter den Griechen favorisiert Herodot, wie später auch Thukydides, die Spartaner und Athener. Sie sind die kriegsentscheidenden Mächte, und an diesen sind beide Historiker weitaus stärker interessiert als an den übrigen Griechen, die ionischen Verwandten Herodots eingeschlossen. Herodot versucht zunächst anhand dessen, was er in Athen und möglicherweise auch in Sparta in Erfahrung bringen konnte, ein Bild vom Aufstieg der beiden Städte im 6. Jahrhundert zu zeichnen. Das besitzt im ersten Fall oft Historizität, im zweiten meist nur Anekdotenwert. Was Herodot über das frühe Sparta erzählt, fällt spärlich aus. Er berichtet vom mythischen Gesetzgeber Lykurg, von den Kämpfen gegen die Nachbarstädte Tegea und Argos, dem Eingreifen in Samos, den Kolonisierungsbemühungen. Aus der athenischen Geschichte werden die Gesetze Solons erwähnt und die Machtergreifung des Peisistratos. Herodot hat diese Informationen kunstvoll in die Geschichte vom Aufstieg des persischen Reiches eingearbeitet. Um Athen schon früh gleichberechtigt neben Sparta zu stellen, muß Herodot es bedeutender machen, als es Mitte des 6. Jahrhunderts tatsächlich war. Er sagt das nicht mit eigenen Worten, sondern überläßt dies dem Lyderkönig: «Darauf zog Kroisos Erkundigungen ein, wer die Mächtigsten unter den Griechen wären, um deren Freundschaft er sich bewerben müsse, und erfuhr, die mächtigsten wären die Lakedaimonier und die Athener, jene gehörten dem dorischen, diese dem ionischen Stamm an, und für die entschied er sich» (1.56).

Die Gesellschaft

Das Verhältnis der beiden Historiker zu den beiden Vormächten Griechenlands verrät viel über Person und Werk. Es wäre ein verläßlicher Indikator für politische Einstellung und Absicht, doch die Aussagen sind nicht so eindeutig, wie sie zumindest bei Herodot auf den ersten Blick scheinen. Beide Historiker dachten zu groß, um sich kleinlich festzulegen, und beide treiben ihr Spiel mit dem Leser und seinem Kombinationsvermögen. Herodot lobt offen Athen und kritisiert es versteckt, Thukydides rügt *expressis verbis* seine Stadt und bewundert sie heimlich. Schwieriger noch ist die Haltung der Historiker zu Sparta. Herodot beginnt mit einem Lob der spartanischen Verfassung (1.65 f.), die er zur *Eunomía*, zur guten Ordnung, verklärt, eine Meinung, der sich auch Thukydides später anschließen wird. Das frühe Sparta ist sozusagen kontrolliert expansiv, bereit, auch außerhalb der Peloponnes einzugreifen (3.39), ohne sich aber auf überseeische Abenteuer einzulassen. Die Spartaner vertreten gegenüber den Barbaren griechische Interessen, oft aber nur verbal.

Über die spartanischen Könige weiß Herodot zunächst wenig Gewinnendes zu erzählen. Die Königshäuser sind zerstritten, den Kampf um die höchste Würde bestimmen Neid, Intrige oder Ehrsucht, Bestechung ist ihnen nicht fremd (5.39–48, 6.61–70). Das genealogische Prinzip führt dazu, daß selbst Schwachsinn die Königswürde nicht ausschließt (5.42), während der royale Streit die unterlegenen, oft tüchtigeren Konkurrenten zu Abenteurern wie Dorieus oder Deserteuren wie Demaratos macht. Dieselben Spartaner, die sich den Griechen als entschlossene Gegner der Tyrannen präsentieren, verraten sofort ihre Prinzipien, wenn eigener Vorteil winkt (5.90–96).

Auch wenn seine Darstellung der Spartaner gelegentlich als oberflächlich kritisiert wurde, weiß Herodot sehr wohl, daß ohne diese die Vertreibung der Perser schwer möglich gewesen wäre. Anders als im Falle der Athener spricht er sein Lob aber nicht selbst aus, sondern legt es einem Spartanerkönig, nämlich Demaratos, in den Mund. Dennoch ist es kein Lob in eigener Sache, denn Demaratos ist nach seiner Flucht ja zum Feind seiner Landsleute geworden, und sucht sich seinem Gastgeber Xerxes mit seinem Rat als nützlich zu erweisen: «König! Da Du befiehlst, streng bei der Wahrheit zu bleiben, sollst Du sie auch hören ... Alle Griechen lobe ich ..., aber nicht von allen gilt, was ich Dir sagen will, sondern nur von den Lakedaimoniern. Erstens werden sie nie dein Anerbieten annehmen, das Hellas in Sklaverei bringen will; zweitens werden sie dir im Kampf entgegentreten, auch wenn alle anderen Hellenen zu dir übergehen. Was ihre Zahl betrifft, so frage nicht, ob sie auch stark genug sind.

Athen und Sparta

Sie werden kämpfen, gleichwohl ob sie tausend Mann ins Feld führen oder weniger oder mehr» (7.102). Und er schließt: «Wenn sie auch frei sind, so sind sie doch nicht ganz frei. Ihr Herr ist das Gesetz, das fürchten sie weit mehr als dein Volk dich. Sie gehorchen seinem Befehl, und sein Befehl ist immer derselbe: keiner Heeresmacht je zu weichen, sondern fest in der Schlachtreihe zu stehen, zu siegen oder zu sterben» (7.104).

Herodot sieht – ungeachtet dessen, daß die Barbaren des Orients in seinem Werk meist auch ohne Peitschenhiebe tapfer kämpfen – einen Gegensatz zwischen den freien Griechen und den orientalischen Sklaven, die ihren Herren (*Despótes*), den Großkönig, kniefällig verehren. Dabei stehen die Lakedaimonier stellvertretend für den griechischen Freiheitswillen. So erhält der Satrap Hydarnes, der den Lakedaimoniern das unmoralische Angebot macht, sie zu Herren Griechenlands zu erheben, wenn sie sich ihm unterwürfen, eine harsche Abfuhr: «Hydarnes ... Du kennst nur, was du uns rätst, nicht wovon du uns abrätst. Du kennst die Knechtschaft, aber von der Freiheit weißt du nichts, nicht ob sie süß, noch ob sie bitter ist. Hättest du sie je gekostet, du würdest uns raten, nicht bloß mit Speeren für sie zu kämpfen, sondern auch mit Ästen» (7.135).

Mit dem Bild des Freiheitskämpfers geht bei Herodot das des allzeit tapferen Spartaners einher, das ja erst nachhaltig 425 auf Sphakteria erschüttert wurde. Das Gespräch des Xerxes mit Demaratos während der großen Heeresschau nach Überquerung des Hellespont hatte bereits auf die Thermopylen vorverwiesen, und dort bekräftigt der exilierte Spartanerkönig nun nochmals seine Meinung, die der unmittelbar folgende Kampf der 300 als wahr erweisen sollte: «So viel sage ich dir, wenn du die hier und alle übrigen Spartaner besiegt hast, so gibt es in der ganzen Welt kein Volk mehr, König, das den Kampf gegen dich aufnehmen könnte. Denn jetzt führst du Krieg gegen das stolzeste Reich und die tapfersten Männer» (7.209). Herodot bestätigt nicht nur die Legende von der Tapferkeit und dem Freiheitswillen der Spartaner. Sein Werk vor allem ist es, durch das sie in die Geschichte eingingen und noch im 21. Jahrhundert faszinierend bleiben.

Herodot zeichnet freilich noch ein anderes Bild der Spartaner, das deren Verhalten vermutlich näherkommt, und das auch später Thukydides pflegt. Neben die tapferen Spartaner treten die zögerlichen, die weitreichende Beschlüsse nur schwer zu fassen vermögen und allzu oft in entscheidender Situation zaudern. Großspurig warnen sie die Perser in Sardes, sie sollten sich

Die Gesellschaft

hüten, eine griechische Stadt zu zerstören, Sparta würde das nicht hinnehmen. Als aber die ionischen Griechen zuerst Hilfe gegen Kyros, dann gegen Dareios erbitten, verweigern sie diese (1.152 f., 5.38, 49–41). Mit Kroisos schließen sie ein Bündnis, ignorieren aber dessen erste Bitte um Unterstützung gänzlich und kommen der zweiten erst nach, als Boten den Untergang des Königs melden (1.81–83).

Auffällig ist in Herodots Darstellung die Übereinstimmung der Entschuldigungen, mit denen sich die Spartaner in den Perserschlachten ihren Bündnisverpflichtungen entziehen wollen. Im Jahre 490 kommen sie, obwohl rechtzeitig informiert, erst in Marathon an, als die Schlacht bereits geschlagen ist, und bleiben Zaungäste. Ihrem Brauch (*Nómos*) entsprechend, so erklären sie ihre Verspätung, hätten sie nicht bei Vollmond ausrücken dürfen (6.106, 120). Zehn Jahre später wiederholt sich die Geschichte beim Feldzug des Xerxes und ein weiteres Jahr später bei dem des Mardonios. Vor der Thermopylenschlacht feiern die Spartaner – wie vor Marathon – das Fest der Karneien (7.206), so daß nicht die erwartete Hauptmacht ausrücken kann, sondern nur eine kleine Vorhut von 300 kam und, als Mardonios 479 Athen bedroht, feiern sie das Fest der Hyakinthien und haben laut Herodot «für nichts anderes Sinn als für den Dienst des Gottes» (9.7).

Herodot kommentiert das Verhalten nicht, und so ist schwer zu sagen, ob er die Entschuldigungen für Vorwände hält. Immerhin wollten die Spartaner, wie der Historiker berichtet, einige Jahre vorher den Tyrannen Hippias nach Athen zurückführen (5.91 f.) – die Korinther verhindern das –, und so muß er sich gefragt haben, warum sie nun die Perser hindern sollten, dies für sie zu tun. Sicher ist sich Herodot, daß die Spartaner ihren Bündnispflichten gegenüber den mittelgriechischen Städten nur begrenzt nachkommen wollten und die Verteidigung der Isthmos-Linie ins Auge faßten. So erscheint bei ihm entgegen der (in ihrer Echtheit umstrittenen) Themistokles-Inschrift von Troizen die Evakuierung Athens als eine Maßnahme, die erst nach der Schlacht an den Thermopylen getroffen wurde. Demnach hätten die Athener die ganze Streitmacht der Peloponnesier erwartet, mußten aber stattdessen feststellen, daß diese den Isthmos befestigten (8.40).

Vor Salamis planen die peloponnesischen Kapitäne und ihr spartanischer Admiral, einer Seeschlacht auszuweichen und sich an der Küste hinter der Isthmos-Mauer zu sammeln (8.56–63). Als die Spartaner dann auch 479 ihren Auszug gegen den erneut nach Attika vorgerückten Mardonios verzögern, spricht Herodot offen aus, was er denkt: «Als die Ephoren (die Athener, die

Athen und Sparta

um Entsendung der Truppen baten) angehört hatten, verschoben sie die Antwort auf den nächsten Tag, und am nächsten Tag auf den übernächsten. So wurden die Gesandten zehn Tage hingehalten. Währenddessen bauten sämtliche Peloponnesier mit größtem Eifer an der Isthmos-Mauer und vollendeten sie. Für dieses Verhalten, also daß sie damals, als Alexander von Makedonien nach Athen kam, die Athener durchaus von der Verständigung mit den Persern abhalten wollten, während sie sich jetzt gar nicht um sie kümmerten, weiß ich keinen anderen Grund, als daß sie jetzt den Isthmos befestigt hatten und die Athener nicht mehr nötig zu haben glaubten.» (9.8) Daß die Spartaner dann auch noch in der letzten Schlacht des Krieges, in Mykale, zu spät kommen, ist eine Schlußpointe, die sich Herodot nicht entgehen läßt (9.103).

An Herodots Bild der Spartaner überzeugt insbesondere die Schilderung der Thermopylenschlacht. Sie hinterläßt den nachhaltigsten Eindruck und verschleiert, daß seine Vorstellungen eher negativ und ohne Konturen sind. Von den Vorgängen in Sparta erfährt der Leser, wie gesagt, vor allem Anekdotisches, von den Institutionen wird nur das Königtum näher beleuchtet. Das hängt aber vermutlich damit zusammen, daß nur die Doppelkönige exzeptionell waren, alle anderen Bereiche des öffentlichen Lebens sich zu Herodots Zeit nur wenig von denen der anderen Griechen unterschieden und somit auch kein Bedarf bestand, näher auf sie einzugehen. Wie Entscheidungen in Sparta gefällt wurden, bleibt so im Dunkeln, und damit auch die Ursache der Zögerlichkeit, die offenbar großenteils der Uneinigkeit der Eliten geschuldet war. Herodot hält das Zaudern für einen Wesenszug der Spartaner, und deshalb erscheinen sie bei ihm erst als zweite Sieger der Perserkriege. Die Hauptlast trugen nach seiner Meinung die Athener, und ohne ihre Initiative und ihren Panhellenismus hätten sich die Griechen nicht des Angriffs erwehren können. Auf dem Schlachtfeld taten die Spartaner das ihrige und verhielten sich vorbildhaft. Niemand konnte jedoch sagen, ob sie überhaupt dort erscheinen würden, und wenn doch, dann wußten nur die Spartaner, wann. Herodot glaubte vermutlich nicht an die Frömmigkeit der Spartaner, die sie im Perserkrieg immer dann befiel, wenn Interessen und Leben anderer Griechen auf dem Spiel standen. Er läßt, wie später auch Thukydides, wenig Zweifel daran, daß die Spartaner jedes Risiko scheuten, wenn es sich nicht um ihre ureigenen Belange handelte.

Als Herodot schrieb, war der Propagandakampf zwischen Athen und Sparta längst in Gang gekommen. Herodot hielt sich vermutlich länger in Athen

Die Gesellschaft

auf und fand insbesondere dort sein Publikum. Sympathien (die später verscherzt wurden) liegen also nahe. Dennoch überrascht es, wie klar er für Athen und damit gegen Sparta Partei bezog, indem er sich mit eigener Stimme zu Wort meldet. Er beläßt den Spartanern in dieser berühmten Passage den Glauben an ihre Tapferkeit, von der er ja auch ganz im Gegensatz zu ihrer Zuverlässigkeit durchaus überzeugt war, nimmt aber ganz dezidiert zugunsten der Athener Stellung: «Der Feldzug des Königs ging zwar dem Namen nach gegen Athen, in Wirklichkeit richtete er sich aber gegen ganz Hellas. Das hatten die Hellenen schon vor geraumer Zeit in Erfahrung gebracht, nahmen es aber nicht alle auf die gleiche Weise auf. Die einen, die dem Perser Erde und Wasser gaben, waren voller Zuversicht, daß sie nichts Schlimmes von dem Barbaren zu befürchten hatten; die es aber nicht gaben, schwebten in großer Furcht; denn es waren in Hellas nicht genug kampftüchtige Schiffe vorhanden, um dem Angreifer die Stirn zu bieten, und die Mehrzahl der Staaten war nicht gewillt, den Krieg anzupacken, sondern hielt es beflissen mit dem Meder.

An dieser Stelle sehe ich mich nun unausweichlich genötigt, offen eine Meinung darzulegen, welche zwar bei den meisten Leuten auf Ablehnung stoßen wird, welche ich aber dennoch, wie es mir der Wahrheit zu entsprechen scheint, nicht zurückhalten will. Hätten die Athener in Angst und Schrecken vor der nahenden Gefahr ihre Heimat verlassen oder hätten sie die auch nicht verlassen, sondern wären dageblieben und hätten sich dem Xerxes ergeben, dann hätte zur See niemand versucht, dem König Widerstand zu leisten. Hätte nun niemand Xerxes zur See Widerstand geleistet, dann wäre es auf dem Land gewiß etwa so gekommen: Mochten die Peloponnesier sich auf dem Isthmos mit noch so vielen Mauern gepanzert haben, so wären die Lakedaimonier doch von den Bundesgenossen im Stich gelassen worden, nicht aus freien Stücken, sondern aus Zwang, da eine Stadt nach der anderen der Seemacht des Barbaren anheimgefallen wäre, und so wären sie schließlich allein übriggeblieben; verlassen und allein aber hätten sie Großes vollbracht und einen ehrenvollen Tod gefunden.

Entweder wäre ihnen das widerfahren, oder aber sie wären schon vorher, wenn sie sahen, wie auch die anderen Hellenen zum Meder übergingen, zu einer Übereinkunft mit Xerxes gekommen. Und so wäre in beiden Fällen Hellas unter persische Herrschaft gekommen. Denn den Nutzen der Mauern, die über den Isthmos gezogen waren, kann ich nicht ausmachen, worin der wohl bestanden haben soll, wenn der König die See beherrschte. Wer nun also sagt, die Athener seien die Retter von Hellas geworden, der wird das Wahre kaum verfehlen. Denn auf welche Seite die sich schlugen, da mußte die Waage sinken. Sie aber wählten Hellas' Überleben in Freiheit, und so sind sie es gewesen, die das ganze restliche Hellenenvolk, soweit es noch nicht zum Meder stand, erweckten und den König, nächst den Göttern, zurückstießen. Und auch die drohenden Orakelsprüche, die aus Delphi kamen und sie in Angst und Schrecken setzten, konnten sie nicht überreden, Hellas im Stich zu lassen, sondern sie blieben und wagten, es mit dem, der gegen ihr Land heranzog, aufzunehmen» (7.138–139).

Etwas weniger dezidiert, aber genauso positiv spricht Herodot von der Rolle Athens auch noch an anderen Stellen seines Werkes. Die Athener geben nach, als es um die Führung der Flotte geht, obwohl sie das größte Kontingent stellen. Sie tun das aus Sorge um Hellas, denn, so Herodot, «die Athener sahen ein, daß der Streit um den Oberbefehl Hellas zugrunde richten würde». Und der Historiker fährt fort: «Sie hatten recht, denn Zwietracht im eigenen Volke ist ebensoviel schlimmer als Krieg, wie Krieg schlimmer ist als Friede» (8.3). Als der Makedonenkönig Alexander mit allerlei Versprechungen im Kriegswinter 480/79 die Athener für die persische Seite gewinnen will, läßt Herodot diese emphatisch antworten, solange die Sonne ihre alte Bahn wandele, gäbe es keine Versöhnung zwischen ihnen und Xerxes (8.143).

Herodot bewunderte das Athen der Vergangenheit, und er schlug sich auf dessen Seite. Wenn er mehrere Versionen eines Ereignisses besaß, wählte er meist die athenische. Was ihm zunehmend Probleme bereitete, war das Athen seiner Gegenwart. Er schätzte sein dortiges Publikum und auch die Künstler, Dichter und Philosophen, die die Stadt beherbergte. Mit der aggressiven Politik Athens scheint er weniger einverstanden gewesen zu sein. Er erkannte bald, daß die kontinuierliche Expansion der Stadt nach 479 in einen großen Krieg der Griechen untereinander münden konnte. Thukydides hat diese Ausbreitung Athens später als eigentliche Kriegsursache definiert, aber es scheint so, daß erst das Scheitern der Perikleischen Politik, die er der Unfähigkeit der Nachfolger des schon 429 gestorbenen Strategen zuschrieb, ihn zu dieser Einsicht brachte. Herodot, den Panhellenen, beunruhigte der Zwist der einstigen Verbündeten schon weit früher. Es spricht manches dafür, daß seine Umsiedlung in die von mehreren Poleis gemeinsam gegründete Kolonie Thurioi im Jahre 444, kurz nach Ende des sogenannten Ersten Peloponnesischen Krieges (457–445 v. Chr.) auch ein politisches Bekenntnis war.

Die Gesellschaft

Die erste Kritik am Athen seiner Zeit flicht Herodot in die Darstellung der Frühgeschichte der Demokratie ein. Die Spartaner, enttäuscht von der inneren Entwicklung Athens, planen, wie erwähnt, ganz gegen ihren Anspruch als Tyrannenfeinde, die Rückführung des gestürzten Hippias. Dazu haben sie eine Versammlung nach Sparta einberufen, die Herodot schildert. Es gibt starke Parallelen zu jener Versammlung in Sparta, die 432/1 den Peloponnesischen Krieg einläutete. Möglicherweise hat sich Thukydides inspirieren lassen (1.67–88). Während aber im späteren Krieg die Verbündeten, namentlich die Korinther, zu Maßnahmen gegen Athen drängen, blockieren sie diese im Jahre 507/6. Herodot gibt dem Korinther Soklees eine großartige Rede, eine Brandrede gegen die Tyrannis und ein Loblied auf die Freiheit, wie sie sich die Athener gerade erkämpft haben (5.92). Die Rede enthält allerlei Tyrannentopik des 5. Jahrhunderts und ist so fiktiv wie die kurze Antwort des Tyrannen Hippias, dessen Aufenthalt in Sparta zudem wohl erfunden ist. Gerade sie, die Korinther, läßt Herodot diesen Hippias sagen und verleiht ihm Glaubwürdigkeit, indem er hinzufügt, er könne dies sagen, weil niemand Weissagungen besser kannte als er, würden sich noch am meisten von allen nach den Peisistratiden sehnen, wenn dereinst die Tage kämen, da sie unter den Athenern zu leiden hätten (5.93).

Das ist ein *vaticinium ex eventu*, denn Herodot kennt, als er diese Zeilen schreibt, die Tage, auf die Hippias anspielt. Es ist, als hätte er Thukydides gelesen, der die Klagen der Korinther herausheben wird und sie zu den spartanischen Verbündeten macht, die am stärksten gegen Athen hetzen, weil deren Seepolitik sie am stärksten bedrängen wird.

Herodot greift Athen, seine Gaststadt, nicht offen an, seine Kritik ist indirekt. Das zeigt auch der zweite wichtige Vorgriff auf die Pentekontaetie. Wie gesehen, schließt Herodot sein Werk, bevor mit der Gründung des Seebundes das innergriechische Verhängnis seinen Anfang nimmt. Er vermeidet also in seinem Werk einen Ausblick, der kein gutes Licht auf Athen wirft, aber er hält nicht mit seiner Meinung dazu zurück. Sie ist nun allerdings in ein Lob Athens verpackt, freilich ein vergiftetes. Er rühmt zunächst, daß die Athener sich 480 bei der Frage nach dem Oberbefehl über die Flotte uneigennützig verhielten. «Denn anfangs ... hatte man davon gesprochen, daß die Athener die Führung der Flotte übernehmen müßten. Da sich aber die Bundesgenossen widersetzen, gaben sie nach. Hellas zu retten war ihre ganze Sorge, ...» Das ist das große Lob, und dann kommt die Kehrseite: «In dieser Einsicht verzichteten sie also auf jeden Widerstand, jedoch nur so lange, als sie die Hilfe der Peloponne-

sier brauchten. Das stellte sich nachher heraus. Denn als sie den Perserkönig geschlagen hatten ..., entrissen die Athener den Lakedaimoniern den Oberbefehl, wofür die Übergriffe gegen Pausanias zum Vorwand dienen mußten. Doch fällt das erst in eine spätere Zeit.» (8.3)
Gleichsam maskiert gibt Herodot auch eine Vorschau, wie sich die Athener gegenüber den verbündeten Inseln dereinst verhalten würden. Er tut dies am Beispiel eines Einzelnen, an Themistokles, dem athenischen Repräsentanten der Perserkriege. Nach dem Sieg von Salamis versuchen die Athener auf Initiative des Themistokles und ohne Wissen der anderen Griechen, von einigen Inselbewohnern mit der Begründung Geld zu erpressen, sie hätten mit den Persern sympathisiert. Einige kommen der Forderung nach, andere weigern sich. Themistokles droht ihnen mit Belagerung und totaler Vernichtung. Das Kapitel, in dem Herodot die Unterhandlungen schildert, ähnelt bereits dem Melier-Dialog, mit dem Thukydides so stringent wie gültig die Gesetze der Machtpolitik formuliert. Die Athener kämen mit zwei mächtigen Gottheiten, erklärt Themistokles bei Herodot, der Überredung und dem Zwang (8.111), und das sind auch die beiden Pole, zwischen denen sich die Athener vor Melos bewegen.

Herodot deutet in diesem Zusammenhang bereits die Politik an, mit der bald darauf die Athener ihren Seebund groß machten. Als Hellene konnte er das nicht billigen, auch wenn er die Stadt allen anderen – Halikarnassos und Thurioi ausgenommen – vorzog und in ihr den Geist des Aufbruchs erlebte, der auch sein Werk prägen sollte. So ist sein Verhältnis zu Athen gespalten, auch wenn er die Athener gegen propagandistische Angriffe von außen mit aller Überzeugung verteidigt.[1]

★

Thukydides: Der Historiker war ein athenischer General. Von ihm wäre also ein anderes Spartabild zu erwarten, doch es ähnelt dem des Herodot sehr stark. Wie dieser ist er beeindruckt von der spartanischen Militärmacht – fast ließe sich sagen -maschinerie –, er lobt die spartanische Verfassung und würdigt spartanische Feldherren. Die antiken Scholiasten hielten Thukydides für einen Spartanerfreund (*Lakonistés*), der – wegen seiner Verbannung gekränkt – die Athener, wo immer er könne, verunglimpfe. Auch in der Moderne findet die These, er bewundere Sparta, viele Anhänger.

Wie bei Herodot gilt das personelle Lob freilich nicht pauschal, genaugenommen sind es nur zwei Lakedaimonier, für die er anerkennende Worte findet, zum einen für den König Archidamos, zum anderen für den Feldherrn Brasi-

Die Gesellschaft

das. Archidamos fungiert bei Thukydides nur als Ratgeber, als Mann, der den Ruf genießt, verständig und besonnen zu sein (1.79.2), und als solcher sucht er auch den Ausbruch des Krieges zu vermeiden, der dann nach ihm benannt wurde.

Brasidas, der wie Leonidas im Kampf fällt – beide gleichermaßen unnötig –, ist nicht irgendeiner der zahlreichen Feldherren Spartas, er ist derjenige, auf dem die Hoffnungen der Stadt am Ende des Archidamischen Krieges ruhen, und er ist im Kriegjahr 424/3 der direkte Gegner des Thukydides, der als gewählter Stratege Athens Front im Norden der Ägäis zu verteidigen hatte. Brasidas erhält nach Perikles und Themistokles das höchste Lob, das er einem Griechen zollt: «Besonders Brasidas selbst hatten die Lakedaimonier geschickt …, war er doch ein Mann, der sich in Sparta den Ruf der Tatkraft erworben hatte, und tatsächlich bei seinem auswärtigen Einsatz den Spartanern die größten Dienste leistete. Denn sogleich brachte er durch sein gerechtes und maßvolles Auftreten den Städten gegenüber die meisten auf seine Seite … Auch für den Krieg nach den sizilischen Ereignissen machten vor allem die damalige Tüchtigkeit und Klugheit des Brasidas, welche die einen aus Erfahrung kannten, die anderen nach dem Hörensagen glaubten, die Verbündeten der Athener begierig auf Sparta» (4.81–2).

Das Lob des Thukydides sucht seinesgleichen, doch es ist vergiftet – jedenfalls, was die Spartaner betrifft, denn der Historiker schlägt eine Volte und schließt: «Als Erster war er nämlich ausgezogen (aus Sparta) und hatte sich den Ruf erworben, in jeder Hinsicht menschlich vollkommen zu sein, und so ließ er die unerschütterliche Zuversicht zurück, daß die anderen (Spartaner) ebenso wären» (4.83.3). Als Thukydides dies schrieb, war der Peloponnesische Krieg zu Ende, die Hoffnungen, die Brasidas geweckt hatte, blieben unerfüllt. Brasidas ist bei Thukydides der schöne Schein, hinter dem sich eine häßliche Wirklichkeit verbarg. Das Lob des einen Spartaners enthält die Kritik aller anderen. Auch das Lob der spartanischen Verfassung verfolgt einen Hintergedanken. Schon im Vorwort vermerkt Thukydides, Sparta sei bereits früh zu Gesetz und Ordnung gekommen, sei nie von Tyrannen beherrscht worden und besitze seit mehr als 400 Jahren dieselbe Verfassung (1.18.1). Das sind anerkennende Worte, doch sie werden alsbald konterkariert: «Gerade deshalb waren sie mächtig», fährt Thukydides fort, «und konnten auch in die inneren Verhältnisse der anderen Staaten eingreifen.» Das ist, ohne daß es betont werden muß, erneut Kritik an den Spartanern, die offiziell die Autonomie der griechischen Städte proklamierten.

Athen und Sparta

Wie wenig Worte und Taten der Spartaner übereinstimmten, belegt Thukydides mit einer Geschichte, die unmittelbar der Brasidas-Laudatio folgt und die an Perfidie ihresgleichen sucht. Die Spartaner hatten, berichtet der Historiker, die Heloten aufgefordert, sich zu melden, sofern sie im Krieg Besonderes für Sparta geleistet hätten, um ihre Freilassung zu prüfen: «Dies freilich nur, um sie auf die Probe zu stellen. Sie waren nämlich der Meinung, diejenigen, die zuerst die Freiheit beanspruchten, würden in ihrem Stolz auch die ersten sein, sich gegen sie zu erheben. Und als sie gegen zweitausend ausgewählt hatten, bekränzten sich die und zogen bei allen Tempeln umher als Befreite, nicht viel später aber schafften die Spartaner sie beiseite, und wußte niemand zu sagen, auf welche Weise jeder umkam» (4.80.3–4).

Mit Sparta und Athen bekämpften sich nicht nur zwei unterschiedliche Militärbündnisse, sondern auch zwei verschiedene politische Verfassungen. So spielt der Systemvergleich auch bei Thukydides zumindest eine Rolle. Er selbst verzichtet darauf, es ist Perikles, der Sparta und Athen in Beziehung bringt. Alle seine Reden handeln direkt oder unterschwellig auch vom Gegner. Die offene Gesellschaft Athens steht gegen die geschlossene Spartas, Freizügigkeit gegen Fremdenaustreibung, Freiheit gegen Zwang (2.35–45).

Das negative Bild findet seinen Höhepunkt im Melier-Dialog. Die Kritik wird dort der athenischen Delegation in den Mund gelegt, aber es sind die Worte des Historikers, der Dialog ist frei gestaltet. Die Melier hoffen in den Verhandlungen auf ihre Verbündeten, die Spartaner, doch die Athener zerpflücken diesen Glauben: «Was aber euren Glauben an die Spartaner betrifft, sie würden euch, wie ihr vertrauensvoll annehmt, aus Ehrgefühl helfen, da preisen wir euch ob eurer Arglosigkeit für glücklich, ohne euch eure Torheit zu neiden. Die Spartaner nämlich beweisen gegeneinander und unter ihren Landesgesetzen meist eine untadelige Gesinnung, wie sie aber mit anderen umgehen, darüber könnte einer vieles sagen. Kurz und knapp aber läßt sich behaupten: Sie sind es, die von allen, die wir kennen, am augenfälligsten das Angenehme für schön und das Nützliche für gerecht erklären.» (5.105.3–4) Häßlicheres wurde in der Antike nicht über Sparta gesagt.

Es ist eher das Detail, das von Thukydides' Abneigung gegen Sparta kündet. Als Historiker widerstrebte ihm die Geheimniskrämerei der lakedaimonischen Magistrate, über die er sich auch *expressis verbis* beklagt (5.68.2), doch insgesamt war er bemüht, den Spartanern gerecht zu werden, sein Werk war keine Tendenzschrift. Als Militär erkannte er die Leistungsfähigkeit des spartanischen Heeres durchaus an. Die Schilderung der großen Schlacht von

Die Gesellschaft

Mantineia (5.65–74), mit der sich Sparta die Herrschaft auf der Peloponnes zurückeroberte, verrät sogar etwas von Bewunderung.

Das Athenbild des Thukydides überrascht auf den ersten Blick. Es stellt dasjenige Herodots auf den Kopf – Thukydides kritisiert die Athener ostentativ und lobt sie heimlich –, und das ist für jemanden, der an vorderster Front für seine Stadt kämpfte, ungewöhnlich. Zwar schickte ihn die Volksversammlung in ein 20jähriges Exil, doch er kehrte zurück, und sein Werk richtet sich zunächst an die Athener. Aber Thukydides' späte Einsichten beruhen insbesondere auf der verfehlten athenischen Kriegspolitik; zudem verstand er sich zwar als Athener, aber keineswegs als athenischer Patriot. Dies eröffnete ihm auch eine Perspektive von außen, die durch die Verbannung noch vergrößert wurde. Das Werk ist keine Rechtfertigung athenischer Politik, wohl aber Perikleischer, auch wenn Perikles bereits nach zwei Kriegsjahren starb.

Der Melier-Dialog ist eine vernichtende Analyse athenischer Machtpolitik (S. 217–227). Nirgends mehr in der abendländischen Geschichte bekennt sich ein Staat so ungeschminkt zu seiner Expansionspolitik. Nicht das Recht zähle unter den Völkern, sondern allein die Überlegenheit der Waffen. Die Athener erscheinen als die brutalstmöglichen Eroberer, und nur zwischen den Zeilen offenbart sich dem genauen Leser, daß die Athener nur einem Gesetz folgen, das für alle gilt, die in einem Konflikt die stärkeren Bataillone haben.

Thukydides bemängelt das Verhalten der Volksversammlung, die allzuoft im Zorn übereilte und falsche Entschlüsse traf. Der mörderische Befehl, alle Einwohner der Stadt Mytilene zu töten, wurde – in letzter Sekunde – noch von der Volksversammlung selbst kassiert. In anderen, kriegswichtigen Entscheidungen gab es keine Korrekturen. Perikles wurde des Amtes enthoben, später der unfähige Kleon zum Strategen bestimmt, Alkibiades aus Sizilien zurückgerufen und zum Tode verurteilt. In erster Linie zielt die Kritik des Thukydides auf politische Beschlüsse; militärische Fehler, wie die des Strategen Nikias, beurteilt er milder.

Für einen schwerwiegenden Fehler hält er den Beschluß, Sizilien anzugreifen. Er hat diesem eine große Redetrias gewidmet und geißelt ihn in seiner Endabrechnung des Krieges aufs schärfste: «Die Späteren (nach Perikles), einer ziemlich wie der andere und jeder nur bemüht, der erste zu werden, sanken so tief, den Launen des Volkes sogar in der Staatsführung nachzugeben. Daher wurden wegen der Größe der Stadt und ihrer Herrschaft immer wieder Fehler begangen, so vor allem die Fahrt nach Sizilien, wo der Fehler nicht so sehr in

Athen und Sparta

der Beurteilung der Angegriffenen lag, sondern darin, daß die treibenden Kräfte daheim nicht die für das ausgesandte Heer zweckdienlichen Beschlüsse faßten ...» (2.65.10–11).

Da Thukydides den Athenern die Schuld an der Niederlage gibt, liegt seine Kritik über vielen Unternehmungen, ohne daß er sie jedes Mal auszusprechen braucht. Für ihn ist evident, daß die politischen Führer, die meist auch die militärischen waren, versagt haben. Daneben aber präsentiert sich zweimal ganz unerwartet auch der Stolz auf das, was die athenischen Bürger, seine Mitbürger, in einem Krieg der vielen Fronten leisteten, bevor sie der Übermacht der Feinde erlagen. Im siebten Buch, dem letzten vollendeten, als Athen in Sizilien und Attika gleichzeitig Krieg führen mußte, bringt er – lange nach dem Scheitern des Sizilischen Feldzuges – sein Staunen über die Anstrengungen des Volkes zum Ausdruck und beschreibt es mit einer Vokabel (*Philonikía*), die zwar im Sinne von Gier eine sehr dunkle Seite hat, aber hier ausschließlich als Siegeswille zu verstehen ist: «Am meisten aber beschwerte sie, daß sie zwei Kriege gleichzeitig führen mußten. Dabei hatte sie so starker Siegeswille erfaßt, wie ihn früher niemand für möglich gehalten hätte, selbst wenn er davon gehört hätte: selbst bedroht von einer Befestigungsanlage der Peloponnesier, ließen sie trotzdem nicht von Sizilien ab, sondern belagerten ihrerseits dort Syrakus auf dieselbe Weise, eine Stadt, die an und für sich nicht kleiner ist als Athen. Und so sehr liefen ihre Schlagkraft und Kühnheit den Berechnungen der Hellenen zuwider – am Anfang des Krieges glaubten die einen, sie würden ein Jahr, andere zwei Jahre, wieder andere drei Jahre, aber keiner länger, Widerstand leisten, wenn die Peloponnesier in ihr Land einfielen, und jetzt im siebzehnten Jahr nach dem ersten Einfall, waren sie nach Sizilien gefahren, obwohl sie schon alle Bedrängnis des Krieges erlebt hatten, und hatten einen neuen nicht geringeren Krieg auf sich genommen als den vom Peloponnes aus gegen sie geführten» (7.28.3).

Ein gewisser Stolz auf seine Stadt und deren Bewohner, wie er auch in der zweiten Korinther-Rede (1.68–71) und vor allem im *Epitaphios* zum Ausdruck gebracht wird, ist hier unverkennbar. Er spricht auch noch dem Schlußkapitel 2.65, das bei aller Kritik an der Innenpolitik doch auch Bewunderung zeigt: «Aber selbst als sie in Sizilien mit ihrer gesamten Kriegsmacht und einem Großteil der Flotte gescheitert waren und in der Stadt schon Bürgerkrieg herrschte, behaupteten sie sich trotzdem noch zehn Jahre gegen ihre alten Feinde, gegen die neuen aus Sizilien und die meisten Verbündeten, die von ihnen abgefallen waren, und zuletzt noch gegen Kyros, den Sohn des

Die Gesellschaft

Großkönigs, der den Peloponnesiern Geld gab für den Flottenbau; und nicht eher ergaben sie sich, als bis sie in ihren persönlichen Zänkereien aneinander geraten und zugrunde gegangen waren» (2.65.12).[2]

Die Verfassungen

Herodot: Eines der Glanzstücke des Herodoteischen Werkes ist die sogenannte Verfassungsdebatte (3.80–83.1). Die Moderne feiert sie als «erste staatstheoretische Abhandlung der Weltgeschichte», und selbst dieser nicht mehr zu überbietende Superlativ hat seine Berechtigung. Mit dem Versuch, eine Verfassungstypologie zu geben, betritt Herodot – wie in so vielem – Neuland, auch wenn er selbstverständlich wiederum auf zeitgenössischen Debatten aufbaut. Herodot umgibt die drei Kapitel ganz im Gegensatz zu ihrem informativen Zweck mit Rätseln – vermutlich bewußt. So verlegt er die Diskussion, in der es nicht zuletzt um die neue Staatsform der Demokratie geht, nach Persien, genauer in einen persischen Adelsrat, und dazu in das ferne 6. Jahrhundert, genauer ins Jahr 521 v. Chr.

Die Herrschaft des Kambyses war unter äußeren und inneren Schrecken zu Ende gegangen. Ein Mager, ein Angehöriger einer persischen Priesterkaste, hatte sich als Sohn des Kyros und Bruder des Kambyses ausgegeben und die Macht an sich gerissen. Sieben persische Adlige stürzten den Usurpator, der als «falscher Smerdis» in die Geschichte einging, und drei von ihnen diskutieren nun angesichts des Machtvakuums, ob Persien eine neue Verfassung und gegebenenfalls welche erhalten soll. Herodot suggeriert, genaue Kenntnis zu besitzen, denn er gibt die (angeblich) gehaltenen Reden im genauen Wortlaut wieder.

Die Sprecher gehen nach einem festen Schema vor: Jeder von ihnen wirbt für eine Staatsform und weist eine andere zurück. Es läßt sich von These und Gegenthese sprechen, doch sie beziehen sich innerhalb einer Rede nicht auf dasselbe Objekt. Die Debatte eröffnet ein Adliger namens Otanes. Er beleuchtet zunächst die Schattenseiten der Königsherrschaft. Dabei beginnt er mit der gegenwärtigen Situation – die Perser hätten mit der Monarchie, mit Kambyses und dem Mager, keine guten Erfahrungen gemacht –, um dann nach einer Aufzählung der allgemeinen Negativa der Monarchie zum Lob der Demokratie überzugehen. Der nächste Redner, ein Mann namens Megabyzos, schließt direkt an und stellt nun die Argumente gegen die Demokratie vor. Danach spricht er der Oligarchie das Wort. Dareios, der als dritter Redner folgt, umkreist das Thema. Im Mittelteil seiner Rede argumentiert er gegen Oligarchie und Demokratie, am Anfang und am Schluß für die Monarchie. Die vier übrigen Teilnehmer des Gesprächs votieren nach Ende der Debatte für seine Meinung. Eine Frage bleibt danach noch offen: Wer soll nun an der Spitze dieser besten Staatsform von allen stehen? Hier helfen keine Argumente, sondern nur List und Pferdeverstand. Letzteren besitzt Dareios und das verhilft ihm zum Thron, denn König sollte der von den Sieben werden, dessen Hengst nach einem Ausritt vor dem Stadttor als erster wieherte. Dies tat der Hengst des Dareios, da er den Geruch seiner in der Nacht vorher am Tor angebundenen Stute witterte (3.84–86).

Der Einschub verdeutlicht bei Herodot auch eine Zäsur in der Reihe der persischen Herrscher. Der neue Großkönig und sein Sohn Xerxes sind es, die Krieg gegen die Griechen führen werden. Das mag ein Grund gewesen sein, die Debatte in Persien anzusiedeln. Ein weiterer Grund lag wohl darin, daß die Alleinherrschaft in Griechenland nach dem Sturz der Tyrannenherrschaften keine Alternative mehr darstellte. Das machte es Herodot auch unmöglich, ein griechisches Personal – etwa Peisistratos (Alleinherrschaft), Isagoras (Oligarchie) und Kleisthenes (Demokratie) – für diese Debatte zu wählen. Niemand in Athen konnte nach deren Sturz im Jahre 510 v. Chr. noch glaubhaft für die Tyrannis eintreten.

Die persischen Adligen, die Herodot debattieren läßt, benutzen griechische Begriffe, verwenden typische Stilfiguren der griechischen Rhetorik wie Alliterationen, rhetorische Fragen oder Steigerungen, und sie denken griechisch. Die Debatte spiegelt offenbar wider, was in Griechenland in der zweiten Hälfte des 5. Jahrhunderts, beeinflußt von der Sophistik, über Staatsangelegenheiten reflektiert und diskutiert wurde. Alle durchaus ansprechenden Versuche, hinter der *Interpretatio Graeca* Spuren zu entdecken, die in das Persien des 6. Jahrhunderts v. Chr. führen, scheitern. Herodot ist von griechischen Staatsdenkern genauso beeinflußt wie der Dramatiker Euripides, in dessen Tragödie *Hiketiden (Die Schutzflehenden)* vom Ende des Archidamischen Krieges (421 v. Chr.) nur kurz vor oder nach der Publikation der *Historien* gleiche und ähnliche Gedanken geäußert werden (V. 399 ff.), ohne daß deswegen freilich dieselbe Quelle vermutet werden muß. Hinter dem Aufbau der Debatte steht die berühmte Erkenntnis des Sophisten Protagoras, daß «es über jede Sache zwei Aussagen gebe,

Die Gesellschaft

die einander entgegengesetzt seien» (DK 80 B 6a), auch wenn bei Herodot nicht immer Argument und Gegenargument aufeinander folgen und nicht derselbe Sprecher das Pro und Contra übernimmt. Die voreilige Schlußfolgerung, Herodot habe einen sophistischen Traktat ausgeschrieben, unterschätzt den Historiker, der zur Genüge selbständiges Denken beweist.

Die Diskussion, die Herodot führen läßt, besitzt noch keine lange Tradition, die Begrifflichkeit ist noch nicht erstarrt. Für Alleinherrschaft gebraucht Herodots Personal ohne Differenzierung Termini wie *Moúnarchos* und *Týrannos*, die «Herrschaft der Wenigen» wird gleichermaßen als Oligarchie und Aristokratie bezeichnet. Das Wort «Demokratie» fällt in der Diskussion überhaupt nicht. Die Rede ist vom *Dêmos* oder von *Plêthos* (Menge) als Subjekt des Handelns und von *Isonomía*, der gleichen Zuteilung von Rechten und Pflichten bzw. später der Gleichheit vor dem Gesetz.

Herodot besaß sicherlich eine eigene Ansicht zum Thema, doch er versteckt sie. Die Form des Meinungsaustausches, die er wählt, bedeutet wohl auch, daß er sie nicht direkt äußern wollte. Er verstand sich als Historiker aller Griechen und nicht einer Gruppe von ihnen. Die Alleinherrschaft als Staatsform war, wie gesagt, in Griechenland diskreditiert. Könige herrschten in mythischer Zeit, in Erinnerung blieb nur die Tyrannis des 6. Jahrhunderts. Persien besaß eine Monarchie, doch der persische Großkönig galt als Despot. Nicht zufällig findet in der Diskussion bei Euripides niemand mehr lobende Worte für die Königsherrschaft, obgleich einer der beiden Teilnehmer am Streitgespräch, nämlich Theseus, selbst König ist. Bei Herodot ist die Liste der Gründe, die Alleinherrschaft abzulehnen, lang: Ein Monarch brauche keine Rechenschaft abzulegen. Die unkontrollierte Machtfülle führe zur Überhebung. So kümmere sich der Alleinherrscher nicht um überlieferte Satzung, schalte nach Belieben, verübe, von Hybris und Neid getrieben, Untaten an Bürgern und Frauen, töte ohne Recht und ohne Urteil.

Schwerer als diese Negativa wiegt vielleicht, daß ihnen kaum Positives entgegensteht. Dareios, der Vertreter der Monarchie, erklärt vage, es lasse sich – im Vergleich zur besten Volksherrschaft und zur besten Oligarchie – nichts Besseres finden als ein Mann, der der beste ist. Er habe – zum Wohl seines Volkes – das beste Urteil und, was er an Plänen gegen Feinde hege, das könne nicht verraten werden. Schließlich bemüht er die Geschichte. Die Perser seien – Kyros schüttelte, wenn auch nicht allein, die Oberherrschaft der Meder ab – durch einen Mann befreit worden, und was sich seitdem bewährt habe, der *Nómos* der Väter, solle nicht abgeschafft werden. Diese Gründe können sicherlich niemanden

Die Verfassungen

überzeugen, sie setzen sich in Herodots Debatte nur aus historischen Gründen durch, denn Dareios wurde König, nicht Demokrat oder Oligarch. Argumente für die Herrschaft der Wenigen fehlen nahezu. Dem Befürworter Megabyzos kommt gerade ein einziges in den Sinn, ein etymologisches. Von den *Aristoi*, den Besten, würden auch die besten Entscheidungen getroffen. Für die Demokratie spricht bei Herodot dagegen eine Fülle von Argumenten. Zunächst sei sie frei von all den Mißständen, welche die Monarchie mitbringe, und diese hatte der Sprecher gerade *in extenso* aufgezählt. Zudem würden die Ämter durch Los vergeben, und deswegen herrsche Chancengleichheit. Alle Amtsinhaber seien rechenschaftspflichtig. Das beuge Amtsmißbrauch und Korruption vor. Schließlich würden alle Beschlüsse von der Gemeinschaft gefaßt. Demgegenüber schlagen in der Debatte aber auch verschiedene Negativa zu Buche – formuliert aus der Perspektive des Adels. Nichts sei unverständiger, nichts überheblicher als der unnütze Haufen. Der Menge fehle das Wissen, das einen Monarchen auszeichne. Ohne Verstand stürze sie sich auf die Staatsangelegenheiten, vergleichbar einem Sturzbach im Frühjahr. Wo das Volk regiere, dränge sich das Schlechte ein, und das führe – eine Vorstufe zum Kreislauf der Verfassungen, wie er später von Platon bis Cicero diskutiert wird – in einer Spirale der Abwärtsbewegung wieder zu einer Alleinherrschaft.

Die Verfassungsdebatte ist weit davon entfernt, die Demokratie zu preisen, wie es Perikles im *Epitaphios* tut. Die Vorzüge scheinen zu überwiegen, doch Schattenseiten bestehen. Für die Demokratie spricht außer den aufgezählten Positiva besonders, daß für Monarchie und Aristokratie außer einem sprachlichen Argument nichts spricht. Es läßt sich daher vermuten, daß Herodot für die politische Verfassung Athens Sympathien hegte, *expressis verbis* gesagt hat er dies – im Gegensatz zur Hervorhebung der Verdienste der Stadt im Perserkrieg – aber nirgends. Mit Sicherheit läßt sich nur sagen, daß er die zu seiner Zeit historisch überlebte Tyrannis ablehnte. Er setzt sie – außerhalb der Debatte – offenbar mit Knechtschaft gleich. Von den Anhängern des Peisistratos spricht er als Leuten, denen die Tyrannis lieber war als die Freiheit (1.62.1). Die Spartaner erwägen nach dem Sturz der Peisistratiden deren Rückführung, da – nach Herodots Worten – das attische Volk ihnen im Zustande der Freiheit – dies spricht wieder für die Demokratie – wohl gewachsen, in der Knechtschaft jedoch schwach sei (5.91.1), und der Korinther Soklees warnt sie vor diesem Vorhaben mit einem drastischen Vergleich: Der Himmel werde sich unter die Erde senken und die Erde sich über den Himmel erheben, die Men-

Die Gesellschaft

schen ihre Wohnstätten im Meer und die Fische ihre Bleibe in den Wohnungen der Menschen finden, wenn die Lakedaimonier Freiheit und Gleichheit (*Isokratía*) aufheben und die Tyrannis in den Städten einführen würden. Es gebe auf der Welt nichts, an dem mehr Ungerechtigkeit und Blut klebe (5.92.1a).

Herodot erwähnt die beiden Verfassungen, die im Griechenland des 5.Jahrhunderts dominierten, kaum, und vor allem bewertet er sie, wie gesagt, nicht. Anders als im Peloponnesischen Krieg hatten die Regierungsformen wenig Einfluß auf den Kampf gegen die Perser. Im nationalen Befreiungskrieg wurde vor allem zwischen persischer Despotie und griechischer Freiheit unterschieden. So fällt außerhalb der Verfassungsdebatte der Begriff der Oligarchie nur einmal, und zwar bei der Beschreibung der Verhältnisse in Korinth zur Zeit der Bakchiaden, also in archaischer Zeit (5.92.b1).

Herodot ist aber auch der erste Historiker, der das Wort *Demokratia* verwendet, wenn auch nur zweimal. Gleichsam nebenbei, versteckt in der Genealogie der Familie der Alkmeoniden, erfährt die Nachwelt von der Geburt der Demokratie. Bei der denkwürdigen Freierwahl gewinnt der Alkmeonide Megakles aus Athen die Tochter des Tyrannen von Sikyon, Agariste, und Herodot fährt fort: «Der Sohn dieses Paares war jener Kleisthenes, der die Phylen in Athen schuf und die Demokratie einrichtete.» (6.131.1) Dieser Satz ist gleichsam die Taufurkunde der Demokratie. Aristoteles wird ihre Entstehung später (etwas irreführend) in die Zeit Solons, also den Anfang des 6.Jahrhunderts, verlegen.

Die zweite Erwähnung gehört in die Schilderung der persischen Rückeroberung nach der Niederschlagung des Ionischen Aufstandes. Herodot behauptet, die Perser hätten nach der Eroberung der Inseln an der kleinasiatischen Küste dort Demokratien eingerichtet (6.43.3). Zu einem Zeitpunkt, als die athenische Demokratie erst auf dem Weg war, eine zu werden, ist das wenig glaubhaft. Warum dort Herodot die einzigen Demokratien außerhalb Athens sehen will, ist schwer zu erklären, doch liegt nahe, daß diese Behauptung mit der Verfassungsdebatte in Verbindung steht. Herodot eröffnet sie mit der Versicherung, die dort wiedergegebenen Reden seien, auch wenn sie einigen Griechen unglaubhaft erschienen, in jedem Fall gehalten worden. Warum er das tut, ist umstritten, denn das Gedankengut ist griechisch, und die Erwähnung der Ämterlosung würde, sofern Athen das Vorbild war, den *terminus post quem* sogar in die zweite Hälfte des 5.Jahrhunderts drücken. Vermutet wurde, daß der «Philobarbaros» (Barbarenfreund) Herodot alle wesentlichen Erfindungen den Persern und ihren Nachbarvölkern zuschreibt. Denkbar wäre auch Ironie.

Die Verfassungen

Herodot war, wie die Artemisia-Episode zeigt, stolz auf seine Herkunft aus der Grenzzone der persisch-griechischen Welt, der er einen großen kulturellen Erfahrungsschatz verdankte. So mag er, der Kritik müde, die ihm sein Bericht über die Verfassungsdebatte von «aufgeklärten» Griechen des Mutterlandes einbrachte, vielleicht auch gegen besseres Wissen, auf der Authentizität der Debatte beharrt haben. Mit der Schilderung von der Einrichtung von Demokratien durch die Perser in den späten neunziger Jahren hätte er dann gleichsam nachträglich den Beweis für seine angefeindete Behauptung erbracht und gleichzeitig die Athener nochmals im Stolz auf ‹ihre› Demokratie getroffen.[3]

*

Thukydides: Im Werk des Thukydides haben die Verfassungen eine andere Gewichtung als in dem seines Vorgängers. Der innergriechische Krieg, den er beschreibt, war auch ein Krieg der Verfassungen, wie Thukydides schon am Beginn seiner *Pathologie* beklagt (3.82.1). Die Spartaner setzten, wo immer sie die Vorherrschaft gewannen, oligarchische Systeme ein, und duldeten trotz einer gewissen inneren Autonomie, die sie ihren Verbündeten zugestanden, keine andere Regierungsform innerhalb des Peloponnesischen Bundes. «Die Lakedaimonier hielten ihre Verbündeten nicht abgabenpflichtig und achteten nur darauf, daß überall ein herrschender Adel (*Oligarchía*) in Spartas Sinn die Dinge lenkte», beschreibt Thukydides die Entwicklung noch vor Ausbruch der offenen Feindseligkeiten (1.19). Ihrerseits richteten die Athener in der Pentekontaetie in ihrem Bereich Demokratien ein und verhinderten alle Versuche eines Umsturzes. «Ich werde nicht abfallen vom Volk der Athener weder in Wort noch Tat, weder ich selbst, noch werde ich einem anderen dabei Folge leisten, und ich werde lieben das Volk der Athener, und ich werde nicht überlaufen, und die Demokratie in Kolophon werde ich nicht stürzen, weder ich selbst, noch werde ich einem anderen dabei Folge leisten ...», mußten die Einwohner von Kolophon, Mitglieder des Attischen Seebundes, Anfang der vierziger Jahre schwören, wie das Fragment einer Marmorstele aus Athen bekundet (HGIÜ 1, 76). Athen müsse scharf auf der Hut sein, läßt Thukydides im Krieg den athenischen Strategen Nikias sagen, vor einer Stadt (er meint, ohne es zu sagen, Sparta), die den Athenern mit ihrer Oligarchie auflauere (6.11.7).

Der Export der jeweils genehmen Verfassung, der in Friedensjahren noch häufig verdeckt geschah, wurde nach Beginn des Krieges von 431 unverhüllt praktiziert. Vor allem riefen während der Bürgerkriege in den einzelnen Städten nun die Demokraten die Athener, die Oligarchen die Spartaner zum offenen militärischen Eingreifen auf. Aus lokalen Konflikten zwischen oligarchisch und demokratisch Gesinnten wurden gesamtgriechische. Auch die Härte der Auseinandersetzungen nahm zu, wie das Beispiel Kerkyra zeigt. In der Darstellung der Staseis in den einzelnen Poleis macht Thukydides keinen Unterschied in der Brutalität des Verhaltens von Demokraten und Oligarchen, abgesehen davon, daß es für jene numerisch einfacher war, diese zu dezimieren. Zunehmend aber, d. h. mit fortschreitender Dauer des Krieges, hat Thukydides wohl auch die Qualität staatlicher Ordnungen nach ihrer Effektivität in diesem Konflikt beurteilt. Der oligarchische Umsturz und die Rückkehr zur Demokratie in Athen 411 / 10 sind ein Beispiel.

Monarchien gab es nur außerhalb von Hellas, für die innergriechischen Kämpfe waren sie ohne Bedeutung. Thukydides schätzt insbesondere den makedonischen König Archelaos (413–399 v. Chr.), den er ob der Nähe zu seinem thrakischen Wohnort vermutlich persönlich kannte. Sein Lob bezieht sich allerdings nur auf die Kriegsrüstungen, und der Vergleichsmaßstab sind die königlichen Vorgänger. Tyrannis begegnet bei Thukydides wie zum Beispiel in der *Archäologie* nur als historisches Phänomen. Die Tyranneis, in denen die Herrscherhäuser allein auf den eigenen Vorteil konzentriert waren, hatten sich überlebt, waren zugrunde gegangen oder gestürzt worden. In der Kritik des Charakters der athenischen *Arché* firmiert Tyrannis schließlich nur noch in der Bedeutung von Gewaltherrschaft. Der Begriff *Mónarchos* wird als Variation zu *Týrannos* verwendet und ist in der Negativbewertung bedeutungsgleich (1.122.3). Von Relevanz sind, wie gesagt, für Thukydides nur die Verfassungen, welche die beiden Lager des Krieges in einer Art Kampf der Systeme propagieren und durchzusetzen versuchen.

Thukydides beschäftigt sich vor allem mit der Verfassung seiner Heimatpolis, mit der Demokratie. Anfangs findet er, wie gesehen, auch ein lobendes Wort für die oligarchische Ordnung der Lakedaimonier, doch das ist singulär. Einen direkten Vergleich zwischen den beiden Systemen legt Thukydides dem «ersten Mann» der syrakusanischen Demokratie, einem Politiker namens Athenagoras, in den Mund: «Es wird jemand vielleicht behaupten, Demokratie sei weder vernünftig noch gerecht, vielmehr hätten die Begüterten die beste Eignung zur vortrefflichen Verwaltung der Ämter. Ich aber behaupte erstens: Demos (Volk) nennt man die Gesamtheit, Oligarchie einen Teil, zweitens: die besten Hüter des Geldes sind die Reichen, den besten Rat erteilen die Klugen, das Gehörte beurteilen kann am ehesten die Menge, und alle haben den gleichen Anteil (an Rechten und Pflichten) sowohl in den

Die Verfassungen

verschiedenen Lebensbereichen als auch insgesamt in der Demokratie. Die Oligarchie gibt zwar an den Gefahren der Menge Anteil, doch von den Vorteilen nimmt sie nicht nur den größeren Teil, sondern reißt alles insgesamt an sich und behauptet es.» (6.39.1–2) Das mag wiedergeben, was auch unter den Verfechtern der Demokratie in Athen gedacht wurde, aber Athenagoras ist genauso wenig die Stimme des Historikers wie Perikles oder gar Kleon. Auf das Funktionieren der Demokratie geht Thukydides in der Faktengeschichte ein. In eingeschobenen Reden lotet er vor allem deren Möglichkeiten aus. Von den Institutionen der Demokratie ist wenig die Rede. Deren Mechanismen waren für die athenischen Zeitgenossen zu selbstverständlich, als daß sie hätten beschrieben werden müssen. Der Nachwelt vermittelt die 1889 wiedergefundene *Athenaion Politeia* das zum Verständnis erforderliche Wissen. Das Lob der Demokratie, das alsbald von der Schilderung der Wirklichkeit des Krieges konterkariert wird, erklingt in den Reden. Der *Epitaphios*, angeblich von Perikles im ersten Kriegswinter 431/0 gehalten, tatsächlich von Thukydides nach 404 formuliert, ist das erste große Dokument der Demokratie und deren bleibende Verteidigung (2.35–46).

Die (demokratische) Verfassung, nach der sie lebten, erklärt Perikles, gleiche keiner fremden, sei ohne Vorbild und nicht auf wenige Bürger beschränkt, sondern umfasse die Mehrheit. In privaten Angelegenheiten habe jeder gleiche Rechte, im öffentlichen Leben könne jeder nach Talent und Verdienst Anerkennung gewinnen. Armut sei kein Hindernis, sie halte – anders als in Sparta – niemanden davon ab, etwas für die Stadt zu leisten, so er es vermöge. Frei lebten sie als Bürger miteinander im Staat, in dem sich jeder nach seinen Möglichkeiten entfalten könne. Es gab Vorschläge, die Präambel der Europäischen Verfassung mit einem Auszug aus diesem Passus des *Epitaphios* beginnen zu lassen.

Thukydides (Perikles) kontrastiert die Freiheit im öffentlichen wie privaten Leben mit der Unterwerfung unter das oligarchische System Spartas, die selbstlose Hilfe für andere mit dem berechnenden Beobachten eigenen Vorteils, den nach gemeinsamer Diskussion gefaßten Beschluß des Demos mit der isolierten Entscheidung des Ephorats. Über die Oligarchie gibt es keine vergleichbare positive Meinungsäußerung. Im Gegenteil, selbst dort, wo Feinde Athens auftreten und der Leser einen Angriff auf die Athener und ihre politische Ordnung erwarten kann, geschieht nichts davon. Die Korinther, die zum Krieg gegen Athen hetzen, kritisieren ihren Verbündeten Sparta und halten ihm als Spiegel die Athener vor: Die

Die Gesellschaft

Lakedaimonier, nur damit beschäftigt, das Bestehende zu wahren, seien unfähig, Neues zu ersinnen; mißtrauisch selbst gegenüber der sichere Gewähr bietenden vernünftigen Überlegung, ohne Hoffnung in Bedrängnis, kauerten sie im heimatlichen Winkel und leisteten aus Furcht, des bestehenden Besitzes verlustig zu gehen, weniger, als in ihrer Macht stünde (1.70.2–4).

Dieses Starre, Argwöhnische, auf Bewahrung Bedachte erscheint als Ergebnis des spartanischen Kosmos, während auf der anderen Seite die Athener, wie Perikles im *Epitaphios* ausführt, aufgrund ihrer politischen Ordnung die Neuerer sind, voller Leidenschaft im Planen und in der Ausführung des einmal Erkannten bereit, etwas über ihre Kräfte hinaus zu wagen, sich über einsichtsvollen Rat hinweg in Gefahr zu begeben, doch zuversichtlich in bedrohlicher Lage, immer entschlossen, das Risiko ferner Expeditionen auf sich zu nehmen, im Siege vorwärts drängend, in der Niederlage kaum weichend (1.70.1–8).

Der Lackmus-Test für die Haltung des Thukydides ist die Einrichtung einer Oligarchie in Athen, nachdem sich die Demokratie unter dem Eindruck der Kriegsnöte im Sommer 411 selbst abgewählt hatte. Der Historiker schildert dieses Regiment der «Vierhundert» als ein Terrorregime, in dem Bürger in gegenseitiger Furcht gehalten, überwacht, ohne Prozeß gefangengenommen, gefoltert, exiliert und hingerichtet werden. Diese Kritik gewinnt vor der eher positiven Darstellung dieser Ereignisse durch Aristoteles im *Staat der Athener* noch an Gewicht. Anders als dieser hat Thukydides die Abschaffung der Regierung der «Vierhundert» und die Einrichtung einer Übergangsherrschaft der «Fünftausend», die den Oligarchen bereits als Demokratie erschien, begrüßt (8.97.2). Für ihn war die Oligarchie insbesondere für Athen ungeeignet, da Athen eine Seemacht war. Nicht zufällig war auch die zweitgrößte Seemacht Syrakus zeitweilig eine Demokratie. «Das Volk treibt die Schiffe», bekannte selbst ein athenischer Oligarch in einer Flugschrift vermutlich aus den zwanziger Jahren (Pseudo-Xenophon 2), und ob dieser Bedeutung, die den Theten, dem vierten Stand in Athen, im Krieg wie im Frieden zukam, war es kaum möglich, die Mehrheit des Volkes von den politischen Rechten auszuschließen. Thukydides erkannte dies, aber das heißt keineswegs, daß er die Demokratie uneingeschränkt befürwortete. Vielen galt und gilt er sogar als dezidierter Demokratiefeind.

Die Kritik am regierenden Demos der Athener erfolgt im wesentlichen indirekt; sie beschränkt sich auf die Faktengeschichte. Dort zeigt sich als besondere Schwäche der Demokratie der Wankelmut der Volksversammlung. Als

Die Verfassungen

430 die Pest hereinbricht, werden die Athener schnell des so entschlossen begonnenen Krieges müde. Der Zorn findet ein Ventil, der Demos enthebt Perikles seines Amtes. Am Beispiel des Mytilene-Konfliktes zeigt Thukydides das Problem der Emotionalisierung des Volkes, die zweckdienliche Beschlüsse verhindert, weil sie die Voraussetzung dafür, *Euboulía* und *Gnóme* (Wohlberatenheit und Einsicht), ausschließt. Der Sachverhalt ist bekannt: In einer affektbeladenen Sitzung beschließt das Volk, als Strafe für ihren Abfall von Athen alle Männer von Mytilene zu töten, Frauen und Kinder in die Sklaverei zu verkaufen. Wieder ist es der im Wortsinne besinnungslose Zorn, der die Menge ergreift und der sie zu so grausamen wie schädlichen Entschlüssen treibt. Freilich hat der Historiker Entschuldigungen parat: Zum einen argwöhnen die Athener ein lange vorbereitetes Komplott Mytilenes mit Sparta, zum anderen wird der verderbliche Beschluß, wenn auch nur mit geringer Mehrheit, in einer zweiten Sitzung tags darauf rückgängig gemacht (3.36–49). Im Falle der Insel Melos geschah das nicht, das Volk sanktionierte Tötung und Versklavung der Melier. Der Sieg ermutigte die Athener, einen weiteren Feldzug zu beginnen, die Sizilische Invasion. Thukydides beleuchtet den Entschluß durch die bereits erwähnte große Redetrias, die auch zeigt, wie schwer es ist, in der Volksversammlung Argumente der Vernunft – sie werden von Nikias gegen Alkibiades vertreten – durchzusetzen. Die Ekklesia wird zum Mob, wer zur Vernunft rät, zum Schweigen gebracht: «Wegen der übermächtigen Leidenschaft der Menge verhielt sich auch mancher, dem die Sache mißfiel, ruhig aus Furcht, er könnte, wenn er dagegen stimme, in den Ruf eines Staatsfeindes kommen» (6.24.3 f.). Als sich in den Kriegstaumel Furcht mischt, Hermen- und Mysterienfrevel zu Hysterie und Verschwörungswahn führen, sabotiert der in seinen Meinungen so rasch wechselnde Demos, wieder «getrieben von dem gleichen Zorn», mit dem er Perikles abwählte, alle Kriegsanstrengungen, indem er den gerade gewählten *Strategòs Autokrátor* Alkibiades erst zur Rückkehr zwingt und dann *in absentia* zum Tode verurteilt. Die Liste der aus der Emotion heraus gefaßten Beschlüsse ließe sich wohl verlängern. Allein Thukydides endet im Sommer 410. Den Arginusen-Prozeß hat er noch erlebt, aber nicht mehr beschrieben.

Das Verhältnis des Thukydides zur Demokratie ist zwiespältig. Das Volk verbannte ihn und rief ihn zurück. Der von ihm gehaßte Kleon war ebenso Vordenker der Demokratie wie Perikles, den er mehr als alle anderen Staatsmänner bewunderte. Den Demos treiben Leidenschaft, Zorn oder Furcht,

Die Gesellschaft

Launen bestimmen seine Entscheidung; die Elite aber ist beseelt von persönlichem Ehrgeiz und persönlicher Gewinnsucht. Zu verhängnisvollen Entschlüssen führt freilich erst das Gegeneinander beider Gruppen, das Dissens und Stasis bewirkt. Das demokratische System hatte sich im Frieden bewährt, der Krieg offenbarte seine Schwächen. Auch wenn Sparta den Krieg gewann, war aber die Oligarchie keineswegs ein Erfolgsmodell. Das Siegen lernen die Spartaner bei Thukydides von einem Athener, Alkibiades, ihre Flotte ist erfolgreich, weil der Großkönig sie bezahlt und ausrüstet. Das Lob des Interessenausgleichs zwischen Demokraten und Oligarchen, das Thukydides in 8.97 äußert, könnte ein Hinweis auf die Bevorzugung einer Mischverfassung sein. Doch die damalige Regierung der «Fünftausend» blieb ephemer, und Thukydides' kurzes Lobeswort ist nur eine Momentaufnahme. Dauerhaft hätte sie nicht regieren können, denn eine Zensuszahl von 5000 schloß die Theten aus, die unterste Volksschicht, aus der sich die Masse derer rekrutierte, die die Schiffe des Seebundes ruderten.

Es scheint, daß für Thukydides die Demokratie ungeachtet ihrer Schwächen eine Verfassung ohne Alternative für Athen war. Das lag in der Bedeutung des vierten Standes, auf dem Athens Seemacht in Krieg und Frieden ruhte. Die Flottensoldaten waren die überzeugtesten Verfechter der Demokratie. Eine Regierungsform ohne oder gegen sie war nicht möglich, wie Thukydides selbst anhand der Ereignisse vor Samos im Sommer 411 zeigt. Die Demokratie ist zudem die Verfassung, unter der Thukydides seit 403 wieder lebte, und es sind Anhänger dieser Staatsform, für die er sein Werk in erster Linie schrieb. In seiner Biographie war Thukydides ein politischer Konvertit aus oligarchisch gesinnter Familie, der zum demokratischen General aufstieg. Es fällt schwer zu glauben, daß Thukydides die Ordnung, die er auf dem Schlachtfeld verteidigte, politisch bekämpfte. Nicht zufällig steht im Zentrum des Spätwerkes auch der Hymnus auf diese Regierungsform. Die Demokratie wird, wie gesehen, in drei Logoi als Erfolgsmodell geschildert (1.68–71, 2.35–46, 6.39). Von einem Lob der Oligarchie ist nirgends die Rede. Den Schwächen der Demokratie begegnet Thukydides, indem er ein Ideal entwirft, das Perikleische Athen, dessen Denkmal in dem berühmt gewordenen Resümee gipfelt: «Es war dem Namen nach (*lógo*) eine Volksherrschaft, in Wirklichkeit aber (*érgo*) die Herrschaft des ersten Mannes» (2.65.9). Das Staatsmodell, das Thukydides zumindest für Zeiten des Krieges vorschwebte und von dem er sich eine erfolgreiche Kriegführung versprach, scheint eine Demokratie mit einem aufgeklärten Staatsmann an der Spitze zu sein.[4]

Die Macht des Geldes

In archaischer Zeit bestaunten die Griechen den Reichtum ihrer königlichen Nachbarn. Sie selbst wähnten sich arm und selbstgenügsam. Im Gefolge der Perserkriege änderte sich das – jedenfalls für Athen und andere Handelsstädte. Die klassische Zeit bis hin zur Schlacht von Chaironeia 338 v.Chr. wurde zur Epoche des Geldes, des reichlich fließenden im 5., des fehlenden im 4.Jahrhundert. Niemand hat das prägnanter formuliert als Aristophanes, der zweimal eine Komödie *Ploutos* (Reichtum) schrieb, einmal als es ihn noch gab, und einmal als er seiner Schwester, der *Penia* (Armut), Platz gemacht hatte. «Geld regiert die Welt» lautet seine nun 2500 Jahre gültige Erkenntnis, mit der er die Thukydideische *Pleonexia* bestätigt: «Wer zehn Talente sich erworben hat, strebt um so mehr nur, sechzehn zu bekommen! Und hat er die beisammen, wünscht er vierzig.»

Herodot: Mit der Gründung des Seebundes wurden die Schiffe der Bundesgenossen in Talenten und Drachmen aufgerechnet, die Tribute öffentlich auf großen Stelen aufgeführt, und die Demokratie machte die Gelder in Form von Diäten allen Bürgern zugänglich. Herodot ahnte bereits die Macht des Geldes, Thukydides wußte um sie. Herodot faszinierten besonders die Zeichen des Reichtums, die goldenen und silbernen Gefäße, welche die Lyderkönige dem delphischen Gott weihten, und er beschreibt sie mit Freude am Detail. Schatzkammern wie die des Kroisos, des Mederkönigs Deiokes, des Pharaos Rhampsinitos, des Assyrerkönigs Sardanapallos sind ihm immer eine Erwähnung und meist auch eine Geschichte wert. Der Stupor ist freilich nicht ehrfürchtig; ungeachtet aller Faszination ließ sich Herodot vom Glanz des Goldes nicht blenden, wie die Geschichte von Alkmeon lehrt, der sich zum Gespött macht, indem er der Schatzkammer des Kroisos entsteigt, als habe er wie die berühmte Ente in Goldstaub gebadet. Nicht ohne einen Anflug von Süffisanz erzählt Herodot auch die Geschichte vom Pharao Amasis, der sein Volk mit einem goldenen Götterbild erzog, das er an einem belebten Platz aufstellen ließ: Wie sie dieses Götterbild anbeteten, obwohl es doch vorher ein Urinal gewesen sei, so müßten sie auch ihn verehren, obgleich er von Geburt nur ein einfacher Bürger sei. Reichtum hatte oft dunkle Quellen, und daß er nicht glücklich macht, lehrt bei Herodot schon der Kroisos-Logos.

Die Gesellschaft

Die politische Bedeutung von Geld war Herodot durchaus bewußt. Kroisos möchte sich günstige Orakelsprüche durch Gold erkaufen und spricht das auch aus, selbst wenn er es vorsichtig formuliert. Der Gott selbst war nicht bestechlich, wie das für Kroisos unerfreuliche Ergebnis erhellt. Da traf es sich für die Rat- und Hilfesuchenden günstig, daß das für die Pythia und die Priester nicht galt. Herodot dokumentiert einen Fall, der schwer wiegt, da sein Glaube an die Korrektheit von Orakelsprüchen stark war. Delphi war der Ort, an dem schon im 6. Jahrhundert gemeingriechische Politik betrieben wurde, und zwar nicht mit Gebeten, sondern mit Geld. Die Alkmeoniden übernahmen den Bau des Tempels und schossen dabei – sicherlich nicht aus Großzügigkeit – auch aus eigenen Mitteln zu. Um in ihren Zielen sicherzugehen, bestachen sie, wie Herodot in Athen erfuhr, aber auch noch die Priesterin, sie solle Sparta zur Befreiung Athens von der Tyrannis der Peisistratiden aufrufen, sofern die um Orakel in dieser Sache bäten. Vermutlich stellten die Alkmeoniden dies später als gemeinnützige Tat dar, tatsächlich war es nur ein Versuch, mit als Spenden deklarierten Geldern die eigene Hausmacht zu stärken.

Die Pythia war freilich auch für spartanische Gelder empfänglich. So entschied sie einen innerspartanischen Streit zugunsten der Partei (nämlich der des Kleomenes), die ihr über einen delphischen Mittelsmann pekuniäre Nachhilfe hatte zukommen lassen. Die Lakedaimonier, bei denen Gold und Silber verpönt war, taten sich freilich mehr durch Bestechlichkeit hervor, zumindest war dies zur Zeit Herodots ein Gemeinplatz in Griechenland, und auch Thukydides berichtet davon. 50 Talente bot Aristagoras, der Tyrann von Milet, dem Spartanerkönig Kleomenes für militärische Hilfe. Bei Herodot verhindert das ein altkluges Kind, Kleomenes' Tochter, die spätere Frau des Leonidas, Gorgo; in der Realität war es wohl die zuvor auch vom König eingestandene Undurchführbarkeit des Unternehmens. Die Athener bestachen später Kleomenes angeblich erfolgreich. Im Falle des Königs Leotychidas nennt Herodot keine Zahlen, sondern spricht nur von einer hohen Bestechungssumme. Die Spartaner ertappten ihn dabei, als er vor dem «vollen Beutel» sitzend seine Einnahmen zählte. Kontrolle war wichtig, denn schon Polykrates, der Tyrann von Samos, hatte versucht, die Spartaner mit «Falschgeld» zu bestechen. Unter der vergoldeten Oberfläche verbarg sich billiges Blei.

Die Höhe der Bestechungssumme spiegelte auch Rangunterschiede. So nahm Themistokles von den Euboiern 30 Talente mit dem Versprechen, die Seeschlacht gegen die Perser vor der Nordspitze der Insel zu schlagen. Davon gab er fünf an den spartanischen Admiral Eurybiades ab, während der korinthische

Die Macht des Geldes

Flottenführer mit drei Talenten abgespeist wurde. Für Thukydides ist politisch-militärische Bestechung später kein großes Thema mehr, kaum jemand machte sich noch die Mühe, sie zu verhehlen.

Herodot erkannte bereits, daß Geld Antrieb, Mittel und Zweck gleichermaßen war. Miltiades überredete die Athener nach Marathon, ihm Schiffe und Ausrüstung zu stellen, indem er versprach, sie in ein Land zu führen, aus dem sie ohne Mühe Gold in Fülle davonschleppen konnten. Trotz des kläglichen Ergebnisses hingen viele Athener auch 74 Jahre später diesem Glauben an, als sie beschlossen, gen Sizilien zu fahren. Nach Herodot kam das Unheil über Ionien, weil der Tyrann von Milet glaubte, Herr über die Insel Naxos werden zu können, die «reich an Gold und Sklaven» war. Samier fuhren gegen die Insel Siphnos, weil sie Geld brauchten und Siphnos dies im Überfluß besaß. Indes war Geld auch Voraussetzung, um überhaupt entsprechende Unternehmen ins Werk zu setzen, und so versprach der Satrap Oroites dem Polykrates Geld, damit er seine hochfahrenden Pläne, Unterwerfung Ioniens und der Inseln, umsetzen konnte. Der Logograph Hekataios riet den Milesiern, die Weihegeschenke des Branchidentempels einzuschmelzen und sich mit den gewonnenen Geldern zum Herrn der Meere zu machen. Hier wiederholt Herodot wohl nur, was er seiner Quelle entnahm. Daß er sich solche Gedanken aber ebenfalls zu eigen machte, zeigt 7.144, wo er Themistokles' «glücklichen Antrag», die Gewinne aus den Bergwerken von Laureion nicht an die Bürger zu verteilen, sondern sie zum Bau von Trieren zu verwenden, als Grundlage des späteren athenischen Erfolges betrachtet.

Wie ein vorausschauender Kommentar zur Rolle persischer Gelder im Ionischen Krieg (414–404) und später im Griechenland des 4. Jahrhunderts liest sich der Ratschlag an den Feldherrn Mardonios, von Herodot den mit den Persern verbündeten Thebanern in den Mund gelegt, er solle die Griechen nicht mit Waffen niederzwingen, sondern durch Geldzuwendungen an die mächtigsten Männer in den einzelnen Städten deren Eintracht untergraben. In Herodots Welt der alten Götter trat mit Macht ein neuer auf, der Geldgott Ploutos. Das Geld beschränkte sich nicht mehr darauf, als goldene Weihegabe die Tempel zu schmücken. Es entschied über Thronfolgen, eroberte Städte, versenkte Flotten. Herodot begann dem (begrenzt) Rechnung zu tragen. Das Geld sickert sozusagen in sein Werk ein. Es wird, wie in der Rede des Persers Mardonios, die Herodot gehört, zu einem Faktor, der das Leben der Menschen, Städte und Staaten mitbestimmt. Mardonios sucht im Kronrat die Macht der Griechen klein zu reden, indem er die rhetorische Frage nach ihren Geldmitteln stellt. Schon spricht er von *Dýnamis Chremáton*, von der Macht des Geldes. In der Rede des Mardonios ist Geld, sein Besitzen und Nichtbesitzen, allerdings nur einer von vielen Faktoren, und er ist weit davon entfernt, das Wirken der Götter in Frage zu stellen.[5]

★

Thukydides: Bei Thukydides verliert Gold seinen Glanz. Es ist das Schmiermittel der Kriege, die um seinetwillen geführt und – so es daran mangelte – beendet wurden. Schon die *Archäologie* deckt die Funktion des Geldes auf. Wegen der «Mittellosigkeit» sei alles Frühere unbedeutend gewesen, sagt Thukydides hier, und Mittellosigkeit heißt bei ihm *Achrematía*, also Mangel an Geldmitteln. Auch daß «nicht viele» gegen Troja zogen, lag seiner Meinung nach nicht am Mangel an Menschen in Griechenland, sondern am Mangel an Geld. Auf ihm beruht bei Thukydides geschichtlicher Wandel. Tyrannenherrschaften entstünden in vielen Staaten als Folge höheren Geldzuflusses; Gelder förderten den Schiffbau, der Seehandel nehme zu, die Staaten, die sich mit dem Seewesen befaßten, erhöhten ihre Einkünfte, diese verschafften ihnen eine bedeutende Machtstellung. Bestes Beispiel ist für Thukydides Korinth, das Plätze für See- wie Landhandel besaß und «durch den Zustrom von Geld mächtig» wurde.

An der entscheidenden Rolle des Geldes im Frieden wie im Krieg konnte Thukydides nie Zweifel haben. Sein bürgerlicher Beruf war, es zu produzieren. Bekanntlich betrieb er in Thrakien Gold- und Silberbergwerke, und das bedeutete, er wußte nicht nur, wie Geld ausgegeben, sondern auch unter welchen Mühen und Leiden das Material dafür gewonnen wurde.

Geld und Einkünfte beschäftigten Thukydides sowohl in der Faktengeschichte als auch in den Reden, und zwar vom ersten Buch an bis zum achten. Während die Redner ansonsten meist widerstreitende Meinungen äußern, gibt es unter ihnen niemanden, der die Rolle des Geldes in Frage stellt. Haben und Nichthaben entscheidet den Krieg. In ihren Zielen, ihrem Denken und Handeln so unterschiedliche und von Thukydides so konträr bewertete Personen wie Perikles und Kleon, Alkibiades und Nikias, Hermokrates und Euphemos lassen sich bei der Bewertung des Geldes auf einen Nenner bringen. Hier spricht offenbar Thukydides selbst durch sein Personal. Bereits auf der breit dokumentierten Sitzung des Peloponnesischen Bundes in Sparta, die mit dem Eintritt in den Krieg endet, sind sich dessen Gegner und Befürworter einig, auf welcher (materiellen) Basis dieser entschieden wird. König Archidamos warnt davor, gegen die Athener leichtfertig einen Krieg zu beginnen. An Geld bleibe Sparta weit hinter Athen zurück: «Wir haben keines in der Staatskasse, und auch aus dem Besitz können wir keines so ohne weiteres auftreiben.» Er setzt auf Zeitgewinn, um «von irgendwoher eine See- oder Geldmacht uns verpflichten (zu) können.» Sein Diktum, es sei der Krieg nicht so sehr eine Sache der Waffen, sondern der Geldmittel, durch welche die Waffen allein Nutzen brächten, kann für jedes erhaltene Buch des Thukydideischen Werkes Gültigkeit beanspruchen, und sogar darüber hinaus. Für die ungeschriebenen Bücher jenseits des achten bestätigt Thukydides in seinem in Kapitel 2.65 vorgezogenen Kriegsresümee, daß es persisches Geld war, das Sparta zum letztendlichen Sieg verhalf.

Umgekehrt sieht der Thukydideische Perikles auf athenischer Seite als Vorteil, was Archidamos als Nachteil der Peloponnesier erkannte. Am wichtigsten sei im bevorstehenden Krieg, sagt er in seiner ersten Kriegsrede, daß die Spartaner durch den Mangel an Geld behindert seien, solange sie Zeit verschwenden müßten, es zu beschaffen. Tatsächlich beruhte dann Perikles' Strategie eines Krieges ohne Schlachten vor allem auf der wirtschaftlichen und finanziellen Überlegenheit des Attischen Seebundes, und vermutlich hätte sich dieser Plan auch als richtig erwiesen, wäre den Spartanern nicht bald ein Bundesgenosse zu Hilfe gekommen, mit dem niemand hatte rechnen können: die Pest. Thukydides jedenfalls hielt dieses Konzept für wohlüberlegt, und er gibt Perikles noch eine zweite Kriegsrede, in der dieser seine Siegeszuversicht auf die Mauern Athens und die finanzielle Lage der Stadt gründet: Allein die Zahlungen der Bundesgenossen – andere Einkünfte nicht eingerechnet – beliefen sich auf 600 Talente jährlich. Auf der Akropolis lägen des weiteren noch 6000 Talente ungemünzten Silbers. Dazu kämen mindestens 500 Talente Gold und Silber an Weihegeschenken der Privatleute und des Staates, an heiligen Geräten und Beutestücken aus den Perserkriegen. Weiteres Geld bärgen die anderen Heiligtümer, und in einer Notlage ließe sich der Schmuck, mit dem das Standbild der Göttin Athena behängt sei, 40 Talente schieren Goldes, abnehmen und ausmünzen (2.13.3–5).

Was die Athener nach Thukydides an ihren Verbündeten schätzten, waren weniger die Waffen und Schiffe, die sie stellten, sondern die Gelder, die sie zahlten. Wo sie einen Vorwand fanden, wandelten die Athener die in den Verträgen festgelegte Entsendung von Schiffskontingenten in die Verpflichtung um, Tribute zu entrichten. So geht es auch in der großen Debatte der Volksversammlung, wie die abtrünnige Stadt Mytilene zu bestrafen sei, vor allem um die Sicherung der Abgaben an Athen. Der radikale Kleon fordert drasti-

sche Strafen, sein Widerpart Diodotos plädiert für Milde. Die Absicht beider von Thukydides nach Kriegsende verfaßten Reden ist aber dieselbe: den richtigen Weg zu finden, auf dem die Zahlung der Tribute der Bundesgenossen gesichert werden konnte. Wer nachgiebig sei, argumentiert Kleon, provoziere weitere Rebellionen, welche die Athener unter Gefahr für Macht und Leben einzeln niederschlagen müßten und dabei der zu erwartenden Abgaben verlustig gingen. Wer zu hart strafe, antwortet Diodotos, nehme den Abtrünnigen jede Hoffnung und statt eines Vergleiches käme es nach langer Belagerung mit hohen Kosten zu Tod und Zerstörung, wodurch Athen Reparationszahlungen und künftige Steuern verlorengingen. Die Einkünfte Athens durch den Bund sind, wie Kleon wörtlich sagt, «der Grundstein der Macht». So überrascht es nicht, daß dieses Thema sowohl im Melier-Dialog als auch im Vorfeld der Sizilien-Expedition wieder auftaucht. Geld ist die Voraussetzung für alles. Alkibiades weist darauf hin, und auf sizilischer Seite ist es der von Thukydides positiv gezeichnete Staatsmann Hermokrates, der rät, das Bündnis mit den Karthagern zu suchen, die von den Mächtigen am ehesten in der Lage seien, Syrakus beizustehen, «denn Gold und Silber besitzen sie in Menge, wodurch ja der Krieg und alles andere besten Erfolg verspricht» (6.34.2).
Thukydides kannte als Historiker und als Stratęgós die Kosten für die Kriegszüge und er war über die Höhe der Soldzahlungen informiert. Es lagen ihm Verträge vor wie der zwischen den Argivern und den Athenern von 420, in dem die Soldhöhe (hier drei aiginetische Obolen für Fuß- und eine Drachme für Reitersoldaten) präzisiert wurde (5.47.6). Thukydides selbst nennt, weil die Sache zu selbstverständlich war, die genauen Zahlungen nur in Ausnahmefällen. So war der Sold für die athenischen Hopliten, die bei der Belagerung der Stadt Poteidaia zwei Drachmen täglich bekamen – eine für den Kämpfer, eine für den Diener –, vermutlich ungewöhnlich hoch. Im Sizilischen Krieg wurde eine Drachme pro Seemann und Tag gezahlt. Daß sich der Krieg mit seiner Ausweitung – auch die Athener setzten nun Söldner ein wie jene Thraker, die, mit ihrem Sold von einer Drachme unzufrieden, Mykalessos überfielen – weiter verteuerte, ist ebenfalls bei Thukydides nachzulesen. Immer wieder finden sich im sechsten und siebten Buch Hinweise auf die Geldnot der athenischen Truppen in Sizilien: Die Feldherren versuchen Geld in Sizilien einzutreiben oder fordern es aus Athen. Als der aus seiner Heimat geflohene Alkibiades den Spartanern rät, die attische Grenzfestung Dekeleia zu besetzen, läßt ihn Thukydides insbesondere mit finanziellen Gründen – so der Möglichkeit, sich die Einkünfte aus den Silberbergwerken von Laureion

anzueignen – argumentieren. Überhaupt wurde die damit eröffnete letzte Kriegsphase wegen des Flottenkrieges an der ionischen Küste zu einer Materialschlacht. Thukydides hat nur die Anfänge im fragmentarischen achten Buch beschrieben, doch schon dort wird die Rolle deutlich, die das persische Gold zu spielen begann.

Mit den Tributen der Bundesgenossen, der zunehmenden Macht Athens und dem aufblühenden Handel waren Geld und konkrete Vorstellungen, was mit ihm zu bewirken sei, nach Athen gekommen, und der Wunsch nach Reichtum durchdrang mit der Demokratisierung immer größere Teil der Gesellschaft. Thukydides schildert Geldgewinn als Motiv Einzelner, von Gruppen oder des ganzen Volkes. Geldgier läßt Alkibiades zum Feldherrnamt streben, treibt Oligarchen zum Umsturzversuch oder verlockt attische Bürger zum Kriegszug gegen Sizilien. Thukydides' Glaube, *Pleonexia* sei Teil der menschlichen Natur, wird nicht zuletzt darin ihren Ursprung haben.[6]

Barbaren

«*Barbaros*» ist bekanntlich ein Schallwort; die lautmalende Verdoppelung einer Silbe ahmt unverständliche Laute nach, bedeutet also stammelnd, stotternd, radebrechend, wie schon der Geograph Strabon (1. Jahrhundert v. Chr.) in seiner Herleitung des Wortes auseinandersetzte. Homer hörte dies noch nicht heraus. Die Trojaner sind, wie später auch bei Herodot, noch keine Barbaren, ja Homer kennt das Wort überhaupt nicht. Ein einziges Mal verwendet er die adjektivische Zusammensetzung *barbaróphonos* (Il. 2.867), die er zudem nur auf das kleine Volk der Karer im Westen Kleinasiens anwendet, die er offenbar «fremdsprachig» nennt. Der Begriff hat zunächst nichts von der Herabwürdigung, die er später annahm. Im Zuge der Herausbildung des Wortes Hellenen (zunächst nur eines der vielen griechischen Völker) als Sammelname für alle Griechen (Panhellenen) bezeichnete das Wort «Barbaren» alle Nicht-Griechen. Das ist bei Herodots Vorgänger Hekataios so und ebenfalls bei seinem Zeitgenossen Aischylos, in dessen Perser-Drama *Bárbaroi* als Synonym für Perser begegnet und das dazugehörige Adjektiv das persische Heer oder das asiatische Land im Gegensatz zum griechischen Heer und zu Griechenland bezeichnet. Damit einher geht bei Aischylos nach der Erfahrung der Xerxes-

Invasion aber bereits die Betonung der griechischen Freiheit als Gegensatz zur asiatischen Despotie.

Herodot: Die Negativierung des Barbarenbildes begann infolge der persischen Invasion und erreichte schließlich nach dem Königs-Frieden von 387/6 ihren Höhepunkt. Athen förderte sie nach Gründung des Seebundes, um diesem mit antipersischer Propaganda Sinn und Zweck zu verleihen. Herodot ist davon frei. Bereits mit dem Einleitungssatz dokumentiert er ostentativ seine Einstellung. Er möchte von den großen und wunderbaren Taten erzählen, die sowohl Griechen wie auch Barbaren vollbracht haben. Der Leitfaden seines Werkes sind, wie gesagt, die Konflikte zwischen diesen beiden Gruppen. Im engeren Sinn umfaßt der Barbarenbegriff also Lyder, Meder und Perser, im weiteren alle Nicht-Griechen, und das ist die Bedeutung, die *Bárbaroi* in den *Historien* durchgängig hat.

Herodot ist nicht nur in enger Berührung mit nicht-griechischen Völkern aufgewachsen, er hat vermutlich auch den Osten (wahrscheinlich nicht Mesopotamien, um von weiter östlich gelegenen Gebieten zu schweigen) bereist und war sich der kulturellen Leistungen der Völker Asiens bewußt. Immer wieder – in 2.58 nennt er die fremde Herkunft der heiligen Feste, Umzüge und Opferfeiern in Griechenland – weist er darauf hin, wie viel die Griechen von den Barbaren, im konkreten Falle den Ägyptern, lernten. Eine Herabwürdigung verbot sich – im Gegenteil, das Unverständnis, auf das Herodot bei vielen Griechen des Mutterlandes offenbar stieß, hat seine Achtung vor den Errungenschaften der Ägypter, Perser oder Phoiniker noch verstärkt. Das demonstrative Bekenntnis zum persischen Ursprung der Verfassungsdebatte ist ein Beispiel.

Das, was das Leben eines Volkes ausmachte – Sprache, Gebräuche, Sitten –, war Konvention, und für Herodot stand es niemandem an, sie lächerlich zu machen, zu verspotten oder zu verachten. Als Kambyses dies gegenüber den Ägyptern tut, beweist das für Herodot, daß der König tatsächlich wahnsinnig geworden war. Ansonsten hätte er fremde Gebräuche nicht verhöhnt: «Denn wenn man an alle Völker der Erde die Aufforderung ergehen ließe, sich unter all den verschiedenen Sitten die vorzüglichsten auszuwählen, so würde jedes, nachdem es alle geprüft, die seinigen allen anderen vorziehen. So sehr ist jedes Volk überzeugt, daß seine Lebensformen die besten sind. Wie kann daher ein Mensch mit gesunden Sinnen über solche Dinge spotten!» (3.38.1).

Herodot wählt ein provozierendes Beispiel, um mit einem Wort des Dichters

Barbaren

Pindar zu zeigen, daß die Sitte, der *Nómos*, aller Wesen König sei. So berichtet er, Dareios habe zunächst Griechen und dann Inder, bei denen es Sitte war, die Leichen der Eltern zu essen, an seinen Hof gerufen, und die ersten gefragt, um welchen Preis sie ihre toten Väter verspeisen würden. Während die Griechen das kategorisch ablehnten, empörten sich die Inder, gottlos sei es, die Leichen der Väter zu verbrennen (3.38). Herodot registriert fremde Sitten, ohne sie abzulehnen. Sein Interesse ist offenkundig und steigert sich, wenn es um Geschlechterverhältnisse geht. Ein besonderes Augenmerk gilt sexuellem Tun, exzessiver Promiskuität, ungewöhnlichen Formen der Prostitution, Polygamie, Frauengemeinschaft und Frauentausch, sexueller Perversion und Genußsucht, zu der er die Knabenliebe zählt, welche die Perser bei ihrem Aufstieg zu luxuriösem Leben von den Griechen übernommen haben sollen (1.135). Phantastereien, Haremsklischees, Wunschprojektionen, aber auch Ängste mögen manche Schilderungen ausgeschmückt haben, auch ist sicherlich nicht ausgeschlossen, daß der Ethnograph, als der Herodot in diesem Kontext erscheint, bestimmten voyeuristischen Erwartungen seines griechischen Publikums entgegenkam. Dieses konnte sich in Abgrenzung zum Andersartigen der eigenen kulturellen Werte versichern, angenehmes Schaudern vor dem als Perversion Begriffenen inklusive. Auch wenn Herodot die Sitten der Völker aus einer ethnozentrischen Perspektive betrachtet, aus der sich meist das Ungewöhnliche zu den Rändern der Oikoumene hin steigert, so gibt ihm der Blick auf das Fremde aber auch die Möglichkeit zur kritischen Sicht eigener Bräuche und Werte.

Der Historiker war sich der Relativität des Barbarenbegriffes bewußt, und er läßt das auch seine Landsleute wissen. So berichtet er, daß der Pharao Nekos, der einen Kanal zum Roten Meer errichten ließ, die Arbeiten aber plötzlich abbrach, nachdem schon 120 000 Ägypter umgekommen waren, weil ein Orakelspruch ihm offenbarte, was er baue, baue er zum Vorteil der Barbaren. «Unter Barbaren», fährt Herodot dann fort, «verstehen die Ägypter alle Völker, die nicht ihre Sprache sprechen» (2.158). Daß die Griechen zu diesen Völkern gehören, braucht er nicht zu sagen.

Von dem Überlegenheitsgefühl, das die griechische Publizistik, Rhetorik und Philosophie auszeichnet – Aristoteles beispielsweise riet Alexander dem Großen, die Griechen wie Freunde und Verwandte zu behandeln, mit Barbaren aber wie mit Tieren oder Pflanzen umzugehen –, ist bei Herodot nichts zu spüren. Davon bleibt unberührt, daß auch er stolz darauf war, Grieche zu sein. Als die Spartaner in Athen intervenieren, weil sie fürchten, die Athener könn-

Die Gesellschaft

ten nach dem Sieg von Salamis auf ein persisches Bündnisangebot eingehen, versichern ihnen die Athener, sie hätten gleiches Blut und gleiche Sprache mit den Griechen, zudem die gleichen Heiligtümer und Opfer, auch gleichgeartete Sitten (8.144). Auch wenn er diesmal nicht in eigener Sache spricht, läßt sich annehmen, daß es dies war, was Herodot, den Griechen aus Halikarnassos, mit dem Mutterland verband. Pauschale Vorurteile aber gegen die Barbaren, wie sie zum Beispiel der Römer Livius pflegt, dessen fixe Vorstellung von der *Perfidia Punica*, der punischen Treulosigkeit, seine ganze Darstellung des Krieges gegen den Karthager Hannibal durchzieht, sind Herodot fremd. Das größte Kompliment in dieser Sache macht ihm jemand, der gerade keine Komplimente machen will, der Biograph Plutarch, der sich über die Darstellung seiner boiotischen Landsleute in den *Historien* ärgerte. In seinem Pamphlet *Über die Böswilligkeit Herodots* stempelt er diesen zum Barbarenfreund (*Barbaróphilos*), der nichts anderes im Sinn habe, als die Griechen zu diskreditieren. Wie vor der unter Rosen versteckten Stechfliege, gelte es sich vor der Verleumdungs- und Schmähsucht (*Blasphemía* und *Kakología*) Herodots, die sich unter den leicht und glatt anmutenden Wendungen des Autors verberge, in acht zu nehmen, um nicht unbemerkt von den größten und tapfersten Männern und Städten Griechenlands eine befremdliche und falsche Meinung zu fassen.

*

Thukydides: In der Sophistik war die Vorstellung von den Barbaren nicht einhellig. Klingt bei Thrasymachos noch der Anspruch griechischer Überlegenheit durch, formulierte sein Zeitgenosse Antiphon Vorstellungen, die dem gängigen Bild der Zeit widersprachen und denen ähneln, die bei Herodot beispielsweise in der Geschichte von der Einladung des Dareios sichtbar werden. «Hierbei verhalten wir uns wie Barbaren, denn von Natur (*Phýsis*) sind wir alle in allen Beziehungen gleich geschaffen, Barbaren wie Hellenen» (D/K 87 B44 F B col. 2).
Auch Thukydides, der selbst thrakische Ahnen besitzt, macht kaum Unterschiede zwischen Griechen und Barbaren. In der *Archäologie* spricht er davon, daß sich zu gleicher Zeit die «älteren» Hellenen und die Barbaren an der Küste auf Seefahrt und Seeraub verlegten. In manchen Bereichen wie bei Faust-, Ring- und anderen Wettkämpfen vermutet er – ebenfalls im Prolog –, daß die heutigen Barbaren noch nach der gleichen Sitte leben wie die alten Hellenen, nimmt also keinen kulturellen Gegensatz, sondern eine Art Evolution an (1.5,6).

Das Frauenbild

Thukydides zählt bereits die Makedonen nicht mehr zu den Barbaren – in 4.125.1 werden Barbaren und Makedonen nebeneinander genannt –, und hat damit eine Sichtweise, die – lange vor der Entstehung des Alexanderreiches – ein Einzelfall war. Wegen ihrer Nähe zum griechischen Kampfgebiet meint Thukydides mit Barbaren oft konkret seine thrakischen Nachbarn, seltener die Perser. Ihnen ist meist der Singular «*Ho Bárbaros*» vorbehalten. Die Barbaren, um deren Hilfe sich beide Kriegsparteien von Anfang an beim Großkönig und «anderswo» bemühen (2.7), sind nach Thukydides, soweit sie dann als Verbündete oder Gegner am Krieg teilnehmen, nicht minder kampfkräftig als die Griechen, Siege und Niederlagen haben gleiche Gründe.

Der Superlativ in der adjektivischen Verwendung (*barbarótatos*) zeigt bei Thukydides Stufen der Fremdheit auf, die sich auch – ähnlich der Klassifizierung des Feindes, wie sie Caesar an den Anfang seines *Gallischen Krieges* stellt – auf die Entfernung von der griechischen Zivilisation beziehen (8.98.1). Auffällig ist, daß das Massaker von Mykalessos von Barbaren aus Thrakien verübt wird. Sie stehen allerdings unter athenischem Kommando, und bei den übrigen Massakern des Krieges kommen die Griechen auch ohne Thraker aus. Bei Thukydides vergeben sich Griechen und Barbaren nichts.[7]

Das Frauenbild

Herodot: Thukydides kennt in seinem «Peloponnesischen Krieg» knapp 400 Männer, Strategen, Könige, Politiker, Gesandte namentlich, aber keine einzige in irgendeiner Weise tätige Frau. In Herodots *Historien* handeln über 200 Frauen, über 300 werden erwähnt. Nirgends, ausgenommen Fragen der Religion, ist der Unterschied zwischen beiden Werken größer. Unter den Frauen, von denen Herodot berichtet, sind regierende Königinnen, meistenteils aber sind es doch Gemahlinnen, Mütter, Töchter oder Konkubinen von Herrschern. Frauen außerhalb der Adelswelt erscheinen nur als Kollektiv. Ohne Namen bleiben oft Töchter und Ehefrauen von Herrschern wie zum Beispiel die Gattin des Kandaules. Sie spielt die entscheidende Rolle beim Herrscherwechsel in Lydien, und das nicht aus Machtwillen oder Intrigantentum, sondern aus verletzter Ehre, wie Herodot betont. Er erzählt die Geschichte ganz unerotisch. In seiner Version ist die Königin, die sich dem Spiel

Die Gesellschaft

verweigert, das Kandaules – wortwörtlich – hinter ihrem Rücken spielen will, die Hauptperson. Sie bleibt in angespannter Situation ruhig, geht konsequent und zielgerichtet vor und bildet damit einen starken Kontrast zu den beiden Männern, die sie zumindest in dieser Geschichte beherrscht (1.8–12).

Im Vergleich mit einer Königin verliert bei Herodot sogar ein Mann, dem die Nachwelt das Epitheton «der Große» gab, Kyros, der Gründer des Achaimenidenreiches, und zwar dreifach: zum einen die Schlacht, zum anderen sein Leben und zum dritten sein Ansehen. Als Tomyris nach dem Tode ihres Mannes zur Herrscherin über die östlich des Schwarzen Meeres siedelnden Massageten aufsteigt, sieht Kyros darin die Chance, auf einfache Weise, nämlich durch Heirat, sein Reich zu vergrößern. Doch Tomyris durchschaut seine Motive und weist ihn zurück. Kyros rüstet zum Feldzug, obwohl er durch das Kroisos-Erlebnis hätte gewarnt sein müssen, doch als klüger erweist sich Tomyris. Herodot läßt sie formulieren, was Kroisos erst nach seiner Niederlage wußte: Niemand wisse, ob Glück und Vorteil dauerhaft seien, und Tomyris fordert Kyros auf, von seinem Vorhaben abzusehen. Kyros schlägt den Rat aus, wird von ihr besiegt und fällt. Aus Rache für den Tod ihres Sohnes, den Kyros durch eine List gefangennahm, läßt sie dessen Haupt in einen Schlauch voll Blut stecken, um symbolisch dessen Blutgier zu sättigen (1.205–214).

Herodot faszinierte die Tatkraft orientalischer Königinnen. Von Semiramis berichtet er, daß sie durch ein bewunderungswürdiges Dammsystem den Euphrat regulierte; ihre Nachfolgerin Nitokris «hinterließ staunenswerte Denkmäler» und suchte durch verschiedene (historisch umstrittene) Baumaßnahmen, Babylon vor einem Angriff der Meder zu schützen. Die gleichnamige ägyptische Königin, die einzige Frau in einer Abfolge von 331 Männern, rächt den Mord an ihrem Bruder auf spektakuläre Weise. Sie läßt einen großen unterirdischen Saal bauen, lädt die nach ihrer Meinung für den Tod des Bruders Verantwortlichen ein, um ihn einzuweihen, und leitet dann durch einen geheimen Tunnel den Nil in das Gewölbe. Besonderen Respekt nötigte Herodot, vermutlich beeinflußt durch ihre Darstellung in den *Persern* des Aischylos, Atossa, Tochter des Kyros, Gemahlin des Dareios und Mutter des Xerxes, ab. Sie erscheint als eine Art Kopf des persischen Herrscherhauses. Mit Warnung oder Rat begleitet sie die Feldzüge ihres Gemahls, und im Streit um die Nachfolge des Dareios setzt sie ihren Sohn Xerxes gegenüber dem ältesten, der aus einer früheren Ehe des Königs stammt, als Kronprinzen durch. Herodot schreibt dies zwar einem Rat des Spartaners Demaratos zu, ergänzt aber,

Das Frauenbild

indem er eine Art Atossakratie beschwört. «Nach meiner Meinung wäre Xerxes auch ohne diesen Rat König geworden, denn Atossa hielt alle Macht (*Krátos*) in ihren Händen.» (7.3.4) Phaidymia, Tochter des Aristokraten Otanes, entlarvt den «falschen» Smerdis, den bereits verschiedentlich erwähnten Usurpator des persischen Thrones, unter großer persönlicher Gefahr und rettet damit den Achaimeniden die Herrschaft. Die großen Adelsfamilien sind daneben aber auch als Ort von Inzest, Gewalt und Prostitution von Interesse, so im Falle des Königs Mykerinos, des Sataspes, eines Neffen des Dareios, oder des Pharaos Rhampsinitos, der die eigene Tochter in ein Bordell schickt, um den Freiern Informationen über einen unentdeckten Räuber zu entlocken. Der Pharao Cheops, Erbauer der berühmten Pyramide, tut dies aus Geldnot. Seine Tochter muß sich prostituieren, um das Bauwerk finanzieren zu helfen. Nebenbei erbittet sie sich von jedem Freier einen Stein, und aus diesen wird dann eine weitere Pyramide errichtet. Griechischer Überlieferung nach wurde eine dritte Pyramide von einer Hetäre gebaut, Rhodopis aus Thrakien, doch dies ist Herodot schließlich zuviel der Drittmittelfinanzierung, und er weist es entschieden zurück. Rhodopis habe zwar die Gelder der Freier für den Bau eines Denkmals gespart, das aber sollte nicht in Ägypten, sondern in Delphi stehen.

Herodots Berichte von den häuslichen Verhältnissen der Achaimeniden sind finster, doch dies liegt vor allem an den männlichen Angehörigen des Königshauses. Kambyses heiratet – unter Verstoß gegen persische Bräuche – zunächst eine ältere, dann eine jüngere Schwester. Als letztere ihm bei Tisch vorwirft, er habe das Haus des Kyros wie einen Salatkopf entblättert, tritt er die Schwangere zu Tode. Düster ist auch die komplizierte Inzestaffäre, die Herodot an den Schluß seines Werkes gestellt hat. Xerxes ist vernarrt in die Frau seines Bruders Masistes. Als sie nicht auf seine Avancen eingeht, verheiratet er seinen Sohn Dareios mit deren Tochter und macht diese ersatzweise zu seiner Geliebten. Seine Frau erfährt davon, rächt sich jedoch nicht an der Geliebten des Königs, sondern an deren Mutter, der Frau des Masistes, indem sie diese grausam verstümmeln läßt. Das Schockierende dieser Affäre ist aber nicht die Willkür und Rohheit dieser Rache, sondern die Erbärmlichkeit des Xerxes, dessen Begierde das Unglück in Gang setzt und dessen Feigheit ihn hindert, es zu stoppen (9.108–133).

Das Bild, das Herodot von griechischen Frauen zeichnet, unterscheidet sich entsprechend seinen patriarchalen Rollenvorstellungen nicht von dem orien-

Die Gesellschaft

talischer, zumindest wenn es um Frauen in Herrscherhäusern geht. Eryxo, Gattin des kyrenischen Königs Arkesilaos (II.), rächt ihren Mann, der von seinem Bruder erdrosselt wird, indem sie diesen ihrerseits mittels einer List tötet. Grausamer noch gebärdet sich Pheretima, Mutter des Arkesilaos (III.), zeitweilig Königin in Kyrene mit Sitz im Rat. Als ihr Sohn in der Stadt Barka ermordet wird, nimmt sie mit Unterstützung persischer Truppen furchtbare Rache an den Einwohnern. Die Hauptschuldigen läßt sie pfählen und an den Mauern aufhängen, die Frauen werden verstümmelt. Aber auch hier waltete nach Herodots Verständnis die göttliche Nemesis. Pheretima stirbt kurz danach «eines schlimmen Todes». Sie sei bei lebendigem Leib verbrannt, berichtet der Historiker und schließt mit einem Ausrufezeichen: «Übertriebene Rachsucht weckt den Neid der Götter.» Herodot weiß noch von einer weiteren Frau aus dem Königshaus von Kyrene. Ladike, verheiratet mit dem Pharao Amasis, heilt die Impotenz ihres Gatten, der sich verzaubert glaubt, mit Hilfe der Aphrodite, der sie dann ein Standbild weiht. Der Historiker will es selbst in einem Tempel von Kyrene gesehen haben, und hörte bei dieser Gelegenheit wohl auch die dazugehörige Geschichte.

Frauen aus dem griechischen Mutterland treten vorzugsweise in ihren traditionellen Rollen als Mutter, Gattin oder Tochter auf. So entsteht das spartanische Doppelkönigtum aus Mutterliebe: Als Aristodemos, der Stammvater der Spartaner, stirbt, soll von den kurz vorher geborenen Zwillingen der ältere König werden. Die Mutter Argeia, die das als einzige weiß, verweigert die Auskunft, da sie hofft, daß ihre beiden Kinder Könige werden. Die Korintherin Labda, als Krüppel geboren, rettet mit schneller Entschlußkraft ihr Kind, das beseitigt werden soll, weil ihm das Orakel die Herrschaft über Korinth vorausgesagt hat. Herodot gibt dem Ganzen einen rührenden Anstrich, denn der erste Versuch, das Kind zu töten, als die Mutter noch ahnungslos ist, scheitert daran, daß es seine Mörder anlacht. Ganz auf ihre Mutterrolle reduziert wird Agariste, die Mutter des Perikles. Sie träumt, einen Löwen zu gebären, bringt danach Perikles zur Welt und hat damit ihre Mission im Werk erfüllt. Die gleichnamige Agariste, Urgroßmutter des Perikles, bleibt auf die Funktion beschränkt, Verbindungen zwischen Dynastien zu knüpfen. Die Geschichte von der bösen Schwiegermutter erzählt Herodot am Beispiel der Phronime, Tochter des kretischen Königs Etearchos. Als deren Mutter stirbt, heiratet der König ein zweites Mal, und die neue Stiefmutter drangsaliert und verleumdet Phronime schließlich so schwer, daß der König deren Tod beschließt. Der Kaufmann, der Phronime auf See über Bord werfen soll, widersetzt sich je-

Das Frauenbild

doch, Phronime wird wundersam gerettet und danach auch noch Mutter des mythischen Gründers von Kyrene. Ein Exemplum der Liebe zum Vater gibt die namenlos gebliebene Tochter des Tyrannen von Samos, Polykrates, die ihren Vater aufgrund eines Traumbildes vor der gefährlichen Reise zum Satrapen Oroites warnt, die dann auch mit seinem jämmerlichen Tod endet. Herodot geht es dabei nicht allein um die Erfüllung einer Traumprophezeiung, die Tochter ist auch ein Symbol der Elternliebe. Als Polykrates bei seiner Abreise ihren Warnungen mit der Drohung begegnet, sie auf lange Zeit unverheiratet zu lassen, wenn er lebend zurückkomme, betet sie um die Erfüllung dieser Drohung, «da sie lieber länger unverheiratet bleiben als den Vater verlieren wollte».

Die bedeutendste griechische Frauengestalt bei Herodot ist Artemisia, Königin von Halikarnassos und Admiralin des Großkönigs. Herodot schreibt: «Von den übrigen – Barbaren sowohl wie Hellenen – kann ich nicht genauer angeben, wie sie sich in der Schlacht gehalten haben; aber Artemisia hat sich sehr klug benommen, und ihr Ansehen beim König stieg dadurch noch höher. Denn als die Flotte des Königs in arge Bedrängnis zu geraten begann, wurde auch das Schiff der Artemisia von einem attischen Schiff verfolgt. Sie konnte nicht entweichen, denn hinter ihr lagen andere befreundete Schiffe, und ihr eigenes Schiff stand den feindlichen am allernächsten. Da entschloß sie sich zu einem Streich, der ihr auch glückte. Sie rettete sich vor dem verfolgenden attischen Schiff, indem sie in ein Barbarenschiff hineinfuhr. Es war ein kalyndisches, das den König der Kalynder, Damasithymos, selber an Bord hatte. Wenn sie mit diesem Damasithymos auch früher am Hellespontos einen Streit gehabt haben mag, so möchte ich doch nicht entscheiden, ob sie mit Absicht gerade in dies kalyndische Schiff hineingefahren ist oder ob es ihr nur zufällig in den Weg kam.

Genug, sie überrannte es und bohrte es in den Grund, und dieser glückliche Einfall verschaffte ihr zwei große Vorteile. Denn als der Führer des attischen Schiffes sie ein feindliches Schiff angreifen sah, dachte er, Artemisias Schiff sei entweder ein hellenisches oder es verlasse die Barbaren und gehe zu den Hellenen über; er ließ es fahren und wandte sich gegen andere.

So gelang es Artemisia einerseits zu fliehen und dem Verderben zu entkommen, andererseits hatte sie das Glück, bei Xerxes trotz des Schadens, den sie angerichtet hatte, zum höchsten Ansehen zu kommen. Man erzählt nämlich, daß Xerxes beim Zuschauen auch das angreifende Schiff der Artemisia be-

Die Gesellschaft

merkte und daß jemand aus seinem Gefolge sagte: ‹Herr, siehst du, wie tapfer Artemisia kämpft und ein feindliches Schiff in den Grund bohrt?› Xerxes fragte, ob das wirklich Artemisia sei, und sie, die das Zeichen ihres Schiffes genau kannten, bestätigten es. Das angegriffene Schiff aber hielten sie für ein feindliches, und Artemisia hatte zu allem anderen auch noch das Glück, daß von dem kalyndischen Schiffe keiner gerettet wurde, um sie zu verklagen. Da soll denn Xerxes erwidert haben: ‹Die Männer sind bei mir zu Weibern geworden und die Weiber zu Männern!› Dies ist der Ausspruch, den Xerxes getan haben soll.» (8.87–88)

Herodot erzählt dies, wie bereits erwähnt, mit einem deutlichen Seitenhieb auf die Athener, die eine Belohnung von 10 000 Drachmen auf die Gefangennahme der Artemisia ausgesetzt hatten, nur weil sie empört darüber waren, daß eine Frau gegen Athen zu Felde zog, und sie nun die Dummen waren. Die Regentin von Halikarnassos düpiert mit einem einfachen Trick die beiden Mächtigen der Oikoumene, und das sind, als der Historiker aus Halikarnassos diese Geschichte erzählt, Athener und Perser. Der Großkönig läßt sich von Artemisia ebenso hinters Licht führen wie die Athener, deren Schiffe nun als Folge des Sieges von Salamis die Ägäis beherrschen und denen auch Halikarnassos Tribute bezahlen muß. Für die griechischen Leser Herodots war sicherlich die größte Überraschung, daß sich Artemisia gerade dort auszeichnete, wo es seit den Amazonen nur Männern zukam. Herodot wußte das, und er hat die Artemisia-Episode sehr sorgfältig gezeichnet und sie bewußt ins Zentrum seines Berichtes über Salamis, der wichtigsten Schlacht der Perserkriege, gestellt. In gewisser Weise ist Artemisia der einzige Held der *Historien* ohne Makel. Sie ist zudem eine weise Frau, die Xerxes kluge und vorausschauende Ratschläge gibt. Dem männlichen Ärger darüber gibt einige Jahrhunderte später der Biograph Plutarch Ausdruck. Während er die mutige Aspasia noch akzeptiert, ist die kluge Artemisia für ihn ein Ärgernis. Zum Hohn der Griechen habe Herodot Artemisia über Themistokles gestellt, der doch wegen seiner Klugheit den Beinamen Odysseus erhielt. Es fehle nur noch das Silbenmaß, um Artemisia als Sibylle auftreten zu lassen. So genau sage sie bei Herodot die künftigen Dinge voraus (mor. 869Ef.).[8]

★

Thukydides: Für Thukydides ist nur von Interesse, was in irgendeiner Weise Krieg und Frieden bzw. Kriegshandlungen beeinflußt. Vom Epos, in dem große Kriege mit großen Liebesleidenschaften korrelieren, distanziert er sich, obwohl er es in der *Archäologie* als Quelle nutzt. Von sexuellem Begehren

Das Frauenbild

motivierte Handlungen, die im Mythos noch zu veritablen Kriegen führen, und die es bei Herodot mehrfach gibt, hat er für sein Werk ausgeschlossen. Frauen sind ausgeblendet. Zumindest Aspasia, die Frau des Perikles, die in allen Quellen – auch und gerade in der zeitgenössischen Komödie – von größter Bedeutung für Athen war, hätte ein Werk, das sich als präzise Untersuchung des Peloponnesischen Krieges und seiner Ursprünge versteht, erwähnen müssen, doch Thukydides schweigt. Frauen sind bei ihm, wie gesagt, namenlos und erscheinen – von zwei Ausnahmen abgesehen – auch nur im Kollektiv. In 2.1.1 nennt er – die erste Ausnahme – die argivische Priesterin. Dies ist aber wie die Angabe der eponymen Archonten oder der römischen Konsuln nur eine Zeitangabe. Stratonike, die Schwester des Makedonenkönigs Perdikkas II., die zweite Frau, die er nennt, ist nur Objekt politischen Schacherns.

Frauen sind bei Thukydides in erster Linie die Leidtragenden der (männlichen) Kriege, sie werden – in Plataiai, in Skione, Mytilene, Mykalessos, auf Aigina und Melos – verschleppt, versklavt, verkauft. Nur zweimal agieren sie selbst, beim Bau einer Mauer in Argos und während der Stasis in Kerkyra. Für Thukydides sind sie ihrer Natur nach nicht für militärische Operationen geeignet. Nur ein einziges Mal läßt er sie aktiv in Kriegshandlungen eingreifen – im genannten Bürgerkrieg von Kerkyra werfen sie von den Dächern ihrer Häuser Ziegel auf die Feinde –, dann aber bezeugt er *expressis verbis* ihre Tapferkeit.

Herodots Frauengestalten sind, wie gesagt, Herrscherinnen oder Angehörige von Königs- und Adelshäusern und stammen meist aus dem orientalischen Raum oder aus Randzonen der griechischen Welt. Griechinnen aus dem Mutterland sind selten und wie die Spartanerinnen meist noch in der archaischen Welt beheimatet. Herodot erwähnt keine Zeitgenossinnen, sein Thema liegt in der Vergangenheit. Thukydides dagegen beschreibt – als Beteiligter – einen Krieg des späten 5. Jahrhunderts, in dem Athen den Mittelpunkt bildet. Das Fehlen von Frauen in seinem Werk hat auch mit der Regierungsform zu tun, in der er lebte, mit der Demokratie. Sie marginalisierte die Frauen, schloß sie von den Volksversammlungen und allen politischen Institutionen aus. Dazu kam das Bürgerrechtsgesetz, dem zufolge nur der Athener Bürger sein konnte, dessen beide Eltern aus Athen stammten. Dies reduzierte Athenerinnen noch weiter auf ihre Funktion als Mütter. So ist es kein Zufall, daß die einzige bekannte Frau von Bedeutung, die von Thukydides nicht erwähnte Aspasia, eine Milesierin ist. Ihre Kinder von Perikles waren illegitim. Einzige öffentliche Tätigkeit der (begüterten) athenischen Frau – von der nicht un-

Die Gesellschaft

umstrittenen Teilnahme an Festen abgesehen – war es, in Begleitung von Sklavinnen zum Markt zu gehen. Perikles selbst darf in seinem berühmten *Epitaphios* bei Thukydides die Erwartungen an die athenische Frau formulieren: «Soll ich nun auch der Tugend der Frauen noch gedenken, die jetzt im Witwentum leben werden, so wird mit kurzem Zuspruch alles gesagt sein: für euch ist es ein großer Ruhm, unter die gegebene Natur nicht hinabzusinken, und wenn eine sich mit Tugend oder Tadel unter den Männern möglichst wenig Namen macht» (2.45.2). Ob dies auch die Meinung des Redners war oder des Autors, der sie Perikles zuschreibt, ist unklar. In jedem Fall aber war es ein Ideal der Demokratie, und dies erklärt, wie gesagt, auch die geringe Bedeutung von Frauen im Thukydideischen Werk.[9]

6.
DER KRIEG

Schlachtenberichte

Herodot: Die *Historien* sind eine Geschichte von Völkern und Städten, welche die Beziehungen untereinander vorwiegend über den Krieg klären. *Nolens volens* scheibt Herodot also über weite Strecken Kriegsgeschichte, doch teilt er nicht das Interesse, das Thukydides später an dieser hat. Für Herodot steht der Einzelne im Mittelpunkt, es sind die Schicksale von Individuen, die ihn berühren. Umgekehrt läßt Thukydides seinen Personen keinerlei Eigen- oder Privatleben. Perikles ist ganz auf seine Funktion reduziert, den Eintritt in den Krieg zu erklären. Als Mensch ist er nicht vorhanden, er ist ein Konstrukt. Es gibt, wie gesehen, keine Person, die im Werk des Thukydides lacht, aber es gibt auch keine, die weint. Allenfalls tut dies, ein einziges Mal, das gesamte Heer der aus Sizilien abziehenden Athener. Gefühle sind bei Thukydides kollektiv. Herodot kommt nicht umhin, die großen Schlachten zu schildern, zumal seine Zeitgenossen sich ja auch vor allem an den Siegen in den Perserkriegen erfreuen wollten, doch lag ihm die Schilderung militärischer Operationen, strategischer Details und taktischer Finessen wenig. Das hing sicherlich auch mit der Quellenlage zusammen. Von den fernen Schlachten im Land der Skythen oder Äthiopier werden ihn nur sehr unvollständige Nachrichten erreicht haben, und von denen der Perserkriege hörte er nur Widersprüchliches, da jede der beteiligten größeren Städte den Hauptanteil am Erfolg für sich reklamierte. Wo die Nachrichten aber knapp oder unklar sind, bemüht sich Herodot, vor allem die Vorgeschichte einer Schlacht zu schildern, für diese selbst bleibt dann wenig Raum. Fünf Seiten lang bereitet er die Schlacht zwischen der Massagetenkönigin Tomyris und Kyros vor, die «gewaltigste, die je Barbaren einander geliefert haben», um dann den Hergang in fünf Zeilen abzuhan-

Der Krieg

deln (1.206–214). Die Gegner schießen aus der Ferne Pfeile, gehen dann zum Handgemenge über, kämpfen mit Lanzen und Dolchen. Der Kampf ist lange unentschieden, schließlich siegen die Massageten, das persische Heer wird vernichtet. Die so aufwendig erzählte Kroisos-Geschichte mündet in einer Schlacht, in der Paarhufer über Einhufer obsiegen: «Der Kampf begann, und sobald die Pferde die Kamele witterten und sahen, machten sie kehrt, und Kroisos' Hoffnungen waren dahin.» (1.80)

Die Marathonschlacht ist die früheste, zu der Herodot noch Augenzeugen hätte befragen können. Ob er es wirklich tat, scheint zweifelhaft, denn nach einem halben Jahrhundert, in dem die Kämpfer sich und ihren Mut feierten, war wenig Zuverlässiges zu erfahren. Er kannte das berühmte Gemälde in der Stoa Poikile, mit dem Kimon seinen Vater Miltiades ehrte, aber auch das gab keine Auskunft über den Schlachtverlauf. Herodot verkürzt daher seine Darstellung auf das, was den Kampf berühmt machte: den Angriff der Hoplitenphalanx im Laufschritt. Danach kommt er schnell zum Ergebnis, bevor er kurz auf Einzelschicksale eingeht. Diese bilden auch den Rahmen der Thermopylenschlacht und übertreffen im Umfang sogar deren Schilderung. Das verwundert nicht, denn nur auf persischer Seite gab es Augenzeugen, die hätten berichten können. Herodot erzählt also, was erwartet wurde. Der Schwerpunkt liegt vor der Schlacht auf dem Streit der Griechen, ob eine solche gewagt werden solle, und schließlich auf den Motiven des Leonidas, es zu versuchen.

Die Seeschlacht vom Kap Artemision, mit der die persische Flotte parallel zur Erstürmung der Thermopylen die Durchfahrt durch die Meerenge an der Nordspitze Euboias zu erzwingen versuchte, und – wenig später – diejenige vor Salamis boten Herodot offenbar besseres offizielles Material. Er listet die Stärke der griechischen Kontingente auf – sicherlich auch inspiriert vom Schiffskatalog Homers –, und seine Zahlen scheinen durchaus zuverlässig zu sein. Die von Thukydides beklagte spartanische Geheimhaltungspolitik griff hier nicht. Herodot legt die persischen Pläne offen – Umzingelung des Gegners durch Entsendung eines Vorauskommandos, das Euboia umsegeln sollte –, und er beschreibt taktische Feinheiten beim Angriff der griechischen Trieren. Er vermittelt das Bild eines hin und her wogenden Kampfes, in dem sich niemand als Sieger auszeichnen konnte. Die Schilderung verlagert sich schließlich ins Atmosphärische. Die Düsternis der Stimmung versinnbildlicht die Schwere der Kämpfe: «Die ganze Nacht hindurch fiel gewaltiger Regen, obwohl es mitten im Sommer war, und dumpfe Trommelschläge ertönten vom Gebirge des Pelion her. Die Leichname und Schiffstrümmer wurden nach

Schlachtenberichte

Aphetai getrieben, drängten sich um die Schiffsschnäbel und schlugen an die Ruderblätter. Als die Schiffsmannschaften dort dies hörten, packte sie Grauen, und sie glaubten fest, sie müßten in ihrem Unglück, in das sie geraten waren, schließlich ganz umkommen. Denn noch ehe sie sich vom Schiffbruch und dem Sturm am Pelion erholt hatten, waren sie in eine erbitterte Seeschlacht geraten, und danach kam der furchtbare Regen, Wassermassen stürzten ins Meer, und dumpfer Donner ertönte.» (8.12)

Herodot neigt nirgends dazu, Krieg und Kampf zu beschönigen, im Gegenteil bei allen Schilderungen von Schlachten schlägt stark das Motiv der Furcht durch – obwohl oder gerade weil die griechischen Sieger-Städte nur sich für mutig und alle anderen für feige zu halten pflegten. In der Beschreibung der Naumachie von Salamis wirkt das geradezu grotesk. Schon lange vor Schlachtbeginn wollen sich die peloponnesischen Schiffe zum Isthmos absetzen. Nach Herodot halten sie nur die List des Themistokles und die Umkreisung durch die Perser davon ab. Als der Feind dann angreift, rudern die Griechen rückwärts, um an Land zu gehen, da sie auf dem Wasser nicht ausweichen können. Letztlich ist es die Havarie eines eigenen Schiffes, die sie zur Hilfe und zum Kampf nötigt. In einer weiteren Version, die Herodot bietet, erscheint sogar eine Frau, welche die Rückwärtsbewegung mit der schmähenden Frage stoppt: «Feiglinge, wie weit wollt ihr denn rückwärts rudern?»

Ebenso eigenartig mutet die Beschreibung des Kampfes an, obgleich dieser für die Griechen von singulärer Bedeutung war, da sich mit ihm die Kriegswende verknüpfte. Im Mittelpunkt steht das Abenteuer der Artemisia, und vom eigentlichen Geschehen weiß der Historiker nur das, was er im Perser-Drama des Aischylos (V 399–402) fand. «Weil die Griechen in guter Ordnung und in geschlossener Front kämpften, die Feinde aber ihre Ordnung nicht mehr fanden und alles verkehrt anfingen, mußte es eben so kommen, wie es geschah» (8.86). Lang ist bei Herodot die Liste derjenigen, die sich Preise für erwiesene Tapferkeit verdienten oder es zumindest glaubten.

Auch bei Plataiai, der größten Landschlacht des 5. Jahrhunderts, wird bei Herodot nur sparsam gekämpft, nämlich gerade drei Kapitel lang. Während die Vorbereitung der Schlacht ungefähr den zehnfachen Raum beansprucht, gibt sich der Historiker bei deren Beschreibung wieder wortkarg. Die Athener dringen gar nicht mehr zu den Persern vor, so daß die Last des Kampfes auf den Spartanern (und den verbündeten Tegeaten) ruht. Beide rücken gegen die Perser vor, es kommt zum Nahkampf, nachdem die Bogenschützen ihre Pfeile verschossen haben. Die Schlacht verläuft unentschieden, bis Mardonios, der

Führer der Perser, fällt. Danach gewinnen die Griechen die Oberhand und der Kampf ist vorbei.

Herodot spricht in Allgemeinplätzen, er weiß offenbar nichts Genaues. Was er erfuhr, war verworren, und da er auch hier zumindest teilweise der athenischen Version folgt, sind die Informationen dürftig, denn die Athener waren bei Plataiai in erster Linie Zuschauer. Bei Mykale war es in der Darstellung des Herodot umgekehrt. Nun sind die Lakedaimonier Statisten. Mehr Interesse als an der Schlacht hat der Historiker an der Konstruktion jenes Synchronismus, wonach die Griechen gleichzeitig bei Plataiai (mit dem Landheer) und dem weit entfernten Mykale (mit der Flottenmannschaft) siegten.

Zur Rekonstruktion antiker Schlachten taugen Herodots Berichte nicht. Vier Jahrzehnte und mehr nach den Ereignissen war er nicht mehr in der Lage, die konkurrierenden Berichte der Sieger, seien es diejenigen einzelner Städte des Hellenischen Bundes, seien es die einzelner Adelsfamilien, zu einem sinnvollen Ganzen zusammenzusetzen, wenn er es denn überhaupt wollte. Die Schlachten verliefen, wie sie den Waffengattungen und der Ausrüstung entsprechend verlaufen mußten. Die Barbaren kämpfen tapfer, die Griechen, wenn sie nicht gerade an Rückzug denken, etwas tapferer, am tapfersten aber die Führer, ob Leonidas oder Mardonios, denn im anderen Fall wären sie keine. Wo immer es geht, schwenkt Herodot zur Schilderung von Einzelschicksalen ab, vermerkt Besonderheiten, Einfälle, Listen, Anekdotenhaftes, berühmte Aussprüche wie den des Spartaners Dienekes, der die Drohung, die Pfeile der Perser würden den Himmel verdunkeln, als gute Nachricht bezeichnet, weil dann ja im Schatten gekämpft werden könne, oder Wunderleistungen wie die des Tauchers Skyllias, der bei seiner Desertion aus den Diensten der Perser rund 80 Stadien bis zur griechischen Flotte bei Artemision unter Wasser geschwommen sein soll. Wichtig für den Ausgang der Schlacht sind bei Herodot Anrufungen, Gebete und Opfer – so wartet Pausanias auch nach Kampfbeginn noch auf ein günstiges Omen, bevor er den Befehl zum Vorrücken gibt. Vor allem aber gibt es bei Herodot keine einzige Schlacht, die nicht in irgendeiner Weise durch Träume, Weissagungen und vor allem Orakel vorbestimmt, gelenkt oder entschieden wird. Das ist die weitest mögliche Distanz zu Thukydides, dem solcher Art Glauben militärisch verderblich dünkt.

★

Thukydides: Die große Differenz zwischen Thukydides und Herodot beginnt bei den Voraussetzungen, unter denen sie schrieben. Thukydides erlebte den

Schlachtenberichte

ganzen Krieg mit, wie er selbst betont, er war im Gegensatz zum Zivilisten Herodot als Strategós militärischer Fachmann, er sprach Augenzeugen auf beiden Seiten der in den Krieg verwickelten Mächte, er war vermögend genug, um Reisen an die Schauplätze machen zu können und, so behaupten es jedenfalls die antiken Kommentatoren, um seine Augenzeugen für ihre Auskünfte bezahlen zu können. Es gab für ihn nur zwei Schwierigkeiten, die Verschlossenheit Spartas und die eigene Verbannung, die ihm 20 Jahre lang seit 424 den Zugang zu den athenischen Archiven verwehrte.

Thukydides' Interesse lag zudem stärker auf dem Militärischen, als «politische Geschichte mit überwältigender Praeponderanz der Kriegsgeschichte» bezeichnete Hermann Strasburger das Werk. Was dem Historiker freilich anders als seinem Vorgänger mangelte, waren – von Mantineia 418 abgesehen – die großen Landschlachten, die er hätte beschreiben können; die großen Seekämpfe fanden zu einer Zeit statt, die das unvollendet gebliebene Werk nicht mehr erfaßt. So reihen sich bei Thukydides die Schilderungen kleinerer Kämpfe, Belagerungen und Flottenoperationen von Poteidaia über Pylos bis Amphipolis aneinander, die in ihrer Summe den Archidamischen Krieg ergaben. Auch die große Sizilische Expedition zerfällt in eine Kette von Scharmützeln, die schließlich im vergeblichen Ausbruch aus dem Hafen von Syrakus ihr für Athen vernichtendes Ende nahmen. Anders als Herodot geht Thukydides stets ins militärische Detail, namentlich, wenn es sich um athenische Unternehmen handelt, über die er bestens informiert war. Er sucht dabei Wiederholungen zu vermeiden, die den Leser ermüden könnten, seine Schilderungen beziehen sich auf den Einzelfall, sind aber gleichzeitig exemplarisch.

Die Schlachten des Perserkrieges lassen sich kaum mit denen des Peloponnesischen vergleichen, Ähnlichkeiten weisen am ehesten die von Plataiai (479 v.Chr.) und diejenige von Mantineia (418 v.Chr.) auf, und Thukydides scheint dies auch so empfunden zu haben, denn er hat auf deren Darstellung im unfertigen fünften Buch einige Mühe verwendet. Wieder tritt er in Konkurrenz zu Herodot, denn offenbar erscheint ihm der Kampf vor Mantineia noch bedeutender als der von Plataiai, zumindest will er das dem Leser suggerieren, denn nicht weniger als dreimal hebt er direkt und indirekt die Größe des Geschehens heraus: Das erste, noch kampflose Aufeinandertreffen kommentiert der Historiker mit den Worten, es sei «das schönste hellenische Heer» zu sehen gewesen, «das sich bisher je vereinigt habe». Als das Treffen beginnt und die Lakedaimonier unerwartet auf das bereits aufgestellte Heer des Geg-

Der Krieg

ners prallen, «gab es», ohne daß der genaue Grund unmittelbar genannt wird, «für die Lakedaimonier die größte Überraschung, soweit sie zurückdenken konnten», und als die Schlacht geschlagen war, so war sie – eine Reminiszenz an den Anfang des Prologs –«seit undenklich langer Zeit, die größte, die unter den bedeutendsten hellenischen Städten ausgetragen wurde».

Thukydides berichtet – ganz im Gegensatz zu Herodot – streng auf das Thema konzentriert, alles Störende ist weggelassen, nichts soll ablenken. Wo Einzelpersonen genannt werden, haben sie direkten Einfluß auf das Geschehen. Für individuelle Heldentaten – von Ausnahmen wie Brasidas abgesehen – interessiert sich der Historiker wenig. Wundergeschichten sind anders als bei Herodot eliminiert. Fern liegt dem Autor, ein Stimmungsbild zu geben, wie es der Nachfolger Xenophon in seiner *Anabasis* von der Schlacht von Kunaxa (401 v. Chr.) zeichnet. Zwar schildert auch Thukydides Vorgänge des Schlachthergangs bildhaft, so rücken zum Beispiel die Lakedaimonier «langsam unter der Begleitmusik vieler, im Heer verteilter Flötenspieler» zum Nahkampf gegen den Gegner vor, doch beeilt er sich, die Funktion dieses Flötenspiels zu erklären. Nicht aus religiösen Gründen, sondern damit die Hopliten gleichmäßig nach dem Takt Schritt hielten und die Reihe nicht auseinandergerissen werde, ertönten die Blasinstrumente.

Es gibt bei Thukydides, wie gesehen, auch keine Träume, Orakel oder Gebete um göttliche Unterstützung. Die Schlachten werden durch die Ermutigungsansprachen der Feldherren eingeleitet. Der Stratégos Thukydides hatte selbst Reden gehalten. Vor Mantineia sind sie erstaunlicherweise nur angedeutet und lesen sich in ihrer Kürze fast wie eine Parodie zu denen des vierten Buches. Manches spricht deswegen dafür, daß der Historiker hier in der *oratio obliqua* skizziert hat, was er später in direkter Rede noch ausführen wollte. Das fünfte Buch enthält für die Zeit nach Ende des Archidamischen Krieges nur rudimentäre Reden, den singulären Melier-Dialog ausgenommen.

Thukydides hat die verschiedensten Aussagen zur Schlacht gesammelt und danach die Vorgänge präzise rekonstruiert: Er schildert den Aufmarsch der Argiver und der Lakedaimonier sowie ihrer jeweiligen Verbündeten, kennt die Truppenbewegungen, mit denen die Vorteile des Geländes genutzt werden sollten, beschreibt die Provokationen, die das Ziel verfolgten, den Gegner aus vorteilhafter Stellung zu locken, und berichtet von Verhandlungen, in denen mit Waffenstillstandsangeboten eigene Schwäche, vermeintliche oder tatsächliche, verdeckt werden sollte. Thukydides besitzt genaue Kenntnis der Örtlichkeiten, und er untersucht die taktischen Möglichkeiten, die diese boten. Er benennt die einzelnen Städte und Truppenteile, verzichtet aber auf eine Angabe von Zahlen, da er sie nicht mit der von ihm geforderten Genauigkeit mitteilen kann. Stattdessen demonstriert er sein Insiderwissen, wieder in Abgrenzung zu Herodot, dem er ja im Falle des lakedaimonischen Heerwesens Ignoranz vorwirft. Aufgrund folgender Berechnungen sei es möglich, «einigermaßen die Truppenstärke der Lakedaimonier zu überblicken: Denn es kämpften sieben Lochen, ohne die Skiriten, jeder Lochos hatte vier Pentekostyen, in jeder Pentekostys gab es vier Enomotien; von einer Enomotie kämpften vier Mann im ersten Glied; in der Tiefe stellten sich nicht alle gleichmäßig auf, sondern wie jeder Lochage wollte; im Durchschnitt standen sie acht Mann tief. Über die ganze Länge (der Schlachtlinie) standen außer den Skiriten 448 Mann in vorderster Linie» (5.68.2).

Thukydides breitet ostentativ seine militärischen Kenntnisse aus, die Schilderung der Schlacht von Mantineia birgt eines der berühmtesten Kapitel antiker Kriegsgeschichte. Mit nur wenigen Sätzen beschreibt der Historiker die Probleme des rechten Flügels, die im 4. Jahrhundert zur Entwicklung der schiefen Schlachtordnung führten: «Noch während sie ... anrückten, beschloß König Agis Folgendes zu tun. Allen Heeren widerfährt das Gleiche, daß ihre rechten Flügel sich beim Aufeinandertreffen in die Länge ziehen und beide die Linke des Gegners mit ihrer Rechten überflügeln; dies deshalb, weil jeder aus Furcht seine (rechte) Seite dem Schild seines Nebenmannes zur Rechten möglichst nahe zu bringen versucht und sich im dichtesten Zusammenschluß am besten beschirmt fühlt. Den ersten Anlaß dazu gibt der vorderste Flügelmann rechts, immer bestrebt, seine ungedeckte Seite den Gegnern zu entziehen, und ihm folgen in der gleichen Furcht auch die anderen.» (5.71.1)

Was Herodot oft nur zur Unterhaltung der Zuhörer bietet, gerät bei Thukydides zur Lektion. Die Attitüde des Lehrers ist ihm nicht fremd, er informiert und doziert, und gelegentlich versteckt sich in dem, was als bloße Nachricht erscheint, auch ein Kommentar. Die Beschreibung der lakedaimonischen Befehlsstruktur ist vermutlich mehr als nur Information, doch der Historiker läßt offen, was er dem Leser über das bloße Faktum hinaus sagen will: «Wenn nämlich der König führt, gehen von ihm alle Befehle aus, den Polemarchen sagt er persönlich, was geschehen soll, diese den Lochagen, dann die den Pentekonteren, diese wiederum den Enomotarchen. Auch die einzelnen Befehle, wenn die Könige etwa einen geben wollen, nehmen denselben Weg und kommen schnell an. Denn beinahe das ganze Heer der Lakedaimonier besteht aus Vorgesetzten von Vorgesetzten ...» (5.66.3–4)

Thukydides ist in seinen Schlachtbeschreibungen kühl, genau und emotionslos. Diese Art von Darstellung untermauert die Glaubwürdigkeit seines Werkes und sie ist die Voraussetzung dafür, daß es von kommenden Generationen – dies sein Anspruch – als nützlich wahrgenommen wird. Unterhalten wollte er nicht.[1]

Unheil und Leid

Daß Krieg sich nicht in den Zweikämpfen meist nicht so edler Recken erschöpft, weiß bereits Homer. Sein Epos vom Zorn des Achill, später *Ilias* genannt, eröffnet er, indem er die Folgen dieses Zornes vor Augen führt: «Den Groll singe, Göttin, des Peleiaden Achilleus, den verfluchten, der den Achaiern zahllose Leiden brachte und viele starke Leben dem Hades zuwarf – Leben von Heroen, sie selbst jedoch zum Fraß werden ließ für Hunde und für die Vögel zum Bankett.» (1.1–5)

Als die Perser 490 die Invasion Griechenlands mit ihrem Angriff auf das euboiische Eretria starten, kommentiert Herodot dies ebenfalls mit einem Blick in die Zukunft, die längst Vergangenheit war, als er diese Zeilen schrieb. Wie bei Homer haben auch bei ihm die Götter noch ihren Anteil. Mit einem Erdbeben auf der heiligen Insel Delos verweisen sie auf das kommende Unheil: «Denn zur Zeit des Dareios, des Sohnes des Hystaspes, und des Xerxes, des Sohnes des Dareios, und des Artaxerxes, des Sohnes des Xerxes, also innerhalb dreier Menschenalter, überfiel die Griechen mehr Unglück als in den zwanzig anderen Menschenaltern vor der Zeit des Dareios. Teils brachten die Perser Unheil über das Land, teils auch die eigenen Großen (Athen und Sparta), die um die Vorherrschaft kämpften» (6.98). Bei Thukydides gibt es, wie gesehen, keine göttliche Prophezeiung mehr. Die Menschen wissen, daß es Menschen sind, die über Krieg und Frieden entscheiden. So darf bei ihm Archidamos, der König von Sparta, dessen Namen der gerade beginnende Krieg tragen sollte, mit seinen Truppen schon an der Grenze zu Attika stehend, nach dem Abbruch der Verhandlungen das sagen, was ein Großteil der beiden Gegner nicht wahrhaben wollte: «Mit dem heutigen Tag bricht großes Unheil über die Hellenen herein.» (2.12.3)

Ein letzter Versuch, Individuen zu heroisieren, findet sich noch bei Herodot, etwa in der Darstellung des Miltiades, Leonidas, Themistokles oder der Arte-

Unheil und Leid

misia. Die überragenden militärischen Fähigkeiten eines Miltiades oder Themistokles aber werden konterkariert von solchen, die vor allem ihre Besitzgier zeigen. Artemisias Heldentaten gestaltet Herodot als Slapstick, und Leonidas bleibt schließlich nur ein Held, weil er seine Großtat nicht überlebt. Thukydides erkennt militärische Leistungen an, aber sie werden von zweckorientierten, kühl rechnenden und rational handelnden Akteuren vollbracht. Das höchste Lob, das er Exponenten des Peloponnesischen Krieges spendet, gilt Perikles und dem Syrakusaner Hermokrates, Personen, die vor allem als Staatsmänner hervortraten. Selbst im Falle des Brasidas gilt das Enkomion mehr der Redlichkeit des Spartaners als seiner militärischen Bravour. An Archidamos hebt er nicht die mehrmaligen Feldzüge gegen Attika hervor, sondern dessen Bemühen, sie überflüssig zu machen. Krieg ist kein wünschenswertes Mittel zur Durchsetzung politischer Ziele, wenn er auch, für den Autor jedenfalls, als unvermeidbar erscheint.

Herodot: Der Historiker aus Halikarnassos wollte die großen Werke der Griechen und Barbaren darstellen, doch mit Beginn des Ionischen Aufstandes stand der Krieg im Mittelpunkt. Kriege waren das Selbstverständliche und bestimmten den Alltag der Menschen. Manche waren ritualisiert, manche wurden aus Langeweile geführt, andere aus Gewohnheit. Der Lyderkönig Alyattes zieht gegen Milet, weil es schon sein Vater getan hat. Für Herodot war das ein Faszinosum und er widmet ihm ein ganzes Kapitel: «Den Krieg gegen die Stadt Milet und ihr Gebiet aber führte er auf folgende Weise. Wenn das Getreide zur Reife stand, fiel er mit Schalmeien- und Saitenspiel, mit Pfeifen- und Flötenklang den Milesiern ins Land. Die Häuser auf den Feldern zerstörte oder verbrannte er nicht, brach auch die Türen nicht auf, sondern ließ sie alle ruhig stehen, und wenn er die Bäume und das Getreide auf den Feldern gründlich verwüstet hatte, zog er wieder ab ... Die Häuser aber ließ er stehen, damit die Milesier von dort aus ihre Felder wieder bestellten und er sie beim nächsten Einfall von neuem verwüsten könnte.» (1.17) Zerstört wird allenfalls dann nicht, wenn das Land so wüst ist, daß nichts zu finden ist, das sich zerstören ließe, berichtet Herodot an anderer Stelle (4.123.1), und so muß Alyattes persönlich dafür Sorge tragen, daß er bei seinen Feldzügen Zerstörbares vorfindet.

Herodot weiß um die Greuel des Krieges – schon im ersten Logos läßt er den Lyderkönig Kroisos (nach dessen Sturz) referieren, kein Mensch sei so unverständig, den Krieg dem Frieden vorzuziehen, denn im Frieden bestatteten die

Der Krieg

Söhne die Eltern, im Krieg aber die Eltern die Söhne (1.87.4) –, erwähnt die Folgen der vielen Kleinkriege aber eher nebenbei, konstatiert nur das, was er als Historiker für seine Pflicht hält. Auch das Griechische hat bloß eine begrenzte Zahl von Wörtern für Töten und Sterben, und so spart auch Herodot nicht mit Wiederholungen. Geläufige Formulierungen durchziehen das Werk vom ersten bis zum neunten Buch. Völker werden besiegt, unterworfen, geknechtet, versklavt, Städte ausgeplündert, belagert, erobert, eingeäschert, niedergebrannt, zerstört, die Bewohner niedergemetzelt und niedergehauen, verkrüppelt, weggeschleppt und verkauft, Landschaften verwüstet, Feldfrüchte versengt, Weinstöcke ausgerissen, Ölbäume abgehauen, Männer getötet, gekreuzigt, verstümmelt, Frauen gefoltert, gesteinigt, an Mauern aufgehängt, Knaben entmannt, Mädchen prostituiert und geschändet, Kinder werden von den Mauern gestürzt oder als lebende Brücken über einen Feuerring gelegt. Herodot bietet die ganze Skala des Schreckens, aber nur selten vermittelt sich der Schrecken, weil er in seiner Häufung geradezu als das Übliche erscheint.

Für die Griechen beginnt das Unheil 494, als die «langhaarigen Perser» die Männer von Milet erschlagen, ihre Frauen und Kinder zu Sklaven machen, ihre Heiligtümer plündern und verbrennen. Gleiches wiederholt sich in den Jahren 490, 480 und 479. Der Barbar, berichtet Herodot, wütet mit Feuer und Schwert, aber der Historiker ist weit davon entfernt, den Persern das Monopol auf Kriegsgreuel einzuräumen.

Schon lange bevor die Perser nach Westen vordrangen, kannten die Griechen den Krieg aller gegen alle: Wenn Mangel an auswärtigen Feinden drohte, schlugen sie selbst einander tot. Herodot beklagt dies vor dem Hintergrund des Bürgerkrieges, der auch schon in den sogenannten Friedenszeiten der Pentekontaetie tobte, und um noch überzeugender zu wirken, spricht, was der Historiker denkt, ein Barbar aus, in dessen Mund sich die Misere der Griechen in einen Glücksfall für die Perser verwandelt. Im Kronrat des Großkönigs rät der Feldherr Mardonios zu einem leichten Krieg: «Ich weiß, wie töricht die Griechen aus Unverstand und Unerfahrenheit ihre Kriege zu führen pflegen. Wenn sie einander Krieg erklären, suchen sie sich das schönste und ebenste Gelände aus und schlagen sich dort so lange, bis die Sieger mit großen Verlusten wieder abziehen; von den Besiegten gar nicht zu reden, denn von denen bleibt überhaupt nichts übrig.» (7.9.2)[2]

★

Thukydides: Herodot hat die Schrecken der Perserkriege nicht selbst erlebt. Was er davon erfuhr, war durch Jahrzehnte gemeinsamen Erinnerns forma-

Unheil und Leid

tiert. Die Kämpfe waren – von der Besetzung Attikas abgesehen – nur kurz, die Griechen (oder Teile von ihnen) stellten die Sieger, und deren Gedächtnis bewahrt anderes auf als dasjenige der Verlierer. Die Veteranen brüsteten sich mit ihren Heldentaten und die Städte feierten die ihrer Fußtruppen und Flotten. Entsprechend sind in seine Schlachtberichte oft Kuriosa eingestreut. Sie waren weniger langweilig als das sattsam bekannte Töten. Anschaulich waren Herodot nur die Kleinkriege der Pentekontaetie, sie bildeten seine Kriegserfahrung, und dies unterschied sie essentiell von derjenigen des Thukydides, der bei der Endredaktion seines Werkes insbesondere die letzte Phase des Peloponnesischen Krieges vor Augen hatte. Allen Beteiligten war bewußt, daß dieser Krieg mehr entschied als all die ritualisierten Feldzüge, die zum Beispiel Athen gegen Megara oder Sparta gegen Athen zu unternehmen pflegten. Mit entsprechender Wut wurde er geführt. Die Spartaner töteten die Kaufleute gekaperter Schiffe und brachten bei ihren Einfällen in Attika – auch aus Angst vor der Pest – alle um, deren sie habhaft wurden. Die Athener ließen peloponnesische Gesandte und 1000 Bürger des abtrünnigen Mytilene hinrichten. Wie sich die streitenden Parteien, Demokraten und Oligarchen, in den städtischen Bürgerkriegen gewöhnlich verhielten, getrieben von Dummheit und Haß, beschreibt Thukydides anschaulich anhand des Beispiels Kerkyra in der *Pathologie*.

Dennoch verlief der erste Teil des Peloponnesischen Krieges bis in die Zeit, in der Herodot sein Werk publizierte, also etwa Ende der zwanziger Jahre, noch ohne die blutigen Schlachten, die später seinen Gang bestimmten. Die Schwelle zum bloßen Morden – 427 bemühten die Spartaner nach der Einnahme von Plataiai noch ein Pseudogericht – überschritten die Athener ausgerechnet im Sommer 421, als der Frieden mit Sparta schon geschlossen war. Empört über den Abfall einer Reihe nordgriechischer Städte, die sich, verlockt von seinen Erfolgen, Brasidas anschlossen, reagierten sie mit Terror. Die Stadt Mende wurde nur ausgeplündert, in Torone aber wurden Frauen und Kinder versklavt und die Männer deportiert, in Skione schließlich alle ohne Ausnahme umgebracht. Fünf Jahre später, noch mitten im Frieden, wiederholte sich das auf Melos. Dies erregte selbst in dem an Kriegsuntaten gewöhnten Griechenland Aufsehen. Die sich seit 421 stetig steigernde Brutalität der Kriegführung prägt das Thukydideische Werk und erklärt den großen Unterschied in den Kriegsdarstellungen Herodots und des Thukydides. Dieser registrierte die Brutalisierung zumeist ohne erkennbare Emotionalität. Es sind die Ereignisse, die für sich sprechen sollen. Thukydides gibt der Verrohung des Krieges aber einen Na-

Der Krieg

men, indem er einen Vorfall erzählt, der sich abseits der Frontlinien zutrug, ohne Bedeutung für das Kriegsgeschehen war und unter den Griechen kaum ein Echo hervorrief: das Massaker von Mykalessos.

Im Winter 414/13 reisten athenische Emissäre in den Norden ihres Reiches, nach Thrakien. Thukydides lebte dort nun im neunten Jahr seiner Verbannung. Wenn ein Athener, dann kannte er die thrakischen Verhältnisse, doch vermutlich haben die athenischen Gesandten seinen Rat nicht eingeholt. Der Auftrag der Delegation lautete, Kämpfer für den Krieg in Sizilien zu werben. Diese waren auch unter den Barbaren nicht so leicht zu finden, zumal sie noch weniger als die Athener über die Insel wußten. So waren die Athener bereit, einen hohen Sold zu zahlen: eine Drachme pro Mann und Tag.

Die Reise endete bei einem Bergvolk der Thraker, das im Rhodope-Massiv siedelte, dem Quellgebiet des Nestos. 1300 Mann dieses Volkes verdingten sich als Söldner in athenischen Diensten. Thukydides nennt die Krieger eingangs *machairophórou*, also schwerttragend. Er grenzt sie damit von anderen Thrakern ab, doch weist das Attribut auch schon auf das Ende der Geschichte. Mykalessos wird auf schreckliche Weise zeigen, warum sie zurecht so hießen.

Die Delegation reiste bald nach Athen zurück, die angeworbenen Thraker folgten, allerdings nicht mit der gebotenen Eile. Die Flotte des Demosthenes, auf der sie nach Sizilien fahren sollten, war bereits abgesegelt, als sie im späten Frühjahr in Attika ankamen. Statt zu einem militärischen Problem für die Syrakusaner wurden die Thraker nun zu einem finanziellen für die Athener. Pro Prytanie kosteten die Söldner knapp neun Talente, nahezu das Doppelte von dem, was an Geschworene und Ratsherren im selben Zeitraum an Diäten bezahlt wurde. Inzwischen war zwar der Krieg um Dekeleia ausgebrochen, für den Kampf im eigenen Land aber war den Athenern das vereinbarte Salär zu hoch. Die Volksversammlung suchte einen Weg, sich der teuren Verbündeten billig zu entledigen. Sie beschloß, die Thraker zurückzusenden, gleichzeitig aber die aus athenischen Tempelkassen bezahlte Rückfahrt zu militärischen Operationen zu nutzen. Der Krieg war längst in einem Stadium, in welchem nach dem strategischen Sinn vieler Unternehmungen nicht mehr gefragt wurde. Plündern, rauben, morden galt als militärische Ruhmestat, da es den Feind schädigte. Sofern die Thraker Beute machten, konnte zudem an Sold gespart werden: *Bellum se alet* (Der Krieg ernährt sich selbst).

Die Rückfahrt der Thraker stand unter dem Befehl eines athenischen Strategen. Thukydides gibt den Namen an: Dietrephes. Sein Sohn stiftete ihm nach

Unheil und Leid

dem Tod eine Statue. Ein halbes Jahrtausend später sah sie der Griechenlandreisende Pausanias in der Osthalle der Propylaien in Athen und wunderte sich, daß der bronzene Stratege von Pfeilen durchbohrt war. Dietrephes umfuhr das Kap Sunion und nahm Kurs auf den Euripos, den schmalen Sund zwischen Euboia und dem Festland. Er ankerte an der Küste auf der Höhe von Tanagra und gab Befehl, die Gegend zu plündern. Die Stadt selbst war zu gut gesichert. Nächstes Ziel war Chalkis auf Euboia. Von dort überquerte Dietrephes mit Einbruch der Dämmerung die Meeresenge und landete in Boiotien. Im Schutz der Dunkelheit führte er die Thraker dann nach Mykalessos, einer kleinen Stadt, die auf einer Anhöhe an der Straße zwischen Chalkis und Theben lag, schon so weit vom Meer ab, daß dort niemand mit Überfällen von der Seeseite rechnete. Bei einem Tempel des Hermes, immer noch 16 Stadien oder etwa drei Kilometer von Mykalessos entfernt, wartete Dietrephes mit den Thrakern die Nacht ab. Niemand bemerkte die Söldner und warnte die Einwohner. Im Morgengrauen näherte sich Dietrephes der Stadt. Der Anmarsch dauerte etwa eine halbe Stunde. Von Osten schien dem Ort keine Gefahr zu drohen. Wachen waren nicht aufgestellt, die Stadttore geöffnet, die Umfassungsmauern boten keinen Schutz. An einigen Stellen waren sie niedrig, an anderen einsturzgefährdet, an manchen Stellen schon eingefallen, ohne daß sich jemand die Mühe machte, sie wiederaufzubauen. Die Einwohner wiegten sich in Sicherheit, und so nahm Dietrephes Mykalessos im ersten Ansturm.

Die Thraker, so Thukydides, «fielen in den Ort ein, zerstörten Häuser und Tempel und mordeten die Menschen. Sie verschonten weder alt noch jung, sondern töteten alle, die ihnen in den Weg kamen, Frauen und Kinder, ja sogar die Zugtiere, überhaupt alles Lebende, was sie erblickten. Doch es war nicht genug des Schreckens, der alles andere als gering war, und des Sterbens, das einem in jeder Gestalt begegnete: Sie drangen auch noch in eine Schule ein, die größte im Ort, die Knaben hatten sie eben betreten, und sie hieben alle ausnahmslos nieder.»

Thukydides ballt seine gängigen Stilmittel – Litotes, Polysyndeton, Superlativ –, um das Pathos zu steigern, doch am stärksten wirkt, da selten eingesetzt, der kommentierende Einschub. Der Historiker unterbricht die Schilderung des Überfalls und fügt einen Zwischensatz ein, der die Dimension des Massakers nun auch *expressis verbis* hervorhebt: «So gewaltiges Unheil, ebenso schrecklich wie unerwartet, überfiel die ganze Stadt.»

Das Gemetzel dauerte den ganzen Morgen an. Die Thraker mordeten manu-

Der Krieg

ell, das brauchte Zeit. Danach begannen sie zu plündern. Thebanische Reiter, die auf den Hilferuf von Überlebenden nach Mykalessos geritten waren, überraschten noch Plünderer. Von Mykalessos nach Theben und zurück sind es etwa 40 Kilometer; seit dem Angriff waren zwischen drei oder vier Stunden verflossen. Die zurückgebliebenen Thraker wurden in Straßenkämpfen niedergemacht, während eine größere Gruppe von Fliehenden bereits das Meer erreicht hatte, als die Thebaner sie einholten. Die Mehrzahl konnte sich noch in Kampfformation aufstellen, die anderen wurden, die rettenden Boote vor Augen, getötet. Die Thraker konnten nicht schwimmen und die athenischen Schiffskommandanten hatten ihre Trieren außer Reichweite der feindlichen Bogenschützen im Sund verankert. Thukydides gibt genaue Zahlen, denn die Flüchtenden ließen die Leichen zurück. Es starben 250 Thraker. Die Verluste der Thebaner betrugen 20 Reiter und Hopliten, dazu kam ein Boiotarch. Wie viele Einwohner von Mykalessos starben, ist unbekannt. Pausanias glaubte später, daß alle Einwohner umkamen, Thukydides spricht nur von einem beträchtlichen Teil.

Sein Bericht schließt aber nicht damit; vielmehr nimmt er nochmals den Kommentar auf, den ihm das Gemetzel unter den Schulkindern entlockte, und er bekundet ein Mitleiden, das überrascht: nicht weil es an dieser Stelle steht, sondern an anderer, am Ende des Melier-Dialogs, fehlt. «Dies also trug sich bei Mykalessos zu, dessen Schicksal, mißt man es an der Größe der Stadt, zu den jammervollsten des Krieges gehört» (Thuk. 7.27.1–2, 7.29–30).

Thukydides hat die Vorgänge vom Sommer 413 gewissenhaft recherchiert. Seine Informationen sind genau, er kennt den Namen des gefallenen Boiotarchen, vielleicht hat er sogar den Ort besucht, Überlebende befragt. Von einem Detail konnten nur Beteiligte wissen: Die Thraker überfielen die Schule gerade in dem Augenblick, als der Unterricht begann. Thukydides hat die Episode zunächst festgehalten und in der Endredaktion des Werkes in die Darstellung der sizilischen Ereignisse in das siebte Buch integriert, auch wenn Mykalessos mit dem Sizilischen Krieg nur insofern zu tun hat, daß es nichts damit zu tun hat: Die angeworbenen Thraker kamen nie dort an. Desungeachtet verleiht Thukydides Mykalessos eine hohe Bedeutung. Es steht – nicht aufgrund der Zahl der Getöteten, sondern ob seiner offenkundigen Sinnlosigkeit – exemplarisch für die Massaker des Krieges.[3]

Helden

Herodot: Wie in der *Ilias* Homers, so sind in den *Historien* Herodots die Helden in erster Linie auf den Schlachtfeldern zu finden. Herodot kennt große Entdecker, große Erfinder, große Baumeister, als Heroen hat er sie aber nicht betrachtet. Der Held brauchte für seinen Auftritt eine ihm gemäße Bühne, und das konnte nur ein berühmter Schlachtort sein. Davon gab es in den Perserkriegen insgesamt vier: Marathon, die Thermopylen, Salamis und Plataiai – Mykale war mehr Überfall als Schlacht –, und Herodot ordnet einem jeden dieser Schlachtfelder einen Helden zu. Sie sind paritätisch auf die Hegemonialmächte Athen und Sparta aufgeteilt: Die Athener Miltiades und Themistokles glänzen bei Marathon und Salamis, sozusagen vor der eigenen Haustüre also, die Spartaner Leonidas und Pausanias in den Thermopylen bzw. bei Plataiai, zwei Orten in Mittelgriechenland.

Anders als die homerischen Helden vollbringen diejenigen Herodots freilich ihre Taten nicht im Zweikampf, auch ihr Wirken in der Schlacht selbst ist nicht das, was sie auszeichnet. Das ist vielmehr ihre Disposition. Die athenischen Helden kämpfen mehr mit dem Kopf, sie entwickeln die richtige Strategie, greifen auch zu Listen. Bei den Spartanern dominiert der Wille, und sie tun in erster Linie eins: Sie halten stand oder versuchen es zumindest. Herodot scheint dies mehr zu beeindrucken, denn die beiden Spartaner sind fast ohne Abstriche positiv gezeichnet, ihre Aktivitäten freilich auf die Schlacht und ihr Umfeld beschränkt. Der Wirkungskreis der Athener ist größer, ihr Porträt vielschichtiger, aber es trägt daher auch negative Züge.

Miltiades

Die Vorgeschichte des Atheners Miltiades reicht bei Herodot bis ins 6. Jahrhundert zurück, als dessen gleichnamiger Onkel die thrakische Chersones auf Anraten Delphis und in Übereinstimmung mit dem Tyrannen Peisistratos für Athen kolonisierte. Der Historiker erzählt, wie der Neffe (um 520 v. Chr.) von den Nachfolgern des Peisistratos dorthin entsandt wurde, seine Herrschaft mit List und Gewalt sicherte und mit ebendiesen Mitteln den Athenern die beiden Inseln Lemnos und Imbros an der Einfahrt in den Hellespont gewann. Sein Bericht, der die Ereignisse mehrerer Jahre zusammenfaßt, ist teilweise unklar, gesichert ist nur, daß Miltiades nach dem Zusammenbruch des Ionischen Aufstandes, an dem er wohl beteiligt gewesen war, vor den anrückenden Persern mit seiner Familie die Flucht ergriff und nach Athen zurückkehrte. Das Folgende, Etablierung in Athen trotz heftiger Angriffe der Gegner und Wahl zum Feldherrn, ist Herodot nur ein kurzes Kapitel wert, denn in seiner Darstellung ist er bereits bis zur persischen Invasion vorangeschritten: Der Angreifer ist mit seinen Schiffen vor Marathon gelandet, es kommt die Stunde des Miltiades, die der Historiker von der Volksversammlung in das Feldlager verlegt. Als dort im Rat der zehn Feldherren ein Patt entsteht, überredet Miltiades den unschlüssigen Polemarchen, den rein nominell obersten Befehlshaber, mit ihm zu stimmen und die Schlacht zu wagen. Herodot gibt Miltiades dazu eine eigene Rede, in der dieser vor den Gefahren eines Rückzuges warnt und – für den Fall des Sieges – bereits die künftige Macht der Stadt voraussagt. An dem Tag, an dem er den wechselnden Oberbefehl innehat, ordnet Miltiades die Truppen und gibt das Zeichen zum Angriff. Danach aber verliert ihn Herodot aus den Augen. Die Athener Hopliten siegen allein, aber der Historiker läßt keinen Zweifel daran, daß die Initiative des Miltiades die Stadt rettete. Allein der Held tut wenig – und etwas später zudem einen tiefen Fall. Ermutigt durch den Erfolg von Marathon fordert Miltiades, so stellt es Herodot dar, von den Athenern 50 Schiffe, um sie «in ein Land zu führen, aus dem sie ohne Mühe Gold in Fülle davonschleppen könnten». Die Expedition richtet sich gegen die Insel Paros und scheitert. Miltiades verletzt sich, nachdem er in frevelhafter Absicht das Demeterheiligtum in Paros betreten hat, bricht das Unternehmen ab und stirbt – wegen seines Rückzugs mit einer Geldbuße von 50 Talenten belegt – in Athen.

Herodot widerstrebt es offenbar, hagiographisch zu werden. Er unterschlägt die Schattenseiten des Helden nicht, doch er bleibt für ihn der Sieger von Marathon. So setzt bereits dessen erstes Erscheinen in den *Historien* ein Zeichen: Miltiades tritt als Kämpfer für die Freiheit der ionischen Griechen auf, indem er im Militärrat dafür plädiert, die Bewachung der Donaubrücke aufzugeben, welche die Ionier übernommen hatten, um dem Großkönig den Rückzug aus dem Land der Skythen zu ermöglichen. Weiterhin erspart Herodot seinem Helden den Vorwurf des Medismos, der Perserfreundschaft, der er nach anderen Quellen bezichtigt wurde. Auch soll das böse Ende des Miltiades die Erinnerung nicht allzusehr verdüstern. Anachronistisch schließt seine Vita mit seiner Eroberung der für Athen so wichtigen Insel Lemnos.

Helden

Themistokles

Auch die Kurzvita des Themistokles beginnt gleichsam mit einem Paukenschlag. Als die persische Gefahr für Athen ihren Höhepunkt erreicht, wird er mit kurzen Worten vorgestellt («In Athen lebte ein Mann, der gerade erst zu großem Ansehen gekommen war. Er hieß Themistokles und war ein Sohn des Neokles»), erscheint dann wie ein *deus ex machina* auf dem Schauplatz und wird zum Retter nicht nur der Stadt. Themistokles erkennt als einziger den Sinn des delphischen Orakels, sich gegen die Perser hinter hölzernen Mauern zu verteidigen, und er ist es, der auch die Möglichkeit dazu schafft, indem er die Volksversammlung dazu bewegt, die Überschüsse aus den Silberbergwerken von Laureion nicht zu verteilen, sondern für den Bau von 200 Trieren zu verwenden, um den Nachbarn Aigina – das war ein Vorwand – erfolgreich zu bekriegen. Herodot weiß um die Bedeutung des Beschlusses, will aber die Sache nicht personalisieren. Der Krieg gegen Aigina habe Griechenland gerettet, folgert er.

Während der Invasion der Perser erweist sich Themistokles bei Herodot als neuer Odysseus. Mit List und Findigkeit versucht er die ionischen Griechen, die mit Xerxes gezogen sind, diesem abspenstig zu machen, vor allem aber gelingt es ihm mit einer Finte (als der Großkönig zögert, schickt er ihm die vertrauliche Botschaft, die Griechen dächten an Flucht), zur Schlacht vor Salamis zu verlocken.

Das Übrige, das Herodot zu erzählen weiß, ist weniger schmeichelhaft. Gute Ratschläge anderer gibt Themistokles als eigene aus, wechselt, wo es ihm nützlich scheint, rasch seine Meinung, vor allem aber ist er – ganz im Kontrast zu seinem athenischen Gegenspieler Aristeides mit dem von Herodot betonten Beinamen «der Gerechte» – von Geldgier getrieben. Schon während der Anfahrt der persischen Flotte läßt er sich von den Euboiern, die um ihre Insel fürchten, mit einer großen Geldsumme bestechen, von der er nur einen kleinen Teil an andere Kapitäne weitergibt. Nach dem Sieg von Salamis fordert er «in seiner unersättlichen Gier», wie es heißt, von den griechischen Inseln, die Xerxes Heeresfolge geleistet haben, mit der Drohung, sie ansonsten zu belagern, hohe Bußgelder und bereichert sich ohne Wissen der meisten anderen Feldherren. Vor diesem Hintergrund überrascht dann – nur wenige Kapitel später – Herodots abschließende Bewertung: In ganz Hellas habe sich der Ruhm des Themistokles als des klügsten und weisesten Mannes unter den Hellenen verbreitet. Sogar in Sparta sei er hochgeehrt worden, ja der einzige Mensch gewesen, dem die Spartaner je das Geleit gegeben hätten. Das Themistokles-Bild ist also gebrochen. Er ist der Held, dem Griechenland die Freiheit verdankt, gleichzeitig aber aufgrund einer ihm feindlichen, von der innerathenischen Opposition inspirierten Überlieferung auch ein Mann von skrupelloser Habgier, wendig und schlau in Verfolgung privater wie öffentlicher Ziele.

Pausanias
Wie Herodot in Themistokles den Sieger von Salamis sieht, so macht er den Spartaner Pausanias zu demjenigen von Plataiai. Er ist freilich ein Held ohne Heldentat. Anfangs des neunten Buches erhält der Spartaner den Oberbefehl als Vormund des noch jungen Neffen, 35 Kapitel später steht er, ohne daß er nochmals erwähnt wird, am Ort der Schlacht. Sie beginnt bei Herodot unrühmlich für ihn. Voller Furcht vor den persischen Truppen möchte er den Platz in der Schlachtordnung wechseln und bittet die Athener, sich auf der Seite der Perser aufzustellen, er selbst wolle gegen deren Verbündete kämpfen. Es folgt das komische Schauspiel eines doppelten Stellungswechsels, denn auch die Perser gruppieren sich um, und am Ende stehen alle wieder auf demselben Platz. Die nächste Szene wirkt wie eine Karikatur zur Thermopylenschlacht. Als Pausanias die spartanischen Truppen zurücknehmen will, weigert sich ein Unterfeldherr, dem Befehl nachzukommen. Mit den Worten, er fliehe nicht vor Fremden, besteht er darauf, wie Leonidas seine Stellung zu halten. Als die Schlacht schließlich beginnt, schickt Pausanias – nach Herodot – einen Reiter zu den Athenern und bittet sie (vergeblich, denn diese bleiben im Kampfgetümmel stecken) um Hilfe, er selbst wartet auf günstige Opfer und erfleht den Segen der Hera von Plataiai. Nach dem Gebet verschwindet Pausanias aus dem Werk und erscheint erst wieder, als die Schlacht geschlagen ist. Die Lakedaimonier siegen in der Zwischenzeit, doch Herodot verleiht den Preis für die nicht geschilderte Leistung dem Feldherrn: Pausanias, des Kleombrotos Sohn, Enkel des Anaxandrides, habe die schönste Leistung von allen errungen. Daß er ein würdiger Sieger ist, läßt ihn Herodot nach dem Erfolg beweisen. Pausanias begnadigt eine Kriegsgefangene und die Kinder thebanischer Führer, die mit den Persern konspirierten. Er weigert sich, als Rache für Leonidas den Leichnam des Mardonios zu schänden, als Oberbefehlshaber verkündet er per Herold, niemand dürfe sich an den von den Persern zurückgelassenen Schätzen vergreifen. Nicht zufällig erscheint er hier als Gegenbild des Themistokles, und Herodot verteidigt ihn auch gegen die Anwürfe, wie sie *in extenso* später Thukydides erhebt. Der Größenwahn, der Pausanias nach

Helden

seinem Sieg ergriffen haben soll, ist ihm nur ein Gerücht, dessen Wahrheit er bezweifelt. Vermutlich hielt er es für athenische Propaganda. Welche Vorstellung denn Herodot von Pausanias hatte, ist schwer zu sagen. Sicherlich zweifelte er nicht daran, daß dieser der große Sieger der Landschlacht war. Doch ist ihm schon unklar, worin sich das Verdienst – außer im Standhalten – denn äußerte. Die Vorwürfe des späteren Luxuslebens wollte er nicht recht glauben, und doch ist die von Herodot erzählte Geschichte nicht ohne Ironie, in der sich Pausanias nach dem Sieg von den persischen Köchen ein üppiges Mahl kochen und auf goldenen Tischen servieren läßt, um es – vor den herbeigeholten griechischen Feldherren – mit der schlichten lakedaimonischen Kost zu vergleichen: «Griechen, seht her, weshalb ich euch rufen ließ. Ich will euch die Torheit des Meders (Mardonios) beweisen, der so üppig lebt und doch zu uns kam, um uns, die wir so jammervoll leben, zu berauben.» Pausanias lacht in dieser Szene – er ist der letzte, der es in den *Historien* tut –, und alle, die sich bei Herodot lachend über andere überheben, nehmen bekanntlich kein gutes Ende. Ausnahme ist aber der Historiker selbst.

Leonidas

Mit Leonidas tut sich Herodot leichter. Der Spartaner fällt als Einziger der Helden im Getümmel der Schlacht – als der beste, fügt der Historiker hinzu. Dieser Tod ist jedoch nicht die eigentliche Heldentat, sondern nur deren Folge. Leonidas' Auftreten ist naturgemäß kurz, und so fällt bereits bei seinem ersten Erscheinen an den Thermopylen alles Licht auf ihn. Herodot versammelt mehrere Feldherren am Schlachtort – jede Stadt schickt einen eigenen –, doch er nennt nur Leonidas, «den bewunderungswürdigsten Mann im ganzen Heer», mit Namen, ja zählt sogar dessen Ahnen auf. Mit 300 Kriegern ist der König aufgebrochen, und daß er nur solche wählte, die bereits Kinder hatten, weist auf die kommende Gefahr voraus.

Als Xerxes näher kommt, planen die peloponnesischen Kontingente die verdeckte Flucht. Sie wollen (angeblich) den Isthmos verteidigen, doch Leonidas – so Herodot – besteht darauf auszuharren. Es folgt ein Exkurs über die Tapferkeit der Spartaner, der nun den Leser und auch Xerxes hinhält. Vier Tage wartet dieser auf den freiwilligen Abzug des Gegners, am fünften gibt er den Befehl zum Angriff. Als sich die Angreifer erschöpft zurückziehen müssen, schickt der König seine Elitetruppen, die «Unsterblichen». Herodot steigert die Spannung, Xerxes, der auf einem Thron das Geschehen beobachtet, springt dreimal aus Furcht um sein Heer auf. Auch der zweite Tag vergeht ergebnislos, da erscheint am dritten – Xerxes sieht bereits keinen Ausweg mehr – der Verräter. Die griechischen Truppen, die den Umgehungspfad bewachen sollen, lassen sich übertölpeln. Zwar weiß der Seher Megistias nach der Untersuchung der Opfertiere als erster, was geschehen wird, aber noch in der Nacht kommen auch Boten und melden die Umzingelung. Die Griechen beraten, das Heer trennt sich, das Gros kehrt um, solange der Ausbruch noch möglich ist, Leonidas aber – und das ist die Tat, die Herodot bewundert – beschließt, zu bleiben und damit in den sicheren Tod zu gehen.

Die wahren Gründe waren schon dem Historiker nicht mehr bekannt, aber er verteidigt seinen Helden entschieden. Er bekennt sich zu der in Hellas umlaufenden Meinung, Leonidas habe die Verbündeten weggeschickt, um sie vor dem Tod zu bewahren. Ihm selbst und den Spartanern, läßt er Leonidas sagen, zieme es nicht, den Platz aufzugeben, zu dessen Verteidigung sie ausgesandt seien. Harre er aus, sei ihm Ruhm sicher, und – nun kommt Herodot dem Vorwurf zuvor, die Macht der Lakedaimonier werde leiden – Spartas Blüte sei dadurch nicht vernichtet. Schließlich gibt er dem Entschluß des Leonidas noch einen letzten Sinn: Dieser habe das delphische Orakel gekannt, wonach Lakedaimon von den Barbaren zerstört werde, wenn nicht einer der Könige falle.

Auch der Entscheidungstag wird dramatisiert. Xerxes bringt der aufgehenden Sonne ein Opfer dar. Um den Widerstand der zum Sterben entschlossenen Griechen zu brechen, stehen die Führer der Perser hinter ihren Reihen und treiben sie «Mann für Mann» vorwärts. Die Spartaner (und Thespier) kämpfen tapfer, aber schon bald fällt der König. Der tote Held bereitet Herodot weniger Schwierigkeiten als dessen Kollegen, die nach ihrem Sieg zur Hybris neigten. Der Haß des Xerxes noch auf den bereits getöteten Feind, dem er den Kopf abschlagen läßt, ist ihm Beweis für dessen Tapferkeit und im bald folgenden Tod des Persers Mardonios sieht er die von den Göttern gewollte Sühne für den Tod des Spartanerkönigs.

Im Fall des Leonidas schreibt Herodot tatsächlich ein Heldenepos, das auch bis heute nachwirkt. Es ist der Respekt des Historikers vor dem Mann, der, wie er glaubt, für die Sache seiner Polis, für den Schutz der Bundesgenossen und für den eigenen Nachruhm bewußt den Tod in Kauf nimmt. Nichts trübte dieses Bild, denn auch die Athener, die sich ja schon bald nach dem gemeinsamen Sieg mit den Spartanern überwarfen, betrachteten die Thermopylenschlacht immer als Kampf für die Freiheit auch ihrer Stadt und pflegten die Erinnerung daran bis tief ins 4. Jahrhundert.

Helden

Das Besondere an Herodot ist, daß er im Gegensatz zu den lokalen Überlieferungen, in denen die Gemeinschaft im Vordergrund steht, dem Helden Raum gibt, der sich durch seine Tat aus eben dieser Gemeinschaft löst. Er bewahrt das Individuelle, das in den siegreichen Poleis eine untergeordnete Rolle spielt – nicht zufällig hatten die Spartaner die Inschrift des Pausanias getilgt und an den Thermopylen nur dem Megistias und nicht Leonidas ein Denkmal gesetzt –, weil es seiner Geschichte und seinen Geschichten Gesicht und Charakter verleiht. Die Überlieferungslage erklärt dabei auch seine Schwierigkeiten. Er weiß nichts über das Verhalten in der Schlacht zu berichten, es gab dazu keine Nachrichten. Pausanias betet vor Beginn des Kampfes, weil das so üblich war, und daß er die Athener um Hilfe bat, ist deren Erfindung, um sich postum eine Rolle zu geben, die sie vor Plataiai nicht spielten. Leonidas kämpft wie ein König, weil er ein solcher ist, und mehr wußte Herodot über seinen letzten Kampf und den des Pausanias nicht.

Auch die Schatten, die auf die Glanztaten der beiden athenischen Helden fallen, sind Ergebnis der Quellenlage. Herodot fand – im Falle des Themistokles mehr als in dem des Miltiades – eine Reihe von negativen Einschätzungen. Sie stammen, wie gesagt, offenbar von deren inneren Gegnern, die sich im politischen Kampf ja durchgesetzt hatten. Manches ließ sich wohl schnell als Verleumdung erkennen, anderes schien – wie vor allem die Bestechungsvorwürfe – durch Dokumente belegt. Herodot hätte das – wie im Falle des Pausanias – übergehen können. Daß er das nicht tat, lag offenbar an der Entwicklung, die Sparta und Athen nach den gemeinsamen Kriegen genommen hatten. Was Herodot an Unrühmlichem von seinen Helden zu berichten hat, hängt mit ihrem Verhalten gegenüber griechischen Inselstädten zusammen. Miltiades überfällt aus – so Herodot – keinem anderen Grund als blanker Geldgier die Insel Paros. Themistokles erpreßt die Euboier, treibt hohe Summen von Karystos, ebenfalls von Paros und anderen Inseln ein. Andros belagert er, weil es nicht zahlen will. Ganz offenkundig spiegelt der Historiker das expansive Verhalten Athens, das sich seit den sechziger Jahren immer stärker vor allem gegen die Inseln der Ägäis richtete, in seinen beiden athenischen Protagonisten. Die Habgier seiner athenischen Helden ist diejenige ihrer Polis Athen, und Herodot kann diese hier angreifen, indem er sie in Miltiades und Themistokles individualisiert. Deren Charakteristik ist in diesem Punkt Teil der versteckten Athenkritik, zu der er seit den vierziger Jahren stärker neigte.[4]

*

Thukydides: Wie gesehen, mangelte es Thukydides an großen Schlachten. Die einzige, die diese Einstufung verdient, war diejenige von Mantineia, und hier präsentiert er eher Gegenteiliges, nämlich Befehlshaber, welche die Lage verkennen. Hervorgehoben wird nur der Einsatz in der Phalanx. So unterscheiden sich Thukydides' Helden stark von denen Herodots. Es sind zwei – Themistokles und Pausanias gehören einer anderen Zeit an – und von ihnen ist der wichtigere, Perikles, in allererster Linie Redner und Staatsmann, während der zweite, der Spartaner Brasidas, zwar durch militärische Heldentaten auffällt, von Thukydides aber in erster Linie wegen seiner «menschlichen Vollkommenheit» gewürdigt wird. Beider Biographien gehören in das Umfeld des Archidamischen Krieges, dessen Darstellung das (Ideal-)Porträt des Perikles eröffnet und dasjenige des Brasidas schließt. Jener wird vornehmlich durch seine Reden charakterisiert, dieser durch seine Handlungen. Das Porträt des Brasidas entstand in einer frühen Arbeitsphase, vielleicht kurz nach dem Nikias-Frieden (421 v. Chr.), dasjenige des Perikles wurde dagegen in einer späten geformt. Die großen Reden des Perikles entstammen alle der Zeit nach Kriegsende.

Brasidas

Die Vita des Brasidas erstreckt sich vom zweiten bis zum vierten Buch, umfaßt also die Jahre 431 bis 422. Sie wurde vermutlich zusammenhängend verfaßt und später nach chronologischen Prinzipien, aber wohl auch mit Blick für dramaturgische Effekte, aufgeteilt. Thukydides hat mehr Raum als Herodot und so begegnet der Leser seinem Helden schon in dessen Anfängen. Brasidas befreit im ersten Kriegssommer die von den Athenern eingeschlossene peloponnesische Stadt Methone. In den kommenden Jahren ist er als Berater verschiedener Nauarchen tätig, bevor er seine zweite Heldentat 425 bei einem Landunternehmen der Spartaner vor Pylos vollbringt. Obwohl er nur einfacher Kapitän ist, stellt ihn Thukydides als «leuchtendes Beispiel» heraus: Brasidas, der «mit solchem Tun die anderen mitreißt», zwingt seinen Steuermann, das eigene Schiff stranden zu lassen, um von der Landungsbrücke aus die Athener an Land angreifen zu können. Schließlich verliert er, tapfer gegen eine Übermacht kämpfend und mehrfach verwundet, die Besinnung und fällt in die Ruderverschalung zurück, wo er gerettet werden kann. Am Ufer bleibt sein Schild zurück, den die Feinde als Trophäe bergen. Diese ungewöhnlich breit ausgemalte Szene enthält Reminiszenzen an Homer, Herodot und die Dramatiker, sie ist sozusagen ein Stück «Literatur» im Werk und bildet mit der

Helden

Heraushebung des Helden gleichsam die Einleitung zu der Tat, die Brasidas berühmt machte.

Als die spartanische Kriegführung nach dem Erfolg der Athener bei Pylos stockt, plädiert Brasidas dafür, die militärischen Aktionen in den Norden zu verlegen und athenische Positionen von Thrakien aus anzugreifen. Von Sparta erhält er dafür nur wenig Unterstützung und muß daher mit einer nur kleinen Truppe den Marsch hunderte Kilometer durch weitgehend feindliches Gebiet – für einen Seetransport standen keine Schiffe zur Verfügung – nach Norden antreten, wo er im makedonischen König einen Verbündeten findet. Mit Zwang und Freiheitsrhetorik gelingt es ihm, Seebundstädte von Athen abspenstig zu machen, bis er schließlich im Spätherbst 424 vor dem wirtschaftlich und strategisch wichtigen Amphipolis steht. Das ist der Moment, in dem das Geschichtswerk unbemerkt für einige Kapitel zur Autobiographie wird. Brasidas handelt schnell, er ist in Sorge, der Stratege von Thrakien, «Thukydides, Sohn des Oloros, der dies alles aufgeschrieben hat», könne ihm zuvorkommen. Der freilich steht mit seinen Schiffen bei der Insel Thasos – in Amphipolis selbst ist der zweite athenische Feldherr – und kann trotz eiliger Fahrt die Stadt nicht mehr retten.

Für Thukydides bedeutete das die Verbannung, doch seiner Darstellung ist davon so wenig anzumerken, daß sich schon die antiken Kommentatoren verwundert zeigten: «Er verfaßte seine Geschichte, ohne daß er den Athenern das Unrecht nachtrug, sondern er blieb ein Mann der Wahrheit und besaß das rechte Maß in seiner Denkweise, insofern ... Brasidas, der doch schuld an seinem Unglück war, keine Schmähung erfuhr, wie es ein erzürnter Geschichtsschreiber getan hätte» (Markellinos 26). Brasidas zeigt sich nach dem Erfolg, wie Thukydides betont, «in allen Belangen sehr maßvoll», beweist überall Milde: Er sei nur ausgesandt, um Hellas zu befreien. Mit Versprechungen, die er zu halten scheint, und geschickten militärischen Operationen vermag er weiterhin der Sache der Athener zu schaden, bis diese schließlich den Strategen Kleon, den Sieger von Pylos, gegen ihn entsenden.

Thukydides hat sich ausführlich dem Verlauf der nun folgenden Schlacht gewidmet und beschreibt einen Brasidas, der seinem Gegner Kleon im Erfassen der Lage, an strategischem Weitblick, an Entschlossenheit und Kühnheit weit überlegen ist, im richtigen Moment die richtige Entscheidung trifft und an der Spitze seiner Truppen das an Kampfkraft eigentlich stärkere Heer der Athener leicht in die Flucht schlägt. Nur ein Posten trübt seine Bilanz: Er fällt. Die Vorzüge, die Herodot auf alle seine militärischen Helden verteilt, erhält bei Thukydides ein einziger, und zwar der Mann, dem er (indirekt) sein Exil zu verdanken hat. Brasidas handelt kühn und doch überlegt, er ist listig, wenn es die militärische Situation erfordert, und bleibt ehrlich gegenüber denen, die er für Sparta gewinnen will. Er beweist Großmut, besitzt Verantwortungsgefühl und überzeugt, weil er an die eigenen Versprechungen glaubt. Daß ein solches Bild nicht durch andere Quellen bestätigt wird, kann nicht überraschen. Es ist das ganz persönliche Bild des Historikers. Er hat Brasidas früh (zur Zeit des Nikias-Friedens) ein (sprachliches) Denkmal gesetzt und dieses nach Kriegsende noch mit einem großartigen (für die Spartaner insgesamt aber vergifteten) Epitaph versehen: «Als Erster war er ausgezogen (aus Sparta) und hatte sich den Ruf erworben, in jeder Hinsicht menschlich vollkommen zu sein.» (4.81.3)

Perikles
Brasidas bleibt eine Nebenfigur, die Hauptperson des Werkes bildet allein Perikles. Obgleich sein Auftritt im Krieg kurz ist, zeichnet Thukydides ein Porträt, das so eigen- wie einzigartig ist. Eine solche Würdigung hat kein anderer Staatsmann oder Feldherr in der antiken Geschichtsschreibung gefunden. Mit seiner Bewunderung für den Athener steht Thukydides in der Antike (nicht in der Moderne) aber allein. Die sonstigen historiographischen Quellen, von den Philosophen wie Aristoteles und Platon mit ihrer negativen Einschätzung ganz zu schweigen, teilen sie nicht.
In der Darstellung des Peloponnesischen Krieges und seines Vorfeldes dauert Perikles' Wirken ganze zwei Jahre, von 432 bis 430, das letzte Lebensjahr – Perikles stirbt 429 – ist ausgeblendet. Obwohl Perikles aber nach Kapitel 2.65, der umfassenden Laudatio, nicht mehr erwähnt wird, ist er doch noch den ganzen Krieg über im Werk präsent, und zwar in den Fehlern seiner – so jedenfalls der Historiker – unfähigen Nachfolger. Thukydides arbeitete bis zu seinem Tode am Bild des Perikles, und wer das Werk als Ganzes verstehen will, muß dieses Bild in allen seinen Facetten kennen. Der Thukydideische Perikles weist weit über den Archidamischen Krieg hinaus, denn was der Historiker den «Späteren» an Mängeln vorzuwerfen hatte, addierte er auf Perikles' Habenseite als Vorzüge. So sind alle wichtigen Züge seines Porträts nach 404, also nach Kriegsende, entworfen.
Erwähnt wird Perikles bereits in der *Pentekontaetie*, doch tritt er hier nur ganz punktuell als Stratégos auf. Vorgestellt wird er aber bereits als «der mächtigste Mann seiner Zeit», seine Feindschaft zu Sparta wird sofort betont: «Er arbei-

tete überall den Spartanern entgegen, gestattete keine Nachgiebigkeit und trieb die Athener in den Krieg» (1.127.3). Thukydides hält Perikles indes keineswegs für einen Kriegstreiber, dieser erkennt vielmehr als einziger, daß der Dualismus zwischen Sparta und Athen mit Notwendigkeit in einen Krieg mündet, und sucht diesen daher zu Athens Bedingungen, d.h. in den Zeiten wirtschaftlicher Überlegenheit, zu führen. Er durchschaut die spartanischen Friedensangebote als Lug und Trug, athenische Friedenswünsche als Illusion. Für Thukydides – er betont das noch nach 404 – stammt auch der Plan «Defensive zu Land, Offensive zur See», mit dem der Krieg unweigerlich zu gewinnen wäre, von Perikles, und der Historiker gibt sich anfangs des zweiten Buches viel Mühe, dessen Richtigkeit zu belegen. Er tut das indirekt durch eine knappe Schilderung der Ereignisse, in welcher Perikles wiederum herausragt, indem er die Krise, die mit dem Einmarsch der Peloponnesier in Attika entstand, fast allein meistert, und direkt, indem er ihm eine zweite Rede, diesmal in der *oratio obliqua*, gibt, in welcher er mit einem Überblick über die athenischen Rüstungsvorbereitungen und einer Bilanz der zur Verfügung stehenden Geldmittel den Krieg nochmals mit überzeugenden Gründen rechtfertigt. Was für einen erfolgreichen Krieg erforderlich ist, die richtige Einsicht der Handelnden und ein Überschuß an Geld, besitzt Athen, das erste in der Person des Perikles, das zweite in den Tempelkassen.

Thukydides überläßt das athenische Handeln im ersten Kriegsjahr ausschließlich Perikles und bereitet damit auch die Ehrung vor, für die ihn die Athener im Winter 431/0 ausersehen. Als «der Würdigste», als ein «Mann von höchster Klugheit und höchstem Ansehen» – die Zahl der Superlative ist an dieser Stelle Legion – wird er auserkoren, den *Epitaphios*, die Leichenrede auf die Gefallenen des ersten Kriegsjahres, zu halten. Mit ihr, d.h. mit dem, was Thukydides als Perikleisches Gedankengut ausgibt, beginnt die dreiteilige Gesamtwürdigung des Staatsmannes, bestehend aus der eben genannten Rede, einem zweiten Logos, der *Trostrede* – benannt nach der Situation, in der sie gehalten wird, dem Einbruch der Pest –, und schließlich dem großen *Enkomion* des Historikers selbst.

Der *Epitaphios* ist, wie gezeigt, der große Hymnus auf die athenische Demokratie, aber diese ist durch Perikles verkörpert, der zwar hier nicht ihr Schöpfer, wohl aber ihr Lenker und Bewahrer ist. In der *Trostrede* schließlich darf Perikles nochmals seine Kriegspolitik begründen, ungeachtet der Zerstörungen in Attika, ungeachtet der Gefallenen, deren Zahl allerdings anfangs noch klein war, aber auch ungeachtet der vielen Pesttoten erscheint sie als gerechtfertigt, nicht weil Thukydides über Perikles bellizistische Positionen vertreten möchte, sondern weil er meint, Athen habe keine Möglichkeit besessen, dem Kampf um die Hegemonie auszuweichen. Das Besondere an den beiden Perikles-Reden ist ihre Doppelfunktion. Sie sind nach Kriegsende geschrieben und spiegeln so eher die Situation von 404 als diejenige des Kriegsbeginns von 431. Perikles wird nun zum Sprachrohr des Thukydides; der Trost, den die Reden spenden, besitzt einen doppelten Adressaten. Der Held wendet sich an die Athener von 430, der Historiker an das athenische Publikum des 4. Jahrhunderts, für das er sein Werk schrieb.

Direkt an die *Trostrede* schließt sich die Würdigung des Perikles an. Thukydides berichtet kurz von der Absetzung und Wiederwahl des Strategós im Frühjahr 429, um dann – auf die Ereignisse des nächsten halben Jahres bis zum Tod des Perikles geht er nicht mehr ein – sein Fazit zu ziehen. Es ist ein doppeltes, denn er verbindet die Vita seines Helden mit dem Ausgang des Krieges – ein Vierteljahrhundert vor seinem Ende – und demonstriert damit nochmals die Bedeutung, die Perikles für ihn hat. Er ist das Medium seiner Kritik am Demos, an der Regierungsform und der Art der Kriegführung, und das ist auch der Grund, warum Perikles nicht nur bis 411 – dem letzten geschilderten Jahr –, sondern bis 404 lebendig bleibt, denn das *Enkomion* imaginiert das letzte Kriegsjahr. Perikles, «mächtig durch sein Ansehen und seine Einsicht, in Geldangelegenheiten rein und unbestechlich», gibt das Konzept vor, mit dem der Krieg zu gewinnen war: «Wenn sie Ruhe bewahrten, die Flotte instand hielten, ihre Herrschaft während des Krieges nicht erweiterten und die Stadt nicht aufs Spiel setzten, dann, so sagte er (Perikles), würden sie siegen», und er lebt vor, was der Stadt am dienlichsten war, nämlich «die Masse in Freiheit (das ist betont, Perikles ist kein Tyrannos) niederzuhalten und ihr nicht zu Gefallen zu reden, um die Macht mit unlauteren Mitteln zu erlangen». Damit ist via Perikles auch der Grund genannt, der Athen letztlich scheitern ließ: «Die Späteren, einer ziemlich wie der andere und jeder nur bemüht, der erste zu werden, sanken so tief, den Launen des Volkes sogar in der Staatsführung nachzugeben.» Der Schluß des vorweggenommenen Schlusses bestätigt, wie richtig der Eintritt in den Krieg war, dessen Erfolg von den Nachfolgern des Perikles verspielt wurde, weil sie sich nicht an dessen Maxime hielten: «Ein so gewaltiger Überschuß an Mitteln stand Perikles damals zur Verfügung, auf Grund deren er als sicher voraussah: Athen werde ganz leicht gegen die Peloponnesier allein den Krieg gewinnen.»

Einen militärischen Helden unter den Athenern zu finden, war für Thukydides schwer. Perikles war 431 bereits ein alter Mann. Dazu gab es in der

Helden

Anfangsphase des Krieges, wie gesagt, nicht die Schlachten, die erinnerungswürdig waren, oder sie wurden – wie diejenige am Delion – verloren. Die Strategen wechselten einander rasch ab und sie waren zahlreich. Alkibiades hätte zum Helden werden können, und es gibt Ansätze, die vermuten lassen, daß Thukydides ihn für einen fähigen Feldherrn hielt, doch er wurde als *Strategòs Autokrátor* auf dem Weg nach Sizilien abberufen und auch nach seiner Rückkehr gaben die Athener ihm – abgesehen davon, daß das Werk hier abbricht – wenig Gelegenheit, das zu zeigen, was er im Krieg leisten zu können schien. So wurde Brasidas der militärische Held, und das bot einen doppelten Vorteil. Brasidas' Genie, das auch noch in bewußtem Gegensatz zur Inkompetenz des Strategen Kleon gesetzt wird, entschuldigt zum einen in gewisser Weise das – in Athener Augen – Versagen des Strategen Thukydides, zum anderen gibt es dem Historiker Thukydides gleichzeitig den Nimbus der Unvoreingenommenheit. Wie die Würdigung in Kapitel 2.65 Perikles, so macht die Charakteristik in Kapitel 4.81 Brasidas zum alles überstrahlenden Helden. Der Sphäre ihrer Mitmenschen entrückt, steigen beide zu Heroen auf, ihre Leistungen zur Lebenszeit lassen sie nach ihrem Tod zur ständigen Mahnung werden. Sie geben das Maß für die Nachfolger vor, die es – mit ähnlichem Ansehen – dann weder in Athen noch in Sparta geben wird. Der eine bleibt als weitsichtiger Staatsmann in Erinnerung, der andere als Feldherr, der nicht nur zu siegen, sondern auch den Sieg zu nutzen versteht. Die Helden des Thukydides besitzen immer eine Funktion, der Historiker deutet mit ihren Porträts das Geschehen. Die Helden des Herodot sind zum Teil Schmuck: Sie individualisieren den Krieg und erhöhen die Spannung der Handlung. Sie ermöglichen Herodot aber auch Prolepsen auf künftige Entwicklungen und bergen verkappte Kommentare zur ‹Zeitgeschichte›, also der Pentekontaetie.[5]

7.

DER MENSCH

Götter und Sophisten

Herodot schrieb die Geschichte der Menschen, und Menschen gestalten bei ihm auch ihre Geschichte. Über diesen freilich agieren die Götter und, wo Geschichte dramatisch wird, Reiche und Könige stürzen, sind auch sie meist mit Erscheinungen, Orakeln oder Träumen im Spiel. Sie greifen offenkundig in die Belange der Menschen ein, bestimmen von Fall zu Fall das Schicksal Einzelner oder wissen zumindest dessen Gang voraus. Die Götter treten nicht mehr persönlich auf wie bei Homer. Über das Wesen des Göttlichen, des *Theion* oder *Daimonion*, oder des Gottes (*Theos*) macht Herodot keine Aussagen, sondern offenbart es im erzählten Geschehen. Er scheint überzeugt, daß es eine auf die Ereignisse wirkende göttliche Kraft gibt. Das Prinzip, das dem Geschehen zugrunde liegt, ist das der Vergeltung. Als Kausalität kann sie nicht ohne weiteres erkannt werden, denn das Eingreifen muß nicht sofort sichtbar werden, es können Generationen zwischen Ursache und Wirkung vergehen. Der Mensch macht sich bei seinem Glücksstreben schuldig, wenn er die von den Göttern gesetzten Grenzen, die oft nur vom Neid diktiert sind, überschreitet. Stolz (*méga phronéeis*) gebührt den Göttern (7.10); die Menschen müssen sich ihrer Sterblichkeit bewußt sein.

Was Herodot glaubte, als er an den letzten Büchern arbeitete, ist schwer zu sagen und führt in den Bereich der Spekulation. Mit entsprechender Akribie lassen sich aus dem Werk Argumente für einen «theologischen» Herodot finden, der tief im Götterglauben verwurzelt ist, und für einen Historiker, der von der sophistischen Aufklärung geprägt ist, die sich in Athen spätestens in den dreißiger Jahren entfaltete, als er an seinem Werk arbeitete. Interessant ist jedenfalls die Beobachtung in den Dramen des Euripides, daß dessen *Alkestis*

Götter und Sophisten

von 438 noch frei von sophistischen Kunstmitteln wie zum Beispiel der Antithese ist, die *Medeia* von 431 dagegen viele dieser Art aufweist. Herodot schrieb so spät, daß er noch von der Sophistik beeinflußt werden konnte. Sein Interesse an kulturellem Fortschritt oder an Erfindungen, an den Ursprüngen von Kultur und Religion, vor allem aber auch an sprachlichen Neuerungen, die Art und Weise, wie er ein Thema von verschiedenen Seiten beleuchtet oder wie er ungeachtet seines Glaubens an die Mantik Erscheinungen rational deutet, das alles deutet auf eine Auseinandersetzung mit der Sophistik hin. Es werden auch einzelne Sophisten wie Gorgias, Protagoras, Hippias oder Antiphon genannt, deren Spuren sich bei ihm finden sollen, doch der Nachweis ist schwierig, da er selbst keine Namen nennt. In Athen wird er sophistische Lehrer getroffen haben, und Prodikos gehörte wie er selbst zu den ersten Kolonisten von Thurioi. Ganz unbestritten von sophistischem Denken geprägt ist im übrigen die berühmte Verfassungsdebatte, und so fällt es schwer zu glauben, die radikale Abkehr von den (überlieferten) Göttern, wie sie in den Fragmenten verschiedener Sophisten zu Tage tritt, hätte ihn unberührt gelassen. Herodot lebte jedenfalls in einer Übergangszeit, und mit Sicherheit können wir annehmen, daß er am Ende seines Lebens nicht mehr derjenige war, der sich in der Nachfolge eines Hekataios auf Reisen in den Osten (wieweit auch immer) begeben hatte. Das Mindeste also ist, Wandlungen auch in den religiösen Vorstellungen anzunehmen. Daß Herodot auch einer neuen Zeit angehört, deren Gedanken er sich nicht verschließen kann oder will, zeigt im übrigen nicht zuletzt die Traumsequenz im Kronrat. Artabanos legt dort zunächst Widerspruch gegen Xerxes' Interpretation eines Traumes ein: Die Träume kämen nicht von den Göttern. Im Traum sähe der Schlafende die Dinge, an die er bei Tage gedacht habe. Das sind Vorstellungen, wie sie auch Hippokrates formuliert, und die sicherlich in die zweite Hälfte des 5. Jahrhunderts gehören. Artabanos allerdings verwirft seine aufklärerischen Gedanken wieder und unterwirft sich dem *Daimon*, als dieser auch ihm erscheint. Die Haltung Herodots erscheint mithin als gespalten. Auf der einen Seite ist er von neuen, aufklärerischen Gedanken beeinflußt, auf der anderen aber noch dem alten Götterglauben verpflichtet. Er steht gleichsam zwischen zwei Richtungen, zwischen Tradition und Moderne, und entscheidet sich für beide. Nicht auszuschließen freilich ist, daß die Bekehrung des Artabanos auch ein durchaus bewußter Affront gegen die säkularisierten Zeitgenossen ist.
So wenig die Menschen dem verhängten Schicksal entgehen können, so entscheiden sie doch selbst. Das macht Herodot zum Historiker, wenngleich der

Der Mensch

Glaube an das Eingreifen der Götter oft den Blick auf menschliche Verursachungen verstellt. Die Tiefe Thukydideischer Analysen erreichte Herodot nicht, aber für ihn waren auch die Geschichten wichtiger als ihre Ursachen. Auf die Götter will er nicht verzichten, nicht nur, weil er – zumindest anfangs – an sie glaubte; sie erhöhen zudem auch die Spannung.[1]

★

Thukydides: Noch stärker als auf Herodot wirkte der Einfluß der Sophistik auf Thukydides und das erklärt zum Teil den inhaltlichen Abstand zwischen beiden. Stilmittel, wie sie etwa Gorgias empfiehlt, haben beide benutzt. Auch für Thukydides gilt, daß sophistisches Denken – wie bei dem geistesverwandten Dramatiker Euripides – nur indirekt und wenig nachweisbar ist. Zitate sophistischen Denkens sind nicht verfügbar, zumal das, was Sophistik heißt, ja nur in Fragmenten überliefert ist. An einer Stelle seines Werkes lobt der Historiker den Redner Antiphon, dessen Identität mit dem Sophisten gleichen Namens mittlerweile als so gut wie gesichert gilt, als «meisterhaft im Durchdenken der Dinge und im Vermögen, was er dachte, auch auszudrücken» (8.68.1). Ansonsten gibt es kein Zeugnis. Thukydides' System der Reden und Gegenreden, mit denen verschiedene Seiten eines Problems erörtert werden, scheint von den *Dissoì Lógoi* (*Zweierlei Reden*) des Protagoras inspiriert zu sein, dem zufolge es über jede Sache zwei Aussagen gebe, die einander entgegengesetzt seien. Fragen nach dem Recht des Stärkeren, nach dem Verhältnis von Nützlichkeit und Gerechtigkeit, nach menschlichen Trieben wie der *Pleonexia* (Mehrhabenwollen) wurden von den Sophisten aufgeworfen. Thukydides hat sie aufgenommen, ohne daß er aber beispielsweise das Recht des Stärkeren bejaht hätte. Er konstatiert nur bestehende Machtverhältnisse, ohne daß er diese explizit billigt oder mißbilligt.

Unbestritten geprägt ist Thukydides von den Göttervorstellungen der Sophisten oder der sogenannten Naturphilosophen. Thrasymachos, Prodikos und Protagoras, Diagoras von Melos oder Anaxagoras lebten und wirkten nach der Mitte des 5. Jahrhunderts in Athen, mindestens zwei, Protagoras und Anaxagoras, galten als Vertraute des von Thukydides bewunderten Perikles. Für Thrasymachos existieren Götter, aber sie kümmerten sich nicht um die Belange der Menschen: «Die Götter haben das menschliche Treiben nicht im Auge; denn sonst hätten sie nicht die größte unter den Gütern der Menschen außer acht gelassen, die Gerechtigkeit ...». Berühmt wurde die agnostische Position des Protagoras durch den Einleitungssatz seines Werkes *Über die Götter*: «Über die Götter allerdings habe ich keine Möglichkeit zu

Götter und Sophisten

wissen weder, daß sie sind, noch daß sie nicht sind, noch, wie sie etwa an Gestalt sind; denn vieles gibt es, was das Wissen hindert: die Nichtwahrnehmbarkeit und daß das Leben der Menschen kurz ist.» Einen radikalen Atheismus vertraten erst, hauptsächlich in den zwanziger Jahren, Diagoras und Prodikos.

Viele der Philosophen wurden in Athen als *Atheoi* angeklagt, Protagoras floh vor dem Urteil, Diagoras und Anaxagoras konnten nach dem Todesurteil entkommen. Im Falle des Diagoras von Melos wissen wir, daß die Verurteilung auch politischer Natur war. Er hatte nach der Eroberung seiner Heimatinsel die Eleusinischen Mysterien verunglimpft. In jedem Fall bedeutet die Charakteristik als *átheos* zunächst nicht die Leugnung von Götter – diese Bedeutung ist erst in Platons *Apologie des Sokrates* (26c) aus dem frühen 4. Jahrhundert nachweisbar –, das Adjektiv wurde allgemein im Sinne von «gottverlassen», «ruchlos», «frevelhaft» gebraucht.

Schon die Antike glaubte, Belege für die Beschäftigung des Historikers mit den Sophisten zu haben. Dem Redelehrer Antyllos zufolge (Markellinos 36) ahmte er stilistisch Gorgias und Prodikos nach, hörte Antiphon und Anaxagoras und galt daher als «stiller Atheist» (Markellinos 22). Diese Behauptung ist sicherlich aus der Lektüre des Werkes gesponnen, aus welcher die Götter ausgeschlossen sind, ohne daß sich Thukydides freilich mit eigenen Worten zu irgendeiner Art von Agnostizismus oder gar zum Atheismus bekennt.

Dennoch unterscheiden sich Herodot und Thukydides in keinem Punkt so stark wie in der Frage nach der Rolle der Götter. Wenn Sokrates – nach einem Wort Ciceros (Tusc. 5.10) – die Philosophie auf die Erde geholt hat, dann Thukydides die Geschichtsschreibung. Bei ihm sind die Götter keine wirkende Kraft mehr. Sie pflegen eine Randexistenz in den Reden der Staatsmänner und Feldherren. Bei jenen werden sie als die Bewahrer der Eide beschworen, bei diesen als Helfer aus einer militärischen Notsituation. In den Vertragswerken und im Alltagsleben sind die Götter auch bei Thukydides noch am Leben, doch es ist ein im doppelten Sinne formelhaftes.

Der Historiker glaubt nicht an die Frömmigkeit derer, die sich auf die Götter berufen, insbesondere wenn es gilt, dem Gegner zu schaden. Die Götter werden zum Spielball der Propaganda. So forderten die Spartaner im Vorfeld des Peloponnesischen Krieges die Verbannung des Perikles, weil seine Vorfahren angeblich im 7. Jahrhundert in eine Aktion verwickelt waren, bei der Anhänger eines Adligen namens Kylon, der sich durch einen Putsch zum Tyrannen aufschwingen wollte, niedergemacht wurden, obwohl sie sich an die Altäre der

Göttinnen (gemeint sind die Eumeniden) geflüchtet hatten. Thukydides berichtet, die Spartaner hätten verlangt, diesen Frevel zu tilgen, angeblich, um den Göttern Genüge zu tun. Es ist einer der seltenen Fälle, in denen der Historiker ironisch wird, denn die Absicht der Spartaner war viel zu offensichtlich, als daß er sie hätte noch entlarven müssen. Er verschweigt auch nicht, daß die Athener ihrerseits darauf bestanden, die Spartaner müßten den Göttern Sühne leisten, und dafür gleich zwei Tempelverletzungen ihrer Gegner anführten.

Der Glaube an die Götter, den Herodots Personal in den Perserkriegen noch kennt, ist den Parteien des griechischen Bürgerkriegs ein halbes Jahrhundert später – so jedenfalls Thukydides – fast gänzlich abhanden gekommen. Der Historiker formuliert das knapp in seiner Analyse der Stasis von Kerkyra, die für ihn allgemeingültig ist: Wo es gegenseitiges Vertrauen gäbe, da basiere dies weniger auf göttlichem Recht als auf gemeinsam verübtem Unrecht.

Apollon, der Gott von Delphi, der bei Herodot so wirksam in das Leben der Menschen und der Völker eingreift, kommt auch bei Thukydides noch vor, aber nur als ein quasi historisches Phänomen, von dem sich Ratsuchende Hilfe und Unterstützung erhoffen. Auf die Geschicke des Krieges hat er nur soviel Einfluß, wie ihm die Menschen zumessen. Die Götter schicken keine Träume mehr und die Orakel gehören ihnen nur noch dem Namen nach. Die Mantik ist für den aufgeklärten Thukydides leeres Gerede. Prophezeiungen und Vorzeichen bleiben ein Faktor im Kriegsgeschehen, aber nur, weil es Feldherren gibt, die noch an sie glauben. Thukydides tut dies nicht, aber er sieht, was dieser Glaube bewirkt. Athens kriegsentscheidende Niederlage im Peloponnesischen Krieg war auch die Folge verhängnisvollen Aberglaubens. Der befehlshabende Stratege, Nikias, beeinflußt von den Sehern (*Mánteis*), die das Unternehmen begleiteten, verschob die Beratung über die Ausfahrt der athenischen Flotte aus dem Hafen von Syrakus wegen einer Mondfinsternis um dreimal neun Tage. Schiffe und Besatzung wurden später vernichtet. Thukydides begegnet dem in seinen militärischen Unternehmungen unglücklichen Nikias immer mit Respekt, und so kommentiert er – und das ist bei ihm schon ungewöhnlich – das Verhalten mit einer sarkastischen Parenthese, die seine eigene Meinung deutlich verrät: «Er (Nikias) gab wohl etwas zuviel auf Propheterei und dergleichen» (7.50.4).

Am deutlichsten ist der Bruch mit den Göttervorstellungen Herodots im Melier-Dialog vollzogen, der Thukydideische Gedanken wie sonst nirgendwo mehr im Werk reflektiert. Thukydides spricht nicht selbst, sondern läßt sprechen, nämlich die Athener, aber aus der Gesamtschau aller Logoi ergibt sich, daß das, was als (fiktive) Meinung des Werkpersonals formuliert ist, allein dem Autor gehört. Beide Seiten diskutieren nach dem athenischen Überfall die Chancen des Widerstandes, für den sich die Melier auch die Hilfe der Götter erhoffen: «Schwer scheint es auch uns, das sollt ihr wissen, gegen eure Macht und das Schicksal, wenn es nicht gleich zu gleich steht, anzukämpfen. Dennoch vertrauen wir fest darauf, daß uns das Schicksal, das aus der Hand der Gottheit kommt, nicht benachteiligt, weil wir, die wir an der göttlichen Ordnung festhalten, gegen Ungerechte stehen ...». Die Antwort der Athener ist knapp: «Nun, am Wohlwollen der Gottheit, so glauben wir, fehlt es auch uns nicht. Denn nichts von dem, was wir begehren oder tun, steht im Widerspruch zur Vorstellung, die die Menschen von den Göttern haben, und zu dem, was sie glauben, voneinander zu wollen. Wir glauben nämlich, daß die Götter wahrscheinlich, die Menschen aber ganz gewiß allezeit nach dem Zwang ihrer Natur über das herrschen, was sie unter ihre Macht bringen können ... So brauchen wir nach aller Wahrscheinlichkeit von der Gottheit keine Nachteile zu fürchten.» (5.104 f.)

Es ist nur eine scheinbar agnostische Position, die die Athener und Thukydides hier einnehmen. Beide sind sich sicher, daß keine Gottheit in diesen Kampf eingreifen wird und daß es keine göttliche Bestrafung für das Vorgehen der Athener geben wird. Was diese tun, scheint auch für Thukydides Hybris zu sein, doch es ist keine Übertretung göttlicher Gebote, sondern eine Verletzung der politischen Vernunft. Zur späteren Niederlage in Sizilien führen politisch-militärische Fehler, nicht der Neid der Götter. Bei Thukydides macht der Mensch seine Geschichte, und er ist deren Maß.[2]

Biographische Ansätze

Herodot: Wie die Geschichtsschreibung, so kommt auch die Biographie – jedenfalls was das literarische Genus im engeren Sinn betrifft – aus Griechenland. Sie entstand im 4. Jahrhundert und nahm ihren Aufschwung in den Zeiten des Hellenismus. Ihr Höhepunkt fällt in der Antike in die römische Kaiserzeit und ist mit den Namen Sueton und vor allem Plutarch verknüpft. Die Grenzen zwischen Historiographie und Biographie verschwammen mitunter wie in den *Philippika* (Geschichte Philipps II. von Makedonien) des Theopomp von Chios aus der zweiten Hälfte des 4. Jahrhunderts, und so bemühte sich bereits der Historiker Polybios um eine Abgrenzung (10.21, 8.13). Der griechischen Polis, die sich als «personale Gemeinschaft» verstand und so handelte, war die Überbetonung des Individuellen fremd. Personen, die aufgrund militärischer Erfolge zu starken Einfluß in der Polis gewannen, wurden aus ihr verstoßen. Die berühmtesten Beispiele sind die sogenannten Sieger der Perserkriege, der Athener Themistokles und der Spartaner Pausanias. Erst als die strenge Bindung an die Poliswelt schwand, das Handeln von Einzelpersonen zunehmend an Gewicht gewann und monarchische Staaten wie Makedonien zu Hegemonialmächten wurden, war der Boden für die Biographie bereitet. Mit Alexander dem Großen wurden Werke dieser Gattung dann schon fast inflationär.

Herodot und Thukydides schrieben, wie in den jeweiligen Vorwörtern auch betont, die Geschichte von Völkern, Ländern und Stadtstaaten, und doch gibt es schon bei ihnen Ansätze zu biographischer Gestaltung. Nur auf den ersten Blick überrascht, daß es zwei «Feinde» sind, über deren Leben Herodot Näheres berichtet – die Großkönige Kyros und Kambyses. Zum einen bilden deren Regierungszeiten die chronologische Richtschnur des Werkes, zum anderen wurde der Sieg über die Perser in Griechenland als Erfolg der verbündeten Städte und Inseln angesehen. Verdienste von Einzelpersonen mußten mithin zurücktreten. Als Pausanias, der Heerführer der Spartaner bei Plataiai, seinen Namen auf der berühmten Schlangensäule in Delphi anbrachte, ließen ihn die Lakedaimonier sofort tilgen und stattdessen die Namen der beteiligten Poleis eintragen.

Kyros

In den Monarchien des Ostens stand *per se* eine Einzelperson, der König, im Mittelpunkt, und dem trägt auch Herodot Rechnung. Im langen ersten Buch ist es Kyros der Große, dem der Historiker gleichsam von der Geburt bis zum Tod folgt. Zwischen beiden Endpunkten werden nach einem exzeptionellen Blick auf ein Ereignis der Kindheit die Eroberungszüge geschildert. Der Anlage des Werkes folgend unterbrechen ethnographische Exkurse die Vita immer dort, wo Kyros auf fremde, dem Leser unbekannte Völker und Städte trifft. Ansonsten verfährt Herodot streng chronologisch, wie es das Prinzip der antiken Biographie war, abgesehen von einer erzwungenen Ausnahme. Da der Lyder-Logos demjenigen über Kyros vorausgeht, weil Kroisos als erster die Griechen unterwarf, ist dort schon das Aufeinandertreffen des Großkönigs mit ebendiesem Kroisos und den von ihm besiegten Griechen erzählt. Herodot berichtet, wie gesagt, nicht annalistisch.

Die Vita des Kyros setzt mit Kapitel 1.107 ein. Allein die Geburtsgeschichte ist dem Historiker über 20 Kapitel wert. Traumorakel bestimmen sie. Ein erstes veranlaßt den Mederkönig Astyages seine Tochter nicht mit einem Vornehmen seines Volkes, sondern mit einem Perser zu verheiraten, ein zweites warnt ihn vor dem Kind aus dieser Beziehung, seinem Enkel, denn es werde statt seiner König werden. So beschließt Astyages, das Kind beseitigen zu lassen, doch dieses wird vertauscht und wächst in der Familie eines einfachen Hirten heran. Schon in jungen Jahren aber zeigt der scheinbare Hirtensohn im Spiel seine (ererbten) herrscherlichen Tugenden, Astyages erfährt davon und erkennt sich in dem unbekannten Jungen wieder. Er erfährt die Hintergründe und schickt seinen Enkel, den er nun nicht mehr fürchtet, denn das Orakel scheint sich schon mit dem Königsspiel des Kindes erfüllt zu haben, zu seinen leiblichen Eltern nach Persien. Kyros, sich seiner Herkunft bewußt und aufgehetzt von einem abtrünnigen Meder, der ihn als Kind gerettet und nach Aufdeckung der Vertauschung von Astyages grausam bestraft worden war – er setzte ihm den eigenen Sohn zum Mahl vor –, zieht gegen seinen Großvater in den Krieg und besiegt ihn, die vormals unterdrückten Perser unterwerfen die Meder. In der Geschichte eines Einzelnen spiegelt Herodot die Geschichte eines Volkes. Entsprechend schnell geht die Kindheits- in die Kriegsgeschichte über. Kyros wird bei Herodot rasch zu dem Eroberer, als der er sich einen Namen gemacht hat. Nach den Medern unterwirft er die Lyder und die Griechen, es folgen die Babylonier und schließlich das große Volk der Massageten. Im Kampf gegen sie findet der große Kyros seinen Meister, und das ist, wie gesehen, eine Frau, die Königin Tomyris. Kyros nimmt ein böses Ende, aber desungeachtet charakterisiert Herodot ihn sowohl als sieghaften Kriegsherren wie auch als einen Mann von Verstand und Wohlberatenheit. Den Kriegszügen gegen Meder, Lyder, Babylonier und Massageten geht jeweils eine erfolgreiche List voraus – eine List, die freilich noch fatale Folgen zeitigt –, ersonnen vom König selbst oder seinen Beratern. So verbindet sich das erste mit dem neunten Buch. Herodot braucht für sein Schlußkapitel (9.122) einen klugen Kyros, denn er wird – verklausuliert – anstelle des Autors eine Warnung an die Griechen der Pentekontaetie aussprechen.

Kambyses
Die biographische Skizze, die Herodot in den Kapiteln 1 bis 66 des dritten Buches von Kyros' Nachfolger Kambyses gibt, ist im Gegensatz zu derjenigen

Der Mensch

des Vorgängers relativ geschlossen und nur von wenigen und kurzen Exkursen unterbrochen. Sie wahrt sogar eine bestimmte Einheit des Ortes, denn sie behandelt mit Rückverweisen nur die ägyptische Zeit. Ein Vorverweis in Kapitel 2.1 dient allein dazu, den großen ägyptischen Logos einzuleiten, mit dessen Ende nun auch in 3.1 die Vorgeschichte dieses Krieges erzählt wird, also das (erfundene) Motiv für die Eroberung des Nillandes. Wie im Prolog des Gesamtwerkes entzündet sich der Krieg der Männer an Frauen, und das gibt Herodot Gelegenheit, nochmals auf Abstammung und Geburt des Kambyses zurückzukommen. Danach fällt der Blick wieder auf Ägypten. Mit der Annektierung des Landes erreicht das Perserreich seine bisher größte Ausdehnung. Kambyses ist erfolgreich, doch das interessiert Herodot weniger. Es ist der Furor des Großkönigs, der immer wieder hervorgehobene «Wahnsinn», der dessen Lebensbeschreibung jetzt bestimmt. Es beginnt mit den größenwahnsinnigen Plänen, zur See gegen Karthago zu fahren, die weit entfernten Äthiopier zu bekriegen und durch die Wüste bis zur Ammon-Oase vorzustoßen. Die Schiffe aber, die gegen Karthago segeln sollen, verlassen nicht einmal den Hafen, denn die Phoiniker weigern sich, gegen ihre Nachfahren zu kämpfen, der Zug gegen die Äthiopier muß abgebrochen werden, da er mangelhaft vorbereitet ist, und das Heer, das die Oase brandschatzen soll, versinkt mit Mann und Maus im Wüstensand.

Das ist der Auftakt, doch der Wahnsinn des Kambyses zeigt sich, Herodot zufolge, vor allem in seinem Verhalten nach innen. Der Großkönig demütigt vor den Augen des besiegten Pharao dessen Tochter, der Sohn wird getötet, die Leiche des Vaters geschändet. Kambyses läßt Statthalter hinrichten und Priester auspeitschen. Mit eigener Hand – Höhepunkt des Frevels – sticht er den heiligen Apis-Stier nieder und verspottet ihn. Aufgrund eines fehlinterpretierten Orakels tötet er den eigenen Bruder und in einem Wutanfall auch eine der beiden mit ihm verheirateten Schwestern. Herodot zählt weitere Grausamkeiten gegen adlige Perser auf, um abschließend zu konstatieren, daß Kambyses «in hohem Maße» wahnsinnig gewesen sein müsse.

Kambyses' Tod erscheint schließlich als Rache des Gottes, denn er stirbt, als er nach Persien zurückkehren will, wie der Apis-Stier an einem Stich in den Oberschenkel. Herodot gibt Kambyses allerdings noch *ultima verba*, in denen sich der Großkönig – nach dem bisher Erzählten überraschend – einsichtig zeigt und sich um das Wohl seines Landes sorgt. Indem Herodot ihm die Mahnung in den Mund legt, alles zu tun, damit die Vorherrschaft nicht wieder an die Meder gehe, knüpft der Historiker an den Beginn der Kyros-Erzählung

Biographische Ansätze

an und beendet damit seinen Bericht von der ersten Etappe des persischen Aufstiegs. Der Nachfolger Dareios wird nun seinen Blick – im Norden scheitert er – nach Westen richten.

Herodot erzählt das Leben der beiden Großkönige zunächst einmal, weil er über die entsprechenden Quellen verfügt, die es zu den griechischen Antipoden offenbar in dem, was über das Kriegerische hinausgeht, nicht in gleicher Fülle gibt. Zudem enthält das Material Anekdoten, Geschichten mit überraschenden Wendungen, durch ihre Fremdartigkeit beeindruckende Faszinosa, dazu Orakel, die sich nur erfüllen, weil sie umgangen werden sollen, Träume, Prophezeiungen, die ganze Palette dessen, was einem griechischen Leser spannend erscheinen konnte und was er wie Kindesaussetzung und -vertauschung, Verwechslungen, Kannibalismus, Rollentausch und Rache aus der griechischen Mythologie kannte. Hinter dem allen treten dann doch die Personen zurück. Kambyses ist vor allem Beispiel für das persische Despotentum, wie es in der Vorstellung der Griechen existierte, und er ist nicht zuletzt eine vorweggenommene Illustration dessen, was wenig später noch im selben Buch in der Verfassungsdiskussion über die Schattenseiten der Alleinherrschaft gesagt wird.[3]

*

Thukydides: Wenige antike Historiker scheinen dem Biographischen so fern zu stehen wie Thukydides. Personen werden nur im Zusammenhang mit Feldzügen erwähnt oder wenn sie vor dem Volk oder vor dem Heer sprechen. Mit Ausnahme des Perikles sterben alle, deren Tod in die Zeit des Peloponnesischen Krieges fällt, in der Schlacht oder – wie Nikias und Demosthenes – im Gefolge einer Schlacht. Privates ist dem Historiker gänzlich verpönt. Auch über Sprecher hochpolitischer Reden wie Diodotos erfährt der Leser nichts Näheres. Thukydides nennt nicht mehr als den bloßen Namen. Selbst Perikles, der «Held» des Werkes, ist ein Mann ohne Geburtsjahr, ohne Familie, ohne soziale Kontakte. Allein über sich selbst gibt der Historiker bescheidene Auskünfte. So muß umso mehr überraschen, wenn sich Passagen im Werk finden, die sich als biographisch verstehen lassen, insofern sie in chronologischer Reihenfolge Stationen aus dem Leben großer Persönlichkeiten der griechischen Geschichte erzählen. Es sind deren zwei, die im Vergleich vorgestellt werden, und zwar – dies nun nicht überraschend – Pausanias und Themistokles. In gewisser Weise ist Thukydides also – lange vor Plutarch – der Erfinder der Parallelbiographie. Die Exkurse über Pausanias und Themistokles, von Thukydides selbst als bedeutendste Personen ihrer Zeit bezeichnet, sind durch die

Parallelität des Aufbaus kompositorisch verzahnt und in ihren einzelnen Teilen aufeinander bezogen, d.h. einheitlich konzipiert und zu *einer* Zeit niedergeschrieben. Der Historiker erzählt dabei die beiden Viten gleichsam in zwei Etappen, den ersten Teil zu Beginn der *Pentekontaetie* (1.90–93,94–96), den zweiten als Einschub in die Schilderung des Propagandakampfes zwischen Athenern und Spartanern (1.128–135, 136–138), der dem Krieg unmittelbar vorausging.

Eine Doppelbiographie
Die Viten setzen mit dem Jahr 479 ein. Das Trauma der Eroberung Athens führte, wie gesehen, nach Kriegsende zu dem schnellen Entschluß, die Stadt durch einen Mauerring uneinnehmbar zu machen. Da sie mittlerweile auch über die bestgerüstete Flotte verfügte, entwickelte sich damit ein Drohpotential, das auch die eigenen Symmachoi schreckte. Ausführlich schildert Thukydides daher zu Beginn der *Pentekontaetie*, wie Themistokles den Mauerbau mit Geschick, aber auch einer gewissen Tücke gegen die alarmierten Spartaner durchsetzt, die das Vorhaben als Affront gegen sie, die Verbündeten, betrachteten. Gleichzeitig nennt er Themistokles den Mann, der den Piräus als am besten geeigneten Hafen erkannte und ihn nach 479 ebenfalls zu einer Festung ausbauen ließ. Kontrastiert werden diese Kapitel mit den Taten des Pausanias nach Plataiai. Ausgesandt von den Spartanern, begleitet von den Schiffen der Verbündeten – darunter besonders zahlreich die der Athener –, unterwirft er einen großen Teil Zyperns und schließlich das immer noch von den Persern gehaltene Byzanz. Thukydides registriert den Erfolg, zeichnet aber – im Gegensatz zu Herodot – ein gänzlich negatives Bild des Spartaners: Sein Auftreten habe mehr dem eines Tyrannen als dem eines Feldherrn geglichen, die Griechen hätten ihn gewaltigen Unrechts beschuldigt, allein aus Haß auf ihn hätten sich viele Bundesgenossen von den Spartanern abgewandt, die ihn nun selbst auch für korrupt hielten und ihn zurückriefen, um ihm den Prozeß zu machen.

Die Funktion beider Viten innerhalb des Exkurses der *Pentekontaetie* wird damit klar. Thukydides personalisiert mit ihrer Hilfe die Anfänge der athenischen Macht. Er schildert sie aus Athener Sicht kontrapunktisch: einmal positiv die Errichtung der Stadtmauern und den Ausbau des Piräus als Erfolg Themistokleischer Politik, einmal negativ die Abwendung vor allem der Ionier von den Spartanern als Ergebnis des Verhaltens des Pausanias.
Mit Kapitel 1.128.3 führt Thukydides – notdürftig in das Geschehen des Vor-

kriegsjahres 432 integriert – seine in 1.96.1 abgebrochene Erzählung vom Schicksal des Pausanias fort. Er schildert ihn wieder als einen Mann, der nach eigenem Gutdünken handelt, der unter dem Vorwand, den Krieg für die Griechen zu führen, nach Kleinasien kommt, in Wirklichkeit aber, um sich mit Hilfe des Perserkönigs als Tyrann über Griechenland aufzuwerfen. Um den Beweis dafür zu liefern, legt Thukydides sogar einen Briefwechsel zwischen Pausanias und dem Großkönig vor, für dessen Echtheit nichts spricht. Er macht Pausanias zum Verräter an der griechischen Sache, stempelt ihn zu einem Mann, der die tradierte Lebensweise – Herodot hatte genau Gegenteiliges behauptet (9.82) – verachtet, medische Gewänder trägt, sich mit einer medisch-ägyptischen Leibwache umgibt und persische Tischsitten pflegt. Die Schilderung ist mit Elementen der Tyrannentopik versetzt, das Bemühen des Historikers, Pausanias in jeder Hinsicht zu belasten, ersichtlich. Dieser habe sich auch mit den spartanischen Sklaven, den Heloten, eingelassen und ihnen die Freiheit versprochen, berichtet der Historiker und wiederholt damit einen Vorwurf der spartanischen Ephoren, der in der modernen Forschung die interessante These aufkommen ließ, Pausanias habe in Sparta die Demokratie einführen wollen. Thukydides übernimmt selbst die breit erzählte, etwas kuriose Geschichte, die schließlich zur Entlarvung und zum Untergang des Pausanias führte, obwohl sie viel von einer Räuberpistole hat, von der es schwerfällt zu glauben, Thukydides habe sie geglaubt. *In summa*: Die Pinselstriche, mit denen Thukydides das Bild des Spartaners malt, sind grob, feinere Abstufungen gestatten sie nicht, Differenzierungen sind nicht gewünscht.

So dunkel die Figur des Pausanias gezeichnet ist, so hell erscheint analog wiederum die Gestalt des Themistokles. Das verwundert umso stärker, als Thukydides in der Fortsetzung der Kurzbiographie auf keinerlei Verdienste des Atheners mehr hinweisen kann. Themistokles, erst aus Athen verbannt, dann dort *in absentia* zum Tode verurteilt, befindet sich auf einer langen Flucht, die schließlich im Reich des Großkönigs endet, der diesem aus Bewunderung für den einstigen Gegner großzügig Asyl in Kleinasien gewährt.

Mehr hat Thukydides nicht zu erzählen, und trotzdem gewährt er Themistokles – nur einen einzigen Satz nach der Mitteilung, dieser sei beim Großkönig auch deswegen zu Ehren gekommen, weil er ihm Hoffnung auf die Unterwerfung von Griechenland machte – das großartigste Lob, das bei ihm, von Perikles abgesehen, ein Staatsmann erhält: «In der Tat war nämlich Themistokles ein Mann, der ganz deutlich die Macht der Natur bewies und in dieser Hinsicht bedeutend mehr als ein anderer der Bewunderung würdig war. Aus eigener Einsicht, ohne vorher etwas dazugelernt zu haben noch nachher, war er, was die augenblickliche Lage betraf, nach ganz kurzer Überlegung ein vortrefflicher Beurteiler, was die Zukunft betraf, für die meisten Fälle des künftigen Geschehens ein ausgezeichneter Erahner; was er begriffen hatte, konnte er auch darlegen, worin er keine Erfahrung hatte, darüber konnte er doch hinlänglich urteilen, das Vorteilhaftere und das Nachteiligere konnte er auch im Ungewissen am besten voraussehen, und um es zusammenfassend zu sagen, dank der Leistungskraft seiner Natur und trotz der mangelhaften Ausbildung war dieser Mann am vortrefflichsten befähigt, für den Augenblick das Richtige zu treffen.» (1.138.3)

Zwei Vorbilder
Die beiden Viten des Pausanias und des Themistokles, scheinbar weit entfernt vom eigentlichen Thema, dem Peloponnesischen Krieg, erzählt, sind keinesfalls biographische Spielereien. Mit allem, was er in der letzten Phase der Überarbeitung seines Werkes schrieb – und aus dieser Zeit stammen die Exkurse –, verfolgte Thukydides einen Zweck. Es sind Charakterbilder, Paradeigmata, welche die behandelten Individuen zu Führertypen stilisieren, in positivem Sinn der eine, im negativen der andere. Nicht zu verkennen ist, daß beide, Themistokles und Pausanias – ungeachtet ihrer Verbannung –, Repräsentanten ihrer Städte sind, die Parallelviten dienen also auch dem Systemvergleich. Dieser ist für Thukydides hier freilich nicht vorrangig, die beiden Porträtierten sind ihm Vorgänger und Vorbilder der beiden wichtigsten Personen *seines* Peloponnesischen Krieges. Für die athenische Seite ist das offenkundig Perikles, der noch im ersten Buch ganz als *Themistocles redivivus* gezeichnet wird. Beider Kriegspläne gleichen einander, wie das Schicksal beider einander gleicht, vom Demos gefeiert und vom Demos verdammt. Das Themistokles-Porträt bildet mit seiner Bündelung der wichtigsten staatsmännischen Tugenden das Muster, nach dem Perikles gestaltet ist. Die entscheidende Eigenschaft, die Themistokles wie Perikles zu eigen ist, ist die *Prónoia*, das vorausschauende Denken. Themistokles beweist es vor und in den Perserkriegen, Perikles vor und im Peloponnesischen Krieg. Beider Erfolg gründet sich auf eine zweite gemeinsame staatsmännische Tugend, die vor allem in der Demokratie erforderlich war, auf die Kunst, die Zuhörer, sei es in der Volksversammlung, sei es in der *Boulé*, dem Rat der 500, für die eigenen Pläne zu gewinnen.
Schwerer zu beantworten ist die Frage, wen Pausanias präfigurierte. Es ist sicherlich nicht der große Feldherr Brasidas, der Widerpart des Strategen Pe-

rikles, und es ist auch nicht Gylippos, der farblose Sieger im Sizilischen Krieg. Es ist jemand, der im (erhaltenen) Werk des Thukydides gar nicht vorkommt. Die spartanische Geschichte kennt zwei Männer, die nach ihren großen Siegen die Fesseln spartanischer Konventionen sprengten und über den spartanischen Kosmos hinauswuchsen. Sie wurden – so die Überlieferung – durch ihren Erfolg unmäßig, unnahbar, hochfahrend, ließen sich in Kleinasien durch die Begegnung mit persischen Sitten und Gebräuchen korrumpieren. Beide wurden nach Sparta zurückbeordert, beider Absichten und Ziele verriet ein Briefwechsel mit der persischen Seite. Beide maßten sich ungeheure Ehrungen an; der eine ließ eigenmächtig auf dem Dreifuß in Delphi eine Inschrift einmeißeln, die seine Person verherrlichte, der andere stellte dort gar seine eigene Statue auf. Beide waren steter Quell der Beschwerden griechischer Seite und beide scheiterten schließlich an ihrer Hybris. Der eine ist, wie gezeigt, der Sieger von Plataiai, der andere der Sieger von Aigospotamoi, der letzten Schlacht des Peloponnesischen Krieges: Lysander. Im erhaltenen Werk fehlt er, da es vor seinem Erscheinen auf den Schauplätzen des Krieges abbricht. In der Vita des Pausanias aber versteckt Thukydides das ungeschriebene Porträt des Lysander.[4]

Das Menschenbild Herodots: Kroisos

Von den Barbarenkönigen, deren Vita er erzählt, faszinierte Herodot insbesondere der letzte lydische Herrscher, Kroisos. Das Interesse ist älter als das an den Perserkriegen und von anderer Art. *In nuce* enthält die lange Kroisos-Episode alles, was Herodot über den Menschen und sein Schicksal, über Aufstieg und Fall, über Kriege und ihre Entstehung, über Götter und Vorbestimmung, über Hybris und Nemesis, über das Wesen von Glück und Unglück, über Recht und Unrecht, über Tod und Erfüllung dachte: Die Kroisos-Episode ist ein Exempel der Herodoteischen Weltanschauung. Gleichzeitig zeigt sie schon seine Vorliebe dafür, mit überraschenden Wendungen, unvermuteten Einschüben, Andeutungen und Retardierungen Spannung zu erzeugen.
Der Kroisos-Logos wird mit einer Gnome über das menschliche Glück eingeleitet und endet – unterbrochen durch einen Exkurs über das archaische Griechenland – mit dem Aufstieg des Kyros, dessen Schicksal nun die zweite

Hälfte des ersten Buches füllt. Herodot hat auch diesen Logos seinem großen Thema untergeordnet und deshalb beginnt er mit der Unterwerfung der kleinasiatischen Griechen durch den König, aber das ist nur der Einstieg. Der Historiker holt weit aus und geht in das frühe 7. Jahrhundert zurück, als die Vorfahren des Kroisos – er gehört zur Familie der Mermnaden – die Macht in Lydien usurpierten. Dieser Machtwechsel ist eine eigene Geschichte, von der es zumindest zwei Versionen gibt, und Herodot erzählt (und gestaltet) diejenige, die einen direkten Bezug zu Kroisos hat, indem sie sein Schicksal determiniert. Sie handelt von Eitelkeiten, einem doppelten Verrat und einer entschlossenen Königin.

Gyges

Kandaules, der König der Lyder aus der Familie der Herakliden, wähnt sich im Besitz der schönsten Frau der Welt – Herodot verstärkt seinen Superlativ noch mit *pollón* (bei weitem), denn er macht sich ein bißchen über Kandaules lustig: «er war eben verliebt» – und möchte dieses Wissen mit jemandem teilen, nämlich dem vertrautesten seiner Leibwächter, einem Mann namens Gyges. Er versteckt ihn in der Schlafkammer, damit er – «es sind ja die Ohren der Menschen weniger leicht zu überzeugen als die Augen» (1.7) – die Königin unbekleidet sehen kann. Diese entdeckt jedoch das Komplott und stellt, da sie sich entehrt fühlt, Gyges vor die Alternative, zu sterben oder Kandaules zu töten und selbst König zu werden. Gyges ist nicht erfreut über diese Wahl – aber ihm bleibt keine. Herodot begnügt sich mit drei Worten: «Er wählte (das) Leben.»

Das Orakel in Delphi bestätigt den Herrschaftswechsel, fügt aber hinzu – und das ist einer der Gründe, warum Herodot diese Geschichte erzählt –, daß den fünften der Nachkommen die Rache der Herakliden treffen werde. Der fünfte ist Kroisos. Über dessen weiterem Leben hängt nun das Damoklesschwert. Er selbst und die Lyder ahnen das nicht, denn der Orakelspruch war bald vergessen, der Leser freilich weiß es, aber nicht – und daraus bezieht der Logos seine Spannung –, wann und wo Kroisos sein Schicksal ereilen wird. Das Verhängnis ist unausweichlich, der Anteil persönlicher Schuld spielt keine Rolle. Kandaules ist nur dumm, Gyges nur schwach und Kroisos noch gar nicht geboren. Gyges strebt nicht nach der Herrschaft, er ist ein Diener seines Herrn, er sträubt sich sogar gegen dessen Ansinnen und später das der Königin. Er gibt nach, weil er zuerst dem Herrscher gehorchen muß und dann einer noch stärkeren Kraft, dem Lebenswillen.

Das Menschenbild Herodots: Kroisos

Was Herodot will, zeigt der Vergleich mit den anderen Versionen, die erhalten sind. Bekannt ist insbesondere die Fassung, die Platon im *Staat* erzählt. Danach findet der Hirte Gyges einen Ring, der ihn unsichtbar macht und den er dazu nutzt, sich in das königliche Schlafgemach zu schleichen, die Königin als Komplizin zu gewinnen und mit deren Hilfe die Herrschaft. Auch in den Versionen der augusteischen Historiker Pompeius Trogus und Nikolaos von Damaskus wird, obwohl sie sich grundsätzlich unterscheiden, Gyges die Initiative zur Tat zugeschrieben. Nur bei Herodot handeln die Personen schuldlos. Es treibt sie nicht die Begierde nach Macht, die später bei Thukydides ins Unglück führt, des eigenen und desjenigen von anderen. Sie verstricken sich – Herodot kannte die attische Tragödie gut – in eine Schuld, ohne Unrecht zu tun oder tun zu wollen. «Für Gyges gab es keinen Ausweg und kein Entrinnen», kommentiert Herodot und beschließt das Kapitel gleichsam mit einem durch *Autopsia* erbrachten materiellen Beweis für Gyges' Regentschaft. In Delphi habe er selbst im Schatzhaus der Korinther sechs goldene Mischkrüge im Gewicht von 30 Talenten gesehen, die Gyges als erster unter den Nichtgriechen dort aufstellen ließ.[5]

Solon

Die folgenden Kapitel (1.15–25) füllt Herodot mit allerlei Kriegsabenteuern des Gyges und seiner Nachfolger, um dann genau an der Stelle auf Kroisos zu stoßen, an der er ihn verlassen hat, nämlich bei dessen Kampf gegen die kleinasiatischen Griechen. Nach deren Unterwerfung plant dieser, Schiffe zu bauen, um auch die griechischen Inselbewohner anzugreifen. Zum ersten Mal tritt nun die Person eines Warners auf, und noch ist Kroisos verständig. Er stellt den Flottenbau ein und wählt Freundschaft statt Unterwerfung. Sein Königreich blüht, der große Reichtum lockt Gelehrte und Weise (*Sophistai* und *Sophoi*) aus ganz Griechenland nach Sardes, unter ihnen auch den berühmten Solon aus Athen. Solon kommt aus zwei Gründen. Der erste ordnet ihn historisch ein. Er verläßt Athen, um sein Gesetzeswerk zu sichern, das zehn Jahre von keinem von ihm selbst verändert werden dürfe. Zum anderen, schreibt Herodot, reist er der *Theoría* wegen, das heißt, um zu schauen und die Welt kennenzulernen. Der Historiker, der selbst viel reiste, hält Solon für einen weltoffenen Mann, und einen solchen schätzt er mehr als einen Mann der Praxis, den Kaufmann, der nur auf Fahrt geht, um Geschäfte zu machen. Auch Kroisos betont das Reisen als Quelle für Solons Weisheit. Die Begegnung des Solon mit Kroisos ist unhistorisch, wie schon Plutarch wußte, aber nicht wahrhaben wollte (Solon 27.1). Zur Zeit der Solonischen Reformen, die in das Jahr 594 v.Chr. datiert werden, war der König vermutlich noch nicht einmal geboren. Herodot wußte das offenbar nicht – die ‹hohe› Datierung ist jünger als er –, aber ihm geht es in diesem Konflikt auch nicht um historische Genauigkeit, sondern darum, griechisches und orientalisches Denken zu kontrastieren.

Die griechischen Gelehrten zieht es nach Sardes, weil sie in Kroisos einen Mäzen finden, und so führt ein Diener auch Solon durch die Schatzkammern des Palastes. Wie jeder Mäzen erwartet auch der König eine kleine Gegenleistung, auch wenn sie nur in einem oder zwei Wörtern besteht. Kroisos lobt nochmals die Weisheit seines weitgereisten Gastes und kommt dann zur Sache: «Nun also verspürte ich das Verlangen, dich zu fragen, ob Du jemand kennengelernt hast, der am glücklichsten von allen Menschen ist.» Ein Weiser schmeichelt nicht und so lautet die nicht nur Kroisos, sondern vor allem auch den Leser überraschende Antwort: «Tellos aus Athen». Den kannte selbst in Athen niemand und so erklärt Solon dessen Vorzüge: Er besaß vortreffliche Kinder, sah sie alt werden und starb, nachdem es ihm im Leben gut ging, einen Heldentod.

Kroisos gibt sich auch mit dem zweiten Platz zufrieden, aber auch das gelingt nicht. Solon nennt auf die neuerliche Frage ein argivisches Brüderpaar, Kleobis und Biton. Beide hatten, als ihre Mutter, die Herapriesterin, zu einem Fest der Göttin nach Argos gebracht werden mußte, deren Gespann selbst 45 Stadien gezogen, da Zugtiere fehlten. Im Heiligtum angekommen, legten sich die Brüder schlafen und wachten nicht mehr auf. Kroisos verbietet es sich, mit Privatleuten – Herodot gebraucht den Begriff des *Idiótes*, der auf *Ídion*, das Eigene, zurückgeht und jemand meint, der sich nicht um die Belange der Polis kümmert – gleichgesetzt zu werden. Solon begründet daraufhin seine Wahl, doch Kroisos bleibt ungehalten. Er hält ihn für einen Toren, der das Glück des Augenblicks nicht zu würdigen wisse, und entläßt ihn, um sich seiner viele Jahre später in entscheidender Stunde zu erinnern.

Solons Vorstellungen mit denen Herodots zu identifizieren, liegt nahe. Das Gespräch ist fiktiv und beruht auf Anregungen, die der Historiker auf seinen Reisen erhielt. Den seltenen Namen Tellos sah er – so wird vermutet – auf einem Grabstein in Athen, und die Geschichte dazu lieferten Orakelsprüche aus Delphi, von denen Herodot eine Sammlung besaß. Darin wurde ein Mann als der glücklichste Mensch gepriesen, weil er kürzlich im Kampf für das Vaterland fiel. Dem Urahn des Kroisos, dem König Gyges, beschieden die

Das Menschenbild Herodots: Kroisos

Priester von Delphi, Aglaos aus Psophis sei glücklicher als er. Dieser habe zwar nur in einem dürftigen Winkel Arkadiens ein kleines Landstück bebaut und dieses niemals verlassen, weil es seinen Bedürfnissen völlig genügte, doch habe er bei sehr geringen Wünschen das ganze Leben über nur sehr wenig Übles erfahren.

Die Statuen von Kleobis und Biton hatte Herodot in Delphi gesehen. Die Basen mit den Inschriften aus der Zeit zwischen 610 und 580 existieren noch, und so läßt sich heute noch (rudimentär) lesen, was auch Herodot las und zu einer Geschichte machte: «Kleobis und Biton haben die Mutter fünfundvierzig Stadien gezogen, indem sie sich unter das Joch beugten. Polymedes der Argiver hat (dies) geschaffen.» (HGIÜ I 5) Der Schluß über den plötzlichen Schlaftod der Brüder ist Teil der delphischen Weisheit, die sich bei Herodot auch anderswo findet und derzufolge es für den Menschen besser ist, zu sterben als zu leben.

Was Herodots Solon sagen will, hat der Historiker selbst schon eingangs des Kroisos-Logos als eigene Überzeugung kundgetan: «Ich weiß, daß das menschliche Glück (*Eudaimonía*) zu keiner Zeit Bestand hat» (1.5.4). Solon und Herodot verstehen unter Glück nicht Reichtum, sondern das Glück, das die Polis bietet, ein maßvolles Leben in Pflichterfüllung für das Gemeinwesen, verschont von größeren Unglücksfällen. Das entsprach in etwa auch den Vorstellungen des historischen Solon, wie sie Herodot noch in dessen Gedichten nachlesen konnte: «Viele schlechte Kerle sind reich und es darben die Guten. Wir aber haben nicht Lust, gegen ihr Geld und ihr Gut unsere Gesinnung zu tauschen, denn die ist der bleibende Reichtum, während das irdische Gut wandert von diesem zu jenem» (Plutarch, Solon 3).

Kroisos fragt nicht ein drittes Mal. Es folgen nun Reflexionen Solons zum Thema. In ihnen kulminiert das Gespräch, das ohne Zweifel ganz Eigentum Herodots ist. Es beginnt grundsätzlich: Ich weiß, sagt Herodot durch den Mund Solons, daß das Göttliche voller Neid ist und Unruhe stiftet. In der langen Zeit seines Lebens sehe der Mensch viel, was er nicht sehen wolle, und müsse viel erleiden. Er beziffert dann die Länge des Lebens auf 70 Jahre und gibt mit umständlicher Zahlenarithmetik eine Vorstellung von dieser Dauer. 70 Jahre ergäben – ohne Schaltmonate – fünfundzwanzigtausendzweihundert Tage. Käme noch alle zwei Jahre ein Monat hinzu, ergäbe das weitere tausendfünfzig Tage. Von allen diesen Tagen dieser siebzig Jahre, insgesamt sechsundzwanzigtausendzweihundertfünfzig, brächte aber kein Tag das Gleiche wie der andere. «So ist», zieht Solon ein Fazit in nur vier (griechischen) Wörtern, «der Mensch ganz Zufall.» Danach versucht er, Kroisos den Unterschied zwischen dem Glück (Ólbia) des Reichen, das auf dem Besitz großer Güter beruht, also materiell begründet ist, und demjenigen des bescheiden Lebenden zu erklären, dessen Glück (*Eutychía*) darin besteht, daß er von Krankheiten und Leid verschont bleibt und seine Kinder heranwachsen sieht. Herodot liegt es freilich fern, ein Lob der Armut zu singen: Der Arme kann ein schlechtes Schicksal haben, der Reiche ein gutes. Reich und glücklich war sicherlich eine bessere Option als arm und unglücklich, doch Reichtum bedeutete nicht Glück und Armut nicht Unglück. Das allein auf eine materielle Basis gegründete Glück mochte eine temporäre Sache sein, und das ist es, wovor Solon Kroisos warnen will, und was dieser ganz im Gegensatz zum Leser, der die Prophezeiung aus Delphi vor Augen hat, nicht verstehen will. «Bei allem muß man nämlich darauf sehen, wie das Ende ist. Vielen nun winkte die Gottheit mit Glück (Herodot meint das materielle, *tà Ólbia*), um sie dann tief ins Elend zu stürzen.»

Kyros
Kroisos' Unverständnis forciert die Handlung. Nach der Abreise Solons habe Kroisos die furchtbare Rache (Nemesis) des Gottes getroffen. Herodot braucht die Strafe für den Gyges-Frevel noch für das spätere Schicksal des Kroisos, und so trifft diesen die erste Vergeltung, weil er selbst (nicht seine Vorfahren) zum Frevler wurde, da er sich für den glücklichsten aller Menschen gehalten habe. Herodot erzählt nun ausführlich die Geschichte vom Tod des älteren Sohnes, bei der sich die Warnungen des Traumbildes gerade deswegen erfüllen, weil Kroisos sie ernst nimmt, und gerade deswegen den Tod herbeiführen, weil er ihn um jeden Preis vermeiden will (1.34–45). Der persönliche Unglücksfall, der einen noblen König zeigt, da er dem Mörder seines Sohnes verzeiht, einem Mann, der zuvor als Schutzflehender zu ihm gekommen und entsühnt worden war, ist gleichsam eine Atempause, bevor Herodot vom privaten in den weltpolitischen Raum wechselt. Der Sturz des mächtigen Königs Kroisos leitet das Jahrhundert der Perserkriege ein, es ist ihre Vorbedingung.
Bei Herodot mischt sich nun altes Denken, wonach die Götter das menschliche Schicksal bestimmen, mit neuem: Kriege und ihre Ursachen werden rational durchdacht als Menschenwerk. Im Osten hatte Kyros die Vorherrschaft des Astyages gestürzt und Kroisos fürchtete zurecht ein Anwachsen der persischen Macht. Um dem zuvorzukommen, trug er sich mit der Idee eines Präventivkrieges. Nachdem er den bekannten Orakelspruch eingeholt hat,

Das Menschenbild Herodots: Kroisos

stellt sich in entscheidender Situation noch ein Warner ein: Kroisos plane gegen Männer zu ziehen, die lederne Hosen trügen und nicht äßen, was sie wollten, sondern soviel sie hätten, keinen Wein tränken, sondern Wasser, keine Feigen und auch sonst nichts Gutes zu essen hätten, gegen ein karges Land also, in dem es nichts zu gewinnen, nur eigenen Besitz zu verlieren gäbe. Die Warnung erreicht Kroisos nicht, kann ihn nicht erreichen, denn die Götter haben schon lange seinen Untergang beschlossen. Noch einmal spricht Herodot über dessen Kriegsgründe: Gier nach Land und Rache für seinen Schwager, den von Kyros gestürzten Astyages (1.71–73). Im Folgenden schildert er dann die Kämpfe, erzählt von Vorzeichen, welche – nach Anfangserfolgen – von der Niederlage des Kroisos kündeten. Schließlich ist Sardes in Kapitel 1.84 erobert und zerstört, Kroisos wird gefangengenommen. Ein zweites Orakel erfüllt sich zur gleichen Zeit. Der zweite, taubstumme Sohn beginnt angesichts des Schreckens zu sprechen, zum ersten Mal, wie die Pythia prophezeite, an einem Tag des Unglücks.

Der Kroisos-Logos hat nun seinen Höhepunkt erreicht. Auf dem Gipfel seiner Macht ist Kroisos gestürzt und besteigt, flankiert von 14 jungen Männern, den Scheiterhaufen. Es ist eine Szene, die in die griechische Dichtung und die Vasenmalerei eingegangen ist. Der Lyriker Bakchylides, geboren 516 v. Chr., versetzt mit Hilfe Apollons den König zu den Hyperboreern am Ende der bewohnten Welt, in den *Chronika* des Eusebios stirbt er auf dem Scheiterhaufen, doch Herodot hat anderes mit ihm vor. Er macht ihn zum Kronzeugen seiner (und Solons) Überzeugungen. Der Scheiterhaufen brennt, da erinnert sich Kroisos an Solons «von einem Gott inspirierte Worte», daß kein Lebender glücklich sei. Und Herodot fährt fort, als er daran dachte, habe er geseufzt und in die tiefe Stille hinein dreimal den Namen Solons gerufen. Spät, für Herodot nicht zu spät, gibt Kroisos seine Auffassung von Glück auf und bekennt sich zu der Solons. Er wird selbst zum Weisen und erzählt dem durch den Ausruf neugierig gewordenen Kyros die Geschichte seines Irrtums. Während bereits die Ränder des Scheiterhaufens brennen, gewinnt er die Einsicht, daß Solon gar nicht so sehr auf sein Verhalten zielte, «sondern das ganze Menschengeschlecht und in erster Linie diejenigen, die sich für glücklich halten». Herodots Weltbild siegt. Die Uneinsichtigen fallen wie Domino-Steine. Kyros erkennt sich in derselben Lage wie Kroisos vor dem Sturz und begnadigt diesen, eingedenk der Unberechenbarkeit des Glücks als Präventivmaßnahme. Das Feuer ist freilich nicht mehr von Menschenhand zu löschen, und so greift der delphische Apoll ein. Aus heiterem Himmel zieht ein Unwetter auf, Re-

Der Mensch

gengüsse retten Kroisos. Kyros habe daran erkannt, so berichteten die Lyder laut Herodot, daß Kroisos ein von der Gottheit geliebter (*Theophiles*) und tüchtiger Mann sei.

Geläutert hatte ihn der Sturz, aber nicht intelligenter gemacht. Auf die Frage des Kyros, welcher Mensch ihn überredet habe, gegen sein Land einen Kriegszug zu unternehmen und ihm zum Feind statt zum Freund zu werden, schiebt er die Schuld auf Apollon. Der Gott der Griechen habe ihn aufgefordert, in den Krieg zu ziehen. So erhält die Kroisos-Geschichte einen Epilog, in dem Herodot alle Fragen klärt. Er läßt Kroisos eine Gesandtschaft nach Delphi schicken, welche die Fesseln des gestürzten Königs auf die Schwelle des Tempels legen und den Gott fragen soll, ob er sich denn nicht schäme, Kroisos zum Krieg verleitet zu haben. Dieser und seine Priesterin zeigen sich überraschend geduldig: Die Pythia erklärt den Lydern, selbst einem Gott sei es unmöglich, dem verhängten Schicksal zu entrinnen, und das habe eben bestimmt, daß Kroisos in der fünften Generation den Frevel der Vorfahren zu sühnen habe. Die Moiren, die Schicksalsgöttinnen, hätten nur einen kleinen Aufschub gewährt. Damit schließt Herodot den Kreis, der seinen Ausgang in der Gyges-Episode hat. Für Kroisos und den oberflächlichen Leser erklärt die Pythia dann auch noch die Doppeldeutigkeit des Orakels, Kroisos erkennt seinen Unverstand und so endet, nachdem auch noch die Prophezeiung für den stummen Sohn erklärt ist, die Geschichte. Herodot ordnet sie in 1.92.1 in das große Ganze ein («So verhielt es sich also mit der Herrschaft des Kroisos und der ersten Unterwerfung Ioniens»), fügt noch einige Bemerkungen über Weihegaben und die Sitten der Lyder an und beginnt dann ein neues großes Kapitel, die Geschichte des Kyros.

Kroisos verkörpert für Herodot das Wirken einer gerechten Weltordnung. Das Leben scheint unbeständig, doch es gibt einen Ausgleich der Kräfte, das Verbrechen zieht Strafe nach sich, kein Geschehen bleibt ohne Folge, Schuld verlangt Sühne, Hybris fordert die Nemesis der Götter heraus. «Woraus aber das Werden ist den seienden Dingen, in das hinein geschieht auch ihr Vergehen nach der Schuldigkeit; denn sie zahlen einander gerechte Strafe und Buße für ihre Ungerechtigkeit nach der Zeit Anordnung», lautet ein Fragment aus dem Werk des Vorsokratikers Anaximander. Die menschlichen Triebkräfte, die Thukydides später sezieren wird (*Pleonexia*, *Phobos* und *Philotimia*), reichen in der Regel aus, um diese Ordnung aufrechtzuerhalten, die Götter – sie sind weitgehend abstrakte Kräfte (*Theos*, *Theion*, *Daimonios*, *Daimon*), das anthropo-

Das Menschenbild Herodots: Kroisos

morphe Götterbild spielt bei Herodot nur eine untergeordnete Rolle – greifen nur selten ein.

Die Schuld, die Kroisos zu tilgen hat, ist zunächst die seiner Ahnen. Die Buße ist auf die fünfte Generation bestimmt, das Schicksal des Kroisos scheint damit festgelegt, doch die Ereignisse, die zu seinem Sturz führen, setzt er selbst in Gang. Allenfalls verleitet die Gottheit ihn zu Fehlern. Es ist die Hybris, sich für den glücklichsten Menschen zu halten, welche zum Tod des Sohnes führt. Selbstgewißheit, Dünkel und Machtgier lassen Kroisos das Orakel mißverstehen und die Warnungen vor dem Feldzug ausschlagen. Freies Handeln des Menschen steht neben dem von der Gottheit beeinflußten Tun, historische Prozesse haben viele Ursachen, das Wirken der Götter aber ist nur eine von ihnen.

Der Kroisos-Logos bietet Herodot die Möglichkeit, schon im ersten Buch seines Werkes den Lesern seine Vorstellung von Werden und Vergehen, von Glanz und Elend des Menschen, vom Aufstieg und Fall eines Herrschers zu zeigen. Vom Leibwächter steigt Gyges zum König auf, unter Kroisos erreicht das Königshaus der Mermnaden seinen Gipfel, um mit ihm dann zu stürzen. Schon im Prooimion hatte Herodot den unaufhörlichen Wechsel im Menschenleben an einem konkreten Beispiel, dem Wachsen und Schrumpfen von Siedlungen – Thukydides übernimmt das in der *Archäologie* für Sparta –, beschrieben. «Von den Städten, die einst groß waren, sind viele heute unbedeutend, und die zu meiner Zeit groß sind, waren früher unbedeutend» (1.5.4). Was für die Städte gilt, gilt ihm auch für die, die in ihnen leben. Ergebnis seiner Forschungen ist die Idee eines *kýklos tôn anthropeíon pregmáton*, eines Kreislaufs der menschlichen Dinge, der – in ständiger Bewegung – nichts an einem Ort verharren läßt und die Glücklichen zu Unglücklichen macht. Was bleibt, ist der Wandel (1.207.2). Diese Meinung gehört sicherlich Herodot, und die Ereignisse der Pentekontaetie dürften sie ihm, wie das Schlußkapitel 9.122 nahelegt, bestätigt haben. Formulieren läßt er sie jedoch am Schluß des ersten Buches einen der Akteure. Kroisos, der selbst anfangs aus Warnungen nichts lernte, warnt nun im Massageten-Krieg – vergeblich – Kyros, den Mann, der ihn stürzte. Was er an materiellen Gütern verlor, gewinnt Kroisos am Ende seines Lebens an Einsicht. Kyros teilt sie nicht und wird ebenfalls stürzen.[6]

Der Mensch

Die menschliche Natur: Die *Pathologie* des Thukydides

Herodot beschrieb in seinem Werk einen Sieg, und das hoffte auch Thukydides tun zu können, nicht gegen einen auswärtigen Feind wie jener, sondern über einen innergriechischen Rivalen. Spät wandte sich das Blatt, und Thukydides wurde zum Historiker einer Niederlage, derjenigen seiner Heimatpolis. Obwohl er über drei Jahrzehnte an seinem Werk schrieb, muß seine Geschichts- und Weltanschauung von dieser Niederlage aus verstanden werden. Sie ist der Schlüssel zur Sicht des Historikers. In den 27 Jahren des Krieges hatte Thukydides erlebt, was Herodot über einen längeren Zeitraum beobachtete: Alles war dem Wechsel unterworfen, ständig veränderten sich Kampfbedingungen und -voraussetzungen. Zufälle (*Týche, Symphóra*) machten alle Vorausberechnungen obsolet, nichts war von Bestand. Seinen Lesern hatte er desungeachtet versprochen, sein Werk würde – anders als das Herodots – über den Augenblick hinaus von Nutzen sein. Um freilich von der «Erkenntnis des Vergangenen» zu einer solchen des Zukünftigen zu gelangen, «das wieder einmal so oder ähnlich eintreten werde», bedurfte es einer Konstante im geschichtlichen Prozeß, und diese fand Thukydides in der menschlichen Natur (*anthropeía Phýsis, Anthrópinon*). So formulierte er es schon im spät geschriebenen oder nachträglich überarbeiteten Prolog, und so wiederholt er es in verschiedenen, über das Werk verstreuten Logoi im ersten, dritten, vierten und fünften Buch. Es sind nachträgliche Einarbeitungen aus der Zeit nach 404. Thukydides spricht dabei in eigener Person oder legt seine Ansichten wichtigen Protagonisten des Krieges in den Mund. Mit Ausnahme des Syrakusaners Hermokrates sind es die Athener, die zu Wort kommen. Sie sind es, die unter die Oberfläche des schönen Scheins und der Propaganda gehen, die *Arcana imperii* preisgeben und die Überlegungen offenlegen, die die Politik der Großmächte bestimmen. Gemeinsamer Nenner solcher Analysen ist die menschliche Natur, die das Verhalten Einzelner, vor allem aber der Gruppen, der Völker, Städte und Staaten, bestimmt. Schon in der Debatte um das Schicksal von Mytilene formuliert der Demagogos Kleon eine Ansicht, von der wir annehmen können, daß Thukydides sie teilte: Armut bringe Not und erzeuge dadurch Verwegenheit, Macht führe durch Frevelmut und Stolz zu Habgier. Wie alle anderen Lebensfälle, die den Menschen beherrschen, trieben sie in wilder Leidenschaft, gleichsam mit übermächtiger Gewalt, zum Wagnis. Zeichen

Die menschliche Natur: Die *Pathologie* des Thukydides

großer Einfalt sei es, wenn jemand glaube, man könne dem wilden Tatendrang der menschlichen Natur Einhalt gebieten durch die Kraft der Gesetze oder sonst etwas, das Furcht errege. In der Natur, sei es von Einzelnen oder von Staaten, liege nun einmal der Hang zum Verbrechen und es gebe kein Gesetz, das sie davon abhalte (3.45.4,7).

Herrschaft und menschliche Natur stehen im Einklang, so sagen es die athenischen Gesandten, die in der Apella von Sparta kurz vor Kriegsbeginn die Herrschaft ihrer Stadt rechtfertigen, und so werden es später die Gesandten in Melos wiederholen, welche die Insel zum Eintritt in den Attischen Seebund auffordern: «So haben auch wir nichts Verwunderliches getan, nichts wider die menschliche Natur, wenn wir eine uns angebotene Herrschaft annahmen und nicht aufgeben wollen, von den drei stärksten Beweggründen getrieben: Ehre, Furcht und Nutzen. Wir haben auch nicht als erste damit angefangen, es gilt vielmehr seit jeher, daß der Schwächere vom Mächtigeren niedergehalten wird ...»(1.76.2–3; vgl. 5.105.2).

Argumentativ zu Hilfe kommt ein Feind, der mit großer Sorgfalt gezeichnete syrakusanische Staatsmann Hermokrates, der mit der Autorität, die Thukydides ihm gibt, die Athener bestätigt: «Daß die Athener ihre Macht erweitern und nur darauf sinnen, ist ihnen gar nicht zu verdenken, und ich tadle an niemandem den Willen zu herrschen, wohl aber allzu rasche Bereitschaft, sich zu ducken; denn so ist nun einmal Menschennatur: zu herrschen über alles, was nachgibt, aber sich abzusichern gegen alles, was angreift» (4.61.5).

Kern menschlichen Denkens und Ziel menschlichen Strebens ist, so Hermokrates, so Kleon, so die Athener in Sparta und auf Melos, das Erringen von Herrschaft gemäß der menschlichen Natur. Nichts Größeres gibt es für den Menschen als Freiheit (d.h. Herrschaft über sich selbst) oder Herrschaft über andere. Wer immer Schwäche zeigt, muß dem Stärkeren unterliegen, wer immer die Möglichkeit zu herrschen sieht, scheut kein Verbrechen. Es schrecken ihn weder Gebot, Gesetz noch Strafe.

Mit eigener Stimme hat sich Thukydides dazu in einem der wichtigsten Kapitel des gesamten Werkes geäußert, in der *Pathologie* (3.82). Sie schließt die Schilderung der kerkyraischen Bürgerkriege ab, doch sie gehört, obwohl sie sich bereits im dritten Buch befindet, weder zu den frühen Teilen des Werkes noch bezieht sie sich allein auf den Bürgerkrieg in Kerkyra. Sie wurde gegen Ende des großen Krieges geschrieben und enthält das Resümee von Erfahrungen, die der Historiker in langen Jahren des athenisch-spartanischen Kampfes machte.

Der Mensch

Thukydides nennt in der *Pathologie* die Sucht, den Trieb, ja den Zwang zum Herrschen *Arché* (ein Begriff, der auch die athenische Herrschaft und das athenische Reich beinhaltet) und faßt sie als die Ursache von Allem. Die exakte Bedeutung von *Arché* erschließt sich leicht aus dem Kontext, und so erläutert schon der Scholiast, das Wort bedeute Herrschsucht, und ergänzt noch *Kakón*, sie sei die Ursache von allem Übel.

Die *Arché* selbst besitzt für Thukydides ihren tiefsten Grund in zwei Eigenschaften, die den Menschen unauslöschlich beherrschen, der *Pleonexia*, dem Mehrhabenwollen, zu der das Bemühen um den eigenen Vorteil oder Nutzen (*Xymphéron, Ophelía*) tritt, und der *Philotimia*, der Ehr- und Ruhmsucht. Der Historiker hat diesen Zusammenhang in einem Satz von lapidarer Kürze hergestellt, der das Zentrum der *Pathologie* bildet. Dort drückt Thukydides ein Gefühl aus, an dem es ihm ansonsten gänzlich zu mangeln scheint: Empörung. Wie er in der Anamnese und Analyse der Pest vom moralischen Verfall im Gefolge der Seuche berichtet, so seziert er in der *Pathologie* die Deformation der menschlichen Physis durch den Bürgerkrieg und legt sie mit wenigen Schnitten bloß.

«Der Bürgerkrieg steigerte sich ins Unmenschliche, und er schien um so grausamer, als er der erste dieser Art war. Später ergriff die Erschütterung fast die gesamte griechische Welt. An jedem Ort herrschte Zwiespalt, so daß die Führer des Volkes die Athener, die Adligen die Spartaner für ihre Sache zu gewinnen suchten. Solange noch Friede währte, besaßen sie keinen Vorwand und mangelte es ihnen auch an Willen, Hilfe zu holen. Sobald sie sich aber im Krieg befanden, leisteten zugleich beide Bündnisse, Athener wie Spartaner, zum Schaden des Gegners und eben dadurch zur eigenen Machtverstärkung leicht denen Unterstützung, die einen Umsturz planten. Unter solchem Aufruhr brach viel Schweres über die Städte herein, wie es geschieht und immer wieder geschehen wird, solange die Natur des Menschen gleich bleibt, einmal schlimmer, einmal gemäßigter und in sich ändernden Erscheinungsformen, je nachdem der Wechsel der Umstände es mit sich bringt. In Zeiten des Friedens und des Wohlstandes erweisen sich Städte und Menschen von besserer Gesinnung, weil sie nicht in ausweglose Zwangslagen geraten. Der Krieg aber, der das leichte Leben des Alltags aufhebt, ist ein gewalttätiger Lehrmeister und lenkt die Stimmungen der Menge nach dem Augenblick. Und so ergriff der Zwist zwischen den Bürgern alle Städte, und diejenigen, die sich erst später entzweiten, überboten auf die Kunde des bereits Vorgefallenen hin jene an Erfindungsreichtum, da es galt, Anschläge mit heimtückischer List zu ersinnen oder auf scheußliche Weise Rache zu üben» (3.82.1–3).

Die menschliche Natur: Die *Pathologie* des Thukydides

«Ursache von allem ist die Sucht (der Zwang) zu herrschen, erwachsen aus Habgier (*Pleonexia*) und Ehrgeiz (*Philotimia*). Und aus diesen entstand leidenschaftliche Begierde, wenn die Menschen in Streit gerieten. Die führenden Männer in den Städten nämlich verkündeten auf beiden Seiten mit schön klingenden Worten, sie träten ein für die politische Gleichheit aller Bürger oder die gemäßigte Herrschaft der Besten, doch sie machten das Gemeinwesen, dem sie sich dem Wort nach verpflichteten, zum Ziel persönlicher Belange, und in dem Bemühen, mit allen Mitteln einander auszustechen, wagten sie das Äußerste, übertrumpften einander in unversöhnlicher Rache, machten vor Recht und Staatswohl nicht Halt und taten, ohne eine Grenze zu stecken, was einem jeden gerade angenehm war. Ob sie nun durch unredliche Abstimmung oder mit Gewalt zur Herrschaft kamen, sie waren zu allem bereit, nur um ihre Streitwut zu sättigen. Mit ehrlichem Gewissen handelte keine der beiden Parteien, wem es aber gelang, abscheuliche Taten unter dem Deckmantel schöner Phrasen zu verbergen, der stand in besserem Ruf. Die Parteilosen unter den Bürgern wurden von beiden Seiten umgebracht, sei es, weil sie sich niemandem anschließen wollten, sei es aus Neid, sie kämen vielleicht davon»(3.83.8).

Zu den Triebkräften, die das Handeln der Menschen und damit auch von Staaten und Städten bestimmen, zählt Thukydides zudem noch die Furcht (*Phóbos, Déos*). Sie manifestiert sich als die Furcht vor dem Aufbegehren der unterdrückten Untertanen, wie sie von den Meliern gegenüber Athen angesprochen und wie sie indirekt in der Rede des Kleon sichtbar wird, in der Athen als Tyrann gegenüber den Mitgliedern des Attischen Bundes erscheint. Vor allem aber gibt es die Furcht der antagonistischen Mächte vor dem Erstarken des Gegners, das als unmittelbare Bedrohung wahrgenommen wird. Die Spartaner eröffnen in der Thukydideischen Analyse nicht wegen des vom athenischen Embargo bedrohten Bündnispartners Megara den Krieg, wie die Zeitgenossen glaubten, sondern aus Furcht (*Phóbos*) vor der Einkreisung durch die expandierende Seemacht Athen (1.23.6): Die Furcht verwandelt sich in Aggression.

Die Aussagen über die Physis des Menschen formen sich in den Reden zu einem einheitlichen Bild, anders als sonst widerstreiten die Meinungen nicht, der Autor und die Personen seines Werkes scheinen sich einig. Der Mensch gleiche dem Menschen, Erziehung verstärke oder schwäche nur Anlagen. Wer schmeichle, werde verachtet, wer sich widersetze, bewundert. Mehr als Gewalttat empöre ihn erlittenes Unrecht, da ihm jenes als Zwang eines Mächtigen,

Der Mensch

dieses aber als Übergriff des Gleichgestellten erscheine. Immer wieder stifteten Hoffnung und Begierde den größten Schaden, diese führend, jene folgend. Eine (vom Zufall) angebotene Herrschaft zu ergreifen und nicht wieder loszulassen, sei menschliche Natur.

Es sind die menschlichen Ziele, die Motive, die hinter menschlichem Handeln stehen, die Thukydides am stärksten interessieren. Sie beschäftigen den Historiker vor allem am Ende seines Schreibens, sie sind Thema der zentralen Überlegungen in den späten Reden. *Pleonexía* und *Philotimía* treiben die Menschen zu Verbrechen aller Art. Das «Mehrhabenwollen» beherrscht Einzelne und Staaten. Großmächte dehnen sich aus oder sie brechen zusammen. Perikles selbst darf dies bei Thukydides formulieren: «Glaubt ja nicht, der Kampf gelte nur der einen Entscheidung: Knechtschaft oder Freiheit; nein, es droht euch der Verlust des Reiches, und Gefahr bedeutet der Haß, den ihr euch durch eure Herrschaft zugezogen habt. Von ihr zurückzutreten steht euch nicht mehr frei, falls etwa jemand voll Angst über die Lage mit einem solchen Vorschlag den friedliebenden, biederen Bürger spielen will. Denn eine Art Tyrannis ist ja bereits die Herrschaft, die ihr ausübt; sie zu ergreifen mag ungerecht scheinen, sie loszulassen (ist) aber lebensgefährlich.» (2.63.1–2)

Was hier und in der *Pathologie* noch als persönlicher Kommentar (des Autors und seines Personals) erscheint, verdichtet sich im Melier-Dialog zum *Nómos*, zur Gesetzmäßigkeit. Götter wie Menschen, Individuen wie Staaten unterliegen dem Zwang, wo immer sich Gelegenheit dazu bietet, zu Macht und Herrschaft zu drängen. Jeder Staat strebt nach Expansion, jede Großmacht entwickelt sich zur Tyrannis, zum Gewaltstaat. Nur Ausgreifen sichert das Überleben, mit dem Ende der Expansion bricht auch die Großmacht zusammen. Recht gilt nur, wo sich Gleichstarke paralysieren. Es ist ein bloßes Instrument der Mächtigen, um die Schwachen schwach zu halten, eine Spielregel, die allein für Untertanen gemacht ist. Der Schwache fügt sich oder versucht, der Stärkere zu werden. Sein Mittel ist wie das des Mächtigen die Gewalt und diese hat, ob in Melos oder Mykalessos, in Plataiai oder Mytilene, in Kerkyra oder Ambrakia, viele Namen: Tyrannis oder *Arché*, Befreiung oder Unterwerfung, Krieg oder Terror, doch nur einen Ursprung. Das gemeinsame Movens, das kein Gut und kein Böse kennt, jegliche moralische Wertung verbietet und keine Hoffnung zuläßt, ist die *anthropeía Phýsis*, die menschliche Natur.[7]

8.
DIE HÖHEPUNKTE: ZWEI GESPRÄCHE ÜBER KRIEG UND MACHT

Die Kronratszene

In der Antike, vermutlich in Alexandria, wurde Herodots Werk in neun Bücher eingeteilt, denen die neun Musen – ein Kompliment für den Historiker – zugeordnet wurden. Im 1. Jahrhundert v. Chr. war diese Aufteilung kanonisch. Der Historiker Diodor kennt sie in seiner noch vor Augustus publizierten Weltgeschichte. Inhaltlich ist diese Einteilung wenig sinnvoll, so daß die Moderne eine Reihe anderer, so in drei, vier oder auch 15 Teile bzw. Logoi vorgeschlagen hat. Chronologisch bietet es sich an, nach sechs Büchern eine Zäsur zu machen, denn die letzten drei sind dadurch herausgehoben, daß sie nur einen Zeitraum von zwei Jahren der insgesamt ungefähr siebzig behandeln. Auch Herodot scheint an dieser Stelle innezuhalten. Die Vorbereitung der großen Invasion des Xerxes wird durch einen Einschub unterbrochen, der dem Leser einen Einblick zunächst in den persischen Kronrat und dann sogar in den Privatraum des Großkönigs gewährt. Dieser Einschub (7.8–18) ist, obwohl er zwei getrennte Szenen enthält – eine Sitzung des persischen Kronrats und eine Traumsequenz –, als Einheit konzipiert. Die vorherigen und nachfolgenden Kapitel schließen nahtlos aneinander an, der Kriegsbeschluß, der in 7.7 gefaßt wird, gelangt in 7.19 zur Ausführung. Die Retardierung ist ein Mittel, angesichts des zu erwartenden Entscheidungskampfes die Spannung zu erhöhen, doch das ist nebensächlich. Kronratszene und Traumsequenz bilden inhaltlich das Zentrum des Werkes, denn der Blick geht sowohl in die Vergangenheit wie auch in die nahe Zukunft. Herodot befindet sich auf der Höhe seines darstellerischen und analytischen Könnens. Vorbilder für die Träume, die Ratssitzung und das Verhalten des Xerxes fand er in der *Ilias* Homers und den *Persern* des Aischylos – über persische Quellen kann nur spekuliert werden –, doch Komposition und Gedankenführung gehören ihm. Er löst hier das Versprechen ein, das er am Anfang seines Werkes gegeben hat, nämlich die historischen – die mythischen hat er schon in Kapitel 1.2 bis 5 angedeutet – Ursachen des Krieges zwischen Barbaren und Griechen zu nennen. Wieder spricht nicht er selbst, sondern sein Personal. Wie schon in der Debatte über die Verfassung beraten sich auch in dieser Szene persische Adlige. Es ist eine Merkwürdigkeit bei Herodot, daß die wesentlichen Reden, Gnomen und Einsichten – den exilierten Spartanerkönig Demaratos ausgenommen – aus dem Munde von Barbaren kommen.

Buch sechs endet mit dem wenig ruhmvollen Tod des Miltiades, des Siegers von Marathon, gefolgt von einem kurzen Rückblick auf glücklichere Tage im Leben des Helden (6.132–140). Damit ist gleichsam die «Vorgeschichte» abgeschlossen. Herodot wendet sich nun von Griechenland ab und richtet den Blick nach Asien auf den Hof des Großkönigs. Dareios erhält die Nachricht vom Ausgang der Marathon-Schlacht und schwört den Athenern Rache. Er beginnt mit den Rüstungen. Alle Provinzen des Reiches sollen sich mit Kriegsschiffen, Pferden, Getreide und Lastkähnen beteiligen. Drei Jahre sei ganz Asien in Bewegung gewesen, schreibt der Historiker (7.1). Doch da tritt eine Unterbrechung ein. Das reiche, erst kürzlich unterworfene Ägypten fällt ab, die neuerliche Unterwerfung duldet keinen Aufschub. Der Zug gegen Ägypten wird vorbereitet, doch bevor er aufbrechen kann, stirbt Dareios. Die Gefahr für Griechenland scheint vorüber, denn der Nachfolger Xerxes ist nicht willens, Dareios' Westpläne auszuführen. Er will nur Ägypten zurückerobern. Wiederum aber gibt es eine Wende. Mardonios, der Vetter des Dareios, «ein unruhiger Kopf», wiegelt den Großkönig gegen die Griechen auf. Gleichzeitig rufen ihn Boten aus Thessalien nach Griechenland, die Peisistratiden schicken manipulierte Orakelsprüche (7.4–6). In drei Zeilen fertigt Herodot nun den erfolgreichen Feldzug gegen Ägypten ab, doch bevor Xerxes aufbricht, will er sich den Feldzug gegen Hellas vom Kronrat bestätigen lassen. Das scheint Formsache.

Xerxes eröffnet die Versammlung, um seine Gründe darzulegen: «Perser! Keinen neuen Brauch (*Nómos*) will ich einführen, sondern mich nach den überkom-

Die Kronratszene

menen richten. Wie uns die Alten erzählen, haben wir Perser nie Frieden gehalten, seitdem die Oberhoheit von den Medern auf uns übergegangen ist und Kyros dem Astyages die Herrschaft entrissen hat. Die Gottheit will es so, und alles, was wir unternehmen, gerät uns. Doch wozu soll ich euch von den Taten und Eroberungen des Kyros, des Kambyses und meines Vaters Dareios erzählen: Ihr kennt sie ja selber. Als ich nun den Thron bestiegen hatte, sann ich nach, wie ich es meinen Vorgängern gleichtun und dem persischen Reiche eben soviel Land hinzuerobern könnte wie sie. Und indem ich nachsann, fand ich den Weg, wie wir Ruhm und ein großes Land gewinnen können, nicht kleiner und nicht schlechter, sondern noch fruchtreicher als unser jetziges Reich, und wie wir damit zugleich Rache für eine Beschimpfung nehmen können.» (7.8.1–2)

Geschickt stellt er seine eigenen Motive in eine persische Tradition. Der *Nómos* ist der eigentliche Herr, sagt Herodot an anderer Stelle. Was er eingangs über Xerxes schreibt, indem er diesen über sich selbst sprechen läßt, hat er aus Aischylos gelernt. Xerxes wird getrieben: bei Aischylos durch die Schmähung übler Männer, er erweitere das Reich nicht (*Perser* 753 ff.), bei Herodot durch die Vorwürfe des Mardonios, das Unrecht der Athener nicht zu rächen. So ergreift er die Initiative; er stellt sich in die persische Tradition, verschmilzt sie mit dem Willen der Götter und verbindet das Wohl des Imperiums mit den eigenen Zielen. Die Kriegsgründe, die er findet, sind dieselben, welche die Griechen hinter seiner Invasion vermuteten: Ruhm, Landerweiterung – mehrmals wird betont, wie fruchtbar Griechenland ist –, Rache und Weltherrschaft.

Besonders ausführlich beschäftigt sich Xerxes mit dem Racheplan, die Weltherrschaft ist nur ein Kollateralnutzen: «Und darum habe ich mir jetzt vorgenommen, gegen die Athener ins Feld zu ziehen, und glaube, daß dieser Zug uns noch einen weiteren Vorteil bringen wird: wenn wir die Athener und deren Nachbarvölker ... unterworfen haben, so dehnen wir das persische Reich so weit aus, daß es mit dem Himmel zusammenstößt. Kein Nachbarland Persiens soll dann mehr die Sonne bescheinen, sondern alle Länder machen wir zu einem einzigen Reich und ziehen durch ganz Europa» (7.8.3). Vom historischen Xerxes aus gesehen, wäre Athen auf dem Weg zur Weltherrschaft nur eine kleine Etappe. Wenn die Wertigkeit umgedreht wird, so ist das eine griechische Sichtweise. Auch die Vorstellung von Europa als ein Gebiet, das aus Hellas, Makedonien, Thrakien und den Ägäisinseln besteht, ist griechisch und galt noch zur Zeit Alexanders des Großen. Herodot versucht sich selbst an einer Analyse der Kriegsgründe.

Die Höhepunkte: Zwei Gespräche über Krieg und Macht

Nach Xerxes spricht Mardonios, der das persische Landheer führen wird. Seine Position ist klar. Er will Satrap von Hellas werden und bestätigt Xerxes zunächst in seinen Gründen. Nun geht es um den Erfolg des geplanten Feldzuges, und Mardonios untersucht die Kampfkraft des Gegners. Wenig überraschend hält er sie für gering, das Debakel am Athos beschönigt er: «Was sollen wir auch fürchten? Wo ist eine versammelte Heeresmacht? Wo sind mächtige Geldmittel? ... Dabei pflegen die Hellenen viele Kriege zu führen ... aber unüberlegt und unverständig gehen sie dabei zu Werke. Haben sie einander den Krieg erklärt, so suchen sie ein schönes, ganz ebenes Schlachtfeld aus, und dort schlagen sie sich, wobei dann sogar der Sieger mit großen Verlusten davonzieht. Von dem Unterliegenden will ich gar nicht reden; er wird völlig vernichtet. Sie sollten, da sie alle eine Sprache sprechen, die Streitigkeiten lieber durch Herolde und Gesandtschaften schlichten und erst im letzten Notfalle durch Schlachten.» (7.9) In seiner kurzen Rede wandelt sich Mardonios in eigenartiger Weise vom Gegner der Griechen zu ihrem Hüter. Sie wollen eher durch Krieg als durch Verhandlungen die Streitpunkte klären, wirft Perikles bei Thukydides den Spartanern vor. Dies umzukehren, rät Mardonios, ohne geeignete Adressaten zu haben, denn er spricht ja zu Persern. Ohne Zweifel meldet sich Herodot selbst in dieser Passage nochmals zu Wort, um über Mardonios einen Appell an die Griechen zu richten. Das setzt voraus, daß das innergriechische Zerwürfnis weit gediehen war. Vermutlich schrieb Herodot, sofern die Stelle kein Zusatz ist, die Kronratszene erst am Ende der dreißiger Jahre, wenn nicht noch später. Der Stolz über den großen Sieg im Perserkrieg ist jedenfalls längst der Sorge um die griechische Gegenwart gewichen.

Als dritter Redner tritt Artabanos auf, ein Onkel des Xerxes. Er beginnt vorsichtig mit einer Gnome: Wenn nicht verschiedene Meinungen laut würden, könne nicht die beste gewählt werden, nur die eine ausgesprochene sei maßgebend. Dann wählt er ein Beispiel aus der jüngsten Geschichte, den unglücklichen Skythenzug des Dareios, seines Bruders, um Xerxes zu warnen.

Der Vorgang ist unerhört, Widerspruch gegen den König kann es nicht geben. Artabanos bittet daher auch nicht um eine sofortige Korrektur der Entscheidung, er rät Xerxes nur, die Versammlung zu schließen, neu zu überlegen und dann mitzuteilen, was er als das Beste erkannt habe. Die Mahnung, die Artabanos zugleich an seinen Vorredner Mardonios richtet, gleicht dagegen einer Drohung. Er prophezeit ihm, von Hunden und Vögeln zerfleischt zu werden, eine Reminiszenz an den Anfang der *Ilias*. Für den Autor Herodot ist das ein *vaticinium ex eventu*: Er kennt den Ausgang der Geschichte.

Die Kronratszene

Was der Rede des Artabanos Gewicht verleiht, sind die drei Gnomen im Mittelteil. Zwei sind allgemeiner Art, die dritte enthält die eigentliche Botschaft. Artabanos warnt Xerxes davor, Menschenmaß zu überschreiten. «Der Gott duldet nicht, daß ein Wesen stolz ist, außer ihm selbst.» Das Perserreich bis zum Ende der Welt auszudehnen, lasse er nicht zu. Die Hybris des Großkönigs, die in der Hellespontüberquerung, einer doppelten Grenzüberschreitung, gipfelte, war denn auch für die Griechen seit Aischylos die wirkliche Ursache der persischen Katastrophe. Artabanos' Warnung ist zeitlos: «Du siehst, wie der Blitzstrahl der Gottheit die höchsten Geschöpfe trifft, die sich prunkend überheben, während die kleinen den Neid der Gottheit nicht reizen. Du siehst, wie der Gott seine Blitze immer gegen die höchsten Häuser und die höchsten Bäume schleudert. Alles Große pflegt die Gottheit in den Staub zu werfen! Ebenso erliegt auch ein großes Heer einem kleinen, wenn die neidische Gottheit Schrecken im Heere verbreitet oder Blitze schleudert, so daß es elend zugrunde geht» (7.10). Herodot ist unmerklich von den Gründen des Krieges zu denen der Niederlage gekommen.

Der Kronrat endet mit einer zweiten Rede des Xerxes. Er kann die Kritik des Artabanos nicht hinnehmen, zumindest nicht vor den Teilnehmern des Rates. Voll Zorn nennt er ihn einen Feigling und beharrt entschieden auf seinen Plänen. Nochmals betont er den Rachegedanken. Zudem würden die Athener nicht Frieden halten: «Es gilt zu handeln oder zu dulden; entweder herrschen die Griechen oder die Perser. Ein Drittes kann es nicht geben» (7.11). Zwar hatten die Athener immerhin die Hauptstadt einer Satrapie niedergebrannt, wie Xerxes auch anmerkt, historisch erscheint die bedingungslose Alternative dennoch unrealistisch. Darauf kommt es Herodot freilich nicht an. Wichtig erscheint ihm, den Griechen ein weiteres, bisher ungenanntes Motiv für den Konflikt zwischen Griechen und Barbaren zu nennen: den Präventivkrieg.

Mit Xerxes' Antwort schließt der Kronrat, von der «offiziellen» Sphäre wechselt die Handlung in die private (S. 95f.). Herodot begleitet den König in seine Schlafräume. Die Nacht kommt, der Rat des Artabanos verfolgt Xerxes, in den Morgenstunden ringt er sich dazu durch, den Feldzug aufzugeben. Der Kronrat tritt erneut zusammen, mit Spannung erwarten die Versammelten seine Entscheidung. Xerxes beruhigt sie und verkündet die Revision seiner Pläne, und Herodot schließt: «Als die persischen Großen das hörten, fielen sie ihm voller Freude zu Füßen» (7.13).

Die Höhepunkte: Zwei Gespräche über Krieg und Macht

Der Historiker hat gezeigt, was ihm wichtig ist, was seiner Meinung nach allen, Griechen wie Barbaren, wichtig ist: der Frieden. Er könnte hiermit schließen, doch das ergibt ein Problem. Der Krieg hat stattgefunden, obwohl die Vernunftgründe dagegen sprachen. Diese Unlogik zu erklären, scheint die Hauptfunktion der nachfolgenden Traumsequenz zu sein (7.14–19). Die Geschichte wird so ablaufen, wie sie die Zeitgenossen Herodots kennen.

Herodot versteht Kronratszene und Traumsequenz als ein Lehrstück über Kriege und ihre Entstehung. Verhandelt wird der Feldzug des Xerxes, doch was über ihn gesagt wird, gilt wesentlich für alle. Die Technik der direkten Rede erspart dem Autor den eigenen Kommentar und ist schon so ausgefeilt, daß Thukydides sie selbst noch in seinen späten Logoi verwendet. Herodot zeigt in dieser (vermutlich) letzten Schaffensperiode, was er als Schriftsteller und Historiker gelernt hat. Mit steigender Spannung entwickelt sich ein Drama, das im doppelten Meinungswechsel liegt. Xerxes beschließt den Krieg, widerruft ihn und beschließt ihn erneut. Die rationalen Argumente scheitern an den Göttern. Selbst der Warner Artabanos schreckt vor den Drohungen des Traumgesichts zurück. Vorher decken aber die Reden die menschlichen Hintergründe auf. Es zeigt sich, daß der Racheplan nur vorgeschoben ist. Xerxes will nicht Athen, er will die ganze Welt. Warum das so ist, erhellt der Blick in die Geschichte des Königshauses. Xerxes ist, wie gesehen, selbst ein Getriebener. Die Tradition der fortgesetzten Eroberung, der Zwang, wie die Vorväter zu expandieren, weist ihn in die Bahn des Krieges. Als Xerxes dann doch den Mut findet, den *Nómos* zu durchbrechen, greifen die Götter ein. Sie tun das bei Herodot, wie gesagt, nicht zwangsläufig und nicht immer. Im Vordergrund steht das Handeln des Menschen. Der Fülle rationaler Motive wie Landgewinn, Ruhm oder Weltherrschaft steht nur ein irrationales gegenüber, das sich so bei Thukydides nicht mehr finden läßt: der Wille der Gottheit. Was die persischen Großen über den Krieg, ob dafür oder dagegen, zu sagen haben, verrät ein Denken, das Thukydides bzw. seinen Akteuren nicht fern steht. Fremd ist Thukydides allein die moralische Bewertung des Krieges, wie wir sie bei Herodot finden. Für diesen ist Xerxes' Entschluß, den Krieg abzusagen, ein Beweis von Vernunft, Ergebnis rationalen Abwägens.

Die Kapitel 7.9 bis 18 wurden in der modernen Forschung auch als zweites Vorwort verstanden. Dafür spricht viel. Die Kronratszene findet sich an einer Nahtstelle des Werkes. Der seit ca. 70 Jahren mit Unterbrechungen geführte

Krieg zwischen Barbaren und Griechen steuert auf seinen Höhepunkt zu. Dies gilt es zu betonen und so sind die Kapitel 7.9 bis 18 gleichzeitig Zusammenfassung und Vorschau. Während Artabanos an die Mißerfolge erinnert, rekapituliert Mardonios nochmals die Erfolge der persischen Expansionspolitik von Astyages bis hin zu Dareios. Umgekehrt legt Xerxes seine Pläne dar, vom Bau der Hellespontbrücke bis zur Eroberung von Griechenland, während es Artabanos vorbehalten ist, das Scheitern vorauszusagen, die Flucht des Xerxes und den Tod des Mardonios. *In nuce* enthält also das «zweite Prooimion» das gesamte Werk.[1]

Der Melier-Dialog

Die Vorgeschichte

Die Eroberung der Insel Melos im Winter des Jahres 416/15 ist der Wendepunkt in der Geschichte der Großmacht Athen. Zumindest können wir Thukydides so verstehen. *Expressis verbis* gesagt hat es der Historiker nicht, doch er hat die Melier zu Titelhelden eines kleinen Textes gemacht, der zu den wichtigen der Weltliteratur zählt und nach knapp 2500 Jahren noch keine Altersspuren zeigt, des «furchtbaren Gesprächs» (Nietzsche) zwischen Meliern und Athenern. Thukydides schrieb den sogenannten Melier-Dialog nach dem Untergang des athenischen Reiches, er ist die Summe seiner Erfahrungen und weit mehr als nur eine Analyse der athenischen Expansionspolitik. Der Historiker sucht das Wesen der Macht zu ergründen, der Melier-Dialog handelt scheinbar vom Peloponnesischen Krieg, tatsächlich aber von allen Kriegen, er enthüllt, so Jacob Burckhardt, «die vollständigste Philosophie der Macht des Stärkeren».

Der Beschluß der Volksversammlung im Frühjahr 415, das größte Flottenunternehmen in der Geschichte der Stadt zu wagen und die Insel Sizilien, genauer die Stadt Syrakus, anzugreifen, dankt sich auch der trügerischen Hoffnung, Sizilien sei so leicht zu bezwingen wie Melos. Im Sommer 416, als die Schiffe des Seebundes gegen Melos aufbrachen, weilte Thukydides das achte Jahr im Exil. Er kannte die Stimmung in Athen nur vom Hörensagen, war von den Diskussionen im Rat und in der Volksversammlung ausgeschlossen, als zunächst der Angriff und dann – Monate später – die Tötung und

Die Höhepunkte: Zwei Gespräche über Krieg und Macht

Versklavung der Einwohner von Melos beschlossen wurden. Seine Nachrichten sind jedoch zuverlässig, der Informationsfluß nach Thrakien trocknete nicht aus, und das Interesse des Historikers war wach.

Das Sizilische Unternehmen überschattete mit seinen gewaltigen Dimensionen den Untergang der kleinen Insel. Auch Thukydides scheint zunächst den melischen Ereignissen nicht die Bedeutung beigemessen zu haben, die er ihnen nach 404 verlieh. Melos war eine von vielen athenischen Eroberungen. Der Historiker hielt anfangs nur die dürren Fakten fest, die schließlich in den Kapiteln 5.84.1 bis 2 und 115.4 bzw. 116.2 bis 4 den Rahmen des Dialogs bilden. Im Jahre 415 stand Thukydides ganz im Banne der Sizilienfahrt. Er brach offenbar die Arbeit an der Geschichte des Archidamischen Krieges ab und widmete sich einem neuen Stoff: dem Sizilischen Krieg.

Im überlieferten Werk folgt der Bericht der Sizilienfahrt unmittelbar auf den Melier-Dialog, in der Werkgeschichte geht jener diesem voraus. Thukydides hat die Unterredung der Athener und Melier erst nach 404 aufgezeichnet und mit den damals bereits fertigen Büchern sechs und sieben verbunden. Der Übergang ist abrupt. In den modernen Editionen ist er nur einen Punkt lang, in der Niederschrift des Thukydides fehlt sogar dieser. «Zur selben Zeit (im Winter) nahmen die Melier wiederum einen anderen Abschnitt der athenischen Ummauerung, da dort nur wenige Wachttruppen standen. Als nach diesem Vorfall ein weiteres Heer aus Athen unter Philokrates, dem Sohn des Demeas, ankam und nun die Belagerung mit aller Härte durchführte, ergaben sich die Melier, da auch noch Verrat hinzukam, bedingungslos den Athenern. Diese töteten alle erwachsenen Männer, die sie ergreifen konnten, die Kinder und Frauen verkauften sie in die Sklaverei. Sie selbst gründeten den Ort neu und schickten etwas später 500 Siedler dorthin. Im gleichen Winter wollten die Athener zum zweiten Male und mit größerer Macht als damals unter Laches und Eurymedon gegen Sizilien segeln und es unterwerfen, wenn sie könnten; dabei waren sich die meisten völlig im unklaren über die Größe der Insel und die Zahl der dort wohnenden Hellenen und Barbaren und daß sie darangingen, einen nicht viel geringeren Krieg anzufangen als den gegen die Peloponnesier. (5.116.2–6.1.1)

Thukydides enthält sich jeglicher Reaktion auf die Eroberung von Melos. Das überrascht nur bedingt. Einen Kommentar des Historikers muß man nicht erwarten, und das Schweigen ist nicht seinerseits Kommentar. So lud die nahtlose Verbindung der melischen und der Sizilischen Invasion zu Interpretationen ein. Kommentierte Thukydides das erste Verbrechen durch die

Der Melier-Dialog

Schilderung eines zweiten, das sich mit seinem blutigen Ende selbst bestrafte? Eine Antwort fällt schwer, denn Thukydides wahrt die Chronologie, und nur ihre Störung wäre der Beleg, daß die Verknüpfung der beiden Invasionen mehr als formale Gründe hatte. Thukydides hätte aber auch ein anderes Beispiel wählen können. Nicht nur Melos erregte unter den Zeitgenossen Aufsehen. Das hatten auch die Ereignisse von Aigina, Mytilene, Torone oder Skione getan. Der Fall von Melos steht aber im Zentrum des Werkes. Hätte Thukydides seine Geschichte des Krieges bis 404 führen können, hätte Melos den Angelpunkt gebildet. Dies mag ein Grund gewesen sein, warum Thukydides diesen Fall als Exemplum wählte. Ein weiterer war vielleicht, daß die ereignisarmen Jahre 417 und 416 in der Werkökonomie genügend Raum boten, ein dritter aber vielleicht doch, daß die Invasion von Melos derjenigen von Sizilien nicht nur zeitlich vorangig, sondern jene die Athener erst zu dieser ermutigte.

Der Dialog
Um den Streit zwischen Meliern und Athenern wirkungsvoll fassen zu können, entwickelt Thukydides sein bevorzugtes Stilmittel von Rede und Gegenrede, Logos und Antilogia, weiter zu einer schnellen Wechselrede, welche die über den Augenblick hinausreichende Bedeutung der Verhandlungen unterstreicht. Anders als das bisherige System, in dem die Logoi über viele Bücher, Kapitel und Seiten hinweg miteinander verknüpft sind, erlaubt es der Dialog, sofort auf die Argumente der jeweiligen Gegenseite zu antworten. Dies gilt nicht für den Melier-Dialog. Athener und Melier können so, wie sie der Historiker zitiert, keinesfalls gesprochen haben. Sie sagen vielmehr das, was sie (nach Meinung des Thukydides) gedacht haben, ansonsten aber in öffentlicher Rede hinter diplomatischen Floskeln verbargen.

Präliminarien (5.85–88) Dem Dialog voran geht eine kurze Einführung. Sie bekräftigt, daß die Melier von lakedaimonischen Auswanderern abstammen, zu Beginn des Krieges neutral waren und erst in den Krieg eintraten, als die Athener drohten, ihre Insel zu verwüsten. Nun sind – es ist das Jahr 416, offiziell herrscht Frieden – die Athener in Melos gelandet, da Melos sich im Gegensatz zu den anderen Inseln nicht unterwerfen will. Sie schlagen ein Lager auf, die Einwohner haben sich in die befestigte Stadt zurückgezogen, die athenischen Feldherren schicken Gesandte dorthin. Es beginnt eine kurze Auseinandersetzung um die Verhandlungspositionen. Die Abgesandten des

Die Höhepunkte: Zwei Gespräche über Krieg und Macht

demokratischen Athen wollen in der Volksversammlung sprechen, werden aber zu den Behörden und zum Rat der Adligen geführt. Nach kurzem Protest lenken die Athener ein: Sie brauchen die Sympathien nicht, die es in der Volksversammlung für das demokratische Athen vielleicht gibt. Die Unterhandlungen beginnen mit einem athenischen Vorschlag zur Geschäftsordnung. Nur ein dreifacher Imperativ verrät, daß hier nicht von Gleich zu Gleich gesprochen wird:
«Wenn wir unsere Worte nun nicht direkt ans Volk richten, offenbar damit die große Menge nicht in fortgesetzter Rede verlockende Dinge in einem Zug ohne Gegenargumente höre und sich betören lasse (denn dies bezweckt ganz offenkundig unsere Einladung vor den Rat der Wenigen), so verfahret denn, die ihr hier zur Beratung versammelt seid, mit noch größerer Sicherheit. Urteilt Punkt für Punkt und gleichfalls nicht in einer einzigen Rede, sondern unterbrecht uns sofort, wenn wir etwas sagen, was euch nicht hinnehmbar scheint. Zunächst erklärt aber, ob unser Vorschlag euch zusagt.» (5.85)
Die Melier beantworten die Scheinfrage nicht, sondern sprechen offen aus, was die Athener nur anklingen lassen. Angesichts der militärischen Überlegenheit Athens kann es das offene Ende, das die Form des Dialogs suggeriert, nicht geben. Würden sie, die Melier, in diesem Rechtsstreit siegen, würden die Athener nicht abfahren, sondern den Krieg eröffnen, ließen sie sich aber bereden, bedeutete dies Unterwerfung. Indem die Melier diese einzige Alternative, nämlich «Krieg oder Knechtschaft», offen aussprechen, verabschieden sie alle diplomatischen Gepflogenheiten. Beide Parteien sprechen von nun an unverhohlen aus, was sie voneinander tatsächlich denken (5.84.3–88).

Standpunkte (5.89–93) Mit dem nächsten Kapitel stößt Thukydides dann bereits zum Kern seines Themas vor, zur Frage von Macht und Recht. Seine Athener, die fiktiven Sprecher von Melos, streifen die ideologische Hülle ab, mit welcher die historischen Athener den Charakter ihrer Herrschaft vor den abhängigen Bundesgenossen und den neutralen griechischen Poleis zu verbergen trachteten. Ihrem offensiv vertretenen Selbstverständnis nach waren sie, die Athener, es, die einst die Griechen vor den Barbaren gerettet hatten und die sie nun vor ihnen beschützten: Nur die athenische Flotte schrecke den Großkönig vor einer neuerlichen Invasion ab. Zudem schütze die Präsenz athenischer Patrouillenschiffe in der Ägäis vor der stetigen Gefahr der Seeräuberei und sichere den ungestörten Handel unter den Städten wie den Inseln

Der Melier-Dialog

der Ägäis und damit auch die lebenswichtige Versorgung mit Getreide. So gesehen waren die *Phoroi*, die Athen nun auch von Melos forderte, keine Tribute, sondern Beiträge zur Sicherheit und Wohlfahrt der Bündner. Das wären nicht ganz unberechtigte Argumente gewesen, und historisch werden die Athener auch so gesprochen haben. Im Melier-Dialog wischen sie all das aber mit einem Satz als *kalà onómata*, als schöne Worte, beiseite. Im menschlichen Denken, sagen sie, nicht freilich aber in der öffentlichen Bekundung, zähle allein die Macht. Der Überlegene setze durch, was ihm beliebe, Recht sei eine Konvention, die nur dort greife, wo sich gleich starke Kräfte paralysierten und auf einen Kompromiß einigen müßten (5.89).

Die Athener haben es eilig, sie sparen sich die langwierigen Verhandlungen. Was *Díkaion* (Recht) ist, bestimmt der Überlegene, und wenn er Recht nicht setzt, so legt er es zumindest aus, und nur er allein ist die Instanz, bei dem Beschwerde geführt werden kann. Alles andere sind, wie auch die Melier erkennen müssen, die genannten schönen Worte – Freiheit oder Ehre: nur ein *kalòn ónoma*. «Wie wir selbst jetzt nicht mit schönen Worten langatmige und wenig glaubhafte Reden zu führen gedenken, etwa derart, wir würden als Sieger über die Meder mit Recht herrschen oder wir müßten euch jetzt für erlittenes Unrecht strafen, so verlangen wir auch von euch, nicht in den Glauben zu verfallen, uns zu überzeugen, wenn ihr behauptet, als Gründung der Spartaner hättet ihr uns nicht im Krieg beistehen können oder ihr hättet an uns nicht unrecht gehandelt; wir halten es vielmehr für ratsam, das Mögliche durchzusetzen von dem, was beide Seiten in Wahrheit denken, da ihr ebenso gut wißt wie wir, daß das Recht nach menschlicher Denkweise nur unter dem Diktat gleicher Zwänge zur Geltung kommt, ansonsten aber die Überlegenen, was ihnen möglich ist, durchsetzen, während die Schwachen sich fügen.» (5.89)

Die Melier versuchen nun auf das einzugehen, was die Athener vorgegeben haben, und trotzdem ihrer Argumentation treu zu bleiben, indem sie Recht und Billigkeit als Nutzen erklären, der allen, explizit den Athenern, in Gefahr zugute kommen kann. Hellsichtig warnen sie die Athener – aus der Feder des Thukydides wohl ein *vaticinium ex eventu* –, nicht selbst zum Beispiel furchtbarer Rache zu werden, sollten sie dereinst stürzen (5.90). Es bleibt ein vergebliches Manöver. Die Athener zeigen wenig Furcht vor einem möglichen Sturz ihrer *Arché*, vor allem aber verbitten sie sich, ihrer bisherigen Linie folgend, alle Spekulationen. Sie wollen über die Gegenwart (*tà Parónta*) reden und nicht über die Zukunft (*tà Méllonta*). Angesichts gegebener Machtverhältnisse steht für sie die Unterwerfung von Melos außer Diskussion. Bei Verzicht auf alle Rechtstitel kann die Frage für sie nur lauten, in welcher Form diese den höchsten Vorteil biete. Sie erkennen ihn in der schnellen und freiwilligen, d. h. nicht im Kampf erzwungenen Kapitulation, und unterbreiten den Meliern den Vorschlag, der ihrer Meinung nach beiden Parteien nützt. Die Kapitulation der Insel erspare ihnen, den Athenern, Verluste an Soldaten und Trieren, Kosten und Zeit, die Melier aber kämen mit dem Leben davon und blieben als Untertanen im Besitz ihres Territoriums.

Für die Melier kommt der Vorschlag nach den vorangestellten Überlegungen nicht unerwartet – sie selbst haben ihn vorweggenommen –, doch sie wollen ihn nicht akzeptieren, weil sie das, was die Athener mit «Rettung» bezeichnen, als «Knechtschaft» definieren. Die Athener wiederholen ihr Angebot und fassen die vorgegebene Alternative nun schärfer: Tod oder Rettung. Gleichzeitig betonen sie ihr Interesse am Überleben der Melier, denn nur wohlbehaltene Untertanen sind in der Lage, die geforderten hohen *Phoroi* zu entrichten:

«ATH. Sollte auch unsere Herrschaft stürzen, so ist uns um das Ende nicht bange. Wer wie die Spartaner über andere herrscht, der ist den Besiegten kein Schrecken (außerdem gilt unser Kampf gar nicht den Spartanern); anders ist es, sofern sich Untertanen wider ihre bisherigen Herren erheben und sie unterwerfen. Diese Gefahr aber laßt unsere Sache sein. Euch wollen wir dies darlegen, daß wir hier sind zum Vorteil unserer Herrschaft und weil wir euch Vorschläge machen wollen zur Rettung eurer Stadt mit dem Ziel, daß wir ohne mühevollen Kampf die Herrschaft über euch erlangen und ihr zum Nutzen beider Seiten am Leben bleibt.

MEL. Und inwiefern könnte uns Knechtschaft ebenso Nutzen bringen wie euch die Ausweitung der Herrschaft?

ATH. Weil ihr, anstatt das Entsetzlichste zu erleiden, uns untertan werden dürftet und wir daraus, daß wir euch nicht vernichten, Gewinn zögen» (90–93).

Wohlwollende Neutralität (5.94–99) Die Melier versuchen nun auf der Basis der von den Athenern diktierten Bedingungen die Unterwerfung abzuwenden. Nicht mit Berufung auf das Recht, sondern den Nutzen für Athen, bieten sie den Status einer wohlwollenden Neutralität an. Die Athener lehnen ab, lassen sich aber zu einer Begründung herab. Im Melier-Dialog, und nur dort, sagen sie, was sie vor der Öffentlichkeit ansonsten nicht sagen. Sie geben die Geheimnisse ihrer Herrschaft preis. Die Überlegenheit der Großmacht bestehe darin, sich nicht an die Regeln halten zu müssen, die sie unter dem

Anschein des Rechts und unter allgemeiner Übereinstimmung für andere aufstelle. Sie besitze die Macht, sich – ungestraft und ohne Rechenschaft abzugeben – über scheinbar verbindliche Normen hinwegzusetzen. Die Intensität des Hasses der Unterworfenen sei dabei kein Grund zur Furcht, sondern allenfalls ein Gradmesser für die Festigkeit der ausgeübten Herrschaft, Einlenken oder Anerkennung eines höheren Rechts hingegen ein Zeichen von Schwäche: Wer sich einem Schwächeren gegenüber nachgiebig zeigt, provoziert die Frage nach der eigenen Stärke, wer gegenüber dem einen Untertanen milde verfährt, fordert den anderen zum Widerstand heraus. Die Melier müssen mit ihrem Versuch, auf der Grundlage gemeinsamen Nutzens die Unabhängigkeit zu wahren, scheitern. Ein unterworfenes Melos bietet für die Athener mehr Vorteile als ein autonomes, Tribute zählen mehr als Sympathien.
«MEL. Daß wir euch Freund sind anstatt Gegner, niemandes Bundesgenossen, könntet ihr das nicht annehmen?
ATH. Nein, denn eure Feindschaft schadet uns weniger als eure Freundschaft. Diese gilt in den Augen der Untertanen als Beweis unserer Schwäche, der Haß aber als Zeichen unserer Stärke.
MEL. Sehen eure Untertanen das Rechte, wenn sie diejenigen, auf die ihr keinen Anspruch habt, mit denen, die unterworfen sind … in eins setzen?
ATH. Sehr wohl, denn sie glauben, daß an Rechtsgründen keine der beiden Gruppen der anderen nachsteht, die einen aber aufgrund ihrer Stärke sich behaupten und wir aus Furcht nicht wagen anzugreifen. So würde eure Unterwerfung, abgesehen davon, daß wir unsere Herrschaft ausdehnen, uns auch Sicherheit gewähren, zumal wenn ihr, die ihr zu den Schwächeren unter den Inselbewohnern zählt, euch gegen die Herren des Meeres nicht behaupten könnt» (94–99).

Die Chancen des Widerstandes (5.100–111) Die Diskussion scheint beendet, denn die Parteien sind wieder am Ausgangspunkt angelangt, den die Melier, nachdem ihnen die Berufung auf das *Díkaion* versperrt war, mit der Alternative «Kampf oder Knechtschaft», die Athener mit der Wahl zwischen Untergang und Leben beschreiben. Das Gespräch, das jetzt eigentlich abgebrochen werden müßte, geht dennoch weiter, da die Melier sich noch nicht für den Kampf entscheiden, sondern zunächst dessen Vor- und Nachteile, d.h. die Chance, erfolgreich Widerstand zu leisten, erwägen wollen.
Die Melier operieren mit Begriffen, welche die Athener eingangs schon als schönen Schein abgetan haben. Freiheit und Ehre seien, so die Athener, hohle

Worte, für die zu kämpfen nicht lohne, und so zwingen sie die Melier schnell zur pragmatischen Erwägung der militärischen Kräfteverhältnisse. Die Melier räumen waffentechnische und numerische Unterlegenheit ein, bestehen aber darauf, daß Kriege auch unter anderen Gesichtspunkten entschieden werden. «MEL. Wenn aber nun ihr, um im Besitz eurer Herrschaft zu bleiben, und eure Untertanen, um ihrer endlich ledig zu werden, ein solch gefährliches Wagnis eingeht, wäre es doch für uns, die wir noch frei sind, ziemlich schmählich und feige, nicht alles zu versuchen, bevor wir in Knechtschaft geraten.
ATH. Nicht, wenn ihr vernünftig überlegt. Nicht um den Preis von Tapferkeit, von gleich zu gleich, wird der Kampf geführt, der Schande nicht zu verfallen, vielmehr geht es in der Beratung um euer Leben, nämlich dem weit Mächtigeren sich nicht zu widersetzen.
MEL. Aber wir wissen doch, daß sich im Krieg das Glück gleichmäßiger verteilt, als es der Unterschied der beiderseitigen Kräfte erwarten läßt. Sofortiges Nachgeben bedeutet für uns Hoffnungslosigkeit, wenn wir aber entschieden handeln, bleibt uns noch die Hoffnung, aufrecht zu stehen» (5.100–102).

Die Athener verweisen dies in den Bereich der Spekulation. Hoffnung ist für sie ein weiteres *kalòn Ónoma*, Fluchtpunkt für die Schwachen, die ihre Zuversicht auf Irrationales setzen: Göttersprüche, Weissagungen, Orakel, Hoffnungen seien Surrogate der Macht und sie entlarvten sich, sofern sie mit dieser zusammenstießen, sofort als solche: «Hoffnung, ein Ansporn in der Gefahr, mag dem, der Mittel im Überfluß hat, vielleicht einmal schaden, wenn er sich an sie klammert, doch nicht zugrunde richten. Wer aber alles, was er hat, auf einen Wurf setzt (Verschwendung ist nämlich das Wesen der Hoffnung), der erkennt sie erst nach seinem Sturz, und ihm bleibt dann nichts übrig, weswegen er sich vor ihr, die er nun durchschaut hat, noch hüten sollte. Sehet zu, daß euch dies nicht widerfährt, ihr Schwachen, deren Waagschale beim geringsten Anstoß hochschnellt, und handelt nicht wie die vielen, die sich mit eigener menschlicher Kraft noch hätten retten können, die aber, sobald in Bedrängnis die vor aller Augen liegenden Hoffnungen schwinden, auf verborgene vertrauen: auf Weissagung, Göttersprüche und all das, was im Gefolge der Hoffnungen ins Verderben führt» (5.103).
Die Melier glauben aber an ihre gerechte Sache und setzen auf die Hilfe der Götter und der Spartaner. «Schwer scheint es auch uns, das sollt ihr wissen, gegen eure Macht und das Schicksal, wenn es nicht gleich zu gleich steht, anzukämpfen. Dennoch vertrauen wir fest darauf, daß uns das Schicksal, das

aus der Hand der Gottheit kommt, nicht benachteiligt, weil wir, die wir an der göttlichen Ordnung festhalten, gegen Ungerechte stehen, und daß unserem Mangel an Macht das Bündnis mit den Spartanern abhelfen wird, die gezwungen sind, wenn sonst aus keinem anderen Grund, so wegen der gemeinsamen Abstammung und ihres Ehrgefühls, uns zu Hilfe zu kommen. Unsere Zuversicht ist also keineswegs so unbegründet» (5.104).

Die erste Hoffnung erledigen die Athener in einer fatalen Analyse, die den Höhepunkt des Melier-Dialogs bildet. Götter wie Menschen unterstehen demselben Gesetz der Macht, dem zufolge der Stärkere über den Schwächeren herrscht: Götter wie Menschen herrschten nach dem Zwang ihrer Natur stets über das, was sie unter ihre Macht bringen könnten. «Wir haben», fahren die Athener fort, «dieses Gesetz weder aufgestellt noch, da es schon vorlag, als erste befolgt; als Bestehendes haben wir es übernommen und werden es als ewig Gültiges hinterlassen, und wir wenden es an im Wissen, daß alle, ihr oder andere, die zur selben Macht wie wir gelangen, dies ebenso tun würden» (5.105.1–3). Auch die Hoffnung auf die Hilfe der Spartaner schmettern die Athener ab. Sie zerpflücken Punkt für Punkt alle Argumente, mit denen die Melier ihr Vertrauen in die mögliche Hilfeleistung der Spartaner zu untermauern suchen, und zeichnen das Bild eines nach außen geschlossenen, nur auf die eigenen Interessen fixierten Staatswesens mit einer egoistischen Moral (5.105.3–4). Die Athener treiben die Melier in eine Enge, aus der kein argumentativer Weg führt. Die Alternative, welche die Melier von Anfang an fürchteten und die sie durch Verhandlungen aufzuheben hofften, bleibt bestehen: Kampf oder Knechtschaft. Die Melier entscheiden sich für das erstere, die Athener prophezeien ihnen den Untergang und brechen das Gespräch ab.

«ATH ... Wir bemerken aber, daß ihr, obwohl ihr behauptet, ihr wolltet über eure Rettung beraten, überhaupt nichts in dieser so langen Unterredung vorgebracht habt, worauf Menschen ihren Glauben an eine Rettung gründen könnten. Eure stärksten Stützen sind Hoffnungen, die ihr auf die Zukunft setzt, was ihr aber gegenwärtig habt, kann nicht gegen das bestehen, was bereits an Macht gegen euch aufgeboten ist. So beweist ihr einen hohen Grad an Torheit ... Ihr werdet doch nichts geben auf die in schmählicher, selbstverschuldeter Gefahr den Menschen so oft verhängnisvolle Ehre. Schon viele, die noch in der Lage waren vorauszusehen, wohin sie trieben, riß das sogenannte Ehrgefühl mit der Kraft eines Zauberspruchs hin, daß sie sich, bezwungen von einem bloßen Wort, in der Wirklichkeit mit freiem Willen in heilloses Unglück stürzten und Schande dazu ernteten, die um so ärger war, da sie sich auf ihre Torheit und nicht einen Schicksalsschlag gründete. Davor werdet ihr euch hüten, wenn ihr gut beraten seid, und es nicht für unwürdig halten, einer so großen Stadt zu unterliegen, zumal sie maßvolle Forderungen stellt: Ihr werdet Verbündete, steuerpflichtig zwar, aber im Besitz des Euren und braucht nicht, da euch die Wahl zwischen Krieg und Sicherheit gegeben ist, hartnäckig auf eurem Unglück bestehen. Wer seinesgleichen nicht nachgibt, sich dem Stärkeren gegenüber angemessen verhält, im Umgang mit dem Schwächeren Maß zeigt, der fährt meist am besten» (5.106–111).

Die Antwort, welche die Melier schließlich geben, ist nach ihrem Verständnis heroisch, nach demjenigen der Thukydideischen Athener dumm: «Weder sind wir jetzt anderer Ansicht als vorher, Athener, noch wollen wir in einem kurzem Augenblick einer Stadt die Freiheit rauben, die schon siebenhundert Jahre Bestand hat, sondern im Vertrauen auf die bisher schützende göttliche Fügung sowie auf die Hilfe von seiten der Menschen, der Spartaner nämlich, wollen wir versuchen, uns zu retten. Wir schlagen vor, daß wir – niemandes Feind – euch Freund sind und daß ihr aus unserem Land abzieht, nachdem wir einen Vertrag geschlossen haben, der beiden Seiten annehmbar scheint» (5.112). Die Athener können sich darauf kurzfassen: «Ihr seid nun wirklich die einzigen, so scheint uns nach diesen Beschlüssen, die in Fernliegendem mehr Sicherheit sehen als in dem, was vor Augen steht, und das noch Verhüllte vor lauter Wunsch als bereits Geschehenes betrachten. Und da ihr euch in blindem Vertrauen den Spartanern, dem Schicksal und euren Hoffnungen ganz ausgeliefert habt, werdet ihr auch alles verlieren» (5.113). Thukydides hat dem nichts mehr hinzuzufügen. Zwei Sätze genügen ihm, um nun die Kampfhandlungen beginnen zu lassen, sieben weitere, um den Untergang von Melos zu besiegeln.

Thukydides und Melos

Der Melier-Dialog bildet den inhaltlichen Mittelpunkt des Werkes und wäre, wie gesehen, auch der formale geworden, wäre dieses nicht Torso geblieben. Zum Verständnis des Autors unabdingbar, entzieht sich der Dialog jedoch einfachen Deutungen. Athener und Melier sprechen unkommentiert, und Thukydides sagt nicht, welche Argumente er billigt und welche er verurteilt, ob er das Geschehen als kriegsnotwendig akzeptiert oder kritisiert, ob er die Partei der Unterlegenen ergreift oder sich seiner Heimatstadt verpflichtet sieht. Er war kein Moralist, jedenfalls hütet er sich in seinem Werk davor, zu moralisieren. Als Historiker beschrieb er Machtverhältnisse und ihre Auswirkungen. Urteile überließ er anderen.

Der Melier-Dialog

Isoliert und für sich betrachtet, bietet der Melier-Dialog viele Antworten und daher keine, die schlüssig als die des Historikers gelten kann. Nur an einer einzigen Stelle ist so etwas wie eine Lehre erkennbar, ein moralischer Imperativ, eine Verhaltensregel, doch wird auch diese *a priori* in Frage gestellt und zwar durch das gegenteilige Verhalten derer, die sie erteilen, der Athener: «Wer seinesgleichen nicht nachgibt, sich dem Stärkeren gegenüber angemessen verhält, im Umgang mit dem Schwächeren Maß zeigt, der fährt meist am besten» (5.111.4).

Thukydides berichtet knapp, meidet jeglichen Affekt und verzichtet auf apologetische Erklärungen. Alles, was als Partei- oder Stellungnahme erscheint, ist aus dem Text getilgt. Der Historiker suchte, soweit möglich, Persönliches hinter dem, was er als Allgemeingültiges erkannte, zurückzustellen. Thukydides maskiert seine Meinung, indem er sie verschiedenen Personen in den Mund legt. Deren Aussagen aber sind widersprüchlich in dem Maße, wie es ein Werk sein muß, das in einem Zeitraum von über drei Jahrzehnten entstand und keine Schlußredaktion erfuhr.

Der heutige Leser des Dialogs glaubt nach der ersten Lektüre, die Sympathie des Historikers gelte den Unglücklichen, den Meliern. Schon Jacob Burckhardt hat diesen Punkt angesprochen und gibt auch eine bündige Erklärung: Der Leser traue «den innern Schauder, welchen er bei dem so völlig objectiven Bericht empfindet», unwillkürlich auch dem Geschichtsschreiber zu. Thukydides schweigt hörbar, sagt Wolfgang Schadewaldt. Der Text berge etwas, was nicht gesagt werden könne, ohne phrasenhaft zu erscheinen, Moral zu treiben, der Dichtung oder der Theologie zu verfallen. Thukydides legt nahe, Schlüsse zu ziehen, aber er nimmt dem Leser die Arbeit nicht ab. Im Melier-Dialog hat er alles getan, um seine eigene Haltung zu verbergen. So erscheint dieser als Rechtfertigung und Kritik des attischen Imperialismus, als Angriff auf die spartanische Hegemonie oder allgemeine Verdammung brutaler Kriegführung. Thukydides begreift und akzeptiert das Verhalten der Melier, obwohl er es für einen sinnlosen Opfergang hält, er sieht die Zwangsläufigkeit des athenischen Vorgehens, obwohl er am Ende des Krieges weiß, daß es den Keim des Untergangs in sich trägt, er attackiert Sparta und konterkariert dies durch die Darlegung eines *Nómos*, dem Spartaner wie Athener unterworfen sind und der beide nicht anders handeln läßt als sie handeln. Der Melier-Dialog gleicht einem Januskopf, je nach Standort sieht der Betrachter ein anderes Gesicht und doch dasselbe Haupt.[2]

9.
ABSCHLUSS UND FAZIT

Thukydides: Eine innere Biographie

Das Werk des Thukydides erweckt auf den ersten Blick den Eindruck der Resignation, ja der Aussichts- und Weglosigkeit. Das verwundert nicht. In knapp 30 Jahren erlebte der Historiker mehr Kriegsgreuel, als es sie jemals vorher in der bekannten Menschheitsgeschichte gab: Vor der letzten Schlacht des Krieges beschlossen die Athener, allen gefangenen Lakedaimoniern die rechte Hand abzuschneiden. Der siegreiche Gegner ließ stattdessen allen Athenern die Köpfe abschlagen (Xenophon, Hellenika 2.1.31–32).

Von diesen Grausamkeiten blieb Thukydides nur scheinbar unberührt. Sicher ist, daß er sich veränderte. Derjenige, der mit allen ihm noch zu Gebote stehenden Kräften das Werk revidierte und neu faßte, ist nicht mehr derjenige, der es begann. Moderne Philologen und Historiker, welche die Konstanz seiner Sichtweise preisen, tun ihm Unrecht. Er lernte, wie er auch vor allem Lernfähigkeit von seinen Lesern verlangt.

Thukydides begann als Befürworter des Krieges. Wie Perikles, als dessen Anhänger ihn sein Werk ausweist, war er von dessen Notwendigkeit (zur Sicherung der athenischen *Arché*) überzeugt und ebenso davon, daß er gewonnen werden würde. In der berühmten Würdigung des Perikles bekräftigt er, wie gesehen, beides noch nach der Niederlage von 404. Wichtig war ihm, seine Pflichten als reicher Bürger zu erfüllen, sein Beitrag zum Sieg sollte nicht allein in dessen Darstellung gipfeln. Obwohl seine thrakischen Besitzungen und Bergwerke weit entfernt von Athen lagen, hielt er sich dort häufiger auf. Zweimal bezeugt er diese Anwesenheit in den ersten Jahren des Krieges selbst. Er erkrankte in Athen im Sommer 429 an der Pest und im Frühjahr 424 wurde er dort von der Volksversammlung zum Strategen gewählt.

Thukydides: Eine innere Biographie

Thukydides betrachtete sich, wie auch seine Wahl dokumentiert, als einen der Garanten des athenischen Erfolges. Er war – wieder nach eigener Bekundung – ein mächtiger Mann in Thrakien (4.105.1), und der Teil Thrakiens, in dem er seinen Einfluß ausübte, war für Athen schon allein wirtschaftlich von unschätzbarer Bedeutung. Entsprechend besaß Thukydides auch politisches Gewicht in Athen. An seiner eigenen militärischen Befähigung kann er als ein Mann, der maßstäblich Kriegsgeschichte schreiben wollte, nicht gezweifelt haben. So war die Verbannung, in die ihn das athenische Volk schließlich schickte, sicherlich ein großer Schock. Thukydides rechtfertigt sich nicht in dieser Sache. Sein Bericht über die Geschehnisse, die zu seinem Exil führten, wirkt distanziert nüchtern. Wer es nicht weiß, kann aus diesem nicht schließen, daß der berichtende Historiker und der handelnde Stratege ein und dieselbe Person sind. Auch dieser Eindruck trügt. Der Stachel saß tief. An der Stelle seines Werkes, an dem er das Exil hätte erwähnen müssen, schweigt er. Auch in seinem ersten Vorwort, geschrieben nach 421, übergeht er das für ihn und sein Vorhaben so wichtige Ereignis. Erst nach 404, als er nach 20-jähriger Verbannung ehrenvoll nach Athen gerufen wurde, bricht er dieses Schweigen und fügt diese Nachricht – im heute sogenannten zweiten Vorwort – nach der Darstellung des Archidamischen Krieges in sein Werk ein, um hier die Einheit des 27-jährigen Krieges zu betonen (5.26).

Zum Kriegsgegner wandelte sich Thukydides zunächst aber wohl nicht. Er hatte seine Bürgerrechte verloren, aber sicherlich war ihm der Erhalt der athenischen *Arché*, an deren Rand er Goldbergwerke ausbeutete, wichtig. Der Frieden von 421 hatte den Erhalt des Reiches bestätigt, Sparta war der Verlierer, wenn die Auflösung des Seebundes das spartanische Kriegsziel war.

Wir müssen uns für die Zeit von 421 bis 415 eine intensive Arbeit des Thukydides an seinem Werk vorstellen. Der Krieg war ihm durch das Exil selbst zum Schicksal geworden. Thukydides besaß viele Informanten in Athen. Seine Darstellung der Ausfahrt der athenischen Flotte nach Sizilien wirkt wie von einem Augenzeugen geschrieben. Aus der Kriegsbegeisterung der Athener im Frühjahr 415 läßt sich aber nicht schließen, daß Thukydides ähnliche Gefühle hegte. Auffällig ist freilich, daß er seine Geschichte des Archidamischen Krieges unterbrach, um nun das größte Flottenunternehmen der griechischen Geschichte zu schildern. Der Faszination dieser Flottenfahrt konnte sich auch der Historiker nicht entziehen. Der Archidamische Krieg bot nichts Vergleichbares. Euripides scheint vor dem Unternehmen gewarnt zu haben. Anders läßt sich die Aufführung der *Troerinnen* kurz nach Melos und kurz vor dem Aufbruch nach Sizilien

Abschluß und Fazit

nicht verstehen. Als einem Exilanten kam Thukydides eine Kritik gar nicht zu. Vermutlich erkannte er in der Expedition eine Überspannung der athenischen Kräfte. Das kann aber auch eine Einsicht *post eventum* gewesen sein. Bezeichnenderweise sah er nach dem Ende des Krieges den Fehler nicht so sehr in der Beurteilung der Angegriffenen, und das meint ja wohl den Entschluß zum Krieg, als im Verhalten der «treibenden Kräfte», die in Athen nicht die für das ausgesandte Heer zweckdienlichen Beschlüsse faßten, sondern durch ihre «Zänkereien» dem Unternehmen schadeten (2.65.11). Auch wenn er den Beschluß zur Invasion für wenig glücklich hielt, glaubte er dennoch, daß das Unternehmen zumindest nicht in eine Niederlage hätte führen müssen.

Es wurde schlimmer als eine Niederlage. Die Sizilische Expedition endete in einer Katastrophe. Wir dürfen annehmen, daß der Herbst 413 der späteste Moment war, der Thukydides die Sinnlosigkeit des Peloponnesischen Krieges und letztlich aller Kriege zu Bewußtsein brachte. Die Schilderung des sizilischen Elends läßt keinen Zweifel daran. Desungeachtet bewunderte er den Widerstandswillen der Athener, die auch nach dem Verlust der Flotte den Kampf weiterführten, den ihnen nun die Spartaner im Glauben an die Schwäche des Gegners aufzwangen. Pazifist wurde Thukydides nie. Kriege gehörten zur menschlichen Natur, sie zu verhindern ging über den Menschenverstand. Vor diesem Hintergrund verzichtet Thukydides auf Kommentar und Belehrung. Sein Schweigen – vor allem auch zu Melos – ist niemals eines der Billigung. Er begnügt sich damit, das selbst verschuldete und doch ohne Schuld verursachte Leiden zu erzählen. Dieses Leiden erträgt kein Besserwissen: Angesichts dessen verstummt Thukydides wie der Herold der Ambrakioten, dem er einen der zwei Dialoge des Werkes widmet (3.113). Wie dieser erkennt auch er erst allmählich die Dimensionen des Schreckens. Er weiß, daß dessen bloße Schilderung genügt. So bleiben eigene Bekundungen wie nach der Stasis in Kerkyra, der Katastrophe von Sizilien und nach den Massakern von Akarnanien und Mykalessos spärlich und knapp.

Das späte Werk ist geprägt von dem Mit-Leiden (nicht Mitleid) mit dem Ungenügen der Menschen. Der Historiker berichtet von der *Aboulía*, dem Unberatensein, der Mächtigen, von ihren zweifelhaften Motiven und falschen Zielen. Für das Verhalten der Vielen, die in den Krieg geraten sind, weil sie schlecht beraten wurden oder Beute und Ruhm erhofften, hat er eine Erklärung: die *anthropeía Phýsis*, die menschliche Natur, die zumal in Kriegszeiten alle Normen sprengt und obsolet macht, was Sitte, Brauch und Gesetz an Konventionen zum Schutz des Menschen schufen.

Thukydides: Eine innere Biographie

Die Forschung hat sich angewöhnt, von jenem Kapitel, in dem Thukydides die menschliche Natur und das Wesen des Krieges seziert, als von der *Pathologie* zu sprechen, tatsächlich aber ist das ganze Werk nichts anderes als eine Leidensgeschichte des Menschen. Das ist die gravierende Änderung im Charakter des Werkes wie des Autors. Als Thukydides begann, sich als Historiker einen Namen zu machen, wollte er, um es zu wiederholen, wie Herodot eine Siegesgeschichte schreiben, und zwar diejenige Athens. Die Ereignisse nötigten ihn, spätestens nach Sizilien, aufzugeben. Es wurde ein Werk ohne Sieger, für das Thukydides nach 404 all seine Kraft einsetzt. In den großen Erzählsträngen, ob von der Belagerung von Mytilene und Plataiai, den Kämpfen in Akarnanien und Thrakien, den Seeexpeditionen gegen Melos und Sizilien, gibt es nur Verlierer. Wo sich Sieger melden, wirken sie lächerlich wie die Mantineer und Tegeaten, die nach einer lokalen Schlacht beide ihr eigenes Siegesdenkmal aufstellen (4.134). Dennoch ist auch Hoffnung nicht fern. Thukydides registriert aufmerksam, was dazu berechtigt: die Ruderer, die mit ihrem Einsatz die Vollstreckung der Todesurteile von Mytilene verhindern, oder jener Argiver, der während der Diktatur der «Vierhundert» auch unter Folter die demokratischen Mitverschwörer nicht preisgab (8.92.2). Das Ausgeliefertsein der *anthropeía Phýsis*, das immer wieder anklingt, ist nicht das letzte Wort des Historikers, die *Pathologie* ist nicht allein Klage, sie ist auch Aufklärung und diese impliziert zumindest die Hoffnung auf Veränderlichkeit bzw. Veränderbarkeit. Thukydides' reflektierte Erfahrung kann nur den Beweis erbringen, daß es bisher so war. Die Annahme, daß es auch in Zukunft so sein wird, ist Spekulation und verletzt die eigenen Prinzipien. Anders als die Pest ist Krieg keine Naturerscheinung und anders als bei Herodot auch kein von den Göttern verhängtes Schicksal. Die *anthropeía Phýsis* disponiert den Menschen, aber sie determiniert ihn nicht. Selbst im Falle einer Krankheit wie der Pest gibt das Studium des Werkes dem Menschen eine gewisse Freiheit des Handelns zurück. Er wird, wenn er dank Thukydides weiß, wie sie verläuft, nicht gesunden, aber zumindest einsichtsvoll handeln können.
Auch im Falle des Krieges als einer sozialen Krankheit scheint Thukydides auf den ersten Blick den späten Lesern nur Einsicht in das menschliche Verhalten versprechen zu wollen, nicht aber Änderung oder gar Verbesserung, doch er konterkariert dies durch zwei Beispiele. Den Grausamkeiten des Bürgerkriegs, der Verantwortungslosigkeit, der Macht- und Ehrgier der Politiker stellt er eine soziale Utopie entgegen, das Reich des Perikles, wie es dieser im *Epitaphios* selbst schildern darf. Er preist es als Modell der Verwirklichung des Men-

schen, gegenübergestellt der spartanischen Unfreiheit. Das Modell scheitert auch nicht an menschlicher Unzulänglichkeit, es scheitert am Einbruch der Pest. Thukydides läßt seine Realisierbarkeit letztlich offen.

Der Historiker gibt noch ein zweites Beispiel, und dies ist keine Fiktion. Das Beispiel ist er selbst. Er zeigt, was er dem der *anthropeía Phýsis* ausgelieferten Menschen zu verweigern scheint, die Fähigkeit, aus den geschilderten *Erga* zu lernen. Thukydides' radikale Umarbeitung des eigenen Werkes, der damit verbundene Verzicht auf Publikation und Berühmtheit, sind in der Historiographie singulär. Schon die antiken Biographen betonen, daß der Historiker erst nach seinem Tode Bewunderung erlangte. Motiv der Umarbeitung war ihm die Erkenntnis, daß nur das genaue Erfassen der Wahrheit (*Katálepsis Atheleías*), so der Scholiast (Markellinos 21), seinem Anspruch genügte, sein Werk zu einem Besitz der Menschheit zu machen. Der gegen Herodot erhobene Anspruch, dem zufolge es nicht zum genußreichen Lesen (bei Herodot Hören) geschrieben sei, sondern um sich den Menschen nützlich zu erweisen, kann nur bedeuten, daß der Historiker erwartete, die Nachwelt könne aus seinen präzisen Berichten lernen, und zwar mehr als den Umstand, daß der Verlauf der menschlichen Geschichte durch die *anthropeía Phýsis* programmiert sei. Mit seiner stolzen Behauptung, sein Werk sei ein *Ktêma eis aeí*, ein «Besitz für immer» stellt sich Thukydides als Lehrer vor, freilich nicht als einer, der doziert oder diktiert, sondern als Lehrer, der seine Leser/Schüler zu eigener Leistung auffordert, nämlich seine Berichte, namentlich die eingefügten Logoi mit ihren widerstreitenden Positionen, kritisch nachzuvollziehen und eigene Schlüsse zu ziehen. Der Historiker gibt keine vor, er erkennt den Leser als selbstständiges, vernunftorientiertes Individuum an, das für sein Denken auch die Verantwortung übernimmt. Der (fast) vollständige Verzicht auf Kommentierung ist das im voraus erteilte Lob des Historikers an den künftigen Leser, er bekundet ihm, Lernen aus der Geschichte erfordere Anstrengung; für den, der diese Anstrengung unternehme, sei dies jedoch möglich. Er ist der Adressat des Werkes.[1]

Herodot: Die Schlußkapitel

Herodots Werk schließt mit einem kleinen Paradox. Das neunte Buch der *Historien* besitzt zwei Kapitel, die sich als Fazit lesen lassen, und hat doch keinen allgemein akzeptierten Abschluß. Das formal letzte Kapitel (9.122) ist als solches umstritten und die Geschichte vom Bankett des Thebaners Attaginos (9.16), die sich auch als Resümee des Historikers lesen läßt, fällt noch in die Zeit vor Plataiai. Vor dem Ende des Krieges und des Buches warten also noch zwei Schlachten und gut 100 Kapitel auf den Leser. Gemeinsam ist beiden «Schlußkapiteln», daß die dort geäußerten, Herodot so wichtigen Einsichten nicht von Griechen, sondern von Persern formuliert werden.

Kapitel 9.16: Das Bankett des Attaginos

In der großen Landschlacht von Plataiai kämpften nicht nur Griechen gegen Perser, es standen sich auch Griechen und Griechen gegenüber, ja Nachbarn wie die Athener und die Thebaner. Herodot bringt dies vor dem den Krieg entscheidenden Kampf nochmals mit einem kleinen Kapitel über das Bankett des Attaginos in Erinnerung, wobei er die Kollaboration zwischen Persern und Griechen über das Militärische hinaus auf eine Ebene der Freundschaft hebt. Die Perser sind nicht die «Barbaren», zu denen sie spätere Feindpropaganda machte, sie sind ein Volk mit einer Kulturtradition, die älter ist als die der Griechen. Bezeichnenderweise sprechen die Perser – oder jedenfalls einige von ihnen – die Sprache des Gegners.

Herodot ist die Sache so wichtig, daß er ganz entschieden ihre Authentizität betont. Das Nähere habe er von Thersandros aus Orchomenos erfahren, der selbst Teilnehmer dieses Banketts gewesen sei, erklärt er eingangs des Kapitels. Eingeladen zu einem Gastmahl hatte ein Thebaner, Attaginos, als Gäste seines prachtvollen Banketts empfing er neben Mardonios, dem obersten persischen Befehlshaber, 50 weitere vornehme Perser, denen 50 Thebaner zugesellt waren. Die beiden Gruppen hätten, teilt Herodots Informant mit, nicht getrennt gespeist, sondern je ein Thebaner und ein Grieche hätten eine Kline (eine Art Speisesofa) geteilt. Herodot gibt nach dieser Einführung in direkter Rede den Kern des Gespräches, das Thersandros mit seinem persischen «Tischnachbarn» führte. Der Anfang scheint an den Dialog zwischen Xerxes und Artabanos am Hellespont zu erinnern, aber es geht hier nicht um die Kürze des Lebens. Dem anonymen Perser sind drei Gnomen in den Mund gelegt, die – wie auch der Glaube an Orakel – Herodot selbst zu gehören scheinen. In ihnen kristallisiert sich am Ende eines Lebens, das tiefe Einblicke in die Geschicke der Menschen ermöglichte, die ernüchternde Erkenntnis, daß alles Wissen schließlich doch in Ohnmacht mündet. In den Sentenzen spiegelt sich eine tiefe Resignation, die ihre Ursache, wenn hinter dem persischen Gast Herodot steht, in den Wirren der Gegenwart hat, denn Herodot schrieb das Attaginos-Kapitel in einer Zeit, in der aus dem jahrelangen Zwist zwischen Athen und Sparta bereits ein großer Bruderkrieg, «die gewaltigste Erschütterung ... unter den Menschen» (Thuk. 1.1), geworden war:

«‹Da du gemeinsam mit mir gegessen und getrunken hast, will ich dir als Andenken meiner freundschaftlichen Gesinnung etwas verraten, was dir zu deinem eigenen Wohl und Vorteil dienen mag. Siehst du die Perser hier schmausen und siehst das Heer, das wir am Flusse dort zurückgelassen haben? Von all diesen Menschen wirst du in kurzem nur noch ein kleines Häuflein am Leben sehen.› Diese Worte habe der Perser mit vielen Tränen begleitet. Er (Thersandros) habe erstaunt geantwortet: ‹Müßte man das nicht Mardonios sagen und den persischen Unterfeldherren?› Der Perser habe erwidert: ‹Freund, was die Gottheit beschlossen hat, kann der Mensch nicht abwenden. Auch pflegt auf den, der die Wahrheit sagt, niemand zu hören. Viele von uns Persern kennen ihr Schicksal, aber Gewalt zwingt uns zum Gehorsam. Das ist das Bitterste für einen Menschen: bei allem Wissen doch keine Macht zu haben.›»

Kapitel 9.122: Der Rat des Kyros
Die triumphale Heimfahrt der athenischen Flotte hätte in 9.121 einen würdigen Abschluß des Werkes bilden können. Herodot fügt aber noch ein Kapitel hinzu, das Leser und Forschung wegen seiner (scheinbaren) Belanglosigkeit irritiert. Lange Zeit wurden deswegen die *Historien* als unvollendet betrachtet, und die Diskussion darüber ist auch heute nicht verstummt. So wurde darauf verwiesen, daß Herodot zwei Versprechungen mache, nämlich zum einen von den assyrischen Königen (1.184) zu erzählen, zum anderen vom Tod des Verräters Ephialtes (7.213), diese aber nicht mehr einlöse. Beides war aber für den Fortgang der Handlung ohne Bedeutung, und so mag Herodot seine Ankündigung vergessen haben. Vielen modernen Interpreten fehlt jedoch auch der mächtige «Schlußakkord», den ihrer Meinung nach das große Werk über den

Herodot: Die Schlußkapitel

erfolgreichen Freiheitskampf der Griechen verdient gehabt hätte. Sie vermissen einen Blick in die historische Zukunft, als der beispielsweise ein Hinweis auf den Attischen Seebund gegolten hätte. Herodot vermerkt jedoch nach der Einnahme von Sestos nur, in diesem Jahr sei nichts weiter geschehen, und hüllt sich dann in Schweigen. Erst Thukydides kommt auf den Seebund zu sprechen, denn in ihm lag, wie gesehen, die Keimzelle des großen Bürgerkrieges von 431.

Vielleicht wollte Herodot, der dieses letzte Kapitel in den zwanziger Jahren schrieb, als die einstigen griechischen Verbündeten sich mitten in einem Bruderkrieg befanden, einen allzu optimistischen Schluß vermeiden, vielleicht sollte auch das Werk, das von Griechen und Persern handelte, nicht mit den Athenern enden (9.121), die von den meisten Zeitgenossen für den Ausbruch des Bürgerkrieges verantwortlich gemacht wurden. Herodot hat nichts dazu gesagt, und so muß es offen bleiben. Nicht zu übersehen ist freilich, daß der Schluß wohlüberlegt ist, obwohl ihn der Autor als eher spontanen Gedankengang, ausgelöst durch eine Namensassoziation, erscheinen läßt.

Kapitel 9.120 erzählt, wie gesagt, die Einnahme von Sestos und die Hinrichtung des Kommandanten Artyaktes. Von Artyaktes kommt Herodot auf dessen Großvater zu sprechen und erinnert an einen Ratschlag, den dieser zwei Generationen vorher den Persern gegeben haben soll: Nun, da Kyros die Meder überwunden habe, sollten sie aus ihrem kargen Land auswandern und sich ein schöneres suchen. Dies gezieme sich für ein Herrenvolk (*Ándres árchontes*). «Kyros», fährt Herodot fort, «fand diesen Rat nicht rühmenswert.» Weichliche Länder pflegten weichliche Menschen zu erzeugen. Nie würde ein Land zugleich herrliche Früchte und kriegstüchtige Männer hervorbringen. Und Herodot schließt das neunte Buch und sein Werk: «Die Perser sahen das ein, nahmen von ihrem Plan Abstand und gingen davon. Kyros hatte sie überzeugt. Sie wollten lieber in einem mageren Land Herren (*árchein*) als in einem üppigen Knechte (*douleúein*) sein.»

Diese kleine Geschichte hätte Herodot fast überall in seinem Werk erzählen können, und inhaltlich paßt sie vor allem in das erste Buch, das ja die Regierungszeit des persischen Reichsgründers behandelt. Herodot hat sie also ganz bewußt an den Schluß gesetzt, mehr noch, der Rat und die Antwort des Kyros sind unhistorisch, der Historiker hat sie erfunden oder – besser gesagt – konstruiert. Es wurden Anklänge an Homers *Odyssee* nachgewiesen, die Klimatheorie findet sich in den Hippokratischen Schriften des 5. Jahrhunderts wie-

Abschluß und Fazit

der und der Anspruch, als Herrenvolk andere Länder in Besitz nehmen zu können, korrespondiert mit der sophistischen Lehre vom Recht des Stärkeren. Zudem setzt die Gestalt des Kyros hier die Reihe der sogenannten Warner fort, wie sie der Spartanerkönig Demaratos und der persische Adlige Artabanos darstellen. Die Passage konveniert zudem mit Kapitel 9.82, in dem die «armen» Griechen das Wohlleben der Perser (unter Xerxes) bestaunen, und sie führt Kapitel 7.102.1 fort, in dem eben jener Warner Demaratos Armut und Tapferkeit als zusammengehörig verbindet.

Der kurze Text leistet also vieles. Die Hommage an den Reichsgründer Kyros als einem besonnenen Mann weist an den Anfang der *Historien* zurück und sie ist ein versöhnlicher Abschluß gegenüber den Persern. Gleichzeitig bietet das Kapitel auch eine Erklärung für die Niederlage, denn die Nachfolger hielten sich nicht in allem an den Ratschlag des Kyros. Hierin liegt im übrigen eine starke Parallele zu Thukydides, denn dessen «Schlußkapitel» 2.65, das ein Fazit des Krieges zieht, führt in ähnlicher Weise die Niederlage (Athens) auf ein Versagen der Nachfolger (in diesem Fall denjenigen des Perikles) zurück. Drittens und letztens richtet sich Kyros' (unhistorische) Warnung vor fortgesetzter Expansion (das ist auch der Kritikpunkt bei Thukydides) schwerlich an die eigenen Zeitgenossen, sondern an diejenigen Herodots. Obwohl immer wieder bestritten, muß er hier die von ihm ansonsten durchaus geschätzten Athener im Blick gehabt haben, die mit ihrer Expansion nach Osten und schließlich auch nach Italien und Sizilien die Freiheit der Griechen bedrohten, die in den Perserkriegen erkämpft worden war.[2]

10.
DIE REZEPTION VON DER ANTIKE BIS IN DIE NEUZEIT

Herodot in der Antike
Herodots Werk wurde rezipiert, bevor es erschien. Das ist singulär, aber auch leicht zu erklären. Seine Lesungen speziell in Athen machten ihn bekannt, er fand Zugang zu intellektuellen Zirkeln, auch wenn die kolportierte Freundschaft mit dem Staatsmann Perikles und seiner Frau Aspasia als unsicher gelten muß. Wie erwähnt, belegt aber ein bei Plutarch erhaltenes Epigramm, daß Sophokles Herodot eine Ode widmete, und bildet so das seltene Zeugnis einer antiken Schriftstellerfreundschaft.
Aristophanes bediente sich des neuen Stoffes, der in Griechenland begeistert aufgenommen wurde. Sein hoher Bekanntheitsgrad war ja Voraussetzung für eine effektvolle Parodie, und die gelang Aristophanes in seiner Komödie *Die Acharner*, in der er den Raub einiger Hetairen der Aspasia im Anklang an Herodot zur Ursache des Peloponnesischen Krieges macht.
Wie Herodot von den Sophisten gelernt hatte, so übernahmen diese umgekehrt nun seinem Werk Material für ihre Traktate. Ganz offenkundig gehen einige Beispiele für Völkersitten in der kurz nach dem Peloponnesischen Krieg entstandenen Schrift über *Zweierlei Reden* (13–17) auf die *Historien* zurück.
In der Historiographie tat es Thukydides' Nachfolger Xenophon diesem gleich, indem er sich in seinen Werken, so in der *Anabasis*, den *Hellenika* und vor allem in der *Kyropädie,* auf Herodot bezog, ihn aber nirgends beim Namen nannte. Hingegen waren die *Persiká* des Ktesias von Knidos, der als Leibarzt Artaxerxes' III. längere Zeit in Persien lebte, von vornherein als Konkurrenz zu Herodot angelegt. Der Autor übernahm Herodoteische Motive, variierte sie und stellte sie mit dem Zweck um, ihre Herkunft zu verschleiern. Gleichzeitig aber tadelte er seinen Vorgänger und tat ihn als «Lügner» und «Märchenerzähler» ab.

Die Rezeption

Daß Herodot auf die Geschichtsschreibung des 4. Jahrhunderts wirkte, ist naheliegend. Ephoros hat sich eng an ihn gehalten und dort, wo ein inhaltlicher Bezug fehlt wie in den *Philippika* des Theopomp, wurde die Anlage des Werkes Vorbild. Theopomp von Chios war es auch, der als erster eine *Epitome* (Auszug) eines großen Werkes veröffentlichte, indem er die neun Bücher Herodots auf zwei zusammenstrich.

Trotz aller Kritik, die ja schon mit dem Zeitgenossen Thukydides beginnt, stieg Herodot schnell zum Klassiker auf, von dem die Athener zwar keine Statuen aufstellten wie von ihren großen Tragikern, der aber doch über die Historiographie hinaus bei Rednern und Publizisten wie Lysias und Isokrates, Demosthenes und Lykurg beliebt war. Auch in der Philosophie war Herodot präsent. Platon zeichnet auf der Basis des zweiten Buches ein idealisiertes Bild Ägyptens; Aristoteles benutzt Herodot in seinen ethnischen wie naturgeschichtlichen Schriften. Im *Staat der Athener* wird er als Quelle genannt (14.4) und in der *Poetik* (9, 1451b) dient er als Beispiel für die berühmte Unterscheidung von Dichter und Historiker. Der Historiker berichte, was geschehen sei, der Dichter, was eventuell hätte geschehen können.

Der Historiker ging in der Zeit des Hellenismus in die Lokalgeschichten ein, in ethnographische und geographische Werke, in die Dichtung, ja sogar in militärische Lehrschriften. Philologen gaben sein Werk heraus, kommentierten es und analysierten seinen Stil, die Lektüre wird kanonisch. «Herodot übertraf nach Wortwahl, Satzbau und Abwechslung der Figuration die anderen um vieles», erkannte der Rhetorik-Lehrer Dionysios von Halikarnassos (1.Jh. v.Chr.), und es war sicherlich nicht nur die gemeinsame Vaterstadt, die ihn zu diesem Lob veranlaßte (*Über Thukydides* 23).

Herodot galt stilistisch als der erste Nachahmer Homers – in der verschollenen Schrift eines Valerius Pollio wurde ihm deswegen sogar der Vorwurf des Diebstahls gemacht –, und dies ließ sich nun nicht mehr steigern. Die weitere Kritik setzte eher am Inhalt an. Cicero, der ihn zum *pater historiae* erklärte, vermerkte gleichzeitig, das Werk enthalte *innummerabiles fabulae:* «Viel schwätzen Herodot und andere Leute, die ihrer Darstellung wie Lied, Versklang und Würze wundersame Geschichten beifügen», klagte der Geograph Strabon (1.Jh. v.Chr.), und sein Zeitgenosse Diodor wollte mit Schweigen übergehen, was ihm allzu offensichtlich als erfunden erschien: «Wieviel nun Herodot und einige von denen, die die ägyptische Geschichte behandeln, sich aus den Fingern saugten, indem sie ohne Not Wundergeschichten der Wahrheit vorzogen und Mythen erfanden, um Eindruck zu schinden, das wollen wir unbeachtet lassen ...» (1.69.7).

Die Klagen bezogen sich alle auf den ersten, sozusagen ethnographischen Teil, nicht auf die Schilderung der Perserzüge, die ja auch Diodor, wenngleich mittelbar, übernimmt. Der einzige, der die späten Bücher Herodots kritisiert, ist Plutarch aus Chaironeia, der, wie gesagt, Herodot die Darstellung der Boioter, seiner Landsleute, übelnimmt, die bekanntlich mit den Invasoren kollaboriert hatten. Die Angriffe auf die Boioter seien deshalb so boshaft, leitet Plutarch seine Schrift *Über die Böswilligkeit Herodots* ein, weil dieser seine Absichten hinter der Maske von Gefälligkeit und Einfachheit verstecke. So halte er, Plutarch, es für seine Pflicht, seine Vorfahren und damit auch die Wahrheit selbst in Schutz zu nehmen, darüber hinaus dessen «übrige Lügen und Erdichtungen alle zu widerlegen würde den Umfang mehrerer Bücher erfordern» (mor. 854Ef.).

In der Kaiserzeit und der Spätantike schien Herodots Ruf als seriöser Historiker ruiniert. Er galt als *Fabulator* (Gellius 3.10), und der Satiriker Lukian verbannte ihn gar auf die «Lügeninseln», wo ihm zudem noch Ktesias (*Wahre Geschichten* 2.31, *Lügenfreund* 2) unangenehme Gesellschaft leistete.

Die Neuzeit

Als im Westen des römisches Reiches die Kenntnis der griechischen Sprache zurückging und entsprechend das Interesse an Herodot und auch Thukydides sank, wurden deren Werke im byzantinischen Reich archiviert und bewahrt. Der große Gelehrte Photios handelte über sie in seiner *Bibliothek*, einem enzyklopädischen Sammelwerk; in der Suda, einem byzantinischen Lexikon, finden sich längere Artikel, und schon der Historiker Prokop, der bedeutendste Historiker des Justinianischen Zeit, nahm beide zum Vorbild.
Noch vor der Eroberung von Byzanz durch die Osmanen gelangten zu Beginn des 15. Jahrhunderts Abschriften der beiden Historiker nach Italien, wo sie der Humanist Lorenzo Valla in den fünfziger Jahren ins Lateinische übersetzte. Herodot erschien 1474 im Druck, Thukydides etwas später, und damit begann eine neue Phase der Wirkungsgeschichte, denn vom Lateinischen konnten die Texte leichter in die einzelnen Landessprachen übersetzt werden. Eine deutsche Ausgabe des Thukydides wurde von Hieronymus Boner 1533 in Augsburg publiziert, diejenige von Herodot, übertragen von Heinrich Stainer, folgte 1535. Auf der Insel *Utopia* des Thomas Morus lasen die Einwohner schon 1516 Herodot und Thukydides. Obwohl jener nun stärker als dieser rezipiert und sein Werk deutlich häufiger aufgelegt wurde, verstummte, auch wenn berühmte Humanisten des 16. Jahrhunderts wie Erasmus von Rotter-

dam oder Philipp Melanchthon ihm Bewunderung zollten, die Kritik mit Bezug auf die Lügenvorwürfe in der Antike nicht. Abzulesen ist das besonders an der Gegenreaktion. Henricus Stephanus (Henri Estienne), Buchdrucker, Philologe und Humanist, schrieb 1566 eine begeisterte *Apologia pro Herodoto*, in der er die Aufrichtigkeit des Historikers in den Vordergrund rückte. Überhaupt pendelte in der Frühen Neuzeit die Wertschätzung zwischen Herodot und Thukydides, bis mit Beginn der wissenschaftlichen Beschäftigung mit der Antike letzterer – zumindest vorläufig – den Vorzug gefunden hat.

Was Historiker an Herodot kritisierten, bot gleichzeitig Literaten wie Malern beliebten Stoff. Der Reichtum und die Hybris des Kroisos waren schon dem deutschen Mittelalter bekannt, das von Herodot nichts wußte, Schillers Gedicht vom *Ring des Polykrates* fand Eingang in fast jedes Schullesebuch und Hebbel verarbeitete die Gygesgeschichte zu einem viel gespielten Drama (Uraufführung 1889). Für Jean Paul waren seine Herodotexzerpte eine unerschöpfliche Fundgrube, Gerhart Hauptmann plante nach Motiven Herodots ein Drama über Lykophron, den Sohn des korinthischen Tyrannen, und Thomas Mann benutzte den ägyptischen Logos für den dritten Band seiner Joseph-Tetralogie.

Auch die Lyrik entdeckte Herodot. Peter Huchel widmete ihm mehrere Gedichte, Karl Krolow einen ganzen Gedichtband: *Herodot oder Der Beginn von Geschichte* (1983). Von Hubert Fichte stammt der Essay *Mein Freund Herodot*, einer der schönsten Texte über den antiken Autor, und Peter Hacks verhandelt im *Prexaspes*, dem Mann, der bei Herodot auf Geheiß des Kambyses den Bruder des Großkönigs tötet, aktuelle politische Probleme vor der Kulisse des alten Persien. Arno Schmidt rühmte sich, bereits in seiner Jugend ein Versepos über den Seereisenden Sataspes geschrieben zu haben, und in seinem monumentalen *Zettels Traum* (S. 1310) bekundet er knapp: «Ich hab immer gern HERODOT gelesn ...», um dies dann auch mit einer Reihe von Zitaten zu beweisen.

Der polnische Reisejournalist Ryszard Kapuscinski veröffentlichte 2004 mit *Meine Reisen mit Herodot* eine großartige Hommage an den Ethnographen. Kapuscinski reist und erzählt wie Herodot, gleichzeitig zitiert und kommentiert er dessen Werk und verleiht ihm aktuelle Bedeutung, indem er Herodots Weltoffenheit und seine Liebe zu außereuropäischen Kulturen als beispielhaft lobt. Im *Englischen Patienten* (1992; verfilmt 1996) des kanadischen Schriftstellers Michael Ondaatje spielt eine Herodot-Ausgabe eine geheimnisvolle Rolle und dies ließ die *Historien* über 2400 Jahre nach ihrer Erstveröffentlichung nochmals zu einem Bestseller werden. Die Geschichte der Thermopylenschlacht, die unter dem Titel «300» sowohl als Comic (von Frank Miller) wie als Film (von Zack Snyder) ein breites Publikum anzog, wurde dagegen kein Erfolg für Herodot. Er blieb als Autor der Vorlage im Hintergrund. Das Wort war diesmal gegenüber dem Bild belanglos geworden, die Schlacht hätte zudem auch in anderen Kostümen ausgefochten werden können.

Thukydides und die Antike

Interesse an dem Thukydides, welcher der Moderne der wichtigere ist, dem Geschichtstheoretiker, besaß die Antike zunächst nicht. Seine Fortsetzer, Theopomp und Xenophon reduzierten das Beispielhafte an der Geschichte, um das es Thukydides zu tun war, auf die Moral und paßten sich dem Vorgänger nur äußerlich an. Der Universalhistoriker Ephoros, der Atthidograph Androtion, der sizilische Lokalhistoriker Philistos und der Alexanderhistoriker Kallisthenes benutzen ihn primär als eine Art Materialsammlung. Redner und Publizisten wie Isokrates, Demosthenes, Apollodor oder Lykurg suchten nach Beispielen oder ließen sich von den Reden inspirieren. Ob die Philosophen Platon und Aristoteles ihn lasen, ist umstritten, der Widerhall jedenfalls schwach. Überhaupt wollte Athen kaum an den verlorenen Krieg erinnert werden, lieber wurde die Zeit der Perserkriege glorifiziert.

Im Hellenismus nahm die Thukydides-Rezeption weiter ab, wenn auch so bedeutende Historiker wie Polybios oder Poseidonios sich an seiner Methodik zu orientieren versuchten. Die neu entfachte Begeisterung in der späten Republik hat mehr mit der Renaissance der attischen Sprache in der Rhetorik als mit der Geschichtsauffassung des Thukydides zu tun. Sein Stil wurde von Rhetoren Satz für Satz untersucht, gelobt und empfohlen. Cicero zählt zu ihnen, der Redelehrer Quintilian und Dionysios von Halikarnassos, der eine eigene Abhandlung schrieb, *Über Thukydides,* in der freilich auch Kritik an manchen Reden im Werk des Atheners geübt wurde. Die römischen Historiker bezogen sich, und dies bereits wegen mangelnder Kenntnisse des Griechischen, selten auf Thukydides. Eine Ausnahme bildet Sallust, der, von der Analyse der griechischen Bürgerkriege beeindruckt, teilweise Thukydides' Auffassung von der «Natur des Menschen» übernahm und zentrale Begriffe wie *Pleonexia* und *Philotimia* durch lateinische Synonyme wie *Avaritia* und *Ambitio* ersetzte. Der Moralismus, den er damit verband, wäre Thukydides freilich ein Greuel gewesen.

Der große Bewunderer des Thukydides wird in der Kaiserzeit Plutarch von

Chaironeia. Seinen Biographien, welche die Vorstellung der Neuzeit von der Antike über Jahrhunderte bestimmte, ist zu entnehmen, daß er in diesem eine erstrangige Quelle sah, die er im Zweifel selbst über Autoritäten wie Platon stellte. Plutarchs Porträt des Perikles als größten Staatsmannes Athens beruht zum Beispiel fast gänzlich auf Thukydides. Er diente als Quelle und wurde nachgeahmt, eine Manie, über die sich der Spötter Lukian in einem seiner schönsten Traktate lustig macht: *Wie Geschichte zu schreiben ist.* Für die schwierig gewordene Lektüre des Thukydides wurden Interpretationshilfen erforderlich, und so wurden zahlreiche Glossen, Scholien und Kommentare verfaßt. Erhalten blieb eine dem Grammatiker Markellinos zugeschriebene Vita des Historikers.

Die Neuzeit
Im Mittelalter verschwand Thukydides – wie schon Herodot – im Osten Europas und kam wie dieser erst in der Renaissance wieder aus Byzanz zurück. Er traf dort sogleich auf einen ihm wesensverwandten Staatstheoretiker mit ähnlicher Nachwirkung, auf Niccolò Machiavelli (1469–1527). Die inhaltlichen Übereinstimmungen sind teilweise groß – ohne daß freilich Thukydides wie jener Handlungsmaximen gegeben hätte –, Paraphrasen werden vermutet, zweimal ist der Namen des Atheners genannt, wenn auch nur in der *Florentinischen Geschichte* (3.16) und der *Kriegskunst.* Während Machiavelli am [Il] *Principe* arbeitete, scheint er Thukydides nicht oder kaum gekannt zu haben. Die Auseinandersetzung um den Einfluß des Thukydides auf ihn – direkt, mittelbar, unwesentlich – dauert an; schwerer wiegt allerdings, daß – davon unabhängig – die Fortwirkung beider auf das politische Denken der Neuzeit oft nur schwer zu entflechten ist.
Ein halbes Jahrhundert nach Machiavelli illustrierte der französische Staatstheoretiker Jean Bodin (1529/30–1596) seine *Sechs Bücher über den Staat* mit einer Kritik an demokratischen und aristokratischen Verfassungen der Antike mit Fallbeispielen vor allem aus Thukydides, in dem er zu Lasten Herodots auch den wahren «Vater der Geschichtsschreibung» erkennen wollte. Thomas Hobbes veröffentlichte 1628 eine Übersetzung des Thukydides, so daß sich hier die Frage nach seinen umfassenden Kenntnissen des Werkes erübrigt. Schwierig ist eher wieder die Abgrenzung zum Einfluß verwandter Denker wie zum Beispiel demjenigen von Francis Bacon (1561–1626). Daß die Nachwirkung des Thukydides besonders hoch war, bezeugt im übrigen der Philosoph David Hume (1711–1776), der die Verehrung für Thukydides auf einen, in der Folge viel zitierten Satz verkürzte: «The first page of Thukydides is the

commencement of real history.» Immanuel Kant übersetzte ihn in seiner *Idee zur allgemeinen Geschichte* 1784 adäquat ins Deutsche: «Das erste Blatt des Thukydides ist der einzige Anfang aller wahren Geschichte.»

Das 19. Jahrhundert wird vor allem in Deutschland zum Jahrhundert des Thukydides, der Herodot als Historiker im Ansehen weit verdrängt. Während auch in G.J.W. Hegels *Vorlesungen über die Philosophie der Geschichte* noch der alte (und überholte) Vorwurf der Naivität an Herodot haften bleibt (12.64), empfängt Thukydides auch von ihm höchstes Lob. Der Philosoph nennt gleichsam im Vorübergehen dessen Werk unsterblich. Es sei der absolute Gewinn, welchen die Menschheit von jenem Kampf (dem Peloponnesischen Krieg) habe. Friedrich Nietzsche stellt Thukydides, den «Menschen-Denker», in dem «jene Cultur der unbefangensten Weltkenntniss zu einem letzten herrlichen Ausblühen» kam, weit über Platon. In besonderer Weise beschäftigt Nietzsche dabei das «furchtbare Gespräch», das der Historiker Melier und Athener führen ließ.

Fast alle großen deutschen Historiker verstehen sich in dieser Zeit als «Thukydideer». Es beginnt mit Barthold Georg Niebuhr, dem Mann, der die römische Geschichte entmythologisierte. Ohne Kenntnis von Hegels diesbezüglicher Vorlesung variiert er dessen Dictum nur geringfügig: «Der peloponnesische Krieg ist der unsterblichste aller Kriege, weil er den größten Geschichtsschreiber gefunden, der je gelebt.» Johann Christoph Droysen, der große Historiker des Hellenismus, gelangt zum gleichen Urteil. Zu den weiteren Bewunderern zählen Wilhelm Roscher und insbesondere Leopold von Ranke. Die Bezüge sind vielfältig, so daß der lange Gelehrtenstreit, ob Rankes berühmtes Wort «Bloß sagen, wie es eigentlich gewesen» eine direkte Übernahme aus der Pestbeschreibung des Thukydides («Ich will nur schildern, wie es war») darstellt, so fruchtlos wie überflüssig ist. Zwar bezog sich Thukydides an dieser Stelle tatsächlich nur auf die Pest, doch ist sein methodisches Vorgehen dabei durchaus exemplarisch.

Daß der Historiker nicht als Lehrmeister auftritt, sich in eigener Sache nur ganz selten zu Wort meldet, führte unter den Rezipienten des politischen Thukydides häufig zu Verwirrung. In den Blütezeiten der Monarchie wurde er als Gegner einer von Mißständen, Korruption und inneren Kämpfen geprägten Demokratie wahrgenommen und sogar, so auch von Hobbes, als Befürworter der Monarchie vereinnahmt. Mit dem Aufkommen der modernen Demokratien erschien er dagegen als deren Verkünder – Popper soll sein Modell einer «offenen Gesellschaft» am Muster des klassischen Athen entworfen haben –, der *Epitaphios* wurde zum Hohe Lied des demokratischen Gedankens. Vor allem das Bild, das Thukydides von der Natur des Menschen zeichnet, führte zu Mißverständnissen, die sich wie im Falle Max Webers, der im Melier-Dialog nur «nacktesten Machiavellismus» erkennen zu können glaubte, mit selektiver Lektüre erklären lassen.

Die literarische Thukydides-Rezeption geht bis auf Goethe zurück, der freilich Thukydides (und Herodot) «nicht ihres Inhalts wegen lesen» wollte, und deswegen von Ludwig Börne hart kritisiert wurde. Im *Komet* Jean Pauls mokiert sich der Held anhand des dritten Buches über die Methode des «großen» Historikers, ständig die Handlung zu wechseln und von einem Ort zu anderen zu springen, «von den Mitylenäern ohne Endigung ihrer Geschichten zu den Spartern – und von diesen wieder ohne Endigung zur Belagerung der Platäenser – und endlich wieder zu den ersten zurück – und endlich wieder davon nach Corcyra, um gleichwohl darauf mit den Athenern gegen Sizilien zu ziehen?», während Wilhelm Raabe im *Hungerpastor* eine Unterrichtsstunde über Satzbildungen bei Thukydides am Beispiel solcher Flottenoperationen karikiert.

Die berühmte Schilderung der Pest zeitigte neben dem Melier-Dialog wohl die größte Nachwirkung. In Rom benutzten sie Vergil, Ovid und vor allem Lukrez in *Rerum Natura*, in Byzanz der Historiker Prokop in seinem *Perserkrieg*. Daniel Defoe, der den Pestausbruch in London von 1665 in *A Journal of the Plague Year of London* (1722) beschreibt, und Alessandro Manzoni, in dessen Roman *Die Verlobten* (1825/26) die Pestepidemie aus den zwanziger Jahren des 17. Jahrhunderts geschildert wird, scheinen sie ebenfalls gekannt zu haben, im Falle von Albert Camus' Roman *Die Pest* von 1947 läßt sich das anhand von ausführlichen Notizen aus dem Nachlaß beweisen.

Erneut auf den Melier-Dialog nimmt der neugriechische Lyriker Jannis Ritsos Bezug. In seinem Gedichtband *Milos geschleift* von 1969 spiegelt er die Leidensgeschichte Griechenlands im Zweiten Weltkrieg und nach dem 21. April 1967, als die «Barbarei» in Form einer neuen Diktatur zurückkam. Etwa zur gleichen Zeit veröffentlichte Erich Arendt seinen Zyklus mit Griechenlandgedichten, *Ägäis* betitelt, der, wie ein wohl aus der *Pathologie* destilliertes Motto zeigt, ebenfalls Thukydides rezipiert. Seine Vorliebe für den Historiker demonstrierte Peter Handke, indem er ihm ein ganzes Buch widmete. In *Nochmals für Thukydides* erzählt er mit der Präzision und Genauigkeit der Thukydideischen Sprache scheinbar nebensächliche Ereignisse. Die *Kindergeschichte* von 1981 strukturiert Handke nach dem Schema des Jahreszeitenwechsels, das der Historiker seiner

Chronologie zugrunde legt. Weitere Bezüge finden sich, ohne daß immer der Name des Thukydides fallen muß, unter anderem im Erzählstück *Spuren der Verirrten* (2006). In dem Gespräch *Aber ich lebe nur von den Zwischenräumen* (1987) äußert sich Handke direkt zum Einfluß des Historikers. Unerwartetes Lob zollt Thukydides schließlich der Sänger und *poeta laureatus* Bob Dylan. Im ersten Teil seiner Autobiographie *Chronicles I* erinnert er sich an frühe Bildungseindrücke, die ihn prägten. Er spricht in willkürlicher Anordnung von Machiavelli und Dante Alighieri, von Rousseau und Albertus Magnus, nennt Gedichtbände und Romane. Alles dies verblaßte, wie Dylan formuliert, neben Thukydides. Auch was er über die Essenz von Clausewitz' *Vom Krieg* schreibt, scheint mehr von Thukydides inspiriert als von jenem. Im Grunde ist, was er unter Clausewitz resümiert, eine vereinfachte Kurzfassung des Melier-Dialoges, der ihn neben dem *Epitaphios* und der *Pathologie* am stärksten beeindruckte. «Thukydides' *The Athenian General*» ist für Dylan ein Text, der – wörtlich – unter die Haut geht: «A narrative which would give you chills.»[1]

NACHWORT: WAS BLEIBT

Im Laufe der letzten 2500 Jahre war die Wertschätzung Herodots und des Thukydides Schwankungen unterworfen. Das Werk beider als Einheit betrachtet, gewachsen auf demselben Nährboden der griechischen Klassik, hat dabei niemals an Bedeutung verloren, im Gegenteil, sie nimmt stetig zu. Was heute in der Geschichtswissenschaft an Grundsätzlichem gedacht wird, war bei Herodot und Thukydides schon angelegt, in manchem, so im stetigen Versuch, im Eignen das Bessere zu erkennen, sind gar Rückschritte zu erkennen. Herodot und Thukydides bleiben in ihrer Unvoreingenommenheit gegenüber Fremdem, mag sie auch noch so eingeschränkt sein, ihrer Anerkennung des Gegners und ihrem Verzicht auf moralisierendes Räsonieren weiterhin Maßstab.

Herodot gehört zu den Globalisierungsgewinnern – und er ist einer der wenigen, bei denen das erfreulich ist. Das Ende der bipolaren Welt hat den Blick geöffnet für das Gemisch von Ethnien mit ihren widerstreitenden Ordnungen, die in scheinbar so monolithischen Blöcken versteckt waren. Es ist eine Welt, wie sie Herodot, wenn auch im kleineren, sah und zu beschreiben versuchte. Wo sich Thukydides auf das Militärisch-Politische reduziert, ist Herodot universalistisch. Nichts, was zum Leben des Menschen gehört, klammert er aus. Seine umfassenden Schilderungen von Sitten, Bräuchen, Religion und Magie, bieten heute Material für viele Disziplinen weit über die Altertumskunde hinaus. Er ist der einzige Historiker, bei dem auch Frauen – jenseits der Amazonen – nicht anders als Männer, vielleicht sogar überlegen, Geschichte schreiben. Als Literat liefert Herodot Stoff für Geschichten, die zu erzählen – gleichgültig in welchem Genus oder Medium – sich auch im 21. Jahrhundert noch lohnt. Vor allem aber ist er der einzige Historiker – Thukydides beschäftigte sich vorrangig mit Zeitgeschichte –, der ohne historiographische Quellen zu besitzen, Vergangenheitsgeschichte schrieb. Seine Methoden bleiben

Nachwort: Was bleibt

wegweisend, was er über das Problem des Augenzeugen sagt, hat nichts von seiner Gültigkeit verloren.

Der augenblickliche Aufstieg Herodots geht nicht zu Lasten des Thukydides. Unerreicht bleibt dessen Akribie, die Entschlossenheit, mit der er seine Darstellung korrigierte und das Werk umarbeitete, der Mut, mit dem er – ungeachtet einer für Heutige sichtbaren Apologetik – darauf verzichtete, eigene Fehler zu beschönigen. Vor allem aber wird, wer im 21. Jahrhundert Großmachtpolitik verstehen will, zu Thukydides greifen müssen. Von zeitgenössischen Geschichtswerken ist wenig Hilfe zu erwarten.

Der Althistoriker Hermann Strasburger beschäftigte sich ausgiebig mit Herodot und Thukydides. Den folgenden Text schrieb er im Frühjahr 1957 als Einleitung einer Thukydides-Ausgabe: «Wer in unseren Tagen die Darstellung des Thukydides mit wachen Sinnen liest, muß in ihrem Spiegel das in allen wesentlichen Zügen erschreckend getreue Bild unserer eigenen Zeit wiedererkennen. Lediglich die räumlichen Proportionen und die Machtmittel sind jetzt ins Riesenhafte gesteigert; die ausschlaggebenden Antriebe der menschlichen Natur und die politischen Gesetze, nach denen sich dieser Mechanismus bewegt, scheinen sich nicht geändert zu haben.»

ANHANG

ANMERKUNGEN

Vorwort

1 S. vor allem Vorster 388–390, Michaelis 1–13, Mache 546–556 (Identifizierung eines Kopfes aus der Sammlung des Bildhauers Rodin als Thukydides), Richter, Porträts I, 148 Nr. 1 Abb. 810–812, 825–827; Theophrast: Cicero, Orator 39; Anekdote: Markellinos 54, Ort Olympia: Suda s. v. Thukydides.

1.
Einführung

1 Kroisos und Kyros: 1.6–92; Der Ionische Aufstand: 5.23–6.42; Mardonios 492 v. Chr.: 6.43–45; Verhältnisse in Griechenland: 6.46–51; Marathon 6.94–120; Kriegsvorbereitungen: 7.1–158; Thermopylen und Artemision: 7.179–8.26; Salamis: 8.27–125; Plataiai und Mykale: 8.126–9.121. S. dazu Welwei, Athen 1–76, ders., Polis 150–242.
2 *Pentekontaetie*: 1.88–118; Anlässe: 1.24–87, 126; Archidamischer Krieg: 2.1–5.12, Nikias-Friede: 5.13–116; Sizilien: 6.1–8.1; Dekeleischer Krieg: 8.2–109, Xenophon, Hellenika 1.1–2.2. Grundlage der Übersicht sind Bleckmann, Peloponnesischer Krieg 37–110 u. Will, Melos 1–23; s. auch Beloch, Griechische Geschichte II.1, 1914, 286–432, Bengtson, Griechische Geschichte, 1977, 219–252.
3 Geograph oder Historiker: s. Jacoby 467–486; vgl. K. v. Fritz 361 ff.; eine Zusammenfassung bei Meister, Geschichtsschreibung 32–35; Logos und Historie: Pohlenz 54–73; Geschick des Menschen: Schadewaldt 124 ff., Lesky 367; vgl. Regenbogen, Herodot 57 ff.; zur Publikation s. Cobet, Herodots Darstellung 2 ff.; Wegweiser, Stillstehen der Zeit: Schadewaldt 124–142.
4 Thukydides spricht von der ersten Kriegsphase (431–421 v. Chr.) als dem *ersten* oder dem *früheren* oder dem *zehnjährigen Krieg* – die Spartaner nannten ihn *Attikós pólemos*, den Attischen Krieg: –, vom sogenannten Dekeleischen Krieg als dem *späteren Krieg* oder dem *Krieg nach dem Sizilischen Krieg*: 4.81.2, 5.20.3, 5.24.2, 5.25.1, 5.26.3, 7.18.2, 7.28.3; Attischer Krieg: 5.28.2, 5.31.3, 5.31.5. Zu den sogenannten Früh- und Spätindizien s. Patzer 103–109.
5 Zum Leben Herodots s. Berve I 121 f., Günther, Herodot 10–15, Bichler/Rollinger 111–113, Jacoby 213–229, Feix 1284–1286, Schmid/Stählin VII.1.2, 550–568, Rengakos, HGL I, 338–342. Quellen: Abstammung und Alter: Aulus Gellius 15.23, Suda s.v. Herodotos, Thukydides, Panyassis, Diodor 2.32.2, Dionysios v. Halikarnassos, Über Thukydides 5, Plinius, Naturgeschichte 12.18; Thurioi: Aristoteles, Rhetorik 3.9; Autopsie: Bichler, Autopsiebehauptungen 135–151; Reisen in Griechenland: Diyllos FGrH 73 F3, Aristophanes

Anhang

von Böotien FGrH 379 F5, Ps-Dion von Prusa 37.7, Eusebios, Chronica p. 248; Herodot und Sophokles: vgl. Soph. Antigone Vers 905–912 und Hdt. 3.118 f.; Samos: Hdt. 3.60; Protagoras: Diogenes Laertios 9.52; Herodot und der Peloponnesische Krieg: 7.233.2, 6.91.1, 9.73; zu 7.137 vgl. Thuk. 2.67.

6 Herkunft: Plutarch, Kimon 4, Markellinos 16–18, Anonyme Vita 10; Alter: Gellius 15.23; Jugend, Ausbildung: Suda s.v. Thukydides, Markellinos 22; Erste Kriegsjahre: Thuk. 2.48; Beruf: Thuk. 4105.1; Skapte Hyle: Thuk. 4105.1, Markellinos 47 (Hdt. 6.46); Strategenamt: Thuk. 4.102–108; Verbannung: Thuk. 5.26.5, Markellinos 46, Anonyme Vita 3; Rückruf: Pausanias 1.23.9; Tod und Bestattung: Markellinos 32–33, 45; Plutarch, Kimon 4. S. auch Schmid/Stählin VII.1.5, 6–19, Rengakos, HGL I 381 f., Sonnabend 9–25.

7 Vorwort: s. insbesondere Schadewaldt 113–119 (Ü. S. 113), Lendle 78–84; Sophokles, Aias 646 f.

2.
Methode

1 Quellen: Marathonkämpfer: Aristoph. Acharner 181, Wolken 986. Zu Herodot s. vor allem auch D. Fehling, dem zufolge viele angebliche Quellenberichte Herodots eigene Schöpfungen seien: «Im ganzen kann für so große Teile des Werks freie Erfindung als sicher, wahrscheinlich oder möglich erwiesen werden, daß der Schluß berechtigt ist, Herodot habe nur ein ganz grobes Gerüst echter historischer Nachrichten gehabt und durch eigenes Schaffen ausgefüllt.» (181) Genau betrachtet ist das ein hohes Lob. Was Fehling dem Historiker Herodot nimmt, gibt er dem Schriftsteller doppelt zurück. Zu 5.26.5 (2. Vorwort) s. Hornblower z. St.; Lendle 44 f.; Bezahlung: Markellinos 20; Zum Augenzeugen s. Will, Gelächter 372 f.

2 S. insbesondere Strasburger II 627–675, Lendle 47–51, 87–91, Schmid/Stählin VII.1.2, 635–638, Bichler/Rollinger 37–42, Lendle, Auseinandersetzung 129–143.

3.
Sprache

1 S. Pohlenz, Stil 748–753, Schmid/Stählin VII.1.2, 638–659, VII.1.5, 181–205; Wille, Stil 683–716.

2 [12] Zu den Gnomen bei Herodot s. insbesondere Shapiro 89–118 und Lang 52–67; zu Thukydides umfassend Meister, Gnomik 29 ff., 63 ff., 75 ff. Aristoteles 1394a; (Übers. Sieveke).

4.
Mittel der Darstellung

1 Zu Homer s. Hundt u.a. S. 9. Zu Herodot s. hier Frisch, Träume 1 ff., Roettig 27 ff., Bichler, «Reichsträume», I 27–46. Quellen: Kambyses: 3.27–38, 61–66, Astyages: 1.107–108, Kroisos: 1.34, Sabakos: 2.139.

2 Solon und Kroisos: 1.29–34, 84–91. Zum Orakel s. hier Kirchberg 1 ff. Zur Person des Warners s. Bischoff 17 ff. (zum Zufall 20–25; zum Orakel 26–30); zur Vergeltung s. Focke 54–58; dagegen Jacoby, 478–486; zur Hybris s. Nestle 3 ff.

3 Zahl der Reden Herodots: Baum 592 bei Scardino 117 Anm. 3; Reden in der Gyges-Novelle: Deffner 11 f., 54 ff., Scardino 49 ff., Schadewaldt 168–185; Trennung: Jacoby 492;

Anmerkungen

neue Wege: Meister, Interpretation 229, Lasserre, 65 ff. Zu den Reden s. insbesondere Scardino: 46–55 (zu Homer); 108–126, 381 f., 453–464, 702–718; Deffner 5 ff., Schadewaldt 154 ff., Meister, Geschichtsschreibung 50–52, Lendle 51–57, 85–87, Jacoby 492–495, Lang 80–149, Egermann 575–602, Jebb 1 ff., Kagan 71–94, Luschnat 1 ff. Regenbogen, Reden 1 ff. Rengakos HGL I, 396–417, Rohrer 36–53, Rokeah 386–401, Wimmer 1 ff., Köhnken 5–30, Vössing 210–215; Übers. Redensatz: Lendle a. a. O.

4 Strasburger II 801–833, hier 801, Schadewaldt 127–129, Lateiner, No laughing 173–182, Will, Gelächter 359–373; zu Homer s. Ilias 1, 599, 23, 783, Odyssee 8, 307; vgl. Aischylos, Agamemnon 1271; Hippokleides: Wesselmann 180–189; Schelmin: Bencsik 15–33, 67–92; Kylon: Thuk. 1.126 mit Scholion.

5.
Die Gesellschaft

1 Frühe Geschichte Athens und Spartas: 1.59–64, 65–68, 81–82, 153, 3.39–60, 4.77, 145–150. Zur Athenkritik s. besonders Strasburger, Herodot 592 ff.; zu Sosikles: Welwei, Sparta 114.
2 Scholiastenkritik: Anonyme Vita 4; Will, Thukydides Misolakon 13–24.
3 S. hier insbesondere Meister, Interpretation 220–233, Apffel 1 ff., Bringmann 266 ff., Bleicken 148 ff., Asheri 472–476, Bichler, Herodot 281–285.
4 Quellen: Archelaos: 2.100.2; Tyrannis: 1.17, 2.63.2, 3.37.2, 6.54–59; Oligarchie: 1.18.1; «Vierhundert»: 8.63.3–98; s. u. a. 8.70.2; Aristoteles, Staat der Athener 29–33; Amtsenthebung: 2.65.3; Sizilien-Debatte: 6.9–23; Demokratie im Frieden: 2.65.5; Krieg der Verfassungen: 1.115.3, 4.74–76, 5.31.6, 5.81.2, 8.48.4, 8.75.2, 8.89.3; zur vieldiskutierten Frage der Systembeurteilung s. Raaflaub 189–222; zum *Epitaphios* s. Kakridis 5 f.; vgl. Pouncey 1 ff.; zu Pseudo-Xenophon s. Weber u. a. 70 f.; zu Alkibiades und Sparta s. Baltrusch, Sparta 143–145.
5 Aristophanes: Ploutos 146, 194–195; Schatzkammern: 1.30, 1.98, 2.121, 2.150; Weihegeschenke: 1.14, 51; Amasis: 2.172; Kroisos: 1.50; Alkmeoniden: 5.62 f.; Spartaner: 6.66, 2.21.2, 5.50–51, 6.50, 6.72, 3.56; Themistokles 8.4 f.; Miltiades: 6.132; Naxos, Siphnos 5.30 f., 3.57; Oroites 3.122; Hekataios 5.36; Thebaner: 9.2; Kronrat: 7.9.2a.
6 S. Bichler, Macht des Geldes: I 11–26, Christ 59–77, hier 74 f., K. v. Fritz I 418.; Geld in Sizilien: 6.31.5, 6.71.2, 6.74.2, 6.88.4, 6.90.4, 6.93.4, 6.94.2, 7.15.1, 7.16.2, 7.19.1, 7.24.2, 7.25.1, 7.31.3, 7.48; Persisches Gold: 8.18.1, 8.36.1, 8.44.1, 8.45.6, 8.48.2, 8.53.2, 8.58.6. *Archäologie*: 1.11.1,3, 13.1,5, 15.1; Mytilene-Debatte 3.39.7–8,46.1–4; Archidamos: 1.80.4, 1.82.1, 1.83.2; Perikles-Rede: 1.142.1; 1.141.2–5; Alkibiades: 6.20.4; Sold für Poteidaia: 3.17.4; Sold in Sizilien: 6.31.3; Dekeleia und Laureion: 6.91.7; Motiv für Sizilienzug: 6.6,15,24.
7 Barbaren: Strabon 14.661–663; s. hier Jüthner 1–13, Speyer, RAC Suppl. 1, 2001, 812–824, hier 818, Koselleck 211–259. Zu Aischylos s. Perser 186 f., 254 f. (Barbaren), 337 f., 242 f. (Freiheit). Aristoteles: 658R bei Plutarch, Moralia 329B; ders. 847Af.; Fremde Sitten: Bichler, Herodots Frauenbild 1, 107–142; Sexualverhalten: 1.203.2, 3.101.1, 4.180.5; Frauengemeinschaften: 1.216.1, 4.104, 4.172.2, 4.180.5; Polygamie: 1.136,1, 4.71–72, 5.16; Prostitution: 1.199, 2.121e, Promiskuität: 1.216.1, 4.172.2, 4.180.5; Haremsszenen: 3.68.3, 3.130.4–5, 9.108–113; «*Ho Bárbaros*»: 1.14.3, 1.18.2, 1.73.4, 1.75.2, 1.90.2, 1.96.1, 1.97.1, 1.118.2, 1.132.3, 1.144.4, 3.56.4, 3.62.4, 6.83.2; Thrasymachos D/K 85 B2.

Anhang

8 Nitokris: 1.184–187; Nitokris (Ägypten) 2.100; Atossa: 3.134; Phaidymia: 3.68–69; Tochter des Rhampsinitos: 2.131, 4.43, 2.121; Tochter des Cheops: 2.126; Rhodopis: 2.134–135; Eryxo: 4.160; Pheretime: 4.162–167, 202–205; Ladike: 2.181; Argeia: 6.52; Labda: 5.92b-d; Agariste, Mutter des Perikles: 6.113; Agariste: 6.126–130; Phronime: 4.144–145; Tochter des Polykrates: 3.124–125. Zahlen nach Froehlich 98 Anm. 52; S. 92 f. S. dazu vor allem Bichler, Herodots Frauenbild 1, 107–142; ders., 99–105; zu Artemisia s. Will, Gelächter 359–373.

9 Stratonike: 2.101.6; Leidtragende: 3.68.2, 4.48.4, 2.27.1, 3.36.2, 5.32.1, 5.116.4, 7.29.4; Argos-Mauer: 5.82.6; Kerkyra 3.74.1; Sexus bei Herodot: 1.8–10, 2.131.1, 3.31.2, 6.61 f., 9.108; s. Froehlich 189.

6.
Der Krieg

1 Marathon: 6.102–120; Thermopylen: 7.198–233; Artemision: 8.1–18; Salamis: 8.40–96; Plataiai: 9.25–75; Mykale: 9.90–98; Orakel, Träume, Weissagungen: 6.107, 6.118, 7.219–221, 8.20, 8.56, 8.77, 8.96, 9.33, 9.36, 9.42, 9.95 f., 9.100; Dienekes: 7.226; Skyllias: 8.8; Mantineia: Thuk. 5.57–81. Zitat: Strasburger II 975;

2 Ilias: Übers. nach J. Latacz, Homer, 1989, S. 92. Kriegsleiden bei Herodot: 1.6.3, 1.17, 1.76, 1.103, 1.88, 1.105–6, 1.150, 1.155 f., 1.167, 2.107.1, 3.58.3, 3.59.3, 3.140, 3.147, 4.123.1, 4.202, 4.204, 5.15.3, 5.77.2, 5.81.3, 5.101, 6.5.3, 6.17, 6.19 f., 6.32, 6.96, 6.119, 7.81.3, 8.32 f., 8.50.2, 8.121.1, 8.127, Cobet, Herodotus and Thucydides 1–18.

3 Tötung von Gesandten und Kaufleuten: 2.67.4, 3.50.1; Melos: Xenophon, Hellenika 1.2.3; Isokrates 4.100,109, 12.63; Sold an Geschworene und Rastherren: Hansen 195 (22–37) und 264 (15) Talente; Statue: Pausanias 1.23. Die Basis mit dem Namen des Stifters wurde gefunden. S. E. Meyer, Pausanias I, 1986, 466. Zur Schilderung des Thukydides s. Lateiner, Pathos 47, Will, Philonikia 61–70.

4 Miltiades: 4.137, 6.34–41, 6.109–110, 6.132–140, vgl. Nepos, Miltiades 7, s. Bichler, Herodot 316, Hart 24, Blösel 308 ff., anders Stahl 108; Themistokles: 7.143 f., 7.173, 8.4 f., 8.19–22, 8.57–63, 8.75, 8.79–81, 8.92, 8.108–112, 8.123–125, 9.98, s. Blösel 358–366, Strasburger II 620–623; Leonidas: 5.41, 7.205–228, 7.238, 8.15, 8.114, 9.64, 9.78 f., s. Albert 28–80; Pausanias: 4.85, 9.10, 9.43–47, 9.52–57, 9.60–65, 9.76–88, 9.101, s. Bichler, Herodot 353–355, Redfield 115, Lateiner, No laughing 180, Blösel 305–314.

5 Brasidas: 2.25, 85 f., 93, 3.69,76,79. 4.11,70–73, 78–82, 84, 88, 102–135, 5.2 f., 6–11, 13, 16, 18,34, 67, 71 f., 110; s. Will, Thukydides 10–21; Perikles: 1.111, 114, 116 f., 127, 139–145, 2.12 f., 21 f., 31, 34–46, 59–61, s. Will, Thukydides 159–222.

7.
Der Mensch

1 Hippokrates, Über Diät 4.88, s. Rechenauer 12 f.; zu Euripides s. Nestle 15, Norden 27–29; zu Prodikos s. Nestle 3–37, vgl. Scholten 139, Burkert 463, Strohecker 381 ff.

2 *Disso lógoi*: DK 90; Thrasymachos: DK 85 B8; Protagoras DK 80 B4; Tempelverletzungen: Thuk. 1.127–128.1; Stasis: Thuk. 3.82.6., s. vor allem Meister, Geschichtsschreibung 46–48, vgl. ders. «Aller Dinge Maß» 141–151 (Protagoras), 161–170 (Prodikos), 120–122 (Thrasymachos), 124–126 (Diagoras); vgl. dazu auch 132–152 (Prodikos), 153–173 (Thrasymachos); zum Atheismus des Diagoras s. Jacoby, Diagoras 3–48; zu *átheos* s. Meister a.a.O. 124.

Anmerkungen

3 Kyros: 1.75–90, 107–130, 178–191, 204–214; Kambyses 2.1, 3.1–66. Schlangensäule: Thuk. 1.132.
4 Zur Biographie: Sonnabend, Biographie 1–31, Homeyer, 75–85, Bichler, Herodot 255–277; Will, Thukydides 56–60.
5 Gyges: Hdt. 1.7–13; Nikolaos v. Damaskos FgrHist 90 F47, Platon, Staat 359bff., Pompeius Trogus bei Iustin 1.7; s. dazu Schadewaldt 168–185.
6 Kroisos-Logos: 1.6–94; Gyges: 1.8–14; Kroisos und Solon: 1.29–33; Krieg gegen die Perser: 1.46–55; 1.69–74; Kyros und Kroisos: 1.75–92; Aglaos: Plinius, Naturgeschichte 7.151, Pausanias 8.24.13 f., Valerius Maximus 7.1.2; Bakchylides: 3.56–60; Anaximander: DK 12 B1; s. hier vor allem Schadewaldt 185–214 (Theoria: 186–190), weiterhin Scardino 89–108, Hellmann 36–120, Cobet, Herodots Exkurse 183, Marg, ‹Selbstsicherheit› 290–301, Regenbogen, Herodot 375–403, Asheri 97–104, Schulte-Altedorneburg 209, Pohlenz 106 f., Immerwahr, Tat und Geschichte 497–540, Bichler/Rollinger, Herodot 200.
7 *Pathologie* 3.82 (3.83 ist eventuell eine Frühfassung); s Will, Melos 113–119, Lendle, KTHMA 231–242, Scardino 416 ff., Schwartz 282–5, Adcock 17; dagegen Gomme, HCT II 383; Hornblower z. St.; Classen/Steup III 163–171, 273 f. Zur menschlichen Natur s. auch 1.41.2, 76.2–3, 84.4, 3.45.4–5.

8.
Die Höhepunkte: Zwei Gespräche über Krieg und Macht

1 S. dazu vor allem Hagel, der noch auf die Parallelen zwischen dem 1. und dem 2. Vorwort verweist. Diodor 11.37.6; *Nómos*: Hdt. 3.38; Perikles: Thuk. 1.140.2
2 S. hier bereits Will, Melos 95–112. Grundlegend ist immer noch Deininger 1 ff.; s. auch Andrewes HCT IV 159–188, Meister, Recht 249–267; vgl. Regenbogen, Reden 35, Herter, Pylos 383–385. Nietzsche, Werke, 1972, I 501, Burckhardt, I 224 f., Schadewaldt 301 im Anschluß an Karl Reinhardt.

9.
Abschluß und Fazit

1 S. Will, Thukydides 223–228.
2 S. Krischer 93–100, Cobet, Herodots Exkurse 1 ff., Rosen 1–12; Homer, Odyssee: 9.25–36; Klimatheorie: *Von der Umwelt* 16; Recht des Stärkeren: vgl. Gorgias, Helena 6.

10.
Die Rezeption von der Antike bis in die Neuzeit

1 Zur antiken Rezeption Herodots s. vor allem Riemann, 1 ff., Bichler/Rollinger 114–123, Schmid/Stählin VII.1.2 664–672, Momigliano 101–114, Riedel passim, Weinberg 50 ff.; Ode des Sophokles: Plutarch, Moralia 785B. Zur Thukydides-Rezeption s. vor allem Meister, Thukydides als Vorbild 1 ff., Strebel 1 ff., Harloe/Morley (Hgg.), 1 ff.; I. Kant, Werke, Darmstadt 1964, 6.48; G. W. F. Hegel, Werke, Frankfurt/M. 1986, 12.325; F. Nietzsche, Werke, Frankfurt/M. 1972, 4.168; Niebuhr II 42; Börne, Die Ahnfrau Kap. 38; Jean Paul, Komet, Kap. 69; Lukrez 6.1090–1286; Prokop 2.22–23; zu Dylan s. B. Dylan, Chronicles 1, London 2004, 36 f. (zu Thukydides), 45 (Clausewitz).

GLOSSAR

Agorá	Marktplatz.
Aitía	Beschuldigung, «Anlaß».
Akmé	Blütezeit.
Alkmeoniden	Attisches Adelsgeschlecht (Stammvater Alkmeon).
Arché	Herrschaft, Reich
Árchon	Oberbeamter. In Athen gab es neun jährlich wechselnde Archonten.
Asébeia	Gottlosigkeit.
Atthidograph	Verfasser einer Atthis.
Atthis	Geschichtswerk über Athen.
Autopsia	Sehen mit eigenen Augen.
Boulé	Rat der 500 in Athen.
Bouleuten	Mitglieder der Boulé, jährlich gewählt, später gelost.
Demos	Gesamtheit der Bürger; Volk als Gegensatz zur Aristokratie; beschlußfassende Mehrheit in der Volksversammlung; Verwaltungseinheit in Attika.
Drachme	Währungseinheit: 1 Drachme = 6 Obolen, 1000 Drachmen = 1 Talent.
Ekklesia	Volksversammlung.
Ephoren	Die fünf höchsten, jährlich gewählten Beamten Spartas.
Epimachie	Schutzbündnis.
eponym	«Namengebend». Das attische Jahr wurde nach dem eponymen Archonten benannt.
Hegemón	Herrscher, Führer, Gebieter.
Heloten	Von den Dorern unterworfene Bewohner Lakoniens; Staatssklaven in Sparta.
Hopliten	Schwerbewaffnete Fußsoldaten.
Isonomie	«Rechtsgleichheit»; Synonym für Demokratie.
Nauarch	Kapitän, Flottenführer.
Obole	Währungseinheit: 6 Obolen = 1 Drachme.
Panathenaien	Hauptfest Athens zu Ehren der Stadtgöttin.
Peisistratiden	Söhne bzw. Anhänger des Tyrannen Peisistratos.
Pentekontaetie	«50 Jahre»; die Zeit zwischen den Perserkriegen (480/79) und dem Peloponnesischen Krieg (431–404).
Philaiden	Attisches Adelsgeschlecht, zu dem Miltiades und Kimon gehörten.
Phóros, -oi	Beitrag der Bundesmitglieder im 1. Attischen Seebund.
Phyle	«Stamm»; in Athen seit 508/7 eine von zehn Unterabteilungen der Bürger-

Glossar

	schaft, die im Krieg eine militärische Einheit stellte und 50 Bouleuten in den Rat entsandte.
Polis, -leis	Stadt(staat).
Próphasis	(«Tieferer») Grund.
Prytanen	Geschäftsführende Mitglieder der Boulé: für jeweils ein Zehntel des Jahres je 50 Bouleuten aus einer der zehn Phylen.
Prytanie	Amtsdauer der Prytanen (35 / 36 Tage).
Psephisma, -ta	Beschluß (der Volksversammlung).
Satrap	Statthalter des (persischen) Großkönigs.
Stéle	Säule, Pfeiler.
Stoá	Säulenhalle.
Strategós	«Feldherr»; einer der zehn obersten, jährlich gewählten Beamten Athens.
Symmachie	Bündnis.
Symmachoi	Verbündete, Mitglieder einer Symmachie.
Synhédrion	Beratende Versammlung (des 1. Attischen Seebundes).
Talent	Währungseinheit: 1 Talent = 6000 Drachmen.
Theten	Seit der Reform Solons die vierte Vermögensklasse.
Triere	«Dreiruderer».

EINE AUSWAHL AUS THUKYDIDES

1.1.	Prolog
1.2–19	*Archäologie*
1.20–22	Methodenkapitel (Reden- und Faktensatz)
1.23	Pathemata-Liste, Aitiai und Prophasis
1.67–87	Versammlung in Sparta (Reden der Athener und Korinther)
1.88–118	*Pentekontaetie*
1.118–125	Kriegsbeschluß des Peloponnesischen Bundes
1.128–138	Pausanias- und Themistoklesexkurs
1.140–144	Erste Rede des Perikles

2. Buch

2.1–9	Kriegsbeginn, Ausgangslage
2.10–23	Situation Athens; zweite Rede des Perikles
2.34–46	Epitaphios des Perikles
2.47–54	Die Pest in Athen
2.59–64	Trostrede des Perikles
2.65	Würdigung des Perikles

3. Buch

3.35–50	Strafgericht über Mytilene (Reden des Kleon und Diotodos)
3.53–68	Strafgericht über Plataiai
3.69–81	Unruhen in Kerkyra
3.82–83	*Pathologie* des Krieges

4. Buch

4.8–41	Kampf um Pylos
4.58–65	Sizilische Friedenskonferenz in Gela
4.102–108	Thukydides als Stratege: Verlust von Amphipolis

5. Buch

5.1–24	Ende des Archidamischen Krieges
5.25–26	Zweiter Prolog
5.63–74	Schlacht bei Mantineia

Eine Auswahl aus Thukydides

5.85–116   Melos und Melier-Dialog

6. Buch
6.1–6   Prolog zum Sizilischen Unternehmen
6.8–26   Diskussion in Athen
6.27–32   Hermenfrevel, Ausfahrt der Flotte
6.88–92   Alkibiades in Sparta

7. Buch
7.27–31   Massaker von Mykalessos
7.47–71   Letzte Kämpfe in Sizilien
7.72–87   Untergang des Heeres

8. Buch
8.1.1   Wirkung der Niederlage in Athen

LITERATURVERZEICHNIS

Forschungsliteratur

Adcock, F. E., Thucydides and his History, Cambridge 1963.

Alonso-Nunez, J. M., Die Archäologie des Thukydides, Konstanz 2000.

Andrewes, A., The Mytilene Debate: Thucydides 3.36–49, in: Phoenix 16, 1962, 64–85.

Antonios, R., Form und Wandel des Machtdenkens der Athener bei Thukydides, Stuttgart 1984.

Apffel, K., Die Verfassungsdebatte bei Herodot (3.80–83), Diss. Erlangen 1957.

Baykal, H., Der erste Reporter: Herodots Berichte aus aller Welt, Darmstadt 2013.

Baltrusch, E., «Der passendste aller Feinde»? Sparta bei Thukydides, in: ders. (Hg.), Thukydides 137–151.

Baltrusch, E. (Hg.), Ein Besitz für immer? Geschichte, Polis und Völkerrecht bei Thukydides, Baden-Baden 2011.

Bauer, A., Herodots Biographie, Wien 1878.

Bencsik, A., Schelmentum und Macht. Studien zum Typus des sophòs anér bei Herodot, Diss. Bonn 1994.

Bender, J. F., Der Begriff des Staatsmannes bei Thukydides, Würzburg 1938.

Berve, H., Die Tyrannis bei den Griechen, 2 Bde., München 1967.

Beyer, K., Das Prooemium im Geschichtswerk des Thukydides, Marburg 1971.

Bichler, R., Von der Insel der Seligen zu Platons Staat. Geschichte der antiken Utopie. Teil I, Wien/Köln/Weimar 1995, 112–134.

Bichler, R., Wahrnehmung und Vorstellung fremder Kultur. Griechen und Orient in archaischer und frühklassischer Zeit, in: M. Schuster (Hg.), Die Begegnung mit dem Fremden. Wertungen und Wirkungen in Hochkulturen vom Altertum bis zur Gegenwart (Colloquium Rauricum 4), Stuttgart/Leipzig 1996, 51–74.

Bichler, R., Herodots Welt. Der Aufbau der Historie am Bild der fremden Länder und Völker, ihrer Zivilisation und ihrer Geschichte, Berlin 2000.

Bichler R., Herodots Frauenbild und seine Vorstellung zu den Sexualsitten der Völker, in: ders., Schriften 1, 107–142.

Bichler, R., Herodot und die Macht des Geldes, in: ders., Schriften I, 11–26.

Bichler, R., Historiographie – Ethnographie – Utopie. Gesammelte Schriften I, Studien zu Herodots Kunst der Historie, hrsg. v. R. Rollinger, Wiesbaden 2007.

Bichler, R., Über die Periodisierung griechischer Geschichte in der griechischen Historie,

Literaturverzeichnis

in: J. Wiesehöfer, Periodisierung und Epochenbewusstsein im Alten Testament und in seinem Umfeld (Oriens et Occidens 20), Stuttgart 2012, 87–120.

Bichler, R., Zur Funktion der Autopsiebehauptungen bei Herodot, in: B. Dunsch, K. Ruffing (Hg.), Herodots Quellen – Die Quellen Herodots, Wiesbaden 2013, 135–151.

Binder, G., Die Aussetzung des Königskindes. Kyros und Romulus, Meisenheim am Glan 1964.

Bischoff, H., Der Warner bei Herodot, Diss. Marburg 1932.

Bleckmann, B., Alkibiades und die Athener im Urteil des Thukydides, in: HZ 282, 2006, 561–583.

Bleckmann, B., Der Peloponnesische Krieg, München 2007.

Bleicken, J., Zur Entstehung der Verfassungstypologie im fünften Jahrhundert v. Chr., in: Historia 28, 1979, 148–172.

Bloedow, L. F., Alcibiades Reexamined, Wiesbaden 1973.

Blösel, W., Themistokles bei Herodot: Spiegel Athens im fünften Jahrhundert, Stuttgart 2004.

Blösel, W., Thucydides on Themistokles: A Herodotean narrator?, in: E. Foster/D. Lateiner (Hg.), Thucydides and Herodotus, 215–240.

Bornitz, H.-F., Herodot-Studien. Beiträge zum Verständnis der Einheit des Geschichtswerks, Berlin 1968.

Bosworth, A. B., Thucydides and the Unheroic Dead, in: O. Palagia (Hg.), Art in Athens during the Peloponnesian War, Cambridge 2009, 168–187.

Braun, G., Die Nachahmung Herodots durch Prokop, Nürnberg 1894.

Bringmann, K., Die Verfassungsdebatte bei Herodot 3,80–82 und Dareios' Aufstieg zur Königsherrschaft, in: Hermes 104, 1976, 266–279.

Brown, T. S., Herodotus' portrait of Cambyses, in: Historia 31, 1982, 387–402.

Burckhardt, J., Griechische Culturgeschichte I (Werke 19), München 2002.

Burkert, W., Herodot als Historiker fremder Religionen, Nenci/Reverdin 1990, 1–39.

Burkert, W., Griechische Religion der archaischen und klassischen Epoche, Stuttgart ^{2}2011.

Cartledge, P. A./Debnar, P. A., Sparta and the Spartans in Thucydides, in: A. Rengakos/A. Tsakmakis (Hg.), Thucydides, 558–588.

Christ, K., Die Griechen und das Geld, in: ders., Griechische Geschichte und Wissenschaftsgeschichte, Stuttgart 1996, 59–77.

Cobet, J., Herodots Exkurse und die Frage der Einheit seines Werkes (Historia Einzelschriften 17), Wiesbaden 1971.

Cobet, J., Wann wurde Herodots Darstellung der Perserkriege publiziert?, in: Hermes 105, 1977, 2–27.

Cobet, J., Herodotus and Thucydides on war, in: I. S. Moxon/J. D. Smart,/A. J. Woodman (Hg.), Past Perspectives, Cambridge 1983, 1–18.

Cobet, J., Herodot und die mündliche Überlieferung, in: J. v. Ungern-Sternberg/H. Reinau (Hg.), Vergangenheit in mündlicher Überlieferung (Colloquium Rauricum 1), Stuttgart 1988, 226–233.

Deffner, A., Die Rede bei Herodot und ihre Weiterbildung bei Thukydides, Diss. München 1933.

Deininger, G., Der Melierdialog (Thuk. V 85–113), Diss. Erlangen 1939.

Demandt, A., Darius und der «falsche» Smerdis 522 v. Chr., in: ders. (Hg.), Das Attentat in der Geschichte, Köln 1996, 1–14.

Diels, H., Herodot und Hekataios, in: Hermes 22, 1887, 411–444.

Diesner, H. J., Wirtschaft und Gesellschaft bei Thukydides, Halle 1956.

Diesner, H. J., Thukydides und Thomas Hobbes, in: Historia 29, 1980, 1–16.

Diller, H., Die Hellenen-Barbaren-Antithese im Zeitalter der Perserkriege (Entretiens Fondation Hardt 8), Genf 1962.

Doblhofer, E., Herodot – abermals ‹Vater der Geschichte›, in: Gymnasium 71, 1964, 434–441.

Drexler, H., Herodot-Studien, Hildesheim/New York 1972.

Ebener, D., Kleon und Diodotos, Halle 1956.

Egermann, F., Das Geschichtswerk des Herodot. Sein Plan, in: Neue Jahrbücher 1, 1938, 191–197, 239–254.

Egermann, F., Thukydides über die Art seiner Reden und über seine Darstellung der Kriegsgeschehnisse, in: Historia 21, 1972, 575–602.

Erbse, H., Tradition und Form im Werke Herodots, in: Gymnasium 68, 1961, 239–257.

Erbse, H., Fiktion und Wahrheit im Werk Herodots (Nachrichten der Akademie der Wissenschaften in Göttingen, phil.-hist. Kl), Göttingen 1991, 131–150.

Erbse, H., Studien zum Verständnis Herodots, Berlin/New York 1992.

Evans, J. A. S., Herodotus, explorer of the past. Three essays, Princeton 1991.

Fehling, D., Die Quellenangaben bei Herodot. Studien zur Erzählkunst Herodots, Berlin/New York 1971

Flashar, H., Der Epitaphios des Perikles. Seine Funktion im Geschichtswerk des Thukydides, Heidelberg 1969.

Focke, F., Herodot als Historiker. Stuttgart 1927.

Foster, E./Lateiner, D. (Hg.), Thucydides and Herodotus, Oxford 2012.

Frisch, P., Die Träume bei Herodot (Beitr. z. Kl. Philologie 27), Meisenheim 1968.

Fritz, K. v., Die Griechische Geschichtsschreibung, Berlin 1967.

Gaiser, K., Das Staatsmodell des Thukydides. Zur Rede des Perikles für die Gefallenen, Heidelberg 1975.

Gärtner, Th., Die Mytilene-Debatte im thukydideischen Geschichtswerk, in: Gymnasium 111, 2004, 225–245.

Gehrke, H.-J., Mythos, Geschichte, Politik – antik und modern, in: Saeculum 45, 1994, 239–264.

Geus, K., Konnten griechische Historiker rechnen? Anmerkungen zu einigen mathematischen Stellen bei Herodot, Thukydides und Polybios, in: M. Geller/K. Geus, Productive Errors: Scientific Concepts in Antiquity, Berlin 2012, 23–46.

Geus, K., Irwin, E., Poiss, T. (Hgg.), Herodots Wege des Erzählens. Logos und Topos in den Historien. Frankfurt am Main 2013.

Gigante, M., Herodot der erste Historiker des Abendlandes, in: Marg, Herodot, 259–281.

Günther, L.-M., Herodot, Tübingen 2012.

Gribble, D. W., Individuals in Thucydides, in: A. Rengakos/A. Tsakmakis (Hg.), Thucydides, 439–468.

Gschnitzer, F., Die sieben Perser und das Königtum des Dareios. Ein Beitrag zur Achaimenidengeschichte und zur Herodotanalyse, Heidelberg 1977.

Literaturverzeichnis

Haehling, R. v., Herodot, in: K. Brodersen (Hg.), Große Gestalten der griechischen Antike, München 1999, 164–174.

Hagel, D., Das zweite Prooimion des herodoteischen Geschichtswerkes (Zu Hdt. 7,8–18), Diss. Erlangen 1968.

Haible, F., Herodot und die Wahrheit. Untersuchungen zu Wahrheitsbegriff, Kritik und Argumentation bei Herodot, Diss. Tübingen 1963.

Hansen, M. H., Die Athenische Demokratie im Zeitalter des Demosthenes, Berlin 1995.

Harloe, K./Morley, N. (Hg.), Thucydides and the Modern World: reception, reinterpretation and influence from the Renaissance to the Present, Cambridge 2012.

Hart, J., Herodotus and Greek History, London 1982.

Heinrichs, J., Ionien nach Salamis. Die kleinasiatischen Griechen in der Politik und politischen Reflexion des Mutterlands, Bonn 1989.

Heitsch, E., Geschichte und Situationen bei Thukydides, Stuttgart/Leipzig 1996.

Heitsch, E., Der Vertrag des Therimenes: Von den Schwierigkeiten einer Thukydides-Interpretation, in: Hermes 134, 2006, 26–43.

Hellmann, F., Herodots Kroisos-Logos, Berlin 1934.

Hershbell, J. P., Plutarch and Herodotus: the beetle in the rose, in: Rheinisches Museum 136, 1993, 143–163.

Herter, H., Thukydides, Darmstadt 1968.

Herter, H., Pylos und Melos, in: ders., Thukydides, 366–399.

Hofmann, I./Vorbichler, A., Das Kambysesbild bei Herodot, in: Archiv für Orientforschung 27, 1980, 86–105.

Homeyer, H., Zu den Anfängen der griechischen Biographie, in: Philologus 106, 1962, 75–85.

Hose, M., Am Anfang war die Lüge? Herodot, der «Vater der Geschichtsschreibung», in: ders., Große Texte alter Kulturen, Darmstadt 2004, 153–174.

Hose, M., Peloponnesian War: Sources Other Than Thucydides, in: A. Rengakos/A. Tsakmakis (Hg.), Thucydides, 669–691.

Hundt, J., Der Traumglaube bei Homer (Greifswalder Beiträge zur Literatur- und Stilforschung), Greifswald 1935.

Hunter, V., Past and process in Herodotus and Thucydides, Princeton 1982.

Immerwahr, H. R., Tat und Geschichte bei Herodot, in: Marg, Herodot, 497–540.

Irwin, E., Herodotus and Samos: Personal or Political?, in: Classical World 102, 2009, 395–416.

Jacoby, F., s. v. Hekataios, in: RE 7, 1912, 2667–2750.

Jacoby, F., s. v. Herodotos, in: RE Suppl. 2, 1913, 205–520.

Jacoby, F., Diagoras, Ho Atheos (Ab. d. deut. Akad. d. Wiss. Berlin, Kl. f. Sprachen, Lit. und Kunst 3), Berlin 1959.

Jebb, R. C., Die Reden des Thukydides, Berlin 1883.

Jüthner, J., Hellenen und Barbaren, Leipzig 1923.

Kagan, D., The Speeches in Thucydides and the Mytilene Debate, in: YCS 24, 1975, 71–94.

Kagan, D., Perikles. Die Geburt der Demokratie, Stuttgart 1992.

Kakridis, J. Th., Der thukydideische Epitaphios (Zetemata 26), München 1961.

Kierdorf, W., Erlebnis und Darstellung der Perserkriege. Studien zu Simonides, Pindar, Aischylos und den attischen Rednern (Hypomnemata 16), Göttingen 1966.

Anhang

Kirchberg, J., Die Funktion der Orakel im Werke Herodots (Hypomnemata 11), Göttingen 1965.

Klees, H., Die Eigenart des griechischen Glaubens an Orakel und Seher. Ein Vergleich zwischen griechischer und nichtgriechischer Mantik bei Herodot, Stuttgart 1965.

Kleinknecht, H., Herodot und Athen, in: Marg, Herodot 541–573.

Kohl, W., Die Redetrias vor der sizilischen Expedition (Thukydides 6,9–23) (Beitr. z. klass. Philol. 91), Meisenheim 1977.

Köhnken, A., Der dritte Traum des Xerxes bei Herodot, in: Hermes 116, 1988, 24–40.

Köhnken, A., Herodots falscher Smerdis, in: Würzburger Jahrbücher 6a, 1980, 39–50.

Köhnken, A., Antike und moderne Thukydideskritik. (Der Redensatz Thuk. 1,22,1 in seinem Kontext), in: R. Kinsky (Hg.), Offenheit und Interesse, Festschrift für G. Wirth, Amsterdam 1993, 5–30.

König, F. W., Die Persika des Ktesias von Knidos, Graz 1972.

Kofler, W., 300 und eine Nacht. Perser und Griechen als Opfer von Erzählkonventionen bei Herodot und Frank Miller?, in: R. Rollinger/B. Truschnegg/R. Bichler (Hg.), Herodot und das Persische Weltreich, Wiesbaden 2011, 159–175.

Koselleck, R., Zur historisch-politischen Semantik asymmetrischer Gegenbegriffe, in: ders., Vergangene Zukunft, Frankfurt am Main 1979.

Krischer, T., Herodots Prooimion, in: Hermes 93, 1965, 159–167.

Krischer, T., Herodots Schlußkapitel, seine Topik und seine Quellen, in: Eranos 72, 1974, 93–100.

Landmann, G. P., Das Lob Athens in der Grabrede des Perikles, in: MH 31, 1974, 65–95.

Lang, M. L., Herodotean Narrative and Discourse, Cambridge/Mass. 1984.

Lasserre, F., Hérodote et Protagoras: le débat sur les constitutions, in: MH 33, 1976, 65–84.

Latacz, J., Homer. Der erste Dichter des Abendlands, Düsseldorf 1997.

Lateiner, D., Pathos in Thucydides, in: Antichthon 11, 1977, 42–52.

Lateiner, D., No Laughing Matter: A Literary Tactic in Herodotus, in: TAPhA 107, 1977, 173–182.

Lateiner, D., The historical method of Herodotus, Toronto/Buffalo/London 1989.

Lateiner, D./Foster, E., Thucydides and Herodotus, Oxford 2012.

Lendle, O., Die Auseinandersetzung des Thukydides mit Hellanikos, in: Hermes 92, 1964, 129–143 (= Herter, Thukydides 661–682).

Lendle, O., KTHMA ES AIEI. Thukydides und Herodot, in: RhM 133, 1990, 231–242.

Lendle, O., Einführung in die griechische Geschichtsschreibung, Darmstadt 1992.

Leppin, H., Thukydides und die Verfassung der Polis. Ein Beitrag zur politischen Ideengeschichte des 5. Jahrhunderts v. Chr., Berlin 1999.

Leppin, H., Sprachen der politischen Verfassung bei Thukydides, in: E. Baltrusch (Hg.), Thukydides, 109–122.

Lesky, A., Geschichte der Griechischen Literatur, Bern/München 1971.

Ludwig, G., Thukydides als sophistischer Denker, Frankfurt am Main 1952.

Luschnat, O., Die Feldherrnreden des Thukydides (Philologus Suppl. 34), Leipzig 1942.

Luschnat, O., Thukydides, 1086–1354, RE Suppl. XII, 1970, 1086–1354.

Mache, F.-B., Eine neue Thukydidesbüste, in: Herter, Thukydides, 546–556.

Maitland, J., Marcellinus' Life of Thucydides: Criticism and Criteria in the Biographical Tradition, in: CQ 46, 1996, 538–558.

Literaturverzeichnis

Malitz, J., Der Preis des Krieges. Thukydides und die Finanzen Athens, in: F. Burrer / H. Müller (Hg.), Kriegskosten und Kriegsfinanzierung in der Antike, Darmstadt 2008, 28–45.

Marg, W. (Hg.), Herodot. Eine Auswahl aus der neueren Forschung, Darmstadt ²1965.

Marg., W., ‹Selbstsicherheit› bei Herodot, in: ders., Herodot 290–301.

Marinatos, N., Wahl und Schicksal bei Herodot, in: Saeculum 33, 1982, 258–264.

Mehl, A., Geschichte in Fortsetzung: Wie, warum und wozu haben Autoren wie Polybios und Thukydides/Xenophon auf ein Ziel hin geschriebene Geschichtswerke fortgesetzt?, in: V. Grieb (Hg.), Polybios und seine Historien, Stuttgart 2013, 25–48.

Meier, Ch., Die Entstehung des Politischen bei den Griechen, Frankfurt am Main 1980.

Meier, M., «Die größte Erschütterung für die Griechen» – Krieg und Naturkatastrophen im Geschichtswerk des Thukydides, in: Klio 87, 2005, 329–345.

Meier, M., Probleme der Thukydides-Interpretation und das Perikles-Bild des Historikers, in: Tyche 21, 2006, 131–167.

Meister, C., Die Gnomik im Geschichtswerk des Thukydides, Winterthur 1955.

Meister, K., Die griechische Geschichtsschreibung, Stuttgart 1990.

Meister, K., Die Interpretation historischer Quellen, Band I: Griechenland, Paderborn 1997.

Meister, K., «Aller Dinge Maß ist der Mensch». Die Lehren der Sophisten, München 2010.

Meister, K., Das Recht des Stärkeren bei Thukydides, in: E. Baltrusch / Ch. Wendt, Besitz, 249–267.

Meister, K., Thukydides als Vorbild der Historiker, Paderborn 2013.

Meyer, C., Die Urkunden im Geschichtswerk des Thukydides, München 1970.

Meyer, Ed., Herodots Geschichtswerk, in: ders. (Hg.), Forschungen zur Alten Geschichte II, Halle 1899, 196–268.

Michaelis, A., Die Bildnisse des Thukydides: ein Beitrag zur griechischen Ikonographie. Festgruss an die Kgl.-Württemb. Eberhard-Karls-Universität Tübingen, Straßburg 1877.

Momigliano, A., Die Stellung Herodots in der Geschichte der Historiographie, in: Marg, Herodot 137–156.

Momigliano, A., Herodot und die moderne Geschichtsschreibung (Schriften 2), Stuttgart 1999, 101–114.

Nesselrath, H.-G., Herodot und der griechische Mythos, in: Poetica 28, 1996, 275–296.

Nestle, W., Herodots Verhältnis zur Philosophie und Sophistik, Progr. d. evangelisch-theologischen Seminars in Schöntal, 1906/1908, Stuttgart 1908

Nestle, W., Vom Mythos zum Logos. Die Selbstentfaltung des griechischen Denkens von Homer bis auf die Sophisten und Sokrates, Stuttgart 1940.

Niebuhr, B. G., Vorträge über alte Geschichte, 3 Bde., Berlin 1847–1851.

Nippel, W., Ethnographie und Anthropologie bei Herodot, in: ders., Griechen, Barbaren und ‹Wilde›. Alte Geschichte und Sozialanthropologie, Frankfurt am Main 1990, 11–29.

Nitzsch, K. W., Über Herodots Quellen, in: Rheinisches Museum 27, 1872, 226–268.

Norden, E., Die antike Kunstprosa vom VI. Jahrhundert v. Chr. bis in die Zeit der Renaissance, I, Leipzig 1898.

Ostwald, M., Herodotus and Athens, in: Illinois Classical Studies 16, 1991, 137–148.

Patzer, H., Das Problem der Geschichtsschreibung des Thukydides und die Thukydideische Frage, Berlin 1937.

Pembroke, S., Frauen in Vormachtstellung. Die Funktion von Alternativen innerhalb der frühgriechischen Überlieferung und die antike Vorstellung vom Matriarchat, in: B. Wagner-Hasel (Hg.), Matriarchatstheorien der Altertumswissenschaft, Darmstadt 1992, 92–148.

Podlecki, A. J., Herodotus in Athens?, in: Greece and the eastern Mediterranean, Festschrift für F. Schachermeyr, Berlin 1977, 248–250.

Pohlenz, M., Herodot. Der erste Geschichtsschreiber des Abendlandes, Leipzig/Berlin 1937.

Pohlenz, M., Zu den attischen Reden auf die Gefallenen, in: Symbolae Osloenses 26, 1948, 46–74.

Pohlenz, M., Stil, in: Marg, Herodot, 748–753.

Pouncey, P. R., Thucydides and Pericles, Diss. Columbia Univ. 1969.

Raaflaub, K. A., Thucydides on Democracy and Oligarchy, in: A. Rengakos/A. Tsakmakis (Hg.), Thucydides 189–223.

Raaflaub, K. A., Ktema es aiei: Thucydides' Concept of «Learning through History» and Its Realization in His Work, in: A. Tsakmakis/M. Tamiolaki (Hg.), Thucydides Between History and Literature, Berlin 2013, 3–22.

Rebenich, S., Fremdenfeindlichkeit in Sparta? Überlegungen zur Tradition der spartanischen Xenelasie, in: Klio 80, 1998, 336–359.

Rechenauer. G., Thukydides und die hippokratische Medizin (Spudasmata 47), Hildesheim 1991.

Rechenauer, G., Polis nosousa: Politics and Disease in Thucydides – the Case of the Plague, in: ders./V. Pothou, Thucydides – a violent teacher? History and its representations, Göttingen 2011, 241–260.

Reden, S. v., Die Dialogisierung historischer Darstellung: der Melierdialog in einer Wissenskultur im Umbruch, in: S. Föllinger (Hg.), Der Dialog in der Antike. Formen und Funktionen einer literarischen Gattung zwischen Philosophie, Wissensvermittlung und dramatischer Inszenierung (Beiträge zur Altertumskunde 315), Berlin 2013, 201–220.

Redfield, J., Herodotus the tourist, in: Classical Philology 80, 1985, 97–118.

Regenbogen, O., Thukydides: Politische Reden, Leipzig 1949.

Regenbogen, O., Herodot und sein Werk, in: Marg, Herodot 57–108.

Regenbogen, O., Die Geschichte von Solon und Krösus, in: Marg, Herodot, 375–403.

Rengakos, A., Form und Wandel des Machtdenkens der Athener bei Thukydides, Stuttgart 1984.

Rengakos, A., Fernbeziehungen zwischen den thukydideischen Reden, in: Hermes 124, 1996, 396–417.

Rengakos, A./Tsakmakis A. (Hg.), Brill's Companion to Thucydides, Leiden 2006.

Rengakos, A., Thukydides, in: Zimmermann 381–417.

Richter, G. M. A., The Portraits of the Greeks, 3 Bde., London 1965.

Riedel, V., Antikerezeption in der deutschen Literatur, Stuttgart/Weimar 2000.

Riemann, K.-A., Das Herodoteische Geschichtswerk in der Antike, Diss. München 1987.

Roettig, K., Die Träume des Xerxes. Zum Handeln der Götter bei Herodot (Studia Classica et Mediaevalia 2), Nordhausen 2010.

Rokeah, D., Tà déonta perì tôn aieì parónton. Speeches in Thucydides, Factual Reporting or Creative Writing?, in: Athenaeum 60, 1982, 386–401.

Rohrer, K., Über die Authentizität der Reden bei Thukydides, in: WS 72, 1959, 36–53.

Literaturverzeichnis

Rollinger, R./Truschnegg, B./Bichler, R., Herodot und das persische Weltreich, Wiesbaden 2011.

Romilly, J. de, Thucydide et l'imperialisme Athenien, Paris 1951.

Roscher, W., Leben, Werk und Zeitalter des Thukydides, Göttingen 1842, Repr. Hildesheim 2003.

Rosen, K., Alexander I., Herodot und die makedonische Basileia, in: W. Will/J. Heinrichs (Hgg.), Zu Alexander d. Gr., Festschrift für G. Wirth, Band I, Amsterdam 1987, 25–51.

Rosen, K., Herodots Schlußkapitel: Ein kritischer Blick auf Athen, in: J. Rathmann (Hg.), Studien zur antiken Geschichtsschreibung (Antiquitas 1.55), Bonn 2009.

Saar, H.-G., Die Reden des Kleon und Diodotos und ihre Stellung im Gesamtwerk des Thukydides, Hamburg 1953.

Samotta, I., Herodotus and Thucydides in Roman Republican Historiography, in: E. Foster/ D. Lateiner, Thukydides and Herodotus, 345–378.

Scardino, C., Gestaltung und Funktion der Reden bei Herodot und Thukydides, Berlin 2007.

Schadewaldt, W., Die Anfänge der Geschichtsschreibung der Griechen, Tübinger Vorlesungen 2, Frankfurt/Main 1982.

Scheibelreiter, Ph., Völkerrecht bei Thukydides. Rechtsquelle und völkerrechtliche Begrifflichkeit, in: E. Baltrusch (Hg.), Thukydides, 153–172.

Schlögl, A., Herodot, Hamburg 1998.

Schmal, S., Feindbilder bei den frühen Griechen. Untersuchungen zur Entwicklung von Feindbildern und Identitäten in der griechischen Literatur von Homer bis Aristophanes, Frankfurt am Main 1995.

Schmid, W./Stählin, O., Geschichte der griechischen Literatur VII.1.2, München 1934.

Schmid, W./Stählin, O., Geschichte der griechischen Literatur VII.1.5, München 1948.

Schmitz, Th. A., The Mytilene Debate in Thucydides, in: D. Pausch (Hg.), Stimmen der Geschichte. Funktionen von Reden in der antiken Historiographie, Berlin/New York 2010, 45–66.

Schmitz, W., Göttliche Strafe oder medizinisches Geschehen – Deutungen und Diagnosen der «Pest» in Athen (430–426 v. Chr.), in: M. Meier (Hg.), Pest. Die Geschichte eines Menschheitstraumas, Stuttgart 2005, 44–65.

Schneider, Ch., Information und Absicht bei Thukydides. Untersuchung zur Motivation des Handelns, Göttingen 1974.

Scholten, H., Die Sophistik. Eine Bedrohung für die Religion und Politik der Polis?, Berlin 2003.

Schubert, Ch., Perikles und Thukydides, Sohn des Melesias: Der Kampf um die politische Vorherrschaft als Ausdruck konkurrierender Konzepte, in: Museum Helveticum 65, 2008, 129–152.

Schubert, Ch./Laspe, D., Perikles' defensiver Kriegsplan: Eine thukydideische Erfindung?, in: Historia 58, 2009, 373–394.

Schubert, Ch./Sier, K., Zufall, Koinzidenz und Kontingenz bei Herodot, HZ 295, 2012, 297–329

Schuller, W., Die griechische Geschichtsschreibung der klassischen Zeit, in: J. M. Alonso-Nunez (Hg.), Geschichtsbild und Geschichtsdenken im Altertum, Darmstadt 1991, 90–112.

Schulte-Altedorneburg, J., Geschichtliches Handeln und tragisches Scheitern. Herodots Konzept historiographischer Mimesis, Frankfurt/Main 2001

Schulz, E., Die Reden im Herodot, Greifswald 1933.
Schulz, F., Spaltung und Einigung Athens im Jahr 411. Die neue Dimension von Stasis und ihre Akzentuierung durch Thukydides, in: E.Baltrusch (Hg.), Thukydides, 123–136.
Schulz, R. Thukydides und das Meer, in: E.Baltrusch (Hg.), Thukydides, 63–86.
Schumacher, L., Themistokles und Pausanias. Die Katastrophe der Sieger, in: Gymnasium 94, 1987, 218–246.
Schwabl, H., Das Bild der fremden Welt bei den frühen Griechen, Grecs et Barbares, in: Entretiens sur l'Antiquité Classique 8, 1962, 3–23.
Schwabl, H., Herodot als Historiker und Erzähler, in: Gymnasium 76, 1969, 253–272.
Schwartz, E., Das Geschichtswerk des Thukydides, Bonn ²1929.
Schwinge, E.-R., Komplexität und Transparenz. Thukydides: eine Leseanleitung, Heidelberg 2008.
Shapiro, S., Proverbial Wisdom in Herodotus, in: Transactions of the American Philological Associaton 130, 2000, 89–118.
Sieberer, W., Das Bild Europas in den Historien, Innsbruck 1995.
Smarczyk, B., Thucydides and Epigraphy, in: A.Rengakos/A.Tsakmakis (Hg.), Thucydides, 495–522.
Sonnabend, H., Geschichte der griechischen Biographie, Stuttgart 2002.
Spahn, P., «Dem Namen nach eine Demokratie» – was aber «in Wirklichkeit»? (Zu Thuk. 2, 65, 9), in: T.Schmitt/W.Schmitz/A.Winterling (Hg.), Gegenwärtige Antike – antike Gegenwarten. Kolloquium zum 60.Geburtstag von Rolf Rilinger, München 2005, 85–104.
Spahn, Peter: Thukydides – Politische Theorie oder Politische Geschichte?, in: E.Baltrusch (Hg.), Thukydides, 21–42.
Speyer, W., RAC, Suppl. 1, 2001, 812–824.
Stadter, Ph.A., The Speeches in Thucydides, N.Carolina 1973.
Stadter, Ph.A., Thucydides as «Reader» of Herodotus, in: E.Foster/D.Lateiner, Thukydides and Herodotus, 39–66.
Stahl, H.-P., Thukydides. Die Stellung des Menschen im geschichtlichen Prozess, München 1966.
Stahl, H.-P., Literarisches Detail und historischer Krisenpunkt im Geschichtswerk des Thukydides. Die Sizilische Expedition, in: RhM 145, 2002, 68–107.
Stahl, M., Aristokraten und Tyrannen im archaischen Athen. Untersuchungen zur Überlieferung, zur Sozialstruktur und zur Entstehung des Staates, Wiesbaden 1987.
Stein-Hölkeskamp, E./Hölkeskamp, K.-J., Die griechische Welt. Erinnerungsorte der Antike, München 2010.
Stoessl, F., Herodots Humanität, in: Gymnasium 66, 1959, 477–490.
Strasburger, H., Die Entdeckung der politischen Geschichte durch Thukydides, in: Saeculum 5, 1954, 395–428 (= Herter, Thukydides 412–476).
Strasburger, H., Komik und Satire in der griechischen Geschichtsschreibung, in: ders., Studien zur Alten Geschichte II 801–833.
Strasburger, H., Herodot und das perikleische Athen, in: Marg, Herodot, 574–608.
Strasburger, H., Herodots Zeitrechnung, in: Marg, Herodot, 688–736.
Strasburger, H., Homer und die Geschichtsschreibung. Sitzungsberichte der Heidelberger Akademie der Wissenschaften, Heidelberg 1972.

Literaturverzeichnis

Strasburger, H., Studien zur Alten Geschichte, 3 Bde., hrsg. v. W. Schmitthenner u. R. Zoepffel, Hildesheim 1982.

Strebel, H. G., Wertung und Wirkung des Thukydideischen Geschichtswerkes in der griechisch-römischen Literatur, Speyer 1935.

Strohecker, Zu den Anfängen der monarchischen Theorie in der Sophistik, in: Historia 2, 1953/54, 381–412.

Thauer, Ch. R., Thukydides und antikes Völkerrecht aus Sicht der Internationalen Beziehungen. Ein Perspektivwechsel, in: E. Baltrusch (Hg.), Thukydides 195–214.

Ullrich, F. W., Beiträge zur Erklärung des Thukydides, 2 Bde., Hamburg 1845/46.

Visser, E., Herodots Kroisos-Logos. Rezeptionssteuerung und Geschichtsphilosophie, in: Würzburger Jahrbücher für die Altertumswissenschaft 24, 2000, 5–28.

Vorster, Ch., Griechische Porträts des 4. Jahrhunderts v. Chr., in: P. C. Bol (Hg.), Geschichte der antiken Bildhauerkunst II. Klassische Plastik, Frankfurt am Main 2004.

Vössing, K., Objektivität oder Subjektivität, Sinn oder Überlegung? Zu Thukydides' gnóme im ‹Methodenkapitel› (1,22,1), in: Historia 33, 2005, 210–215.

Vogt, J., Das Bild des Perikles bei Thukydides, in: HZ 182, 1956, 249–266.

Walter, U., Herodot und Thukydides – die Entstehung der Geschichtsschreibung, in: E. Stein-Hölkeskamp/K.-J. Hölkeskamp (Hg.), Die Griechische Welt. Erinnerungsorte der Antike, München 2010, 400–417.

Weber, G., Pseudo-Xenophon. Die Verfassung der Athener (TzF 100), Darmstadt 2010.

Weber, H.-A., Herodots Verständnis von Historie. Untersuchungen zur Methodologie und Argumentationsweise Herodots, Bern 1976.

Welwei, K.-W., Das Klassische Athen, Darmstadt 1999.

Welwei, K.-W., Sparta. Aufstieg und Niedergang einer antiken Großmacht, Stuttgart 2004.

Weinberg, M., «Plaudertasche» und «archaischer Neckermann». Hubert Fichte und sein Freund Herodot, in: B. Seidensticker/M. Vöhler (Hg.), Die Antike in der deutschsprachigen Literatur der Gegenwart, Berlin 2002, 50–69.

Wendt, Ch., Eine Völkerrechtsgeschichte ohne Thukydides?, in: E. Baltrusch (Hg.), Thukydides 215–228.

Wendt, Ch., Herodot als Vater des politischen Realismus?, in: K. Geus, E. Irwin, T. Poiss (Hgg.), Herodots Wege 345–357

Wesselmann, K., Mythische Erzählstrukturen in Herodots Historien, Berlin 2011.

Westlake, H. D., Individuals in Thucydides, Cambridge 1969.

Wiemer, H.-U., Thukydides und die griechische Sicht der Vergangenheit, in: K.-P. Adam (Hg.), Historiographie in der Antike (Beihefte zur Zeitschrift für die alttestamentliche Wissenschaft 373), Berlin/New York 2008, 49–88.

Wiesehöfer, J., Der Aufstand Gaumatas und die Anfänge Dareios' I., Diss. Bonn 1978.

Wiesehöfer, J., Das antike Persien. Von 550 v. Chr. bis 650 n. Chr., Zürich 1993.

Wiesehöfer, J., «... keeping the two sides equal»: Thucydides, the Persians and the Peloponnesian War, in: A. Rengakos/A. Tsakmakis (Hg.), Thucydides 657–668.

Wiesner, J., Antiphon der Sophist und Antiphon der Redner – ein oder zwei Autoren?, in: WS 107/108, 1994/95, 225–243.

Will, W., Perikles, Reinbek 1995.

Will, W., Thukydides und Perikles. Der Historiker und sein Held, Bonn 2003.

Will, W., Der Untergang von Melos. Machtpolitik im Urteil des Thukydides und einiger Zeitgenossen, Bonn 2006.
Will, W., Die Philonikia der Athener: Thukydides 7.27–30, in: V. Lica (Hg.), Philia. Festschrift für G. Wirth, Galati 2006, 61–70.
Will, W., Thukydides Misolakon, in: M. Rathmann (Hg.), Studien zur antiken Geschichtsschreibung, Bonn 2009, 13–24.
Will, W., Gelächter von Außen: Komik bei Herodot, in: K. Geus, E. Irwin, Th. Poiss (Hgg.), Herodots Wege, 359–373.
Wille, G., Zu Stil und Methode des Thukydides, in: Herter, Thukydides, 683–716.
Wimmer, H., Die thukydideischen Reden in der Beleuchtung durch den lógoi-Satz, Regensburg 1973.
Wüst, K., Politisches Denken bei Herodot, Diss. München 1935.
Zahrnt, M., Der Mardonioszug des Jahres 492 v. Chr. und seine historische Einordnung, in: Chiron 22, 1992, 237–279.
Zahrnt, M., Sicily and Southern Italy in Thucydides, in: A. Rengakos / A. Tsakmakis (Hg.), Thucydides 629–656.
Zimmermann, B., Handbuch der griechischen Literatur der Antike. I. Die Literatur der archaischen und klassischen Zeit (HGL), München 2011.

Quellen
Herodot und Thukydides

Textausgaben
Hude, C., Herodoti Historiae, 2 Bde., Oxford ^{3}1927.
Stein, H., Herodotos, Berlin 1856–1862, ^{2}1864 (I–IV).
Stuart Jones, H. / Powell, J. E., Thucydidis Historiae, 2 Bde., Oxford ^{2}1942.
Classen, J. / Steup, J., Thukydides I–VIII, Berlin ^{5}1919, ^{5}1914, ^{3}1892, ^{3}1900, ^{3}1912, ^{3}1905, ^{3}1908, ^{3}1922.

Übersetzungen
Feix, J., Herodot, Historien, gr. u. dt., München 1977.
Horneffer, A., Herodot, Historien, Stuttgart 1971.
Ley-Hutton, Ch., Herodot, Historien, Buch 1–5, 5 Bde., München 2002–2014.
Richtsteig, E., Herodot, Historien, 5 Bde., München 1961.
Landmann, G., P., Thukydides, Geschichte des Peloponnesischen Krieges, gr. u. dt., München 1993.
Horneffer, A., Thukydides, Der Peloponnesische Krieg, Leipzig 1993.
Vretska, H. / Rinner, W., Thukydides, Der Peloponnesische Krieg, Stuttgart 2000.
Weinstock, H., Thukydides, Der große Krieg, Stuttgart 1954.

Kommentare
Asheri, D. / Lloyd, A. / Corcella, A., A Commentary on Herodotus Books I–IV, Oxford 2011.
Hoh, W. W. / Wells, J., A commentary on Herodotus, 2 Bde., Oxford 1912.

Danksagung

Gomme, A. W. / Andrewes, A. / Dover, K. J., A Historical Commentary on Thucydides, 5 Bde., Oxford 1945–1981.
Hornblower, S., A Commentary on Thucydides, 3 Bde., Oxford 1991–2008.

Lexika
Powell, J. E., A Lexicon to Herodotus, Cambridge 1938.
Bétant, E.-A., Lexicon Thucydideum, 2 Bde., ND Hildesheim 1969.

Konkordanz
Schrader, C., Concordantia Herodotea, 5. Bde., Hildesheim 1996.

Einführungen
Bichler, R. / Rollinger, R., Herodot, Darmstadt 2000.
Sonnabend, H., Thukydides, Hildesheim 2004.

Markellinos, Leben des Thukydides
Übersetzung: T. Burns, On Marcellinus' Life of Thucydides, in: Interpretation 38, 2010, 3–26. Eine deutsche Übersetzung erscheint 2016 im Hiersemann-Verlag, Stuttgart.

Danksagung

Für die deutschen Herodot-Texte wurden die Übersetzungen von J. Feix, E. Richtsteig, Ch. Ley-Hutton und vor allem A. Horneffer verwendet, für die deutschen Thukydides-Texte diejenigen von G. Landmann, W. Rinner und H. Vretska. Die Übersetzung der *Pathologie* und des Melier-Dialoges stammt vom Autor. Die Plutarch-Übertragungen danken sich K. Ziegler, diejenigen Xenophons G. Strasburger und die des Horaz-Zitats zu Beginn des Vorworts H. Kudla.

Für wertvolle Hinweise danke ich insbesondere Reinhold Bichler, Klaus Geus, Rüdiger Kinsky, Werner Mayer, Anja Pfeiffer, Eberhard Schröther, Jan Timmer, Marlene Tomczyk und Paul Westhoff. Der Lektor des Verlags C.H.Beck, Stefan von der Lahr, regte den Vergleich der beiden Historiker an und begleitete die Entstehung des Buches mit wichtigen Ratschlägen.

VERZEICHNIS DER EIGENNAMEN

Abai 97
Abydos 41, 88
Achaimeniden 25, 150
Acharnai 24, 30
Achill 96
Ägäis 12, 14, 16, 25–29, 34, 58, 63, 124, 154, 213, 220 f., 244
Agamemnon 96
Agariste, Mutter des Perikles 95
Agariste, Tochter des Kleisthenes 111, 132
Agariste, Urgroßmutter des Perikles 152
Agbatana 93
Aglaos 201
Ägypten, -er 14, 17 f., 27, 50, 61, 73, 77, 79, 93 f., 97, 146 f., 150 f., 192, 198, 222, 238, 240
Aias 109
Aigina 12, 17, 22, 28, 30, 52, 79, 99, 155, 173, 219
Aigospotamoi 43, 197
Ainesias 80
Aischylos 18, 23, 72, 145, 159, 213, 215
Aitolien 111
Akarnanen 29, 230 f.
Akropolis 9, 14, 22, 44, 98, 143
Albertus Magnus 245
Alexander der Große 12, 17, 25, 44, 77, 92, 97, 147, 149, 190, 214, 241
Alexander I. 23, 122
Alexandria 211
Alkibiades 36–38, 40–43, 54, 59, 76, 108, 126, 137 f., 142, 144 f., 183

Alkmeon 110, 139
Almeoniden 98, 111, 132, 140
Alyattes 165
Amasis 50, 139, 152
Ambrakia, -ioten 29, 210, 230
Amphipolis 35 f., 64, 90, 161, 179
Anaxagoras 64, 186 f.
Anaxandrides 174
Anaximander 204
Andros 177
Androtion 241
Antiphon 64, 148, 186 f.
Antyllos 187
Anytos 61
Aphetai 20, 159
Apollodor, Chronist 62, 65
Apollodor, Redner 241
Aralsee 49
Archelaos 64, 134
Archidamos 29 f., 36, 40, 81, 90, 107, 123 f., 141 f., 164 f.
Arendt, Erich 244
Argeia 152
Arginusen 43, 137
Argos, -iver 12, 19, 36, 67, 74 f., 77, 80, 115, 144, 155, 162, 200 f., 231
Aristagoras 52, 79, 140
Aristeides 173
Aristodemos 152
Aristophanes 35, 43, 63, 67, 73, 139, 237
Aristoteles 8, 87, 99, 132, 136, 147, 180, 238, 241

Verzeichnis der Eigennamen

Arkadien 111, 201
Arkesilaos II. 152
Arkesilaos III. 152
Armenier 17
Artabanos 101 f., 185, 214–217
Artaphernes, Satrap in Sardes 14
Artaphernes, Sohn des Satrapen 16
Artaxerxes I. 73, 164
Artaxerxes II. 237
Artemisia 60, 75, 112 f., 133, 153 f., 159, 165
Artyaktes 235
Asopos 24
Aspasia 63, 154 f., 237
Assyrer 17, 136, 234
Astyages 49, 92, 94, 96, 191, 202 f., 213, 217
Athenagoras 134 f.
Äthiopier 17, 157, 192
Athos 15, 18, 214
Atossa 150 f.
Attaginos 73, 88, 233 f.
Augustus 211

Babylon, -ier 49, 51, 150, 191
Bacon, Francis 242
Bakchiaden 132
Bakchylides 72, 203
Bakis 98
Baktrier 17
Barka 152
Biton 200
Bodin, Jean 242
Boiotien, -ier 20, 23 f., 29, 35 f., 53, 80, 148, 169 f., 239
Boner, Hieronymus 238
Börne, Ludwig 244
Bosporus 42
Branchiden 141
Brasidas 34 f., 58 f., 64, 123 f., 162, 165, 167, 178–180, 183, 196
Budapest 9
Burckhardt, Jacob 217
Buto 97
Byzanz 42, 52, 194, 239, 242, 244

Camus, Albert 244
Chalkidike 34
Chalkis 21, 169
Cheops 72, 151
Chersones 42 f., 52, 63, 121
Chios 27, 40, 72, 190, 238
Chorasmier 17
Chrysis 80
Cicero 9, 83, 85, 131, 187, 238, 241
Clausewitz, Carl von 245

Damasithymos 153
Damaskus 104, 199
Dante Alighieri 245
Dareios 12, 14 f., 17, 51 f., 78 f., 100, 102, 118, 129–131, 147–151, 164, 193, 212, 214
Datis 16
Defoe, Daniel 244
Deiokes 77, 139
Dekeleia 39 f., 42, 59, 144, 168
Delion 35, 58, 183
Delos 16, 27, 164
Delphi 11 f., 19–22, 25, 29, 49, 53, 57, 73, 87 f., 97 f., 102, 110, 121, 139 f., 151, 171, 173, 176, 188, 190, 197–204
Demaratos 98, 101–103, 108, 116 f., 150, 212, 236
Demeas 218
Demosthenes, Feldherr 34, 38 f., 168, 193
Demosthenes, Redner 238, 241
Diagoras 186 f.
Dienekes 160
Dietrephes 169
Diodor 211, 238 f.
Diodotos 58, 107, 144, 193
Dionysios von Halikarnassos 62, 83, 238
Diyllos 61
Dodona 97
Donau 51, 152
Dorieus 116
Droysen, Johann Christoph 243
Dryo 61
Dylan, Bob 245

Eion 57, 64
Elephantine 61
Eleusis 38, 102
Elis 36
Ephesus 42
Ephialtes 20, 234
Ephoros 45, 238, 241
Erasmus von Rotterdam 238
Eretreia, -er 14–16, 52, 164
Eryxo 152
Estienne, Henri 240
Etearchos 152
Euboia, -er 16, 20–22, 40 f., 52, 80, 111 f., 140, 158, 169, 173, 177
Euphemos 142
Euripides 101, 129 f., 184, 186, 229
Europa, Erdteil 49, 51, 110, 213
Europa, Prinzessin 67
Eurybiades 22, 140
Eurymedon 218
Eusebios 61, 203
Eurotas 24, 28
Euxeinos Pontos s. Schwarzes Meer

Fichte, Hubert 240

Gallipoli s. Chersones
Gelon 19
Genf 9
George, Stefan 85
Gibraltar (Säulen des Herakles) 37, 73
Goethe, Johann Wolfgang von 244
Gorgias 185–187
Gorgo 140
Gyges 11, 104, 198–200, 202, 204 f., 240
Gylippos 38, 59, 197

Hacks, Peter 240
Halikarnassos 10, 47, 60–62, 65 f., 75, 83, 92, 123, 148, 153 f., 165, 238, 241
Halys 11, 99
Handke, Peter 244
Hannibal 148
Hauptmann, Gerhart 240

Hebbel, Friedrich 240
Hegel, G. J. W. 243
Hekataios 7, 46 f., 50, 72, 77, 141, 145, 185
Helena 48, 67
Hellespont 14, 18, 23, 25, 40 f., 52 f., 78, 88, 100, 117, 153, 215, 217, 233
Herakliden 198
Hermokrates 142, 144, 165, 206 f.
Himeras 53
Hipparchos 95
Hippias, Sophist 185
Hippias, Tyrann 12, 14, 52, 95, 118, 122
Hippokleides 111 f.
Hippokrates 185, 235
Hobbes, Thomas 242
Holkham (Norfolk) 9
Homer 18, 46, 69, 72, 84, 86, 92, 96, 100, 104, 109, 145, 158, 164, 171, 178, 184, 212, 235, 238
Huchel, Peter 240
Hume, David 242
Hydarnes 117
Hyperboreer 203
Hyrkanier 17
Hystaspes 164

Imbros 14, 52, 171
Indien, -er 17, 51
Io 67
Ionisches Meer 111
Iphikrates 87
Isagoras 129
Isokrates 39, 238, 241
Ister s. Donau
Isthmos von Korinth 20–24, 30, 118–120, 159, 175

Jacoby, Felix 8, 46, 104
Jean Paul 240

Kallisthenes 241
Kambyses 50 f., 78 f., 92–94, 100, 110, 128, 146, 151, 190–193, 213, 240
Kandaules 11, 149 f., 198

Verzeichnis der Eigennamen

Kant, Immanuel 243
Kapuscinski, Ryszard 240
Karer 145
Karthago, -er 37, 53, 144, 148, 192
Karystos 16, 177
Kaspier 17
Kephallenia 30
Kerkyra, -aier 19, 27–29, 33 f., 55–58, 80, 134, 155, 167, 188, 207, 210, 230
Kilikien 16
Kimon 65, 158
Kleinias 36
Kleisthenes, Reformer 13, 52, 129, 132
Kleisthenes, Tyrann 111 f., 132
Kleobis 200
Kleombrotos 174
Kleomenes 98, 140
Kleon 31 f., 34 f., 58 f., 107, 113, 126, 135, 137, 142–144, 179, 183, 206 f., 209
Knidos 237
Kolcher, Kolchis 17, 67
Kolophon 133
Konstantin 25
Konstantinopel 25
Korinth, -er 19 f., 27 f., 30, 44, 52, 55–57, 61, 73 f., 85, 105, 107 f., 118, 122, 127, 131 f., 135, 140, 142, 152, 199, 240
Kreta, -er 11, 19
Kroisos 11 f., 14, 19, 45, 47–49, 51, 60, 66 f., 72 f., 77, 87 f., 92, 94, 97, 99 f., 104, 110 f., 114, 118, 139 f., 150, 158, 165, 190 f., 197–205, 240
Krolow, Karl 240
Ktesias 237
Kunaxa 162
Kylon 114, 187
Kyme 45
Kynossema 41, 88
Kyrene 51, 152
Kythera 27, 35, 42
Kyzikos 41

Labda 152
Laches 218

Ladike 152
Lamachos 37
Lateiner, Donald 109
Laureion 141, 144, 173
Lemnos 14, 52, 171 f.
Leonidas 20 f., 24 f., 53, 99, 110, 124, 140, 158, 160, 164 f., 171, 174–177
Leotychidas 140
Lesbos 27, 31 f., 40
Libyen, -er 11, 51, 73
Ligyer 17
Livius 113, 148
Lokris 29
Lukian 238
Lukrez 244
Lyder 11, 13, 17, 45, 47 f., 52, 60, 67, 77 f., 92–94, 97, 100, 110, 115, 139, 146, 149, 165, 190 f., 197 f., 203 f.
Lygdamis 60
Lykes 61
Lykophron 240
Lykurg, Gesetzgeber 115
Lykurg, Redner 238, 241
Lysander 43 f., 197
Lysias 238

Machiavelli, Niccolò 242
Makedonien, -onen 15, 18, 23, 52, 64, 119, 121, 149, 155, 179, 190, 213
Mann, Thomas 240
Mantineia, -eer 36, 59, 161 f., 178, 231
Manzoni, Alessandro 244
Marathon 16 f., 47, 52, 63, 73, 79, 118, 141, 158, 171, 212
Mardonios 15, 23–25, 52 f., 79, 118, 141 f., 159 f., 166, 174–176, 212–214, 217, 233 f.
Markellinos 9, 63 f., 66, 85, 179, 187, 232, 242
Marmarameer s. Propontis
Massageten 49, 150, 157 f., 191, 205, 230
Medeia 67
Megabyzos 128, 131
Megakles 111, 132
Megara, -er 27 f., 36, 56, 167, 209

Megistias 176 f.
Melos, -ier 34, 36 f., 44, 59, 85, 123, 125, 137, 155, 167, 186 f., 189, 207, 209, 217–227, 229–231, 243
Memphis 50
Mende 167
Mermnaden 11, 198, 205
Mesopotamien 146
Methone 178
Methymna 40
Milet 11–14, 40, 52, 79, 140 f., 165 f.
Miller, Frank 241
Miltiades 16 f., 52 f., 63, 141, 158, 171 f., 177, 212
Mindaros 40, 42
Mykale 23, 25, 49, 53, 79, 119, 160, 171
Mykalessos 59, 149, 155, 168–170, 210, 230
Mykerinos 151
Myser 17
Mysien 102
Mytilene 31–33, 40, 58, 86, 126, 137, 155, 167, 206, 210, 219, 231

Naxos 16, 27, 141
Neapel 8–10
Necho 72
Nekos 147
Neokles 173
Nestor 96
Nestos 168
Niebuhr, Barthold Georg 243
Nietzsche, Friedrich 217
Nikias 34–39, 55, 58 f., 68, 70, 103, 108, 126, 133, 137, 142, 178, 180, 188, 193
Nikolaos von Damaskus 104, 199
Nil 17, 50, 150, 192
Nitokris, assyrische Königin 150
Nitokris, Pharaonin 150
Notion 42

Oloros 63, 179
Olympia 9, 61 f., 65
Ondaatje, Michael 240
Orchomenos 233

Oroites 141, 153
Oropos 54
Osmanen 238
Otanes 128, 151
Ovid 244

Paches 32
Pagasai 20
Paionien 51
Pangaion-Gebirge 63
Panyassis 61
Paphlagonien, -er 12, 17
Paros 17, 172, 177
Pausanias, Periheget 169 f.
Pausanias, Spartaner 24–26, 57, 123, 171, 174 f., 177 f., 190, 193–197
Peisistratos, -iden 16 f., 22, 31, 48, 52, 59, 98, 115, 129, 131, 140, 171, 212
Pelion 158
Perdikkas II. 155
Pergamon 10
Perikles 29, 31, 36, 51 f., 56–58, 62 f., 68, 90, 95, 103, 107 f., 124–126, 131, 135–137, 142 f., 152, 155–157, 165, 178, 180–183, 186 f., 193, 196, 210, 214, 228, 231, 236 f., 242
Phaidymia 151
Phaleron 16
Pharnabazos 43
Pheretima 152
Philaiden 63, 65
Melanchthon, Philipp 238 f.
Philistos 241
Philokles 43
Philokrates 218
Phoinikien, -er 61, 67, 73 f., 146, 192
Phokaia 42
Phokis 29, 97
Photios 238
Phronime 152 f.
Phryger 17
Pindar 72, 147
Piräus 29, 42, 44, 194
Plataiai, -er, 23, 25 f., 29, 31 f., 33, 44, 49, 53,

57 f., 79–81, 86, 155, 159–161, 167, 171,
  174, 177, 190, 194, 197, 210, 231, 233
Platon 104, 131, 180, 187, 199, 238, 241–243
Pohlenz, Max 8
Polybios 190, 241
Polykrates 50 f., 93, 140 f., 153, 240
Polymedes 201
Pompeius Trogus 199
Pontos Euxeinos s. Schwarzes Meer
Popper, Karl 243
Poseidonios 241
Poteidaia 28, 55, 80, 144, 161
Prokop 238
Propontis 41
Protagoras 62, 129, 185–187
Psophis 201
Pylos 34–36, 40, 42, 58, 161, 178 f.
Pythodoros 80

Quintilian 83, 241

Raabe, Wilhelm 244
Ranke, Leopold von 243
Rhampsinitos 112, 139, 151
Rhodope-Massiv 168
Rhodopis 151
Rhodos 40
Rhoio 61
Rhone 11
Rhoxane 110
Ritsos, Jannis 244
Roscher, Wilhelm 243
Rotes Meer 17, 73, 147
Rousseau, Jean-Jacques 245

Sabakos 95
Sais 72
Saken 17
Sallust 241
Samos 16, 23, 27, 41, 50 f., 57, 61, 73, 93, 115,
  138, 140, 153
Santa Maria Maggiore 9
Sappho 72
Sardanapallos 139

Sardes 11–14, 19, 72 f., 110, 117, 119 f., 203
Sataspes 151, 240
Schadewaldt, Wolfgang 8, 46, 227
Schiller, Friedrich 240
Schmidt, Arno 240
Schwarzes Meer 12, 41, 51, 67, 150
Segesta 37
Selinunt 37
Semiramis 150
Sestos 26, 53, 235
Sikyon 111, 132
Simonides 21
Siphnos 141
Siwah (Oase) 97, 192
Sizilien 11, 27, 34, 37–40, 45, 53, 55, 59, 63,
  103, 108, 124, 126 f., 137, 141, 144 f., 157,
  161, 168, 170, 183, 189, 197, 217–220,
  229–231, 236, 241, 244
Skapte Hyle 63
Skione 155, 167, 219
Skyllias 160
Skythen 46, 51, 100, 172, 214
Smerdis 78, 93, 128, 151
Snyder, Zack 241
Soklees 122, 131
Sokrates 43, 187
Solon 49, 87 f., 104, 110, 115, 132, 199–203
Sophokles 67, 237
Sphakteria 34, 58, 117
Stainer, Heinrich 238
Stesichoros 72
Stesimbrotos 72
Sthenelaidas 30, 107
Strabon 145, 238
Strasburger, Hermann 8, 109, 161, 247
Stratonike 155
Strymon 18
Sunion (Kap) 169
Susa 14, 16 f., 93
Sybaris 14
Sybota-Inseln 28
Syrakus 19, 37–39, 59 f., 86, 127, 134, 144,
  161, 165, 168, 188, 206 f., 217
Syrien, -er 12, 17, 61

Anhang

Tanagra 169
Tarent 62
Tegea, -ten, 12, 115, 159, 231
Teisandros 111
Tellos 200
Telmessos 92
Tempetal 19
Thasos 64, 79, 179
Theben, -aner, 19, 24, 29, 32, 44, 61, 80 f.,
　107, 137, 141, 169 f., 174, 233
Themistokles 17, 22, 57, 98 f., 105, 118,
　123 f., 140 f., 154, 159, 164, 171, 173 f., 177,
　190, 193–196
Theophrast 8
Theopomp 190, 238, 241
Therme 20 f., 53
Thermopylen 19–21, 53, 88, 98, 105, 113,
　117 f., 119, 158, 171, 174 f., 177, 241
Thersandros 233
Theseus 130
Thespiai, -er 20 f., 176
Thessalien, -er 19 f., 23, 53, 98, 111, 212
Thessaloniki s. Therme
Thomas Morus 238
Thrakien, -er 15, 18, 34 f., 42, 51, 54, 63 f.,
　76, 90, 101, 134, 142, 144, 148 f., 151, 168–
　171, 179, 213, 228 f., 231
Thrasymachos 148, 186

Thurioi 62 f., 121, 185
Tissaphernes 40
Tomyris 150, 157, 191
Torone 167, 219
Trachis 20
Trajan 9
Troizen 22, 118
Troja, -aner 15, 18, 48, 67, 77, 79, 96, 142,
　145
Tyros 61

Valerius Pollio 238
Valla, Lorenzo 238
Vergil 244

Weber, Max 244

Xanthos 72
Xenophon 42, 44 f., 97, 162, 228, 237, 241
Xerxes 15, 17 f., 20–23, 25, 53, 57, 60, 62,
　74 f., 77–79, 87–89, 95 f., 98–102, 104,
　109 f., 112 f. 116–118, 120 f., 129, 145,
　150 f., 153 f., 164, 173, 175 f., 185, 211–217,
　233, 236

Zakynthos 29
Ziegenflüsse s. Aigospotamoi
Zypern 11, 14, 27, 194

Sachregister

Athen oder Sparta, Parteinahme für 68, 102, 108, 115–128, 177, 181–183, 188, 194, 195 f., 225 f., 231, 236, 247

Augenzeugen 72–77, 105, 161

Autopsie 61, 199, 229

Bürgerkrieg, innere Unruhe, Stasis und Gewalt 65, 133 f., 136, 138, 155, 167, 188, 207, 210, 230

Chronologie 45, 54, 56 f., 62–65, 77–82, 86, 190, 193, 200 f., 214, 216, 219, 229

Demokratie (Geburt der), Demokratie (allgemein) 13, 40–42, 52, 60, 104, 122, 128 f., 131–138, 155 f., 181 f., 195 f., 243 f.

Ehrgeiz/Ruhmsucht (Philotimia) 138, 204, 208–210, 230, 241

Frauen 32, 36, 48, 63, 67, 95, 130, 137, 140, 147, 149–156, 166 f., 169, 191 f., 198, 218, 237, 246

Furcht (Phobos) 27, 31, 47, 120, 136 f., 159, 163, 174 f., 207, 209 f., 221, 233

Geld (allgemein), Geld (Machtmittel), Geld (Bedeutung) 27, 33, 37, 40, 42, 61, 69, 123, 134, 139–145, 151, 172 f., 177, 181 f., 201, 214

Geschlechterrollen und Sexualität 147, 151–156

Gier/Habgier (Pleonexia) 208, 210, 230, 241

Glück 49, 88 f., 99, 139, 150, 184, 197, 200–205, 224–226

Götter 48, 51, 89, 92, 94, 96, 98, 101–103, 121, 141 f., 152, 164, 176, 184–189, 203–205, 215 f., 225 f., 231

Griechen und Barbaren 45, 47, 49, 63, 65, 101 f., 110, 112, 115 f., 120, 132, 145–149, 159, 166, 168, 197, 212, 233

Helden 171–183

Herrschaft und Knechtschaft 123, 131, 133, 137, 188 f., 207 f., 210, 215, 217, 219–227

Historiographische Ziele 66–71, 75

Lachen und Komik 102, 109–114, 174 f., 198

Macht und Recht 58, 123, 126, 186, 188 f., 199, 206 f., 209 f., 217, 219–227, 234–235

Melos, Melier, Melier-Dialog 123, 125, 137, 144, 162, 167, 170, 188 f., 207, 209 f., 217–227, 230, 243–245

Natur (menschliche) 70–72, 90 f., 145, 148, 155, 189, 195 f., 206–210, 225, 230 f., 241, 244, 247

Orakel 11 f., 29, 49, 57, 82, 93 f., 97–100, 140, 147, 152, 160, 162, 173, 188, 119 f., 198, 200, 202 f., 205, 212, 234

Organisation der Werke, innerer Aufbau 45–60, 69, 106, 211, 216–219, 229, 233

Quellen 50, 57, 60–63, 66–68, 72, 76, 87, 94, 96 f., 99, 106, 129, 157 f., 160 f., 180, 193, 212, 233, 235 f.

Rache, Rache üben 51, 94, 96, 150–152, 174, 192 f., 198, 202 f., 208 f., 212 f., 215 f., 221

Ratgeber («Warner»), Ratgeber (allgemeine), Ratschläge 88, 100–103, 123, 141, 154, 173, 178, 191, 202 f., 216, 235 f.

Reden 56, 58, 85, 103–108, 125, 138, 142, 162, 178, 181, 206, 215 f., 219, 241

Reise, reisen 7, 46 f., 52, 61, 101, 161, 185, 199 f., 240

Sicht der Vergangenheit, damalige 54, 121, 155, 167, 176, 183, 205 f., 213–215

Sophistische Einflüsse, Sophistik 64, 84, 96, 129 f., 148, 184–189, 236 f.

Sprache, Stil 83–86, 107, 128 f., 161, 164, 169, 185 f., 188, 191, 193, 216, 219, 238, 241

Spruchweisheiten/Gnomen und Sentenzen 86–91, 101, 197, 212, 214 f., 234

Träume 92–97, 100, 162, 185, 202, 211, 216

Verfassungsdiskussion: Demokratie, Oligarchie, Tyrannis 12 f., 16 f., 33, 69, 122, 128–138, 146, 184 f., 210, 242

Weltbild, Geschichtsbild, Menschenbild 48, 65–68, 70 f., 75, 89, 94, 98, 100 f., 108, 110, 139, 141, 145–149, 157, 164, 176, 184 f., 189, 197–206, 226–232, 234

Die Bundesgenossen im Peloponnesischen Krieg

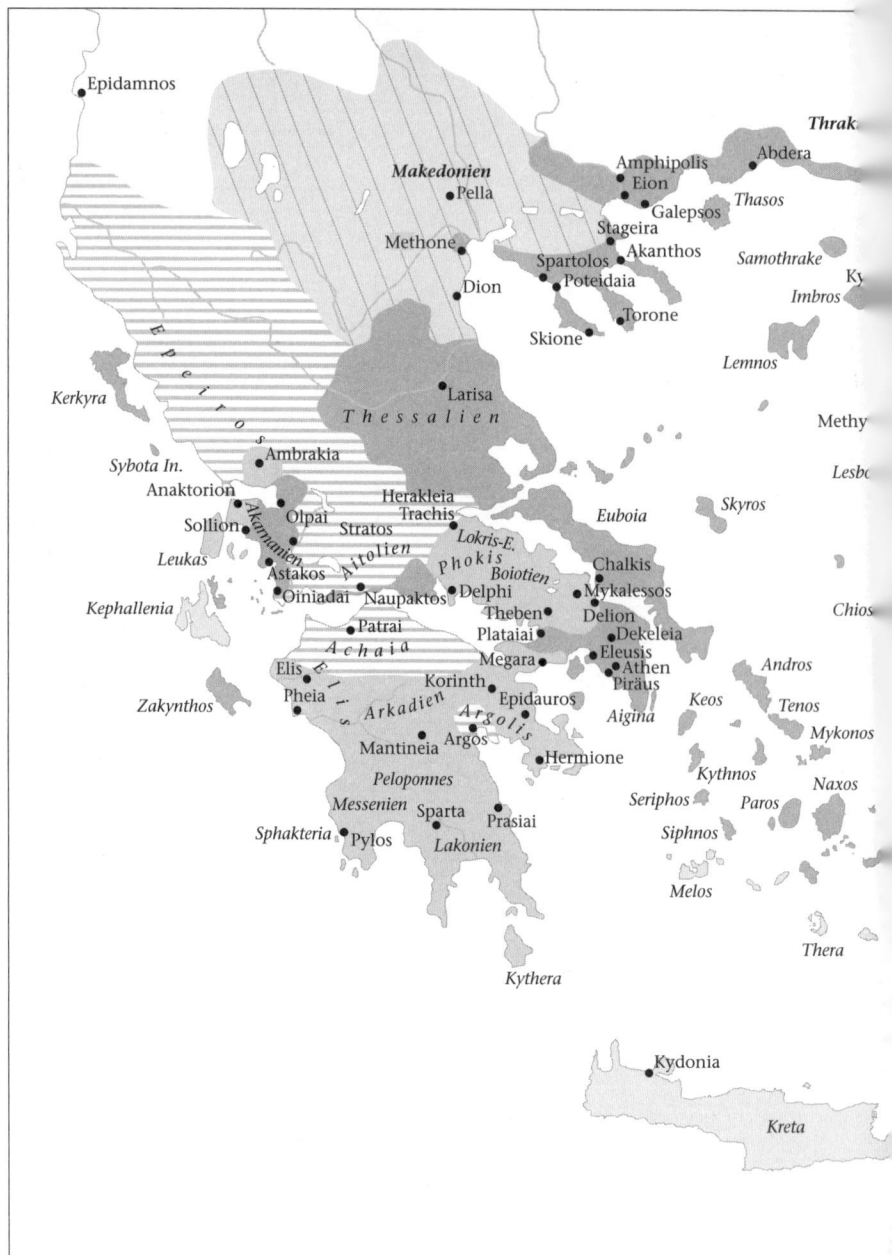